JERRY LEE LEWIS

SUA PRÓPRIA HISTÓRIA

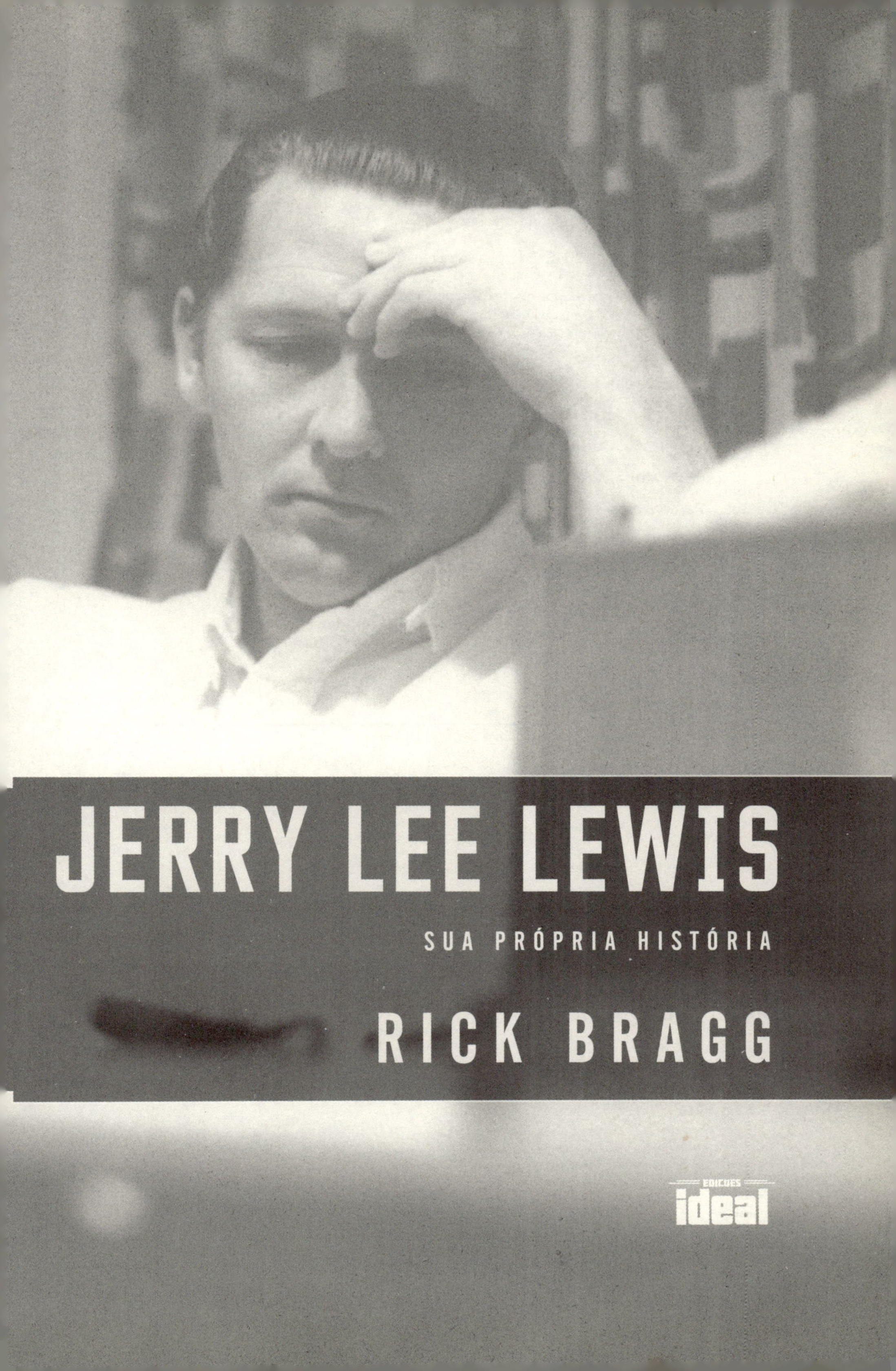

JERRY LEE LEWIS

SUA PRÓPRIA HISTÓRIA

RICK BRAGG

EDIÇÕES ideal

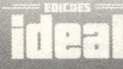

Título original: *Jerry Lee Lewis: His own story*

Copyright © 2014, JLL Ferriday, Inc.

Copyright desta edição © 2015, Edições Ideal

Todos os direitos reservados. Nenhuma parte desta publicação pode ser reproduzida, armazenada em sistema de recuperação ou transmitida, em qualquer forma ou por quaisquer meios (eletrônico, mecânico, fotocópia, gravação ou outros), sem a permissão por escrito da editora.

Editor: **Marcelo Viegas**

Conselho Editorial: **Maria Maier**

Capa e Diagramação: **Guilherme Theodoro**

Projeto gráfico: **William Ruoto**

Tradução: **Paulo Alves**

Revisão: **Ricardo Pereira**

Assessoria de imprensa: **Laura D. Macoriello**

Foto da capa: **Michael Ochs Archives/Getty Images**

Supervisão Geral: **Felipe Gasnier**

CATALOGAÇÃO NA PUBLICAÇÃO

B813j

Bragg, Rick
Jerry Lee Lewis : sua própria história / Rick Bragg ; tradução de Paulo Alves.
São Paulo: Edições Ideal, 2015. 480 p. ; 23 cm

Tradução de: Jerry Lee Lewis : his own story.
ISBN 978-85-62885-43-3

1. Lewis, Jerry Lee. 2. Músicos de rock - Estados Unidos - Biografia. I. Título.

CDD: 927.8166

26.04.2015

EDIÇÕES IDEAL

Caixa Postal 78237

São Bernardo do Campo/SP

CEP: 09720-970

Tel: 11 2374-0374

Site: www.edicoesideal.com

ID-32

A todos aqueles que já dançaram só de meias.

SUMÁRIO

	INTRODUÇÃO: JOLSON À BEIRA DO RIO	10
CAP. 1	O PAI DAS ÁGUAS	26
CAP. 2	UÍSQUE NAS VALAS, A 6 PALMOS	44
CAP. 3	HANEY'S BIG HOUSE	80
CAP. 4	SR. PAUL	123
CAP. 5	SUN	152
CAP. 6	"ANDO A FIM DE CONHECER ESSE PIANISTA"	167
CAP. 7	CALOR DEMAIS PARA O ROCK	206
CAP. 8	INGLATERRA	251
CAP. 9	"QUEM QUER UM POUCO DISSO AQUI?"	271
CAP. 10	O LADO SELVAGEM DA AMÉRICA	292

CAP. 11	"AQUELE QUE ROUBA MEU NOME"	314
CAP. 12	AVIÕES A JATO E CARROS FUNERÁRIOS	333
CAP. 13	O ANO DA PISTOLA	357
CAP. 14	"BEBÊS NO AR"	376
CAP. 15	A BIFURCAÇÃO NA ESTRADA	400
CAP. 16	O ÚLTIMO HOMEM DE PÉ	416
CAP. 17	JARDIM DE PEDRA	431
	EPÍLOGO: MATADOR	434
	AGRADECIMENTOS	436
	BIBLIOGRAFIA	441

Semeiam ventos e segarão tormentas.
— OSEIAS, 8:7

Se eu exorcizar meus demônios,
Bem, meus anjos talvez possam ir embora também.
— TOM WAITS

JERRY LEE LEWIS

SUA PRÓPRIA HISTÓRIA

INTRODUÇÃO

JOLSON À BEIRA DO RIO

O rio Negro e o Mississippi
1945

Os barcos de festa fumegavam rio acima vindos de New Orleans, e abaixo, vindos de Memphis e Vicksburg, inundados de bebida boa e prestes a tombar com os fanfarrões que comiam e bebiam e dançavam ao som de pianos amarrados ao piso e de orquestras de sopro completas, enquanto os capitães contornavam a Paróquia de Concordia rumo a algum lugar mais brilhante. Os passageiros eram, em sua maioria, bem de vida, oficiais militares de volta da Europa e do Pacífico e turistas hospedados no Peabody, no Roosevelt ou no Monteleone, hotéis de luxo, brindando com fazendeiros e petroleiros, que sempre encontraram riquezas na sujeira que os homens mais pobres eram incapazes de ver. Exaustos com a austeridade da guerra, o racionamento e os jardins de vitória, os blecautes nas regiões costeiras e os submarinos que espreitavam como tubarões nas bocas dos rios, eles queriam cair na farra, gastar algum dinheiro e animar o rio e toda sua margem tristonha e sonolenta. Navegavam bêbados e cantantes, passando por bancos de areia onde outrora cavalheiros de Natchez resolviam questões de honra com pistolas e bom vinho tinto, e contornando árvores submersas e redemoinhos, aonde piratas de rio atraíam viajantes para a perdição.

O povo local, vestindo jardineiras gastas e vestidos desbotados feitos de sacos de farinha, assistia das margens dos rios Mississippi e Negro da mesma forma que fitava as vitrines de uma loja. Nos anos de guerra, haviam trocado as vidas de seus jovens por tempos melhores, mas já tinham visto má sorte e maus tempos demais para dar a volta por cima com apenas uma grande guerra. A reconstrução, a Grande Depressão, as tempestades com nomes próprios e as enchentes anônimas deixaram gerações curvadas sobre o algodão alheio, e podia-se ler uma coisa em seus rostos: que às vezes tudo o que se poderia conseguir de uma vida boa era o que fosse possível ver boiando, fora de alcance, até que desaparecesse numa curva do rio ou sumisse sob um véu de árvores devastadas pela cheia. E às vezes, mesmo depois de um barco tê-los ultrapassado, ainda podiam ouvir a música vagando rio abaixo, como uma assombração, como se houvesse uma canção na própria água, dixieland, ragtime ou, antes que virassem as costas e voltassem para suas vidas na lama incolor, um frágil e lânguido esboço de Al Jolson.

> *Down among the sheltering palms*
> *Oh, honey, wait for me*[1]

Ele ainda era um menino, então. Um dia, quando tinha nove ou dez anos, encontrava-se em pé na barragem, ao lado de seus pais, enquanto mais um barco de festa prosseguia contra a corrente, levando pessoas bem vestidas que riam no convés. Seguros no meio do rio Negro, ergueram suas taças num brinde sarcástico à família em terra firme. "Eles levantaram seus *mint juleps*[2] pra nós", diz ele, com o mais discreto dos sorrisos, que prova o quão pouco isso importa para ele depois de tantos anos. Mas importava para o homem e a mulher que estavam ao seu lado. Seu pai era indestrutível então, de olhos fundos, mais de um metro e noventa, com mãos grandes e fortes capazes de botar de joelhos homens mais fracos, e um rosto que parecia desenhado somente com linhas retas, como Dick Tracy nos quadrinhos. Enquanto os fanfarrões bêbados erguiam alto seus copos de bourbon, Elmo Kidd Lewis abraçou o garoto. "'Não se preocupe, filho', papai me disse. 'Um dia será você ali. Será você'". Ele não sabe se seu pai queria dizer se ele estaria lá com os ricos e poderosos, ou se seriam suas músicas a tocar nos barcos passantes. "Talvez ambas as coisas", diz ele.

Elmo sabia disso da mesma forma que sabia que atravessar o rio o deixaria molhado. Quando seu filho mal tinha completado cinco anos, ele viu, com

---
1 *Debaixo das palmeiras protetoras / Oh, querida, espere por mim.*
2 Drink preparado com bourbon e menta.

sua esposa Mamie, uma força comandar as mãos do menino e guiá-las sobre o piano, que ele nunca estudara ou tocara antes. Para o garoto, foi... Bem, ele não sabia verdadeiramente. Seus dedos tocaram as teclas e foi como se tivesse agarrado arame farpado, mas aquilo que ardia como fogo através dele não o deixou queimado e escoriado, e sim tranquilo, calmo, seguro. Só Deus para fazer uma coisa dessas, disse sua mãe, e então seu pai comprou-lhe um piano, para que o milagre pudesse prosseguir.

Enfim algo de que valia pena lembrar.

Ele repousa agora no escuro fresco de seu quarto, o qual deixa que absorva seus velhos venenos como um cataplasma. É um homem altivo por natureza, mas por um momento não há pompa nele.

"Mamãe e papai acreditavam em mim", diz.

Ele tentou retribuir com casas, terras e Cadillacs. "'O dinheiro faz a égua trotar', minha mãe sempre dizia". Mas a dívida jamais será quitada. O piano, o peso do instrumento, fez o mundo pender. Ele ainda tem aquele primeiro piano – a madeira rachada e torta, ranhuras profundas gastas nas teclas – num corredor escuro de uma casa onde discos de ouro e outros prêmios se encontram empilhados como jornais velhos ou encostados na parede. De vez em quando ele para diante do piano em ruínas e toca uma única tecla, mas o que ouve é diferente daquilo que as outras pessoas ouvem.

O barco que zombou deles é agora um navio fantasma.

As velhas canções afundaram no rio.

O filho de Elmo, atravessado por um inferno mundano e celebrado por reis, ainda está aqui.

Durante os verões de 2011 e 2012, na penumbra silenciosa de seu quarto, contou-me o que valia a pena ser lembrado. Contou também uma parte do restante da história, quando sentia vontade de fazê-lo, e por quanto tempo tivesse vontade de fazê-lo. Lembrava-se conforme lhe aprouvesse. Isso não significa que se lembrava das coisas da mesma forma duas vezes, mas dia após dia eu me recordava de algo que li certa vez: foi como qualquer outra vida, na verdade, tirando as partes monótonas. Era estranho, porém, como ele conseguia ver aquele garoto sobre a barragem muito mais claramente do que pôde ver toda a longa vida entre eles, como se estivesse olhando para si mesmo do outro lado daquele largo rio.

Antes de se tornar um ídolo do rock, antes do primeiro banquinho de piano ser violentamente arremessado ao longo do palco, da primeira mecha de cabelo amarelo cair sobre seu rosto bonito durante um rosnado, e da primeira garota linda e deslumbrada fitá-lo da beira do palco com intenções inequívocas, ele cantou músicas de Stick McGhee na traseira da surrada caminhonete Ford de seu pai para conseguir dinheiro para comprar uma Coca-Cola, e cantou Hank Williams antes de saber o que era ter o coração partido.

Antes de Memphis, antes de passar de salões de veteranos de guerra e de convenções para lugares jamais vistos até mesmo em sonhos febris, antes de pregadores e do Parlamento o condenarem ao inferno por corromper a juventude de suas nações, antes de fazer Elvis chorar, ele ouvia o Grand Ole Opry no rádio de sua mãe até que a bateria, que ela economizou durante a semana inteira até a noite de sábado, enfim se esvaísse ao final de uma canção de Roy Acuff.

Antes de tocar o terror, antes de acumular dinheiro e discos de sucesso numa pilha que chegaria até o sol, e subir alto como um cometa, para depois cair fumegando de volta à Terra, apenas para subir e cair e subir e subir de novo, antes de ter durado mais tempo que a maioria de seus companheiros e provado, em cima de dez mil palcos, que quantidade alguma de autodestruição foi capaz de extinguir sua voz ou aquietar o trovão em sua mão esquerda, antes de John Lennon se ajoelhar e beijar seus pés, ele executou seu primeiro solo na Assembleia de Deus da Texas Avenue, e depois se escondeu debaixo de uma mesa no Haney's Big House para ver o público dançar se agarrando ao som de blues visceral de bar.

Antes de tudo isso, da primeira agulha e do primeiro milhão de comprimidos, antes do primeiro caixão passar por ele, caminhou sobre os trilhos de uma ponte alta como uma corda bamba entre as ribanceiras de Natchez e o lado da Louisiana do rio Mississippi, rindo, adorando o pânico causado nos mortais lá embaixo. Uma vida inteira depois, ele atravessou a mesma ponte de trem e olhou para as águas lamacentas do Mississippi, para batelões tão grandes quanto um campo de futebol; lá de cima, pareciam brinquedos numa banheira.

"Eu devia estar doido", diz Jerry Lee Lewis, mas se ele estava, era apenas o começo.

O clima agora parece diferente de quando ele era garoto, o ar é tão quente e espesso que o céu parece quase branco. As tempestades vespertinas que sacudiram estas terras ao longo de gerações inteiras são agora mantidas reféns por esse céu de cor de algodão, deixando o ar úmido e vaporoso e os campos, por outro lado, secos feito pergaminho por semanas a fio, algo que os antigos atribuíam ao fim dos dias. Porém, o fim dos dias vem chegando até aqui há muito, muito tempo.

"Imagino, como será morrer? Acho que te dão injeções e coisa e tal, para ajudar com a dor. Realmente não sei", diz suavemente, enquanto Ida Lupino e *Beware, My Lovely* [no Brasil, *Escravo de Si Mesmo*] passam na tela de uma televisão no mudo. "Provavelmente você apenas se esvai, à deriva, para um outro mundo. Não sei como esse mundo deve ser. Gosto de pensar que é o Paraíso. Você consegue me imaginar no Paraíso? Imagine a *orquestra* que teríamos". Ele joga uma macadâmia para dentro da boca, separa as metades de um biscoito recheado Oreo, toma um gole longo de um refrigerante roxo e pondera sobre o assunto. "Ah, rapaz, que *banda*. Vou querer tocar vinte e quatro horas por dia... Nunca vou me cansar. Nunca vou parar".

Nunca acreditou que a sepultura é o fim de um homem, e isso foi sua tortura. A maior parte de um homem caminha na Glória ou queima; não há meio termo, não na Assembleia de Deus. Ao longo de sua vida, ele proclamou continuamente o tipo de homem o qual se considera, passando de pecador de marca maior a penitente, às vezes no espaço de uma única canção. Agora parece que sua escolha foi finalmente feita. Sou alertado por seus familiares, antes mesmo de estar em sua presença, que ele não tolera palavrões e blasfêmias. Espera viver o resto de sua vida sem ofender a Deus. Paga seus dízimos. Abençoa a comida e ora todas as noites para que o Senhor tenha sua alma. Sabe que o Espírito Santo é real como um pilar de fogo. Acredita, como sempre, no Deus da Texas Avenue, e sabe que pecou profundamente e em grande medida. Mas seu Deus é um Deus de milagres e redenção, e, neste caso, isso pode equivaler a praticamente a mesma coisa.

"Pensei muito sobre isso... Ainda penso, muito intensamente. Com certeza não quero ir pro inferno. Se tivesse de viver a minha vida de novo, mudaria muitas coisas", diz, não para aprovação dos homens, mas pela graça de Deus. "Acredito que mudaria. Provavelmente não faria muitas das coisas que fiz...

Jesus diz, 'sede perfeitos como perfeito é meu Pai celestial'. Mas, meu Deus, sou apenas humano. E os humanos tendem a esquecer. Não quero que a minha alma vá para o inferno quando eu morrer".

"*Existe* um inferno", diz. "A Bíblia fala claramente sobre ele, com importância. O fogo nunca cessa, os vermes nunca morrem. O pranto, os gemidos e o ranger de dentes. O lago de fogo".

Porém, acredita ser mais capaz de suportar isso do que certas coisas mais.

"Quero apenas encontrar todas as pessoas que já perdi, todas elas, na nova Jerusalém. Frequentemente penso sobre isso. Deus diz que você conhecerá como é conhecido, e se você não os vir lá, é como se nunca os tivesse conhecido. Isso é horrível. Fico preocupado", isto é, com a noção de que se ele for enviado para as profundezas, será – para seus amigos e familiares, até mesmo para seus filhos – como se nunca tivesse vivido. "É pesado, não?".

"A resposta está escrita no livro da vida, para mim", diz, e o calor em seus olhos entrega que isso não é mera retórica, mas que ele está falando muito sério. "Pode um homem tocar rock and roll e ir para o Paraíso? Essa é a questão. É algo que não se saberá... Que *eu* não saberei até que me vá. Acho que sim, mas o que eu acho não importa. E vou aceitar todas as orações que puder receber".

A pergunta quase acabou com ele, quando mais jovem. Elvis, que entenderia a questão talvez mais do que qualquer outro homem, também era assombrado por ela. Jerry Lee gostaria de ter conversado com ele sobre isso, mas Elvis afastou-se com pressa, pálido como um fantasma; e então partiu deste mundo, deixando Jerry Lee envelhecer sozinho com essa tormenta.

O que ele veio a crer, e esperar, é que o que quer que aconteça nesta vida e no além não é puramente culpa da música. As pessoas culparam a música por tudo.

"Não é a música do diabo", diz, farto da mesma forma que o estaria diante de qualquer fingidor ou interesseiro.

Está com quase oitenta anos e conhece aquilo que forjou.

"É rock and roll".

O diabo não era um trovador. O teatro disso tudo, as mulheres convenientes, as bebidas sem fim e as festas em jatinhos, as facas sacadas, as pistolas no coldre na cintura, os sacos de comprimidos azuis e amarelos, podem ter atraído o diabo feito moscas, mas o diabo nunca chamou uma melodia ou encontrou um acorde, nem mesmo nos blues mais safados, nem nas canções de dor de cotovelo mais embebidas em uísque, nem em qualquer outra música que tenha inspirado uma garçonete a rebolar ou um garoto da fazenda a dançar só de meias, ou uma tabeliã a balançar a cabeça até os bobes caírem.

"Meu talento vem de Deus".

Mamie tentou avisá-los, mesmo temendo para onde isso tudo levaria.

"Sou capaz de espantar a tristeza das pessoas", diz.

Ele fez algumas malvadezas, Deus sabe que sim.

Mas a música – ironicamente, no fim das contas – foi a parte mais pura.

Mama's cookin' chicken fried in bacon grease

"O único pianista no mundo...".

Come along boys, just down the road a piece[3]

"...a gastar as solas dos sapatos".

No crepúsculo de sua vida, nas madrugadas do aqui e agora, ele às vezes se pergunta: "Será que eu conduzi as pessoas para o caminho certo?".

Mas ele não levou as pessoas aonde elas não estivessem prontas para ir. Mesmo nos tempos mais áridos, quando a fumaça de cigarro pairava como gás lacrimogêneo nos botecos cruéis e ele poderia ter tropeçado ao subir no palco, deu a elas algo do qual estavam à procura. Dizem muitas coisas a seu respeito – "falam de mim como um cachorro", diz –, mas poucos diriam que ele não faz um grande show. Falam sobre assisti-lo e abrem um sorriso e balançam a cabeça como se pegos fazendo alguma travessura, como se alguém tivesse avistado o carro delas no estacionamento de um motel suspeito em plena luz do dia. Abrem um sorriso e falam sobre isso não como algo que testemunharam, mas como algo ao qual sobreviveram, como um meteorito ou um tumulto. Em geral, começava sem grandes pompas; ele entrava no palco,

---

3   *Mamãe* tá cozinhando frango frito na gordura de bacon / Cheguem mais, rapazes, um pedaço logo ali na frente na estrada.

quase sempre enquanto a banda estava no meio de uma música, e se sentava. "Dê-me o dinheiro e me mostre o piano", disse com frequência a respeito de como a experiência começava. Mas ela terminava como explosivos numa caixa do correio, com um estouro tão de outro mundo que, cinquenta anos depois, um velho senhor, usando um broche com a bandeira americana na lapela, ruboriza de orelha a orelha e diz apenas: "Jerry Lee Lewis? Eu o vi em Jackson. Aaaaaaaaah, *rapaz*!".

Joe Fowlkes, um advogado do Tennessee, gosta de contar sobre certa vez em que, em meados dos anos 1980, ouviu Jerry Lee tocar piano por quatro horas ininterruptas, depois de terem presumido sua morte pelo menos duas vezes. "Fomos todos vê-lo num salão de baile no 100 Oaks em Nashville", recorda-se. "Chamavam de salão de baile porque era melhor do que chamar de boteco". Jerry Lee chegou um tanto quanto abatido e pálido, e começou devagar – "foi meio que gradual, como assistir à decolagem de um avião" –, mas tocou e tocou e tocou, e às três da manhã ainda não tinha terminado. "Ele meio que recuperou a cor depois de um tempo. Às três e vinte da manhã, ele estava com boa aparência. Tocou todas as canções que já ouvi na vida, incluindo 'Jingle Bells' e uma música do Coelhinho da Páscoa. E era *julho*".

"Foi o melhor show que já vi. Vi Elvis. Vi James Brown. Mas Jerry Lee foi o melhor".

"Havia rockabilly. Havia Elvis. Mas não havia *rock and roll* puro antes de Jerry Lee Lewis arrombar a porta", diz Jerry Lee Lewis. Segundo alguns historiadores, isso é discutível, mas é verdade que não havia ninguém como ele. Mesmo aqueles que alegavam serem os primeiros, os progenitores, o tomaram emprestado de algum fantasma que desapareceu na névoa de alguma plantação no Delta do Mississippi ou entre as grades de uma prisão agrícola. Músicos que o acompanharam ao longo dos anos dizem que ele é capaz de conjurar milhares de canções e tocar cada uma delas de sete maneiras diferentes. É capaz de fazer seus tênis de salto alto sacudirem as tábuas do assoalho, ou elevá-lo para além do arco-íris, ou ajoelhar com você diante da velha e gasta cruz[4]. É capaz de bradar

---

[4] Referências às antigas canções "Hi-Heel Sneakers" (Tommy Tucker), "(Somewhere) Over the Rainbow" (Harold Arlen/E.Y. Harburg) e "The Old Rugged Cross" (Rev. George Bennard), tradicionais no cancioneiro americano e presentes do repertório de Jerry Lee.

"aguente firme, estou chegando", ou abandoná-lo na casa das luzes azuis[5]. Ou ele pode simplesmente não fazer coisa alguma, posto que sua lenda, a lenda do rock and roll, já está escrita na história em tintas mais fortes do que a história de sua vida. Sam Phillips, da Sun Records, aquele que conseguiu fazer um raio cair no mesmo lugar quatro ou cinco vezes, o considerou "o homem mais talentoso com quem já trabalhei, negro ou branco... um dos seres humanos mais talentosos a já caminhar pela Terra".

"Eu *fui* perfeito uma vez", diz Jerry Lee. "Nesta vez, fui basicamente perfeito quando subi no palco". Vinda de outra pessoa, tal declaração seria de uma soberba extravagante. Vinda de Jerry Lee Lewis, soa quase como um eufemismo. Roland Janes, o grande guitarrista que tocou em tantos sucessos da Sun Records, disse certa vez que nem Jerry Lee sabe o quão bom ele é.

Ele sabe. Gosta de usar a palavra *estilista* ao se referir a alguns dos grandes nomes da música que vieram antes dele: é seu maior elogio. Um estilista é um artista – não necessariamente um compositor, mas ainda assim criativo – capaz de pegar algo que já tenha sido feito e torná-lo novo. "*Eu* sou um estilista", explica. "Posso pegar uma canção que ouvi no rádio e torná-la *minha* canção". Ele também se lembra da primeira vez que sentiu esse poder. "Tinha quinze anos. Naquela época, eu tocava piano o dia inteiro e à noite pensava no que ia tocar no dia seguinte. E via os discos que saíam, o rumo que tomavam, e pensava simplesmente que podia superá-los. Naquela época, eu tocava na pista de patinação em Natchez, num velho piano vertical – lembro que não estava em boas condições –, e tocava de tudo. Tocava Jimmie Rodgers, Hank Williams, boogie woogie, e transformava *tudo isso* em outra coisa. Transformava no quê? Ora, em rock and roll".

Deitava e rolava nos espaços entre as letras lamuriosas, uma coisa relacionada ao ritmo, impossível de ser descrita com palavras. "As garotas se amontoavam ao meu redor e os rapazes ficavam chateados e queriam começar uma briga, mas logo *todo mundo* estava adorando. Consigo vê-los agora. E era amor. Puro amor. Eu adorava, e eles adoravam. Isso não acontece muito frequentemente, pelo menos eu acredito que não. E não era só a canção que eles adoravam, era a *maneira*". A princípio, ele ficou bestificado com essa força,

---

[5] Da mesma forma, referências às canções "Hold On, I'm Comin'" (Isaac Hayes/David Porter) e "The House of Blue Lights" (Don Raye/Freddie Slack), também interpretadas por Jerry Lee, entre diversos outros artistas.

com os rostos extasiados, com os peitos arfantes, mas não se maravilhou com isso por muito tempo. "Se você sabe que é capaz de fazer algo, então nunca vai se surpreender", diz.

Mesmo depois desses anos todos nas costas, ele não é um homem suave. Seu corpo foi surrado pela vida de excessos, gasto por substâncias químicas, assolado com dores pela artrite e pela maioria das enfermidades de Jó, mas agora ele está na luta novamente, vivendo limpo e sóbrio e com aquela coisa misteriosa que sempre o envolveu como um manto, algo além da ciência. Ainda é um homem bonito, com os cabelos dourados desbotados para o prateado; ainda grava e enche casas de show nos Estados Unidos e na Europa, embora admita que às vezes é o que basta para terminar um show. Moças ainda correm para a beira do palco e tentam segui-lo de volta ao quarto de hotel. Agora, sua prerrogativa é dizer não a elas, porque os shows o deixam exausto. Que coisa penosa, que escolha infeliz para um belo cantor de rock and roll ter de fazer.

"Se eu tivesse uns cinquenta e um, iam ter de esconder as mulheres", diz.

Ainda mora perto do rio, ao sul de Memphis, nos campos baixos e planos do norte do estado do Mississippi, num rancho com uma piscina em formato de piano, atrás de um portão com um piano nas barras de ferro fundido. Aqui, a história viva do rock and roll permanece impenitente a qualquer outro homem, e mesmo ao contar a história de sua vida, ele parece se preocupar pouco com o que você acha. "Não sou bonzinho", diz ele, com as raízes da Louisiana ainda firmes eu seu sotaque, "e não sou um falso. Nunca fingi ser nada, e tudo que fiz, fiz como um canivete aberto. Vivi minha vida ao máximo e me diverti fazendo isso. Nunca quis ser nenhum ursinho de pelúcia".

Foi homenageado por legislaturas estaduais e bateu boca violentamente por causa de um varal. Deserdou filhos e abandonou esposas e namoradas – mesmo na era do DNA, ninguém contestou suas ações – e não se importa muito com o fato de sua vida e suas escolhas não fazerem sentido para as outras pessoas. "Fiz o que quis", diz ele. Viveu o momento, despreocupado quanto ao que esses momentos significariam aos olhos dos homens. "Os outros só gostariam de ter feito o que eu fiz". Não se preocupa com a redenção mundana. Tem preocupações maiores do que isso.

Toca há mais de sete décadas, de pubs a paládios, de estádios de futebol ao Hernando's Hideaway no sul de Memphis, para milhares ou centenas de pessoas, ou para menos que isso, porque mesmo quando só havia um punhado de bêbados e vagabundos, ainda havia o talento, e quando se tem uma joia, não é para ficar escondida na gaveta de meias. Cru e selvagem nos anos 1950, quase esquecido em meados dos 1960, no topo das paradas country no início dos 1970 e como um doido destruidor de Rolls-Royces e comprador de jatinhos no final dos 1970 e nos 1980, ele sempre tocou. Absorveu escândalos – a *Rolling Stone* praticamente o acusou de assassinato – e tocou quando mal podia parar em pé. Passou duas décadas vagando pelo lado selvagem, tomando medicamentos em excesso, perseguido por coletores de impostos e advogados de divórcio, só não enfrentou uma chuva de sapos. Houve mais brigas, comprimidos, bebidas, acidentes de carro, mulheres e disparos de armas de fogo – acidentais ou não – aos quais um mero mortal esperaria sobreviver, mas ele tocou.

Abordei-o com muita expectativa – e um receio, o de levar um tiro. Disseram-me que ele era volátil; alguns disseram que era doido. Ele atirou no baixista, diziam. Por que não atiraria num escritor? Ao longo dos dias, pelo contrário, foi extremamente gracioso, e perguntou-me da minha mãe. "Uma vez bati num cara com o pedestal do microfone", conta-me enquanto toma um sorvete de baunilha. Na verdade ele bateu em três ou quatro caras dessa forma. Continua disposto a descer o braço num homem que lhe ofender, e a lidar com a perspectiva de que um caipira bêbado com metade da sua idade pode não se importar que ele seja uma lenda viva e nocauteá-lo sem pestanejar. A porta de seu quarto é reforçada com barras de aço. Penso em perguntar sobre isso, mas decido que não é preciso. Ele ainda tem uma pistola de cano longo carregada debaixo do travesseiro, um pequeno arsenal numa gaveta no armário e uma automática preta compacta sobre o criado mudo. Buracos numa das paredes e num guarda-roupa comprovam que tudo o que veio buscá-lo na noite, fantasmas, pesadelos, ou o próprio tempo, recebeu tratamento violento. Há uma faca Bowie cravada numa porta. Um cachorro dorme a seus pés – é um chihuahua, mas ele morde.

Tem, na velhice, uma dignidade teimosa e – como tudo é relativo – sóbria, mas não diga que ele envelheceu graciosamente, não mais do que um velho lobo vai parar de tentar se desvencilhar de uma armadilha. É mais difícil, ainda hoje, explicar o que ele é do que explicar o que ele não é. Não é nostálgico, exceto por alguns momentos muito raros, e não age como alguém ferido pelo tempo; fica apenas bravo. Não vive em remorso, mesmo ao caminhar entre as sepulturas de dois filhos e da maioria das pessoas que já amou. Seis casamentos terminaram em cinzas, dois em caixões. Acredita haver certas coisas que lhe são devidas, mas o direito de reclamar não está entre elas. Um homem como ele perde tal direito. De qualquer forma, um homem sulista – um de verdade, não esses modernos, que nunca estiveram em uma briga com um marido ciumento, nem trocaram um pneu ou jogaram uma partida de bilhar no porão da igreja – não reclama. "Não me importou em nada", ou "não pensei muito sobre isso", é o que ele quase sempre diz sobre coisas que teriam arrasado outro homem de cima a baixo, e então dá as costas. Com o tempo, passei a compreender que recordar-se, se você é Jerry Lee Lewis, é como agarrar estilhaços de vidro.

Seus amigos e parentes mais próximos, ou a maioria deles, agem agora de maneira protetora para com ele, sempre polindo sua lenda. Vão brigar se você questionar sua generosidade, ou a bondade que garantem brilhar por baixo de sua *persona* mais pública. Ele tocou em inúmeros shows beneficentes, mesmo quando estava detonado, ou quase isso. Isso não significa que ele não espere as coisas da sua maneira quase sempre. "Ele não sobe mais no piano", disse o guitarrista Kenny Lovelace, que tocou a um metro de distância dele por quarenta e cinco anos. "Ainda assim, quando ele entra no palco e senta-se ao piano, você sabe que ali está o Killer[6]".

"Nasci para estar num palco", diz o próprio. "Eu mal podia esperar para estar em um. Sonhava com isso. E estive em um por toda a vida. É o lugar no qual me sinto mais feliz. É onde estou quase satisfeito". Ele sabe que isso é o que os músicos dizem, o que se espera que um músico no crepúsculo da vida diga. "É o que eu amo de verdade", diz de um modo que adverte para que não duvidemos dele. "É preciso abrir mão de muita coisa. É difícil para sua família, para suas mulheres, para as pessoas que te amam".

"Eu escolhi o sonho".

---

6 "O Matador", seu apelido.

Mesmo se fosse um palco gasto e marcado, ou escondido em algum lugar esfarrapado no fim de uma estrada de cascalho, ou protegido por tela de galinheiro, ele dirigiria por mil quilômetros, até golpearia um homem com um microfone, para possuí-lo. E durante a maior parte de sua vida, fez valer ainda mais o dinheiro de seus fãs, entregava o show a eles de forma lenta e com alma, e rápida e dura, até que a polícia chegasse com o pé na porta dos recintos, recusando-se a abandonar o palco mesmo quando outros ídolos do rock and roll, incluindo o grande Chuck Berry, esperavam desamparados e espumando nos bastidores. Em Nashville, num show no National Guard Armory, trezentas garotas frenéticas arrancaram suas roupas e o deixaram "só de cueca", e até hoje ele resmunga sobre todas aquelas mulheres enlouquecidas, porque elas interrompiam uma música, o arrancavam do palco e faziam com que o show terminasse mais cedo.

Aquele sonho é a razão pela qual ele encheu dois Cadillacs de músicos e equipamentos e caiu na estrada quando a notícia de seu casamento com sua prima de treze anos, Myra, levou promotores de shows e alguns fãs a se afastarem e seu foguete em ascensão a crepitar, numa época em que escândalos e tempos de mudança fizeram decair as vendas de discos. De início, tocou em lugares grandes, depois espeluncas e botecos onde tinha que brigar pelo cachê ou brigar para conseguir sair. Mas ele tocava, abastecido com salsichas viena, uísque e anfetaminas, e no dia seguinte saía de algum motelzinho, dava adeus às mulheres sem nome e dirigia o dia todo até o anoitecer, para tocar de novo. Outros se tornaram notas de rodapé, desapareceram. Ele lutou com unhas e dentes, um quarto de motel, uma garrafa, um comprimido, uma canção por vez. E é por isso que, nos primeiros dias de sua fama, ele voltava ao palco quando o lugar já estava escuro e as portas fechadas, para tocar mais um pouco. Outros músicos que tivessem dividido o palco naquela noite, alguns dos quais também futuras lendas, voltavam para cantar com ele naquele último bis para os assentos vazios.

"Quero ser lembrado como um ícone do rock and roll, de terno e gravata ou jeans e camisa surrada, não importa, contanto que as pessoas tenham um grande show. O show, é isso que vale", diz. "O show cobre todo o resto. Qualquer coisa ruim que já tenham pensado sobre você vai embora. 'É esse o cara que se casou com uma menina?'. Bom, esqueça, deixe-me ouvir aquela música'".

Hank Williams o ensinou isso, e ele sequer conheceu o homem.

"As mágoas do público vão embora, e as minhas também".

Ele vê a gama de *bad boys* roqueiros que vieram depois dele e dá uma gargalhada; amadores, fingidores, dedos-duros, mantidos em pé com laquê. Pior do que isso, não eram músicos verdadeiros, nem trovadores, que viviam na estrada e conheciam as pessoas onde viviam. Ele capotou uma dúzia de Cadillacs em um ano *e* tocou no Apollo. Com o ódio racial queimando nas manchetes dos jornais, o público dançava nos assentos ao som de um garoto branco caipira, acompanhado por músicos que falavam como Ernest Tubb. "James Brown me deu um beijo na bochecha. Quero ver ganhar disso".

Nos últimos anos, gravou dois álbuns novos, ambos aclamados pela crítica e ambos chegaram ao Top 100. Gravou-os entre visitas ao hospital: pneumonia viral, recorrências lancinantes de artrite (nas costas, pescoço e ombros, nunca nas mãos) e fraturas numa perna e no quadril o deixaram dolorido e incapaz de viajar ou mesmo de ficar sentado por mais de alguns minutos por boa parte dos últimos anos. Mas mesmo nos períodos para baixo, é claro, Jerry Lee esteve meramente entre ressurreições. Em março de 2012, casou-se pela sétima vez, com Judith Brown, de sessenta e dois anos, uma ex-estrela do basquete que foi casada com o irmão mais novo de sua esposa anterior. Judith veio ajudar a cuidar dele quanto ele esteve doente. Para resumir, ele melhorou. "Eu não pretendia me apaixonar por ele", diz ela, "mas...". Casaram-se e passaram a lua de mel em Natchez, perto da ponte por onde ele caminhou quando menino. No final do verão de 2013, ele já estava de volta fazendo shows na Europa, reservando horas de estúdio em Los Angeles, comprando um novo Rolls-Royce e parando para comer um cheeseburger na lanchonete Sonic antes de sair dirigindo o Buick de Judith a 160 km/h pela Interstate 55. As leis do Tennessee, Mississippi, Louisiana e dos Estados Unidos da América nunca se aplicaram muito a ele.

Certa vez, ao ponderar sobre uma questão complicada, murmurou: "Esse cabra está para levar um tiro". *Vou morrer*, pensei. Era só o seriado *Gunsmoke*, que ele estava assistindo na TV atrás de mim. Já assistira à série toda e sabia o que ia acontecer.

"Sabe, o senhor poderia carregar essa .357 com balas de calibre .38 e os buracos não seriam tão grandes nas... coisas", eu disse a ele. Esperei alguns segundos secos, silenciosos, sabendo que tinha falado à toa.

"Não", disse ele, enfim. "Acho que não vou fazer isso".

Numa tarde, ao final dos trabalhos, contei a ele por que quis escrever sua história. Nasci no Sul na época dos carros rabo de peixe, quando rapazes com brilhantina no cabelo e os pescoços e braços marcados por fuligem de fornalha trovejavam pelo asfalto com o som de sua música transbordando pelas janelas. O grande Hank Williams confortava os corações com "Lovesick Blues" e tornou-se uma espécie de devorador de pecados em suas vidas e sofrimentos. "É isso", diz Jerry Lee. "Hank os ajudava a levantar e Jerry Lee os punha para dançar". Adoravam Elvis, também, mas havia algo de suave nele, um tipo de beleza que os homens não compreendiam. Compreendiam Jerry Lee. Ele era como um punho cerrado, uma chave de roda empunhada para a briga. Meus parentes, tias e tios, se amontoaram em dez pessoas num carro para ir vê-lo no Boutwell Auditorium, em Birmingham, em 1964. "Eu era bem doido, na época. E ele me deixava envergonhado", disse John Couch, que fazia pneus na Goodyear. Sua esposa, Jo, se escandalizava: "Caíram matando sobre Elvis por chacoalhar uma perna... Jerry Lee chacoalhava *tudo*". Juanita Fair, franzina integrante da Congregational Holiness Church, se lembra somente de uma coisa, e tem de sussurrá-la: "Ele tocava piano com *o traseiro*". Voltavam para casa e para seus trabalhos em oficinas, fornalhas e plantações de algodão mais leves do que quando saíram, de alguma forma. Contei isso a ele naquela tarde, enquanto mocinhos cantavam para seus cavalos e bandidos iam para o beleléu.

"Eu fazia isso para eles", diz, embora um bom tanto das vezes o fizesse para si mesmo, porque sem a música, eu passei a acreditar, ele simplesmente cessaria de existir, como quando se corta a energia de um ventilador elétrico. Nos momentos de terrível calmaria, ele é como todo mundo. Mas ainda foi algo belo a se dizer. A questão é que quando ele falava sobre espantar a tristeza das pessoas, eu sabia que era verdade. No passado, ao contar sua história, ele basicamente maldizia o mundo. Era como se a história de sua vida fosse um disco empenado e emperrado na rotação errada, mas mesmo assim deixado a rodar, uivando, gemendo e chiando. Ele admite que estava quase sempre um pouco bêbado ou furioso naquela época, e sacaneava as pessoas só para vê-las se contorcer ou balançar na forca de seu temperamento e inconstância. Ainda hoje, pode parecer que as únicas pessoas às quais ele verdadeiramente confia seu legado são aquelas que derrubaram seus assentos ao se lançarem em pé em auditórios municipais, que fizeram valer seu dinheiro no cassino de Choctaw, ou que imploraram por mais uma música no lounge de algum hotel de aeroporto. Somente estas pessoas é que se lembrarão dele como se deve. "Olho para os rostos", diz. "Olho para a plateia e *sei*. Sei que dei algo a eles, rapaz, algo que eles não sabiam estar por aí neste *mundo*. E eu sei. Eles não me esquecerão".

No escuro de seu quarto, o cantor de rock and roll assiste a si mesmo na grande tela da TV, num tom preto-e-branco cinquentenário, tocando aquela música sobre balançar[7] que conquistou o mundo, assiste ao poder daquele homem jovem e perigoso. Assiste-o golpear as teclas e chutar o banquinho, fazendo com que a plateia se levante e suba em massa no palco, dançando e pulando, até fechar um círculo estreito ao redor de seu piano de cauda, todos rebolando e se contorcendo como se ele os tivesse comandando como marionetes. Assiste-o saltar com suas pernas jovens sobre a tampa do piano, como se uma força exterior tivesse acabado de jogá-lo ali, enquanto os outros jovens agarram-no pelo cabelo e pela bainha da calça. Os rapazes parecem perder o controle e quebram coisas ou capotam carros. As mulheres, trêmulas e soluçantes, parecem prestes a desmaiar, ou a morrer, ou a envergonhar suas mães. Enquanto assiste, o velho homem bate os pés no andamento da música, *tap, tap, tap*, e seus dedos tocam o ar como um piano. "G-r-r-r-r-r-r-r-r-r-r-r", canta, em dueto com o jovem na TV, e abre um sorriso largo e malicioso. Quando a música termina e o jovem faz uma reverência exagerada em agradecimento, o velho se ajeita no travesseiro, satisfeito. E então, da escuridão, mal se fazendo ouvir, vem um suave *"Hee-hee-hee"*.

Posteriormente, numa daquelas tardes arrastadas e silenciosas, tenho mais uma pergunta antes de pararmos ao anoitecer.

"Ouvi dizer certa vez que o senhor...". Mas ele me interrompe.

"Sim", diz ele. "Provavelmente eu o fiz".

---

[7] "Whole Lotta' Shakin' Goin' On".

1

O PAI DAS ÁGUAS

Paróquia de Concordia, Louisiana
O INÍCIO

Ao longo dos anos, de tempos em tempos a água subia e inundava a terra baixa e plana, levava todas as posses de um homem pobre, arruinava seu algodão e seu milho e afogava os porcos, derramava sujeira e peixes mortos dentro das casas, arrancava até os caixões debaixo da terra, e seus ancestrais boiavam até a paróquia vizinha de Avoyelles. A irmã de Jerry Lee, Frankie Jean, conta sobre um dia em que as chuvas desabaram, os rios subiram e a cheia das águas subterrâneas empurrou os mortos para a superfície. "O tio Henry e a tia Maxine andaram bebendo, e passaram pelo túmulo do tio Will e viram que parte do corpo dele estava pra fora. O tio Henry disse, 'Ai, Senhor, Maxine, o Arrebatamento chegou e o Senhor nos deixou aqui. Ele tentou levar o Will e o Will não ia de jeito nenhum. Ai, Deus, Maxine, ficamos é pra trás. Ai, Deus, Maxine, eu falei pra você não comprar aquele uísque...'". A questão é que é preciso muita coragem para permanecer numa terra pela qual você deve ao banco e que se transforma em líquido sob seus pés, enquanto montes de cobras mocassins d'água formam ilhas na maré crescente. A água estava por todo lugar, era a vida e a morte. Jerry Lee crê que não se pode viver num lugar baixo como este e ter medo da água.

"Um dia, eu e meu pai estávamos indo para o remanso. Eu tinha três anos", conta ele, viajando ao fundo da memória. Era o final de um verão, e o sol da Louisiana queimava sobre sua cabeça loira. Cantando sobre trens e mulheres mentirosas, balançava o menino como um nó na ponta de uma corda. Seguiram o rio até um lugar onde a corrente desacelerava até estagnar em lagos e lamaçais, parada como se fosse um vidro preto. O ar tinha o mesmo cheiro que sempre teve e ainda tem, o de mil anos de lodo, podridão e lama. Seu pai empurrou um velho barco para a borda rasa, e os dois rumaram para as águas fundas. O menino nunca tinha ido tão longe, nunca tinha feito mais do que molhar os pés perto da margem, enterrando os dedos no lodo e na areia, de mãos dadas com os pais. Agora, a água não tinha fundo, nem deixava passar luz alguma. Vagaram à toa por algum tempo.

Seu pai então o pegou nos braços, levantou bem alto e o atirou para fora do barco.

A água se fechou sobre sua cabeça. Ele se debatia em direção à luz, afundava, forçava-se a subir novamente, em pânico. Chutava a água como se estivesse repleta de diabos que se entrelaçavam ao seu corpo magricela, arrastando-o para baixo. Hoje ele sabe que não era crueldade, era apenas sua vez. Não era bom esperar até que estivesse mais velho. O terror só cresceria junto com a criança. Era preciso jogar os dois no rio e levar aquilo que saísse.

"Anda com isso, moleque!", berrava seu pai.

Jerry Lee engolia água, inspirava, engasgava.

"Nade ou boie!", berrava seu pai.

"Me ajuda!", gritou o menino.

Mas seu pai permanecia ajoelhado no barco, com os braços estendidos.

"Vamos, garoto!".

"Me ajuda!".

"*Vamos*".

Então ele sentiu dedos fortes como aço em seu braço e foi levantado bem, bem alto, para sempre sem medo. Hoje, acha que seu pai o teria salvo; com certeza o teria salvo, teria mergulhado no negrume sufocante e o libertado bem a tempo. Mas que tipo de garoto ele teria segurado ali, chorando aos berros? "Não era um lugar fácil", diz ele agora. Mas foi ali, no rio, que seu povo veio a se estabelecer, novamente em busca de um naco da boa vida, depois que as terras altas o decepcionaram uma última vez.

"Se você tem vergonha do lugar de onde veio, então tem vergonha de si mesmo", diz ele sobre os anos em que viveu de jardineiras e em meio à lama. "Nunca tive vergonha. Ferriday, Louisiana, é de onde eu sou. Vivemos por um tempo no rio Negro, e por um tempo na penitenciária de Angola, quando meu pai trabalhou na construção da prisão. Papai acordava às quatro da manhã, e mamãe, cinco minutos depois. Papai buscava trabalhos de carpinteiro, então nos mudávamos o tempo todo, mudávamos três vezes em uma semana, na maioria delas para velhos barracos de madeira. Ele cultivava algodão, milho, soja, dividia com meu tio Lee, e fazia uísque. Mamãe colhia algodão. Era um lugar pequeno, mas nunca pareceu pequeno para mim, quando eu era garoto". É onde todos os seus familiares, todos eles, estão enterrados, "então é um lar para mim". Ele nunca foi uma daquelas pobres crianças sulistas que alegam ter vivido numa feliz ignorância da pobreza e da vida na qual nasceram; tal coisa não deixa espaço para sonhos. "Depois de um tempo, você se dá conta. Comigo ocorreu muito rápido". Seus pais nunca foram donos de muita terra à beira do rio quando ele era garoto, às vezes nem do suficiente para encher uma xícara de chá, mas isso só tornava o pouco que tinham ainda mais precioso. A última parada foi nessa Paróquia de Concordia, e mesmo hoje, ao cruzar a ponte desde Natchez, ele respira mais leve, como se alguém tivesse tirado uma mão pesada de seu peito. Tem de tentar se lembrar das coisas ruins; as coisas boas vêm facilmente, "tudo era bom, boa cantoria, boa comida, boa... – você conhece aquela música sobre a árvore?".

> *I'm like a tree that's planted by the water.*
> *I shall not be moved.*[1]

Pessoas têm morrido à margem dessas águas há muito tempo, na esperança de um pedaço de terra pouco firme e de cultivar algo ali. Seria ele o mesmo se tivesse vindo de um lugar mais brando? "O talento apareceria", diz, "mesmo se eu tivesse nascido em alguma cidade grande. Mas poderia ter sido... diferente". Poderia ter sido, de alguma forma, mais brando. "Penso que a minha música é como uma cascavel. Ela te alerta, 'ouça isso; é melhor você ouvir'". Essa essência, a dureza e a braveza e talvez até mesmo uma ponta de beleza selvagem, acredita ele, saíram diretamente da lama.

No livro *Wicked River: The Mississippi When It Last Ran Wild*, o historiador Lee Sandlin identifica uma característica que parece ter marcado o povo do

---

[1] *Sou como uma árvore plantada à margem das águas / Não hei de mover*. "I Shall Not Be Moved", antigo *spiritual* (canção religiosa tradicional) americano, gravado por inúmeros artistas, entre eles o Million Dollar Quartet, do qual Jerry Lee fez parte junto a Elvis Presley, Carl Perkins e Johnny Cash.

rio Mississippi desde os primórdios: "Todos viviam pelo surto imprudente de exuberância selvagem, o súbito recurso de violência sem provocação – a violência, se não de ação, então de pensamento e linguagem. Faziam e diziam coisas extraordinariamente absurdas, de forma rotineira, tendo a *joie de vivre* como único motivo". Um desses personagens foi um malandro grandalhão chamado Mike Fink. "Ele foi uma criatura de puro ímpeto – e ainda assim, qualquer coisa que fizesse, por mais bizarramente aleatória que fosse, fazia com perfeição. Conseguia, sem esforço algum, o que ninguém mais era capaz com uma vida inteira de trabalho. Seu ar de graça divina, o que na literatura clássica é chamado de *aretê*, transcendia tudo a respeito de sua personalidade – que, de todas as outras formas, era apavorante".

Figuras como Mike Fink, escreve Sandlin, "tinham um jogo ritual chamado *shout-boasting [algo como 'berros de bravata']*, que consistia em inventar histórias surrealmente violentas sobre si mesmo, e então desafiar para uma luta qualquer um que as questionasse".

Mas, como diz Jerry Lee, não é bravata "se você realmente o fez".

Os espanhóis chegaram ao rio em 1541. Hernando de Soto conduziu homens em elmos de ferro pelas selvas de malária numa busca sedenta de sangue por ouro inexistente, e foi um dos primeiros homens brancos a morrer em meio ao calor, à umidade e aos mosquitos tão gordos quanto a bruma dali era espessa. Alguns dizem que os fantasmas enferrujados de seus conquistadores ainda cavalgam pelo nevoeiro. Pierre Le Moyne d'Iberville et d'Ardillières, cavaleiro da Ordem de São Luís e fundador da Colônia da Louisiana da Nova França, trouxe a colonização, a Bíblia e a espada. As tribos indígenas foram logo extintas. Bandeiras subiam e desciam conforme homens brancos lutavam por aquelas terras todas, até que o Velho Mundo recuou por conta da febre amarela e da planície de inundação.

Em 1803, a compra da Louisiana deu a lama a uma nova nação, e o presidente Thomas Jefferson enviou o naturalista William Dunbar para conhecer o motivo de tantas mortes em batalha. Dunbar explorou os rios Mississippi, Negro e Ouachita de barco e a cavalo, e os relatos em seus diários fazem essas terras parecerem o Paraíso. "A vegetação é extremamente vigorosa ao longo das margens dos rios; vinhas entrelaçadas enredam as mais ricas e luxuriosas grinaldas nos galhos das árvores". O resultado foi "uma cortina impenetrável, matizada e cravejada com todas as gradações possíveis de cores, de um alaranjado esplêndido a um verde vivificante, passando por roxo e azul e intercalando com vermelho claro e marrom castanho-avermelhado". Dunbar viu carvalhos sem fim, vermelhos e negros, além de freixos, nogueiras, nogueiras amargas, olmos e caquizeiros; o solo era "marga negra misturada a areia", as margens dos rios "cobertas por canaviais vistosos". A floresta ao longo do rio oferecia carne de "cervos, ursos, perus... aves e peixes do rio... além de gansos e patos surpreendentemente gordos e excelentes".

E o rio em si? Dunbar escreveu sobre sua imprevisibilidade e temperamento, sobre redemoinhos e contracorrentes que "mesmo seguindo o fluxo da corrente, não conseguimos compreender".

Natchez se tornaria o berço da civilização ali, e era uma cidade de duas faces. Uma era a própria nobreza, um lugar de plantações que ditavam um padrão de opulência, de cotilhões e colunas brancas, de chás da tarde e selas de couro fino, prataria londrina e vestidos parisienses, tudo apoiado numa fundação de servidão humana. A outra face tinha um olhar lascivo, era uma passagem selvagem para o Oeste, povoada por jogadores, prostitutas, piratas, barqueiros, caçadores, joãos-ninguéns, vigaristas e viciados, e onde barcos de quilha, rabelos e navios com destino ao oceano ocupavam as docas. O rio era tão profundo que os grandes navios mercantes podiam navegar todo o trajeto dos portos ingleses aos bordéis de Natchez Under-the-Hill[2]. Ali, marinheiros do mundo todo bebiam, brigavam e xingavam em sua língua de origem. Longe das luzes, piratas usavam lampiões e fogueiras para atrair barcos para a terra, roubavam os passageiros e atiravam seus corpos aos bagres.

Do outro lado do rio, na Paróquia de Concordia, a terra fértil nutrida por séculos de enchentes foi invadida e queimada em vastos campos marrom-acinzentados. Cidades pequenas, como Vidalia, Waterproof e St. Joseph, fervilhavam com o comércio à medida que os grandes barcos a vapor aportavam para embarcar carregamentos sem fim de algodão e lenha. Os barcos *Southern Belle*, *Princess*, *Magnolia*, *Natchez* e *New Orleans* serviam refeições que rivalizavam com aquelas de qualquer restaurante em New Orleans e tinham cabines

---

[2] "Natchez Sob-a-Colina", como era conhecida uma movimentada região portuária da cidade.

que rivalizavam com as dos hotéis mais luxuosos. Eram chamados de "canoas de fogo" pelos índios e fumegavam à linha d'água rotineiramente. Mas cada chegada a Natchez ou à Paróquia de Concordia era um carnaval, na expectativa de o que o rio trazia. Os capitães se tornaram figuras míticas, cantados pelos poetas assim como os gregos cantavam Agamenon:

> *Diga, piloto, consegue ver aquela luz?*
> *Eu vejo – onde estão os anjos.*
> *Bem, segure firme o mastro,*
> *Pois ali irei pousar.*
> *Parece a morte me saudando*
> *Tão pavorosa, cruel e pálida.*
> *Tocarei o sino – devo entrar*
> *Nunca perdi um chamado.*[3]

Era preciso força para engrenar isso tudo, e em 1860 havia 12.542 escravos só na Paróquia de Concordia, em comparação a 1.242 brancos livres – uma economia de sangue frio na qual muitas plantações eram controladas por proprietários ausentes que viam os campos puramente como um empreendimento. A expectativa de vida dos escravos era tão baixa que os donos de escravos em outros estados usavam as plantações da Louisiana como ameaça para manter seus próprios escravos na linha, dizendo que, caso se comportassem mal, seriam vendidos para o sul. Com as populações em tamanha desproporção e a ordem mantida pelo chicote e pela corda, era uma situação tensa e frágil, propícia para a insurgência. Uma história frequentemente contada fala de um escravo, considerado culpado pelo assassinato de homens brancos e pelo sequestro de mulheres brancas, que foi queimado na fogueira em praça pública, ou pelo menos era esse o plano, até que ele se libertou das correntes do tronco e saiu mancando – até que foi morto a tiros, para a decepção da multidão.

A violência era palpável no ar espesso. Os duelos nos baixios eram tão comuns que são tratados em quinze páginas de *History of Concordia Parish*,

---

3 Tradução livre de trecho do poema "His Last Trip", de Will S. Hays.

de Robert Dabney Calhoun. Democratas atiravam em republicanos, maridos atiravam em juízes nos pedidos de divórcio das esposas, e médicos e generais atiravam em senadores, em congressistas e no oficial comandante da Guerra Mexicano-Americana. Em 1827, o dr. Thomas Maddox desafiou o agricultor e coronel Samuel Wells para um duelo por alguma coisa já esquecida. Ambos erraram seus primeiros tiros e as honras foram satisfeitas, mas aqueles que os acompanhavam resolveram acertar contas antigas e abriram fogo. Dois homens morreram. Um dos combatentes, o agricultor Jim Bowie – que morreria celebremente no Álamo – esfaqueou um homem até a morte. Os dois lados não se deram por satisfeitos e discutiriam por anos a fio quem entre eles seria o maior arruaceiro, trapaceiro, traste e grosseiro. A maioria dos assuntos não era tão sangrenta, já que aquelas pistolas de cano longo eram notadamente imprecisas, e a maioria dos cavalheiros aceitava tiros errados como providência divina e abria uma garrafa de vinho. Com a Paróquia de Concordia em foco, a Constituição de 1845 tentou restringir os duelos, advertindo aos praticantes do risco de serem "proibidos de exercer cargos de confiança ou de ter lucro" (alguns dizem que foi sorte a prática ter sido restringida antes da chegada de Jerry Lee).

A guerra desmantelou a velha sociedade. O general Ulysses S. Grant tomou Vicksburg na metade da guerra, e Natchez em seguida. Natchez tornou-se uma cidade ocupada graciosa, enquanto em Concordia os escravos caminhavam para os campos e rumavam para a New Orleans ocupada, alguns para lutar pela União, e outros para levar sua própria música para a cidade, onde a mesclaram com os sons *creole* e a moldaram numa nova música chamada de jazz. As terras à beira do rio caíram com tudo numa época intrigante, em que negros usavam distintivos, portavam armas, trabalhavam em órgãos públicos e integravam o júri ou eram os próprios juízes no julgamento de brancos. A Reconstrução trouxe interesseiros políticos nortistas, cavaleiros da Ku Klux Klan e leis de segregação, mas ainda era o algodão o que ditava as fortunas para ricos e pobres. Brancos pobres, que sobreviveram a disenteria, tiros de metralhadora e ataques suicidas em terreno alto, vieram tirar a casca de troncos de árvores; ex-escravos vieram trabalhar no solo, com as cicatrizes antigas nas costas. O século XX trouxe as barragens, tão altas que um homem tinha de andar numa subida íngreme para se afogar, mas o rio permanecia indiferente e, quando vinham as chuvas fortes, passava por cima de tudo e afogava os sonhos dos homens pobres, e os peixes nadavam pelas ruas das cidades como se estas fossem rios.

Mas não é preciso muita terra seca para trilhos serem firmados, e foi aí que uma prosperidade relativa – e, para alguns homens e mulheres, uma promessa de salvação – também se firmou. As ferrovias Texas & Pacific e Iron Mountain decidiram que precisavam de terminais na Paróquia de Concordia para o serviço de trens que transportavam madeira e algodão. Seria uma cidade corporativa, elaborada por uma companhia de investimentos no local de uma antiga plantação e batizada com o nome do proprietário, J. C. Ferriday. Foi incorporada em 1906 e, para quem passasse por ali, era como se uma cidade tivesse surgido da noite para o dia. A escritora Elaine Dundy chamou-a de "uma cidade sem nativos", um lugar aberto e amplo com um moinho de algodão, uma serraria, uma madeireira e uma grande usina de compressão no gasoduto dos campos de gás natural de Monroe até Baton Rouge. Em 1920, havia cerca de 2.643 brancos e quase 10 mil negros na paróquia, e no dia de pagamento eles iam a Ferriday gastar seu dinheiro.

Ferriday, Louisiana, ficaria conhecida como um dos lugares mais perversos da Terra, onde bordéis, casas de jogatina e *saloons* funcionavam vinte e quatro horas por dia. "Não é uma má cidade... é a mais má das cidades", escreveu Dundy em sua biografia do lugar. Homens brigavam até a morte na rua por mulheres ou desavenças de jogo, ou mesmo se um deles chutasse o cachorro do outro. Porcos e gado perambulavam pela rua principal, e, no inverno, quando a forragem era fina, os homens cortavam os galhos mais baixos das árvores de modo que o gado pudesse chegar até o musgo. As estradas de ferro iriam e viriam, mas nos anos 1930, quando a Grande Depressão exauriu a vida da maior parte do país, a Texas & Pacific, a New Orleans & Northwestern e a Memphis, Helena & Louisiana fizeram do vilarejo um destino. Bateristas, jogadores e especuladores de petróleo chegavam com cada trem, rumo ao King Hotel, e os andarilhos saltavam dos vagões de carga como pulgas.

Era movimentado, e movimento significava trabalho.

"Os Lewis vieram de Monroe" para Ferriday, disse Jerry Lee, e a história da família nem sempre envolveu sacos de algodão e barracos de madeira. Seu tataravô foi Thomas C. Lewis, um dono de terras que se tornou juiz paroquial em Monroe. Seu filho, John Savory Lewis, o bisavô de Jerry Lee, foi um homem temido e poderoso, um próspero dono de escravos, mas, quando os Yankees chegaram, essa dinastia também caiu. Alguns de seus filhos prosperaram, mas um deles, Leroy Lewis, o avô de Jerry Lee, vagou de profissão em profissão até que se assentou como agricultor, função para a qual ele não tinha aptidão nenhuma. Seus talentos estavam em fazer música. Tocava rabeca de forma incendiária, e tocou na transição do século antigo para o novo. Passou esse amor pela música e esse talento aos filhos, com uma espécie de sorriso perpétuo que desafiava tudo o que o Sul despedaçado deixara para ele. Também era propenso a beber muito e com frequência, e a então simplesmente desaparecer por um tempo, deixando a esposa, Arilla, a se perguntar se ele estaria morto. "Cê tá morto, não?", perguntava Arilla quando ele voltava, cambaleando. "Não", dizia. "Estou embriagado".

Em 1902, um filho seu nasceu em Mangham, Louisiana. Elmo Kidd Lewis era um entre onze filhos, um garoto bonito de cabelos pretos como as penas de um corvo e um rosto quadrado com um sorriso largo e permanente. Levava a herança de seu sangue, um homem de grande força física com uma voz encantadora e um jeito para a música, além da sede de muitas gerações. Mas seu filho Jerry Lee e outros que se lembram dele dizem que não havia nele crueldade alguma para com espíritos menores, maldade alguma para com mulheres ou crianças, baixeza da qual poucos homens que gostavam de beber eram desprovidos. Quando nasceu, a velha família só lhe deixara o nome, então ele, de dia, arrastava um saco de algodão e empunhava um martelo, e à noite tocava violão e cantava. Não brigava com outros homens; nunca precisou, apenas os estapeava para o chão, "rápido como ninguém", diz seu filho. Usava o distintivo de honra concedido pelos sulistas aos homens bons que bebem, quando "não importunavam ninguém" e "nunca perdiam um dia de trabalho". Para os donos das terras, ele era uma máquina de carregar sacos de algodão e bater pregos. Elmo sonhava um dia tocar música num palco, mas tamanha era a distância entre isso e sua vida desperta, em meio a fileiras e mais fileiras de algodão que não ia se colher sozinho, que ele pouco falava nisso. Mais tarde, mais velho, e depois de o sonho ter se exaurido, aí é que ele falava sobre isso o tempo todo. Como muitos sulistas da classe trabalhadora, sentia algo muito profundo ao ouvir Jimmie Rodgers cantar sobre amor, cidades pobres, assovios solitários e prisões, e conseguia se imaginar cantando *yodel*[4] no rádio como seu herói, antes de Rodgers ser sufocado até a morte pela tuberculose aos trinta e cinco anos, num hotel em Nova York.

> *I'm gon' buy me a pistol, just as long as I'm tall*
> *I'm gonna shoot poor Thelma, just to see her jump and fa-all*[5]

A grande enchente de 1927 afogou os campos e tornou os tempos difíceis ainda piores, enquanto os poderosos homens de estado destruíam as barragens para inundar as cidades mais acima do rio e salvar New Orleans. Foi uma época amarga para a Louisiana, um lugar historicamente corrupto que carregou essa tradição com orgulho na virada para o século XX. No ano seguinte, eleitores esfarrapados e raivosos colocaram uma espécie de titereiro meio louco no poder, um ditador que inspirou canções, chamado Huey P. Lewis, conhecido como Kingfish ["mandachuva" ou "chefão" e, literalmente, "peixe-rei" ou "papa-terra"]. Ele jurou redistribuir a fortuna de gigantes como a Standard Oil e fazer de cada homem um rei. Da altaneira capital do estado, pregava reforma, e vivia opulentamente no hotel Roosevelt, em New Orleans. Tinha ambição de chegar à Casa Branca e deixava os ricos morrendo de medo. Desde as vésperas da Grande Depressão, como governador e senador, construiu 111 pontes e milhares de quilômetros de estradas, e prometeu acabar com o sofrimento das crianças famintas, com a escuridão avassaladora que as envolvia, se homens desesperados como Elmo apenas lhe dessem mais um pouco de tempo.

Na tristeza daquele momento, na Paróquia de Richland, Elmo conheceu uma garota de cabelos escuros chamada Mary Ethel Herron, chamada de Mamie por todos. Era uma garota adorável, ainda que um pouco séria, e devota, o que assustava os moleques malandros, mas boas mulheres são naturalmente atraídas por homens mais velhacos. Em Elmo, sorridente e de ossos largos, ela viu um dos homens mais impressionantes que já conhecera. Naquela

---

4 Estilo de canto caracterizado por sílabas fonéticas proferidas rápida e repetidamente, popular nos primórdios da música country.
5 *Vou comprar uma pistola, tão longa quanto eu sou alto / Vou atirar na pobre Thelma, só para vê-la pular e ca-air.*

época, aos finais de semana, as pessoas do interior se reuniam numa casa abandonada, espalhavam farinha de milho no chão de tábuas para deixá-lo mais liso, e dançavam. Elmo tocava violão e cantava, e ganhou dos moleques malandros a disputa pelo coração dela. Era uma boa mulher, o que, no vernáculo sulista, geralmente significa muito sofredora, mas Mamie era diferente. Era suave por fora, mas tinha sangue nos olhos. Compreendia que todos os homens carregam pesares, e estava disposta a conduzir o trem se as mãos do companheiro estivessem vacilantes. Elmo e Mamie se casaram em 1929, ela com dezessete anos e ele dez anos mais velho, enquanto a Grande Depressão tomava a nação. Ele trabalhava na terra de outros homens, e ela colhia algodão a seu lado, quando conseguiam encontrar trabalho.

A família da mãe de Mamie, os Foremans, era próspera, mas sua mãe, Theresa Lee, casou-se com um fazendeiro pobre chamado Will Herron, e a prosperidade se foi com aquela troca de votos. O único legado passado adiante pelos Foremans foi algo no sangue, uma espécie de escuridão que atravessava a mente e deixava a pessoa vagando, assombrada, até que encontrasse uma saída. Há nomes para isso agora, explicações clínicas para a demência e a depressão, mas não naquela época, no interior profundo. Ninguém – pelo menos ninguém de quem Jerry Lee se lembre – se recusava a colher algodão ou a construir uma casa porque se sentia deprimido; as pessoas adentravam essa condição, viviam ao lado dela. "Acho que entendo de ambas as partes", diz Jerry Lee, e não dirá muito mais além disso sobre o assunto. É simplesmente algo que atravessa as gerações, parando onde e quando escolher, e um homem poderia escolher isso como a culpar por todos os seus atos, todos os seus erros e sofrimentos; Jerry Lee escolhe não fazer isso, não mais do que ele culpa – exceto nas circunstâncias mais raras – o uísque, as drogas ou o diabo. É o dono de seu próprio estrago.

O sogro de Elmo, Will, era um homenzinho atarracado e de pavio curto, que criava exímios cães de caça e tinha fama de ser rápido no manejo de uma faca. "Podia te matar num piscar de olhos", diz Jerry Lee. Lembra-se de que quando Will e Elmo caçavam juntos e se deparavam com uma cerca, Elmo simplesmente levantava o homenzinho como uma criança e o depositava do outro lado. Às vezes, isso deixava Will Herron tão fulo a ponto de pular como um urso pequeno e agitado, mas era difícil ferir alguém como Elmo, que lhe dirigia um sorriso ao menor sinal de diversão. Herron tinha "um metro e vinte e pouco", diz Jerry Lee, mas o velho era um atirador de primeira e era capaz de derrubar um cervo até mesmo montado num cavalo. "Ele dizia pro meu pai, 'Você não vai ficar com nada desse cervo'", quando estava bravo com o genro, mas Herron raramente ficava nervoso por muito tempo. Elmo também tinha esse dom; era um ímã de perdão.

À noite, após jantarem feijão e broa de milho, Elmo e Mamie ouviam discos numa vitrola a manivela, seu único luxo, e cantavam duetos de um hinário. Ela também tinha uma bela voz, e os dois soavam muito bonitos juntos, embora Mamie não cantasse músicas de bêbados ou andarilhos, pois eram pecaminosas. Eram pobres mas tinham o bastante para viver e comer, até que os campos da Paróquia de Richland se tornassem inférteis, até que não houvesse nada melhor do que salários de fome. Os recém-casados precisavam de um novo começo, e ultimamente todos os seus parentes vinham falando de uma cidade na Paróquia de Concordia, encravada entre o rio e as estradas de ferro. Duas das irmãs de Elmo tinham se casado com irmãos chamados Gilley e se mudaram para esse lugar, Ferriday, e outra irmã, que se casaria com um homem chamado Swaggart, estava pensando a respeito. Mas o pivô disso tudo seria a adorável irmã mais velha de Mamie, Stella, que conquistara o homem mais rico de Concordia, um especulador de terras e gente chamado Lee Calhoun.

Fisicamente, Lee não era um homem grande, ou particularmente bonito, e se você o visse caminhando pelas ruas de terra em suas calças cáqui sujas do trabalho, poderia subestimá-lo; as pessoas se arrependiam disso. Tinha uma voz maior do que ele próprio, blasfemava com frequência em alto e bom som, e, ainda assim, construiu três igrejas com dinheiro do próprio bolso. Viera do dinheiro, de família bem educada, mas agia como se tivesse saído rastejando debaixo de um Chevrolet esculhambado. Era inteligente quanto a vários assuntos, mas especialmente à terra. Compreendia que, apesar do que os cientistas diziam sobre a gravidade, o que realmente impedia as pessoas de saírem à deriva pelo nada era a terra. O homem que a controlasse controlaria tudo o que valia a pena pensar a respeito.

Lee Calhoun não trabalhava na terra, mas era dono dela e das sementes e das mulas e das casas simples; não vivia num rancho, mas era dono do pasto. Via a bebida alcoólica como um *commodity*, não como algo que consumisse. Contratou parentes seus para fabricar uísque clandestino na mata profunda, homens capazes de absorver os riscos em tempos difíceis da mesma maneira como outros homens absorviam calos nas mãos por manejar uma enxada. "Acredito que o tio Lee era a espinha dorsal da família". Não fosse por ele, o clã provavelmente teria se dispersado, "mas ele nos manteve juntos, definitivamente". Possuía poços de petróleo e conhecia milionários, mas se você devesse quinze dólares a ele, tinha isso anotado numa caderneta e viria cobrá-los na manhã do vencimento. Não tinha um cargo oficial, mas políticos, juízes e xerifes o saudavam na rua. Cavalgava pela cidade num grande animal; onde quer que amarrasse o cavalo, era dono do tronco ou de parte dele. Era o mandachuva, curto e grosso, e à medida que pingavam parentes de sua esposa, ele os colocava para trabalhar.

"Eu adorava meu tio Lee. Ele era bondoso conosco. Era um homem fino, um grande homem. Mas se você quisesse vinte dólares emprestados dele, tinha que pedir de joelhos", diz Jerry Lee.

Na época, o clã Lewis-Gilley-Swaggart-Calhoun se tornaria algo um tanto quanto espantoso aqui, em sua configuração e suas personalidades. Primos e concunhados e outros parentes se casavam entre si até que o clã estivesse entrelaçado como uma grande e firme bola de elásticos. Aqui vai apenas um exemplo: Willie Harry Swaggart, a quem todos chamavam de Pa, era casado com a irmã mais velha de Elmo, Ada. O filho de Willie Harry, Willie Leon, a quem todos chamavam de Son [Filho], então se casou com a irmã de Mamie, Minnie Bell, cunhada de Elmo e tia de Willie Leon, o que fazia de Willie Leon cunhado e sobrinho de Elmo e faria dos filhos dele e de Elmo, quando viessem, duplamente parentes. "Eu e Jimmy (Swaggart) somos duas vezes primos de primeiro grau", diz Jerry Lee, na cara de pau, como se tal coisa acontecesse todo dia. Outros parentescos são complicados demais para explicar, exceto o fato de que os filhos que viriam teriam não um, mas dois ou mais graus de parentesco com o clã. Todos eles cantavam e tocavam violão, rabeca e piano, alguns eram pregadores ou fabricantes de uísque clandestino, alguns alternavam essas funções a cada mês e outros exerciam ambas, algo que não era nada incomum em ambas as margens do grande rio, mas especialmente na Louisiana.

Elmo e Mamie esperavam seu primeiro filho quando chegaram à Paróquia de Concordia a tempo da estação de plantio em 1929, e mudaram-se para uma fazenda de propriedade de Lee Calhoun, numa localidade bem no meio da mata, chamada Turtle Lake. Havia então 2.500 almas em Ferriday, a maioria descendentes de escravos, mas a Grande Depressão tingira tudo de cinza, e Elmo agarrou um saco de algodão e trabalhou em tudo o que pôde. A casa não tinha eletricidade, encanamento, nem água corrente. Mas numa época em que um a cada dois homens estava desempregado e sem ter onde morar, sem esperança e tempo, em que caminhões abarrotados e caindo aos pedaços passavam por eles nas estradas de terra, rumo a uma vaga promessa de uma vida melhor a mil quilômetros a oeste, Ferriday serviria.

Em 11 de novembro de 1929, Mamie deu à luz um menino de cabelos dourados. Batizaram-no Elmo Kidd Lewis Jr., e ainda bebê ele já cantava. Parentes contam que era um belo garoto, obediente, o bom filho. Seus pais chamavam-no de Junior, e falavam de suas esperanças e planos para ele – o sonho de Elmo, na verdade, de que o menino pudesse ser um cantor no rádio ou nos palcos quando crescesse. O menino obedecia à mãe, dizia "senhor" e "senhora", e *gostava* da escola, *gostava* da igreja e sempre carregava uma lousinha e giz ou lápis e papel para praticar caligrafia e ortografia. Ao chegar no primeiro ano do ensino fundamental, já escrevia canções para apresentar diante da congregação.

Em 1934, Elmo foi trabalhar em uma das outras empreitadas de Lee Calhoun. Durante anos, Lee fabricou uísque numa espécie de empresa fantasma, num magnífico e brilhante alambique de cobre de 200 litros, escondido na mata não muito longe da casa de Elmo em Turtle Lake. Ele já fabricava antes da Lei Seca, e continuou fabricando depois da revogação, porque tais questões longínquas pouco tinham a ver com sede na Paróquia de Concordia ou com a lei local. É claro que ele nunca pagou um centavo de impostos – Lee tinha um desdém profundo pelo governo federal e pela maioria dos governos, e por qualquer um que quisesse mandar nele minimamente –, então contratou Elmo, seu cunhado/sobrinho Willie Leon Swaggart e outros parentes para aumentar a produção, o que fizeram com grande sucesso, entre testes frequentes da qualidade do produto. "Diziam que era um bom uísque, o melhor uísque", diz Jerry Lee. A lei local não se importava com a fabricação de bebida alcoólica de Lee Calhoun; o fato era que os homens beberiam, fosse legal ou não, taxado ou não. Bebidas ilegais deixavam o pessoal da igreja feliz, de certa forma, pois era como ter bebida invisível, até que um bêbado cambaleasse no meio da rua principal e urinasse mais ou menos na direção de Waterproof.

Às vezes Lee ia a cavalo até o alambique para checar as coisas, mas raramente ficava muito tempo, pois sabia que a única maneira que o governo tinha de ligá-lo ao ramo da bebida era pegá-lo no flagra. No inverno de 1935, Elmo estava na mata com Willie Leon Swaggart e mais três homens, escoando um lote, quando as árvores ao redor começaram a balançar e surgiu uma gangue de homens armados, apontando-lhes as espingardas. Eram agentes fiscais, a mais baixa das formas de vida. Atacaram o alambique com um machado, deixando o precioso uísque escorrer pelo solo. Depois, embarcaram Elmo e os demais numa caminhonete, sob a mira da espingarda de um agente, e partiram pela estrada.

A providência então interveio, embora não tanto a ponto de favorecer a Elmo. Ao chacoalhar por uma estrada de terra, a caminhonete passou por Minnie Bell Swaggart, *muito* grávida, entrando em trabalho de parto. Ela viu Willie Leon sentado na traseira da caminhonete e começou a chorar e a correr, chamando por ele. Quando o agente no comando viu a jovem cambaleando pela estrada aos prantos, disse ao motorista que parasse antes que ela desse à luz ali, numa vala. Perguntou aos prisioneiros quem era ela, e Willie Leon respondeu. O agente pensou a respeito, e disse a ele para descer e ir para casa com a esposa. Willie Leon e a grávida Minnie Bell seguiram pela estrada, dando graças a Deus.

Elmo manteve-se calado sobre a identidade do dono do alambique. Sabia que Lee Calhoun cuidaria de sua família e que sua plantação estaria esperando por ele quando fosse solto, porque ainda que ele fosse o maior mão de vaca, cuidava bem dos seus, a menos que fizessem algo estúpido, como abrir o bico para os federais. Em janeiro de 1935, partiu acorrentado para a penitenciária federal em New Orleans, sentenciado a um ano, mas sabendo que estaria em casa em seis meses. Outros homens tinham livros ou orações para passar o tempo, mas ele apenas cantava. "Papai disse a mamãe que era 'simpático' lá e que ele fazia três boas refeições ao dia", diz Jerry Lee, e verdade seja dita, o nabo, a beterraba e o feijão branco temperado com bacon servidos na prisão eram melhores do que aquilo com o qual muitas famílias subsistiam.

No final da primavera, ele voltou para casa, em Ferriday, mais ou menos intocado e inalterado, pelo menos é o que diziam, e bem alimentado. Voltou a trabalhar no campo, mas não no alambique; os agentes o alertaram que, se fosse pego novamente fabricando ou mesmo transportando bebida alcoólica, cumpriria uma sentença pra valer. À noite, ensinava seu filho a tocar seu velho violão. Os três, Mamie e seus dois Elmos, fingiam que estavam no rádio, como a Carter Family, para se lembrarem de que havia algo na vida além de algodão, cadeia e cheias do rio. Mamie estava grávida mais uma vez, e o novo bebê chutava forte e com frequência.

O estado estava em luto enquanto Mamie esperava. Em 8 de setembro de 1935, Huey Long pavoneou pela entrada do capitólio, decidido a fazer passar um plano de redistritamento que destituiria do cargo um antigo inimigo político seu, o juiz Benjamin Pavy. O genro do juiz, um jovem médico chamado Carl Weiss, saiu da multidão que observava e disparou um único tiro contra Long; os guarda-costas do governador atiraram sessenta e duas vezes em Weiss, a maioria delas depois dele já estar morto. Long, o amigo do homem pequeno, foi enterrado de smoking, e duzentas mil pessoas se enfileiraram em seu velório. Uma grande tempestade enfim se exaurira na Louisiana; outra estava apenas começando, em Turtle Lake.

O novo bebê veio vinte e um dias depois, em 29 de setembro de 1935, depois da última safra de algodão. "Era para o dr. Sebastian ter feito o parto", diz Jerry Lee, que ouviu tantas histórias sobre a noite de seu nascimento que é como se ele próprio estivesse lá observando, pendurado no teto. "Era, pelo menos... Bem, ele chegou a entrar na casa".

Mamie sabia que havia algo terrivelmente errado naquela noite. A dor era horrível, muito, muito pior do que ela se lembrava. Elmo foi buscar o médico, e ela rezava.

O dr. Sebastian e Elmo podiam ouvi-la gritando de dor ao se aproximarem da casa.

"Graças a Deus", disse Mamie, quando os dois entraram no quarto.

O dr. Sebastian disse a ela que se acalmasse, ainda não era hora, mas, para Mamie, ele parecia um pouco trêmulo. O médico estivera em casa, relaxando com um ou dois drinques.

Elmo ofereceu-lhe uma dose de uísque de milho, por educação. O dr. Sebastian olhou para o uísque cristalino como um cientista. Examinou-o em busca de resíduos, não havia nenhum, e por cor. Parecia água mineral. Era uísque do bom. Destampou a garrafa – o cheiro era forte e profuso, o que também era como um uísque de milho deveria se comportar – e tomou um gole longo, lento e grande, por educação, e depois mais um.

Algum tempo depois, quando sabia que tinha chegado a hora, Mamie gritou por eles, mas só Elmo chegou a seu lado.

"Onde está o dr. Sebastian?", resmungou Mamie.

"Ali", disse Elmo.

"O quê?".

"Ele tá deitado ali", disse Elmo, apontando para o outro lado do cômodo.

O dr. Sebastian estava dormindo numa cadeira.

"Acorde ele", disse Mamie.

Elmo já tinha tentado.

O dr. Sebastian sonhava.

"Posso dar conta disso", disse Elmo a Mamie.

É claro que a criança não nasceria do jeito costumeiro. O bebê estava de ponta-cabeça no útero, e não foi sua cabeça o que emergiu primeiro, mas seus pés. Elmo não tinha noção dos perigos desse procedimento, mas Mamie tinha. Dessa forma, bebês eram estrangulados, morriam de forma horrível ou ficavam com sequelas para o resto da vida, e as mães morriam agonizando.

Elmo segurou os pés do bebê e puxou.

"Cuidado com os braços", disse Mamie, o sangue de volta aos olhos.

Elmo consentiu.

"Cuidado com a cabeça", disse ela, e não se lembrou de muita coisa depois disso.

"Papai me tirou com tudo", diz ele agora. "Saí pulando e tenho pulado desde então". Gosta de dizer isso, gosta dessa ideia, assim como gosta da ideia de que foram seus pais que o puseram no mundo sem a ajuda de ninguém: mais uma pequena lenda dentro de uma lenda maior. Era uma época farta de bebês e de lendas. Em janeiro daquele mesmo ano, em Tupelo, outra pobre mulher deu à luz um filho que chamou de Elvis. Em Ferriday, em março, Minnie Bell Swaggart, que havia resgatado seu marido da caminhonete da prisão, deu à luz seu filho, Jimmy. Outro membro da família estendida, Edna Gilley, logo deu à luz outro primo, a quem chamou de Mickey. Todos eles vieram num intervalo de dois anos, todos, de alguma forma, abençoados, todos destinados a cantar canções e levar seus dons às multidões, de uma forma ou de outra, com grande sucesso, mas com diferentes preços a pagar.

Mamie e Elmo batizaram o segundo filho com o nome de um ator de quem Mamie meio que se lembrava, um tal Jerry-alguma-coisa, e com o Lee de Lee Calhoun, cujo uísque apagou o dr. Sebastian, e, talvez em parte como o nome de seu avô, Leroy Lewis, embora os membros da família viessem a contestar quanto a quem de fato inspirou o nome do menino. Todavia, foi a época mais feliz de suas vidas, e teria continuado dessa forma, se o tempo tivesse apenas reduzido a velocidade, de algum modo, bem ali, e estagnado profundamente.

2

UÍSQUE NAS VALAS, A 6 PALMOS

Paróquia de Concordia
1938

As serpentes se enrolavam na escuridão quente do teto sobre sua cama, um ninho inteiro delas, se amarrando e se desamarrando em nós, rastejando silenciosamente pelas tábuas do sótão, dezoito no total. Os guizos soavam, mas o menino nunca ouviu. É estranho que nunca tenha ouvido. Mas as escrituras falam da astúcia das serpentes; no Sul pentecostal, elas não deslizam apenas pela água parada, mas também pela fé e pelos mitos. Homens velhos penduravam serpentes em arame farpado para trazer chuva, e não olhavam nos olhos delas, com medo de serem enfeitiçados. Nos campos da Paróquia de Concordia, velhas mulheres contavam histórias sobre serpentes que formavam um círculo e rolavam como uma roda, e se refaziam se cortadas em duas. Mas mitos são mitos, e as escrituras são a palavra de Deus, que conta repetidas vezes da falsidade, da maldade e da inveja das serpentes no Éden, no Egito e em Canaã, depois de Deus tê-las reduzido a coisas rastejantes e decretado, em Isaías, que o pó seria a carne delas. A história das serpentes no teto sobre a cama do pequeno Jerry Lee se sustentou por setenta anos e se sustentará por muito tempo mais, assim como as pessoas contam como a cheia das águas levaram as *copperheads* e *diamondbacks* para o alto das árvores, o alto dos celeiros e vigas. Contam o quão seguramente as serpentes teriam descido à noite, se enrolado nos cantos escuros e debaixo das camas, se o garoto, sob as cobertas, não tivesse visto uma grande cascavel deslizar por um buraco nas tábuas acima dele, "baixar a cabeça e olhar diretamente para mim" à luz fraca do lampião em seu quarto.

"Essa não é a sua cama", o menino gritou para a cascavel.

A cobra continuou pendurada ali, a poucos metros de seu rosto.

"Papai", disse baixinho o menino.

"*Papai!*".

Mas as escrituras dizem, também, que um homem sem medo passará por dragões e serpentes e, pela vontade de Deus, protegerá sua tribo. Pessoas contam como Elmo adentrou a escuridão das vigas com um lampião a gás e um pedaço forte de pau e, pegando-as todas contorcidas em um nó, golpeou-as até que parassem de cantar e o único som naquele espaço apertado fosse o de sua respiração pesada.

Seu pai não poderia ter sido outro tipo de homem, fraco ou bonzinho demais ou comum; a memória do menino não suportaria isso. Ele o perdoou por todo o resto. "Foi um homem magnífico", diz. Seu pai quase não teve escolaridade alguma, "mas era um homem inteligente", competente, incapaz de ler um livro de literatura, mas capaz de dizer como montar uma máquina só de olhar para ela. Num lugar menos desesperançado e em tempos mais prósperos, ele poderia ter sido qualquer coisa, talvez até bem sucedido, mas naqueles anos ruins, foi o que precisava ser. Não era uma época boa para cavalheiros na Paróquia de Concordia, quando homens se agarravam a restos e brigavam entre si em desespero e embriaguez, e às vezes apenas para provar seu valor, quando não poderia ser de outra forma. "Papai não fugia de homem nenhum", diz Jerry Lee. "Suas mãos eram tão grandes que ele simplesmente os estapeava, pra lá e pra cá, e nunca perdeu uma luta". Muita gente não enxerga por que um homem tinha de brigar. "Tudo aquilo de não poder prover à família, tudo aquilo atormenta, e era a gota d'água para ele. Eu o vi nocautear homens no alpendre", homens que vinham cobrar dívidas ou fazer ameaças. "Ele derrubou um homem do alpendre, e o sujeito caiu tão forte que quebrou a perna; deu-lhe um peteleco como se não fosse nada, com a mão esquerda. Nada era capaz de derrubar papai, e ele era capaz de vencer qualquer coisa, menos uma. A Grande Depressão".

A movimentada cidade não se provara uma grande salvação, no fim das contas. Jerry Lee era muito pequeno para se lembrar da pior parte, quando o algodão não valia os músculos e o combustível necessários para o cultivo, e os trabalhos em construção cessaram, não importava o quanto um homem dirigisse ou viajasse escondido em vagões de carga em busca de emprego, mas ele se lembra de quando seus pais falavam sobre isso, como se estivessem em tempos de guerra. Elmo poderia ter ido até seu cunhado, Lee Calhoun, e implorado por alguma ajuda extra, mas não era de seu feitio, então ele caminhou ao centro da cidade, até a mercearia, e ameaçou o dono do estabelecimento, colocando-o contra a parede. "Ele exigiu comida", conta Jerry Lee. "Disse a eles, 'Vocês têm aqui uma loja cheia de comida, cara, e a minha família, minha mulher e meus filhos, não têm nada'. Saiu de lá com a comida que pedira, e quando pôde, quando conseguiu dinheiro, pagou ao homem. Só sei que meu pai nunca nos deixou passar fome". Elmo limpava pântanos, removia tocos de árvores, e ficava na fila com outros homens para fazer qualquer trabalho que aparecesse, e suas famílias esperavam e rezavam, mesmo as apóstatas, para que as coisas melhorassem. Tinham que melhorar. Como poderia o trabalho de um homem valer tão pouco?

Havia somente uma pessoa contratando. Depois da batida policial que levou Elmo e outros parentes de Lee Calhoun à prisão, Lee caiu fora do ramo de uísque... por cerca de uma semana. Encontrou um novo local onde se instalar na mata e mandou construir outro alambique, de cobre ainda mais novo, que brilhava como notas verdinhas de dinheiro, e logo seus parentes estavam escoando bebida das boas novamente, pois uma das certezas dos tempos difíceis era que homem nenhum era pobre demais a ponto de não conseguir dinheiro para beber. Elmo e os demais, uma vez condenados em tribunal federal, já não tinham mais possibilidade de clemência. Mamie pediu a ele que não voltasse para essa atividade, mas não havia como negar que o dinheiro da bebida era melhor que a mera subsistência que Elmo conseguia trabalhando nos campos, e eles já estavam em dívida para com Lee Calhoun, vivendo numa casa de sua propriedade, numa fazenda cujo único cultivo era de dívidas.

Lee estava contente em tê-lo de volta. Elmo trabalhava com uísque tão bem quanto como carpinteiro ou agricultor. Cortava madeira como um endiabrado, preparava a bebida incessantemente, escoava centenas de galões por semana e os levava ele mesmo às paróquias ao longo do rio, debaixo de uma lona em sua velha caminhonete, correndo todos os riscos, à medida que a demanda crescia cada vez mais e a produção deu um salto.

"O uísque corria pelas valas a seis palmos", diz Jerry Lee, que cresceu ouvindo as histórias do alambique mágico de seu tio. "Quer dizer, *todo mundo* ficava bêbado. Era o melhor uísque da Louisiana".

Mamie engoliu seu medo em seco e ia à mercearia de cabeça erguida, porque as notas do dinheiro do uísque eram verdes como qualquer outra, e a única vergonha verdadeira seria estar ali na fila sem dinheiro nenhum. Então, na primavera de 1938, Elmo foi parado por agentes federais num bloqueio na estrada. Não estava trabalhando naquele dia, sequer estava transportando bebida, mas ainda assim era culpado. "Pegaram papai com um único galão de uísque na caminhonete", conta Jerry Lee. "Um galão. Ele não estava vendendo nada".

Pegou uma sentença de cinco anos. Beijou e abraçou seus filhos – Jerry Lee era muito pequeno para entender o que realmente estava acontecendo e Elmo Jr., prestes a fazer nove anos, não tinha muita certeza – e partiu para New Orleans mais uma vez acorrentado. Mamie levou os garotos de volta para a casa emprestada, com as mesmas garantias que ela e o marido tiveram da primeira vez, de que Lee Calhoun se certificaria de que nada faltasse a ela e aos filhos, o que, de um modo estranho, tornava as coisas mais fáceis com Elmo preso do que com ele solto, se a solidão não fosse um problema. As pessoas a confortavam, diziam que rezariam por ela.

Ter o marido preso por fabricar bebida era então algo quase honrável, não era mais vergonhoso a ela e à família do que cavar valas. Frank e Jesse James e os irmãos Younger diziam o mesmo sobre roubar bancos e assaltar trens: a culpa era dos tempos. Uísque clandestino era uma sombra, uma corrente oculta que corria igualmente por entre congregados e dos pecadores descarados, de tal forma que seria mais difícil e hipócrita pregar contra isso. Era a razão pela qual um homem podia fazer bebida no sábado e cantar na igreja de cabeça erguida no domingo, numa das grandes contradições daquela época: pentecostais, pessoas trabalhadoras, agora desesperadas, absorviam a realidade da bebida ilegal em suas casas de adoração de uma forma que jamais tolerariam outros pecados. Era sobrevivência, um pecado, mas o pecado deles. Eram donos desse pecado. Para homens como Lee Calhoun, as igrejas eram boas para os negócios; bradavam contra o álcool comprado em lojas e lutavam para manter as coisas secas, pelo menos em matéria de leis, independentemente das medidas do governo federal.

Quando Jerry Lee estava prestes a comemorar três anos, Elmo Jr. já estava compondo e cantando suas próprias canções na igreja, ou nas reuniões nas tendas que se passavam por igrejas na região naquela época. Para Mamie, parecia cada vez mais que o sonho de seu marido de um dia ver um Lewis num palco, passado adiante, estava se tornando realidade, e era mais do que amor cego e orgulho maternal. O garoto era *mesmo* talentoso – pessoas sem parentesco algum com Elmo Jr. atestavam isso, na igreja e pela cidade – e Mamie sabia que artistas assim tinham uma boa vida cantando sobre Jesus e, no fim do dia, não precisava se preocupar quanto a suas almas imortais. Seu filho viveria e cantaria num mundo sem cadeia, sem o ranço de bebida, clandestina ou não, no palco para o Senhor, e poderia até viajar pelo país cantando suas músicas num ministério dourado, com Mamie na primeira fila. Por hora, sua voz bastava, um bálsamo para a dor e a solidão.

"Dizem que não consigo me lembrar dele, mas lembro sim", diz Jerry Lee. "Certo dia eu estava no quintal, brincando na terra com uma colher, e ouvi minha mãe chamar: 'Junior, tá olhando o bebê?'. E ouvi-o responder, 'Sim, mamãe, tô de olho nele'. Eu e ele brincávamos sob aquelas casas velhas... Eu ainda usava fraldas. Aquelas casas velhas deviam estar a uns sete palmos de altura – eram construídas desse jeito, para quando as águas subissem – e nós brincávamos debaixo delas, na terra macia. Consigo vê-lo, os cabelos loiros e a jardineira, claramente, assim como vejo você agora".

Quando o garoto que chamavam de Junior já estava crescido o bastante para cantar solo pela primeira vez na igreja, já havia uma Casa do Deus Vivo [House of the Living God] onde fazê-lo, uma construção de tábuas e tijolos, ao invés de troncos de árvores e uma lona surrada. Mas a igreja – algo simples que flutuava acima da lama da Texas Avenue, suportado por blocos de concreto – poderia nem ter sido construída, não fosse pelos garotos de Mamie e seus primos, todos profetizados a se tornarem grandes talentos. Foi construída, segundo as pessoas daqui, por ordem de Deus, que falou a duas mulheres ajoelhadas no chão de uma pensão a dois estados de distância, em Mobile, no Alabama. Ele disse a elas que fossem a esse lugar chamado Ferriday e liderassem um grande reavivamento, pois era um lugar depravado, e havia almas ali, joias naquele chão incolor, que precisavam ser trazidas a Ele.

Na época em que Elmo estava indo para a cadeia pela segunda vez, uma mulher chamada Leona Sumrall e sua mãe, a quem todos chamavam apenas de Mãe, planejavam ir para St. Joseph, Louisiana, para começar uma igreja. As Sumralls eram pentecostais, uma escola religiosa relativamente nova, surgida no século XX, mas que se espalhava rapidamente por campos de trabalho e cidades industriais desconsoladas na paisagem desoladora da Grande Depressão. Leona, mais tarde, descreveria detalhadamente em seu próprio livro o que se passou. Enquanto ela orava na pensão em Mobile, ouviu Deus dizer a ela que abandonasse o plano original e fosse para esse lugar chamado Ferriday:

"Deus falou conosco por meio da profecia do Espírito Santo: 'Tenho tesouros valiosos naquela cidade. Estão escondidos aos olhos dos homens. Essas joias serão moldadas cuidadosamente pelo Meu Espírito. Sua dedicação sobrepujará aqueles ao seu redor. Para resgatar esse tesouro, deve-se cavar com cautela. Sua paciência será testada, mas Eu os trarei adiante como ouro puro. Suas vidas exibirão Meu amor e Eu os trarei até Mim. Eles verão que sua dedicação não é rasa, e buscarei moldar a vida deles de acordo com a sua vivência cristã'."

No mesmo instante, Mãe Sumrall ouviu as mesmas palavras em sua mente.

"Deus falou com você?", perguntou.

"Sim", respondeu sua filha.

"É Ferriday, na Louisiana?".

"Sim!".

Chegaram em longos vestidos brancos, sem dinheiro e sem lugar para ficar. Leona, ainda adolescente, era uma pregadora de reavivamento numa época em que não era preciso muito mais do que um espaço de terra vazio para engrenar esse tipo de coisa. Ela perguntou às pessoas se saberiam de algum ponto em Ferriday onde poderia estabelecer a tenda, e indicaram-na um terreno de ervas daninhas na Texas Avenue, perto da Legião Americana. Cortaram os galhos e descascaram as árvores para fazer suportes com os troncos, posicionaram tábuas sobre tocos para montar os bancos, e usaram lenha doada para construir uma plataforma de onde pregar. O dono do terreno, um homem de negócios de Ferriday chamado Perry Corbett, disse a elas que lhes doaria a terra por um período de noventa e nove anos se levassem a cabo planos de construir uma igreja permanente. Numa cidade tão pecaminosa quanto Ferriday, pensaram elas, a população tomaria o máximo possível de religião. "As esposas choravam para o Senhor, porque era um lugar tão malvado", disse Gwen Peterson, cuja mãe, Gay Bradford, cresceu na igreja.

As Sumralls eram missionárias da Assembleia de Deus, uma das facções mais exigentes. As mulheres não usavam maquiagem, não cortavam o cabelo e se vestiam de forma simplória, em saias longas, sem renda nas mangas ou nas golas. Os preceitos proibiam nadar em público e dançar. A assembleia condenava o jogo, o cinema, o tabaco e o álcool – embora este item fosse complicado – como pecados da carne. Mas as recompensas seriam ótimas, se o indivíduo persistisse. Era uma religião na qual homens e mulheres trabalhadores podia se envolver de coração e mente. A Assembleia de Deus acreditava em curas e milagres. Era uma fé que um homem podia *ver*, vê-la tomar o controle de uma pessoa e sacudi-la quase até não poder mais, e *ouvir* em línguas desconhecidas. "Deus quer mudar esta cidade", exultava Leona, e algumas pessoas se perguntavam se ela estaria louca. No fim do dia, após caminhar pelas ruas, ela se sentava no alpendre do seu quarto doado e escorria o sangue dos sapatos.

Lee Calhoun, como o mandachuva local, encontrou-se com as mulheres durante a preparação do terreno para o primeiro avivamento. Não era de ir à igreja, mas era a favor das igrejas em geral. Cumprimentou-as, aceitou o convite para comparecer ao culto, e desejou boa sorte.

Naquela primeira noite, o terreno não comportou todas as pessoas presentes, e os carros congestionaram a rua estreita. Leona abriu sua Bíblia no Apocalipse. "Quanto, porém, aos covardes, aos incrédulos, aos abomináveis, aos assassinos, aos impuros, aos feiticeiros, aos idólatras e a todos os mentirosos, a parte que lhes cabe será no lago que arde com fogo e enxofre, a saber, a segunda morte". Homens e mulheres cumpridores da lei ouviam ao lado de bêbados, jogadores, prostitutas e ladrões, e quando ela os chamou ao altar, foram às dúzias, confessando uma litania de pecados. Um dos primeiros a serem salvos foi um Herron, seguido de outro parente distante. Pouco depois, Lee Calhoun botou a mão no bolso e lá havia uma igreja. "O velho Lee construiu a igreja para eles, para os parentes", disse Glen McGlothin, que cresceu naquela época, testemunhou o nascimento da igreja e, posteriormente, se tornou prefeito de Ferriday. "Construiu mais três de que tenho conhecimento".

A família estendida foi chegando pouco a pouco, até se tornar maioria, e continuou lá muito depois das Sumralls terem ido embora. As pessoas da igreja se lembrariam de Mamie, com o rosto radiante e lágrimas escorrendo pelas faces e os braços erguidos ao céu. Son e Minnie Bell Swaggart, Irene Gilley e outros – os que tivessem idade o bastante para compreender – viviam todos no êxtase da salvação. Ao longo disso tudo, os filhos de Mamie sentavam-se lá de olhos arregalados e com as camisas brancas abotoadas até o pescoço. Alguns alegariam, de uma perspectiva de fora dessa fé, que Jerry Lee era torturado por uma religião impenetrável, mas que em tempo não estaria além de sua compreensão. Ele cresceu sob os ensinamentos cristãos sobre céu e inferno e, em particular, sob a crença de sua família na existência e no poder penetrante do Espírito Santo. A presença do Espírito Santo, vivo no interior deles, às vezes fazia com que tremessem e balançassem, ou entrassem num transe e falassem em línguas, em idiomas antigos, na língua de Abraão, que ouviam como a voz de Deus. Naquela igreja, não se tratava de uma teoria ou de uma possibilidade, mas sim de algo tão feroz e claro quanto uma montanha em chamas.

"Tomava o controle deles porque *era* real", diz Jerry Lee hoje.

O Espírito Santo entra num indivíduo "como um fogo", diz ele.

"*Eu* tomei controle, porque é real".

Isso não significa que, ao crescer, ele aderiria ou obedeceria, apenas que ele sabia, no fundo, quando fazia algo errado. Pregadores iam e vinham na igreja minúscula, mas sempre com uma mensagem inabalável, a de que o salário do pecado é a morte. E embora pregassem sobre todos os pecados, sobre um grande e vasto mundo de pecado, aquele sobre o qual mais pregavam era o de uma mulher se deitar com um homem. Tal ato só poderia se dar na santidade do matrimônio sem ter a danação eterna como consequência. Parecia algo até mais vil do que o assassinato, do que roubar, do que qualquer coisa, e pregador atrás de pregador esbravejou contra isso na pequena igreja, tantos e de maneira tão frequente que ficou claro, em especial para os jovens, que havia pecados e havia o pecado, aquele da luxúria e da fornicação, e tal pecado deveria ser oprimido pela retidão e sufocado pela oração. O salário do pecado é a morte. O custo do pecado era a fogueira. Em Efésios, a Bíblia adverte: "Sede, pois, imitadores de Deus, como filhos amados; e andai em amor, como também Cristo nos amou e se entregou a si mesmo por nós (...) mas a impudicícia e toda sorte de impurezas ou cobiça nem sequer se nomeiem entre vós (...)". O pequeno Jerry Lee, sentado entre a mãe e o irmão mais velho, a princípio não entendia tudo aquilo, mas absorvia.

Lee Calhoun, apesar da construção da igreja e dos esforços em se afastar do ramo do uísque, enfrentaria acusações de conspiração em nível federal pouco tempo depois: como não conseguiram flagrá-lo fabricando bebida, pegaram-no por pensar a respeito. Foi oferecida a Lee a chance de pagar US$ 1.500 e evitar a prisão por completo, à maneira peculiar como os ricos sempre têm mais escolhas do que os pobres em situações como essa, mas ele se manteve impassível pela oferta. Disse ao tribunal: "Então ou eu pago mil e quinhentos, ou vocês vão me alimentar, me vestir, me dar uma cama para dormir e um teto sobre a minha cabeça por seis meses, e eu não preciso fazer nada? Bem, aceito os seis meses", e partiu para se juntar a Elmo, em sua segunda sentença, na penitenciária federal. Elmo fez chegar até Mamie a notícia de que estava bem – que poderia cumprir novamente a sentença, que assim que saísse mais uma vez começariam do zero e que deixaria de vez o ramo da bebida. À noite, ele e o fantasma de Jimmie Rodgers cantavam sobre o salário do pecado e o fardo do homem pobre, com os viciados e os pervertidos que guinchavam, praguejavam e gritavam por liberdade.

No final do verão de 1938, quando Elmo Jr. tinha nove anos e Elmo Pai ainda estava preso, Mamie levou os filhos para visitar sua irmã Stella. Conversavam na sombra do alpendre enquanto Jerry Lee brincava na terra e Elmo Jr. passeava na beira da estrada com a prima, Maudine. O movimento era tranquilo, os motoristas sabiam diminuir a velocidade ao passarem pela cidade e as crianças sabiam ficar fora da estrada. Junior cantava uma música enquanto caminhavam pelo acostamento, quando se depararam com uma caminhonete acessando a estrada, puxando um trailer. Maudine correu e pulou atrás, rindo, para passear um pouco pela estrada, e logo em seguida surgiu um carro rugindo a toda velocidade atrás do trailer. O motorista do carro estava tão bêbado que só viu o trailer e a menina quando estava próximo demais deles. Agarrou o volante, desviou para fora da estrada e atropelou Elmo Jr. no meio da canção. O carro parou em cima da criança, com o motor berrando e o motorista bêbado demais para perceber o que tinha acontecido.

O menino estava morto quando a polícia o tirou de baixo do carro. Trouxeram o motorista diante de Mamie para que ele visse o que tinha feito, mas o homem, um estranho, ainda estava bêbado demais para saber onde estava ou o que tinha acontecido, bêbado demais para parar em pé, e apenas cambaleava e balbuciava enquanto a polícia o segurava. Os oficiais garantiram que a justiça seria feita.

"Não", disse Mamie.

Sua mandíbula estava cerrada e os olhos secos como pedra.

"Senhora?", perguntou um policial.

Mamie respondeu que não cabia a eles, que havia uma justiça mais alta e mais terrível que a dos homens.

"Deus vai puni-lo".

Ela disse que o homem pagaria por seus pecados, todos os seus pecados, e que sua punição seria muito mais assombrosa do que qualquer coisa que acontecesse com ele no xadrez ou no trabalho forçado numa penitenciária agrícola. Os policiais tiraram as algemas dos punhos do homem e ele saiu cambaleando, livre. Dizem que Mamie foi para o jardim e chorou e gritou. Jerry Lee não é capaz de se lembrar disso. Se sua mãe de fato mostrou fraqueza, não foi por muito tempo.

Os Lewis, Calhouns, Herrons, Swaggarts, Gilleys, Bateys e os demais se reuniram de preto, a maioria dos homens vestindo seu único terno bom, alguns com um paletó antiquíssimo cobrindo seus macacões remendados e desbotados. As mulheres carregavam flores silvestres; quase todas elas, como Mamie, seguravam bebês ou crianças de colo.

A família estendida já estava toda reunida ao redor da sepultura quando o camburão chegou e dois guardas armados ajudaram Elmo a sair. Vestia roupas de rua, mas também algemas e grilhões. Conduziram-no à beirada da sepultura, a passos curtos devido aos grilhões, e o deixaram com a esposa, ainda acorrentado. Os guardas permaneceram a alguns metros de distância, com as espingardas calibre 12 apontadas para o chão. Elmo atirou uma flor branca no caixão do filho mais velho e chorou. Então, com o segundo filho nos braços, ao lado de Mamie e dos membros de sua tribo, cantou sobre o Rei dos Reis.

> *Will there be any stars, any stars in my crown?*
> *When at evening the sun goeth down*
> *When I wake with the blest in those mansions of rest*
> *Will there be any stars in my crown?*[1]

Os guardas então prenderam as algemas e os grilhões de Elmo numa corrente, puxaram-no apressadamente para dentro do camburão e partiram

---

1   Haverá estrelas, estrelas em minha coroa? / No crepúsculo, quando o sol se for / Quando eu acordar no bendito naquelas mansões de repouso / Haverá estrelas em minha coroa? "Will There Be Any Star?", hino cristão de Eliza E. Hewitt e John R. Sweeney.

para a penitenciária federal em New Orleans, enquanto Mamie implorava para que o deixassem ficar só mais um pouquinho. E o homem mais durão da Paróquia de Concordia, o matador de cobras, voltou para as celas sufocantes e os dias escuros e arrastados. Os filhos de Mamie por vezes se perguntariam se ela deixou o motorista bêbado sair em liberdade porque sabia como era viver com o marido na prisão, sabia como era na calada da noite. Anos depois, ela receberia uma carta do homem, dizendo a ela o quanto ele vinha sofrendo desde aquele dia e implorando por perdão. Mamie jogou a carta no lixo.

A lápide, quando terminada, era simples, mas Elmo levaria um tempo até vê-la.

ELMO K. LEWIS, JR.
NOV. 11, 1929
AUG. 6, 1938
Budded on earth to bloom in heaven.[2]

A lápide nunca tombaria nem penderia, algo raro na terra inconsistente da Louisiana.

Lee Calhoun comprara um local para o repouso de seus parentes, numa comunidade chamada Clayton, num dos lugares mais serenos nesta Terra, debaixo de árvores encantadoras, com os campos se estendendo sem fim. Clayton tinha um chão bom e alto, um lugar onde o rio não conseguia encher para além do canal e inundar o solo. Ao sair da prisão, pagou por tudo, até pela lápide, numa época em que as crianças de outras famílias pobres eram enterradas sob cruzes feitas com galhos e rochas grosseiramente empilhadas. A morte ainda não tinha visitado muito a família estendida, e o gramado do pequeno cemitério ainda não estava cheio.

O menino tinha sido uma espécie de antídoto para o pior do que havia, preenchendo a lacuna do marido distante por meio de sua voz. Era uma família que quase podia viver de canções. Jerry Lee levaria consigo por toda a vida a lembrança de seu irmão mais velho, de Mamie chamando por ele e a resposta do menino; sempre gostou dessa ideia, de como o irmão olhava por ele. O luto não é o bastante, é muito pouco, para evitar que um indivíduo se deixe levar por completo.

---

2 "Brotou na terra para florescer no céu".

"Às vezes uma lembrança não é o bastante", diz ele, pensando em uma canção[3].

A maioria das pessoas tem de esperar por anos a fio até que consigam sequer uma noção de seu propósito nessa vida; algumas nunca conseguem. Em 1940, antes dos cinco anos de idade, Jerry Lee encontrou sua razão de viver. "Estava andando pela casa da minha tia Stella. Eu o vi e fiquei paralisado".

Não consegue se lembrar de querer tanto tocar alguma coisa. Tinha observado pianos por algum tempo, mas só a distância. Olhava com curiosidade intensa para aquelas grandes caixas de madeira, tão pesadas que era preciso uma caminhonete para transportá-las, tão complicadas que, se desafinassem, era preciso um cientista louco para afiná-las novamente. Nem mesmo entendia por completo como funcionavam; você tocava uma tecla fina de marfim para fazer um martelo minúsculo de aço bater num fio de aço, afiado e liso, produzindo um som tão doce, puro e reverberante que mais parecia mágica do que uma máquina. Observava-os em igrejas improvisadas e avivamentos em tendas, onde senhoras de cabelos prateados, com coques tão altos e apertados que pareciam espaçonaves de filmes B pousadas sobre suas cabeças, tocavam "Victory in Jesus" como se estivessem furiosas com o instrumento, os dedos firmes repuxando e marchando sobre as teclas. Viu homens gordos em ternos extravagantes e anéis de diamante de lojas baratas descendo as mãos pesadas sobre o teclado enquanto berravam um jingle de um tônico para o fígado ou de um remédio para tosse que era 90% álcool, até que ficasse claro, pela maneira como tocavam, que eles mesmos andavam tendo problemas de fígado. E tinha espiado-os, rapidinho, pelas portas dos bares na Fifth Street, enquanto homens negros bem vestidos, com cigarrilhas nos lábios, pisavam nos pedais como se estivessem chutando o próprio diabo que subia do inferno abaixo de seus pés, as mãos se movendo e se cruzando nas sombras. Que caixa maravilhosa, que carregava tanta coisa. Mas quase nunca se via um piano assim, sem ninguém tocando.

Naquele dia, ele acompanhara Elmo e Mamie numa visita ao tio Lee e à tia Stella, para falar de colheitas e crianças e outras coisas menos importantes, deixando-o sem ninguém para tomar-lhe conta, livre para explorar a grande

---

[3] "Sometimes a Memory Ain't Enough", canção de autoria de Stan Kessler e faixa-título de um álbum de sucesso de Jerry Lee em 1973.

casa. "Não parava de olhar para ele. Eu tinha que chegar até lá. Era só um velho piano vertical, mas eu tinha que chegar até ele", recorda-se.

Seus dedos fechavam e abriam, e ele andava a passos de bebê, deslizando e se esgueirando.

"Eu nem andava muito bem ainda – era só um bebê", diz. Ainda assim, "chegava mais e mais perto".

O curioso é que ele não pensava em *tentar* tocar.

"Eu sabia que tinha de tocar".

Naquela época, uma criança, mesmo quando estimada e, até certo ponto, mimada, não simplesmente pulava num piano na casa de outra pessoa e tocava, seria como pegar um item de porcelana e sair rodando-o equilibrado numa vareta. Ele esperou até que não pudesse mais, enquanto os adultos continuavam tagarelando.

"Então levei as mãos até o teclado e, por uma razão ou outra, simplesmente me ocorreu o que fazer".

Tocou uma única tecla, pressionando-a rispidamente.

Sentiu um fogo frio.

Sempre teve dificuldade em descrever o que aconteceu naquele dia, naquele momento, quando ouviu aquela música sair de dentro de si. Não quer dar uma dimensão muito grande, mas ao mesmo tempo não tem certeza se é *possível* exagerar, da mesma forma que não se pode exagerar o relato de estar debaixo de uma árvore magricela em meio a uma tempestade de raios, no momento preciso em que o mundo a seu redor se transforma numa fumaça azulada.

"Não sei o que aconteceu. Algo estranho. Senti no corpo todo. *Senti*".

Grandes músicos afirmam frequentemente que ao encostarem num instrumento suas mãos já sabiam para onde ir. O som da primeira tecla pulou na sua mente, soando e soando, e disse a seu cérebro qual tecla tocar em seguida, e isso simplesmente continuou acontecendo, num efeito dominó, e antes que soubesse o que estava fazendo já tinha tocado uma música, ou parte dela.

Noite feliz, noite feliz.

"Dá pra acreditar? Uma criança de quatro anos, só passar perto do piano, alcançá-lo e começar a tocar?", diz ele hoje. "Agora sei o que era. Era libertação".

E então ri de si mesmo, de forma um tanto autoconsciente, por falar assim. "Um talento emergia", diz, exagerando as palavras, "e era uma criança até que bonita, ainda por cima", como se fosse algo importante demais para ele para levar a sério por muito tempo. Mas foi o dia que mudou tudo, o dia em que soube o que ele tinha de ser. Ainda se lembra, depois de tanto tempo, de como sua tia Stella olhou para ele tão curiosamente. Ela sempre foi uma mulher inteligente.

"Ela sabia", acredita Jerry Lee.

Mamie quase caiu para trás quando ouviu o filho tocar. Juntou as mãos e louvou a Deus.

"Oh, Elmo, temos um pianista nato", disse.

"Bom, Mamie, talvez tenhamos um *tocador* de piano", disse Elmo.

Jerry Lee sorri com a lembrança. "Como se houvesse diferença", diz hoje.

"Ele é um prodígio", disse Mamie. Essas palavras raramente tinham sido usadas.

"Provavelmente, Mamie. Provavelmente", disse Stella, ainda com a expressão espantada no rosto.

Para Elmo e Mamie, devia parecer uma resposta a suas orações. Haviam perdido um prodígio; o bom filho repousava em segurança em terreno alto. Mas agora viam outro prodígio entregue a eles – ou quase isso.

O filho rebelde, agora com sete ou oito anos de idade, descalço, de cara suja e sorriso largo, escalou as vigas de ferro da ponte do rio Mississippi até que estivesse se equilibrando no vento quente na altura da arcada, e então caminhou sobre ela como um equilibrista de circo, um passo, dois passos, mais alguns, enquanto os garotinhos lá embaixo, primos e outros, permaneciam na grade boquiabertos e trêmulos. Jerry Lee os matava de susto mais uma vez, e se o baixote de cabelo amarelo caísse para a perdição no rio abaixo, com certeza suas mães e pais encontrariam uma maneira de culpar a todos eles e lhes dariam uma surra até apagarem. Jerry Lee acenava para eles, para provocar, enquanto o vento repuxava sua camisa e quase o empurrava da barra de ferro enquanto os rebocadores e barcaças passavam debaixo de seus pés e os motoristas dos carros que cruzavam a ponte se perguntavam qual manicômio tinha deixado aquele garoto escapar. Ele ia e voltava, com as mãos na cintura magricela, como um corvo num fio de alta tensão, sequer olhando para os pés, mas fazendo caretas e zombando dos garotos abaixo e completamente satisfeito consigo mesmo.

"Vocês estão conquistados?", gritou.

"Por favor, Jerry Lee, por favor, desça", imploraram, em coro, Jimmy, Mickey, Cecil Harrelson, David Batey, entre outros.

Ele riu dos rostos voltados para cima.

"Desce!", gritaram.

"Venham me pegar", disse ele.

Começara naquela manhã, como todas as manhãs começam pelas ruas de terra de Ferriday, numa migração cada vez maior de pirralhos, moleques de rua e arteiros, rumo a lugar nenhum em particular, mas dispostos a aprontar quando chegassem lá. Uma de suas brincadeiras favoritas se chamava Conquista, que era basicamente um jogo de apostas de desafios. Um garoto fazia algo perigoso ou estúpido, qualquer coisa, desde que houvesse pelo menos uma pequena chance de sangramento, fraturas ou degustação de insetos, e os demais tinham de fazer o mesmo ou admitir que eram apenas uns grandes mariquinhas e cantar: "Estou conquistado". Podia ser qualquer coisa, de saltar do cavalete de uma ferrovia num riacho escuro a levar um soco a mexer com uma garota mais velha, e ninguém – ninguém – conquistava Jerry Lee. "Nunca tive medo... Não sei por quê. Eu simplesmente nunca tive medo de nada", algo fácil de se dizer, mas difícil de se viver. Porém, seus primos ficavam estupefatos com seus feitos. O primo Mickey diria acreditar que a maioria dos gênios são loucos, e Jerry Lee certamente era um gênio. Mas a peripécia da ponte, a 45 metros acima do grande rio, era completamente sem noção.

"Vocês estão conquistados ou não?", perguntou.

Os garotos olharam para o rio abaixo. Balançaram a cabeça.

"Estão conquistados?", gritou novamente.

Eles assentiram.

"Digam!", berrou.

"Estamos conquistados! Estamos conquistados!".

Jerry Lee deu um salto, agarrou uma viga e se pendurou nela, rindo.

"Ah, eles imploraram para que eu descesse, mas não dei bola. Acho que poderia ter caído, mas não aconteceu", diz ele agora.

Lembra-se de voltar triunfante ao solo.

Os garotinhos juraram que não contariam nada a ninguém.

"Mas alguém contou", diz ele.

Sua mãe chorou um bom tanto e se perguntou o que fizera para Deus puni-la dessa forma.

"Vou ter que te matar, moleque", disse Elmo, e então só deu as costas, desapontado. Mamie não o teria deixado bater no menino.

Seria difícil eclipsar o incidente na ponte, mas algum tempo depois ele tentou. Um dia, quando o grupo de garotos estava sobre um viaduto, um longo trem de carga apareceu no horizonte.

"Vou pular nele", disse Jerry Lee.

"Não vai, não", disseram eles.

"Vou, sim".

Jerry Lee subiu no parapeito e se agachou como um falcão. O trem parecera se arrastar pesadamente, mas agora, bem perto, chacoalhava e retinia num estrondo, e as rodas de aço giravam num borrão. Mas ele disse que faria. Escolheu um vagão que tinha o teto plano.

Bom, provavelmente você vai se safar, pensou.

Saltou.

Pousou, deslizou e parou.

Rá.

A maioria dos garotos teria se dado por satisfeita. Mas nos filmes de caubói das matinês, ele tinha visto os mocinhos e bandidos pularem de um vagão para outro num trem em movimento, e decidiu tentar. Além disso, não tinha tanta certeza quanto ao destino do trem ou a quando ele chegaria lá, então talvez tivesse de saltar até a locomotiva para dizer ao maquinista: por favor, senhor, meu nome é Jerry Lee Lewis, o senhor poderia parar esta coisa e me deixar descer? Parecia que ele já estava a meio caminho de Baton Rouge. Os outros meninos observavam a longa distância, se perguntando se o veriam de novo, e meio que esperando que o trem só parasse no Canadá. Mas aí as coisas certamente ficariam sem graça por aqui, sem Jerry Lee.

Ele andou até a beira do vagão e olhou para o engate e para os dormentes, que passavam mais rapidamente do que ele conseguia contar. Andou então até a outra ponta, disparou na corrida, saltou e pousou tranquilamente no vagão da frente, deslizando de barriga para baixo. Mas este vagão tinha o teto mais curvado. Ocorreu a ele, num segundo chocante, que não havia nada onde se segurar. "Simplesmente escorreguei".

Atingiu os grandes pedregulhos na margem dos trilhos com um grito sofrido de dor e o som de roupas se rasgando. Os outros garotinhos, assistindo à distância, correram para casa.

"Os outros simplesmente me deixaram deitado lá, como um sapato velho", diz. Estava todo machucado e esfolado, mas sem fraturas, pelo menos nenhuma que pudesse ver. "Me arrastei até a estrada e consegui uma carona para casa com um cara rico". O homem olhou de cima a baixo.

"Eu escorreguei", disse Jerry Lee.

"Ah...", disse o homem.

Mamie ficou sem palavras. Elmo soltou fogo pelas ventas e ameaças, mas não havia nada que pudesse fazer. Foi ele mesmo quem, naquelas águas lamacentas profundas, ensinou ao menino não deixar-se dominar pelo medo. Mas esse garoto não tinha limites. Os homens sulistas, às vezes, gostam de pensar nas pessoas como máquinas, para então serem capazes de entendê-las, e sabem que a maioria dos motores pequenos, como cortadores de grama, possuem um mecanismo minúsculo chamado regulador, um tipo de dispositivo de segurança que os impede de rodar a toda força o tempo todo e acabar queimando. Nas pessoas, o medo ou o bom senso é que funcionam como esse mecanismo. Elmo logo se deu conta de que esse menino não possuía um. Era fanfarrão e empertigado e o tinha sido desde que aprendera bem a andar, determinado a se safar de quantas transgressões conseguisse fazer no período de um dia; não lia um livro por nada e olhava lascivamente para todas as meninas bonitas no grande ônibus escolar amarelo e para as mulheres bonitas da cidade, quando ainda nem sabia para o que estava olhando. Colocou um dos primos numa caixa de papelão e o deixou no meio da rua, e andava pela paróquia com um risinho permanente, como se soubesse, mesmo ainda menino, que era o malandro do pedaço e que era melhor as pessoas se acostumarem.

Talvez tivessem colocado mais rédeas no menino se não o tivessem ouvido tocar e cantar.

A primeira vez em que ele cantou para valer, quando ainda não estava nem na escola, tocou profundamente os corações de Elmo e Mamie, porque foi como se não tivessem perdido um filho, como se o filho perdido estivesse cantando através do mais novo. Jerry Lee não era o bom filho bíblico, mas – caso não morresse caindo da ponte, ou se afogasse num lago, ou desaparecesse em cima de um trem de carga, ou fosse mandado para um reformatório – poderia ser um ótimo filho. *Ele* poderia ser esse filho. Mas embora adorasse cantar e, o mais importante, *percebesse* a música, ainda não era devoto a ela, como seu irmão o fora. Havia muito na vida a se explorar, degustar e conquistar. Era um estudante da travessura, e mesmo uma vida inteira depois, ele aprecia isso quase tanto quanto aprecia o início na música, aprecia todo desconforto, constrangimento ou diabrura de que tenha participado, à maneira como se lembra do sabor do molho de tomate de sua mãe. Alguns deixam para trás as diabruras da meninice ao crescerem. Outros apenas dão uma polida.

"Mamãe me acordava às sete e meia da manhã; a escola começava às oito e meia. E eu sempre dizia: 'Só preciso de mais um minuto, mamãe', sempre só mais um minuto. Ela voltava com uma caneca de chocolate quente e wafers de baunilha, eu comia na cama e ela se sentava ao meu lado. Era o que eu mais gostava, isso ou molho de tomate e biscoitos e Coca-Cola. Minha mãe foi o anjo da minha vida. Tive os melhores pais do mundo, sei que todo mundo diz isso, mas creio que é verdade. Sei que é".

Longe dali, a guerra rugia. Franklin Delano Roosevelt, aquele que o tio Lee Calhoun considerava um zero à esquerda e um socialista, fez um pronunciamento no rádio depois que os japoneses duas caras emboscaram os marinheiros em Pearl Harbor, e jurou, naquele sotaque ianque sofisticado, que havia todo um mundo de dor à espera dos traidores. Logo o povo pobre de Concordia se deu conta de que estavam em guerra com os alemães; se ao menos Jerry Lee e os garotos tivessem prestado atenção nas aulas de história, talvez aquilo fizesse mais sentido. Mas mesmo antes da guerra chegar aos meninos da Paróquia de Concordia, as pessoas estavam começando a percebê-la em seus cadernos de contabilidade, à medida que os empregos floresciam nas fábricas de munição e mesmo nos campos, e que o algodão da paróquia subitamente valia alguma coisa de novo.

O tio Lee Calhoun era proprietário de tantas casas que não conseguia cobrar o aluguel de todas elas num único dia, e teria matado de exaustão um cavalo saudável no percurso, se o fizesse. Ele agora fazia a cobrança numa estropiada caminhonete Chevrolet de antes da guerra, da qual retirara a porta do lado do motorista para ganhar tempo nos dias de cobrança. Os locais riem da vez em que ele passou num sinal vermelho e bateu a caminhonete no grande Cadillac de um sujeito, de como ele saiu do veículo com suas calças cáqui manchadas de suor e contou ao homem, um estranho que estava de passagem pela cidade, que aquela velha caminhonete era a única coisa que ele tinha nesse mundo lamentável e que se tivesse de pagar pelo conserto do carro estaria arruinado e talvez até fosse preso, porque não conseguiria pagar pelos danos e a multa e a polícia o jogaria na cadeia a sangue frio e sua pobre família passaria fome. O sujeito, quase aos prantos, deu-lhe alguns tapinhas nos ombros e partiu, com o carro avariado capengando lentamente pelo caminho, feliz por ter poupado um homem pobre de ainda mais sofrimento. A nova prosperidade não tornou Lee mais generoso com seus próprios empregados. Um dia, prometeu aos trabalhadores de suas plantações peixe para o almoço, e eles trabalharam a manhã toda com água na boca, pensando no bagre frito, até que Lee Calhoun apareceu ao meio-dia com um saco de sardinhas e algumas bolachas de água e sal secas.

Outros membros da família começaram a encontrar sua própria e pequena prosperidade. Willie Harry Swaggart, aquele que chamavam de Pa, tornou-se chefe de polícia. Era um velho rugoso, com olhos cor de aço, que não portava arma, não precisava, pois ganhara a vida nos pântanos de Ferriday, capturando coisas que mordiam. Mas ter um contato interno no departamento de polícia foi útil para Jerry Lee e seus primos. Os Gilleys abriram pequenos cafés, e outros da família estendida colocaram seus nomes em portas de estabelecimentos e vitrines de lojas. Elmo e Mamie encontraram trabalho nos esforços para a guerra, uma vez que o ramo da carpintaria decolou novamente; as fábricas de munição brotaram, outros empregos apareceram e, pela primeira vez na vida, os dois tinham o aqui e o agora firmes nas próprias mãos. "Mamãe me mandou ao armazém com dinheiro na mão", diz Jerry Lee.

Para os trabalhadores, essa explosão não chegou a render novas casas ou carros; de qualquer modo, Detroit tinha parado de produzir carros, para utilizar as linhas de produção na fabricação de aviões e tanques. Para aqueles que vinham colhendo algodão ou cortando lenha, o retorno veio na forma de novos macacões e comida na mesa tanto no almoço quanto no jantar. Mamie teve, pela primeira vez, os meios de executar verdadeiras mágicas na cozinha. "Nunca houve uma cozinheira como minha mãe. Costeleta de porco, feijão e broa de milho, bife, biscoitos e caldo, molho para a broa, quiabo, abóbora, tomate...", diz ele. Não era nada que não tivessem comido antes, plantado ou comprado no armazém, mas mesmo itens tão simples tinham se tornado preciosos na Grande Depressão. "Matávamos porcos e tínhamos presunto fresco, e aquelas costeletas de porco e torresmo". Havia dinheiro para novos discos e pilhas, para que o rádio de sua mãe continuasse a trazer aquelas canções de Roy Acuff e Ernest Tubb.

Sobrava dinheiro até para a matinê. O Arcade Theater era um local tão importante em Ferriday que os filmes eram exibidos até durante grandes enchentes, e os homens levavam as namoradas até a entrada remando em canoas e barcos, para ver o mundo exterior brilhar na tela. O cinema deu à imaginação de Jerry Lee um lugar para crescer, e às vezes ele se perguntava o que espreitava na mata escura nas noites em que caminhava sozinho de volta para casa da sessão dupla no Arcade, depois de ter assistir a Lon Chaney se transformar em *O Lobisomem*, um tufo de pelos por vez. Não estava assustado, só *quase* assustado, "mas também, minha imaginação tinha sido bem atiçada". Porém, nada atraía Jerry Lee ao Arcade tão incansavelmente quanto um novo faroeste, e nenhum faroeste o envolvia tanto quanto aqueles do caubói cantor, Gene Autry. O ator tirara um período sabático de tomar armas de brinquedo das mãos de foras-da-lei para ir lutar na guerra de verdade, na força aérea, voando pela Corcunda entre a Birmânia e a China sobre o perigoso Himalaia. Mas ele já havia feito tantas "óperas a cavalo" em preto-e-branco que havia filmes o suficiente para os anos de guerra, e "se Gene Autry estivesse no Arcade Theater, então Jerry Lee era o primeiro da fila. Gostava da maneira com ele lutava e atirava, mas gostava principalmente da maneira como cantava".

Um dia, seu primo Jimmy abordou seu pai e perguntou se podia ir curtir um filme com os primos. Seus pais começaram a protestar, desapontados. Acreditavam que os cinemas eram o parque de diversões do diabo, e embora Jimmy tenha ido naquele dia, saiu logo de cara, chorando, convencido da iniquidade. Jerry Lee não entendia como um homem de chapéu branco, que raramente beijava a donzela em perigo, que defendia órfãos e filhotes, poderia arrastar um garoto às profundezas do inferno. Então, enquanto Jimmy estava de joelhos pedindo perdão, Jerry Lee só comia pipoca e cantava *yippy-ti-yi-yay*.

O custo da guerra – e da recuperação econômica local – só seria conhecido algum tempo depois, quando as primeiras baixas começaram a aparecer nos jornais. "Perdemos parentes na guerra", Jerry Lee se recorda. "Paul Batey foi morto. Um sniper o atingiu" no Pacífico. "Minha tia Viola nunca superou a perda. A guerra levou muita gente daqui". Mas para as crianças, seguras nas terras baixas, a guerra tinha algo de aventura, onde alemães podiam ser mortos com tiros de estilingue e japoneses caíam de aviões de papel. Dizia-se que o rio tinha uma grande importância estratégica desde que os ianques tomaram Vicksburg, mas agora seria um alvo para a prática de sabotagem, devido ao trânsito dos barcos cargueiros a serviço dos esforços de guerra. Assim, da margem, os garotos observavam por sabotadores e submarinos. Era o que Jerry Lee fazia ao invés de ir para a escola; era um dever patriótico.

"Mamãe e papai garantiam que o filho tivesse escola", diz, mas ele nem sempre cruzava a porta de entrada. Caminhava na direção da escola até que não estivesse mais à vista, e então simplesmente saía vagando, para pescar, nadar, jogar pedras no rio ou se sentar e ouvir um velho homem tocar violão, porque era tão difícil ficar lá sentado naquelas carteiras minúsculas e tentar aprender sobre frações e o que tornava o céu azul e os nomes de todos aqueles homens em roupas engraçadas, quando havia ótimas perdas de tempo a serem feitas, bares de bilhar aonde se esgueirar, barbearias a frequentar. Portanto, ele não ia com frequência à Ferriday Elementary e esperava que os professores simplesmente o passassem de ano, algo que faziam desde o advento do giz. Seu pai cometeu o erro de comprar-lhe uma velha lambreta, o que só aumentara seu raio de ação. "Foi um tempo muito bom. De vez em quando, um avião sobrevoava e íamos nos esconder debaixo da ponte", diz.

Foi por volta dessa época, sob a sombra minguada daquela guerra distante, que ele decidiu que seu próprio mundo era pequeno demais.

"Não sei por que fiz aquilo. Só queria ir".

Ele parece estar buscando algum tipo de compreensão sobre o fato, algo raro.

"Às vezes você só precisa ir".

Pedia carona nas estradas de terra e no asfalto na Paróquia de Concordia e nas paróquias rio acima e abaixo desde que tinha idade suficiente para saber pra que servia o polegar, às vezes só para descobrir onde as estradas terminavam, da mesma forma que se perguntava o quão profundo seria o Buraco Azul, aquele lugar no remanso onde dizia-se que assassinos de sangue frio depositavam os corpos de suas vítimas, amarrados a peças de caminhão ou a blocos de concreto. O mundo era vasto, misterioso, rico e perigoso, e Jerry Lee vivia apenas num minúsculo cantinho dele. O rio só ia para o norte e para o sul, mas as estradas iam para todas as direções. Chegou até Vicksburg, pelos campos verdes planos e as terras onduladas, tomou sorvete e comeu um chocolate, e então, com a cabeça zunindo devido ao açúcar, pediu carona de volta para casa. Um dia, sem marmita para o almoço, muda de roupas ou um tostão no bolso, caminhou pela estrada até que não estivesse mais ao alcance da vista dos pais, disparou até a rodovia e esticou o polegar.

"Mamãe teria tido um ataque do coração".

O primeiro carro que parou foi um Ford 1941. O velho homem que o conduzia olhou-o de cima a baixo.

"Vai até onde, menino?".

"New Orleans", respondeu.

Inventou uma história plausível e comovente para explicar por quê; foge-lhe à memória agora, mas ele sabe que deve ter sido muito boa, ou nunca teria saído da Paróquia de Concordia. Algumas horas e histórias depois, estava na Decatur Street, com a Crescent City[4] sob seus pés. Olhou para a curva do rio, repleta de barcos a vapor, rebocadores e grandes cargueiros, tantas embarcações que era quase possível andar do French Quarter até Algiers, mas era o mesmo rio amarronzado que ele tinha em casa, então não perdeu muito tempo nas docas. Queria ver a cidade, uma cidade de verdade, e tudo que nela tinha. "Queria ir a um lugar grande, e New Orleans foi o maior lugar em que consegui pensar", diz.

Caminhou maravilhado pelas ruas estreitas e movimentadas. Era a New Orleans de Tennessee Williams, obscura, rica e perigosa. Viu o velho bonde de aço, estrondoso e trepidante e cuspindo faíscas, lotado de ricos e pobres. Mulheres, algumas delas seminuas, se inclinavam nas varandas, deixando languidamente o dia seguir. Passou pelos grandes hotéis, pelos sapateadores que pisoteavam os velhos paralelepípedos com tampas de garrafas nas solas

---

4 "Cidade Crescente", como também é conhecida New Orleans.

dos sapatos, pelas charretes com tetos de veludo puxadas por mulas e por uma enorme igreja cor de creme, a que os católicos chamavam de Catedral de St. Louis. Espiou em cafés de onde o aroma forte da bebida se espalhava pelas ruas até ser intimidado pelo cheiro mais potente de uma centena de tipos de bebidas alcoólicas, esparramando-se de bares já funcionando a todo vapor em plena luz do dia.

"Bem, este sim é um lugar", disse a si mesmo.

Mas também estava com fome e começando a pensar, pelo menos um pouco, na comoção que surgiria quando chegasse a hora do jantar e seus pais percebessem que ele não estava lá.

"Acabei na porta de uma mercearia italiana, acho que parecia solitário", diz.

O merceeiro, cujo sotaque era tão carregado que Jerry Lee mal conseguia entendê-lo, perguntou ao menino quem ele era e o que fazia ali, à toa. Não parecia um moleque de rua de New Orleans; parecia perdido.

"Fui sequestrado", disse Jerry Lee.

O homem só olhava austeramente para ele.

"E estou com fome".

Acho que ele não está acreditando, pensou.

Então, uma mulher rechonchuda de meia idade, aparentemente a esposa daquele homem, saiu da mercearia e disse algo em italiano que parecia ornado com fumaça e fogo, e depois, num inglês que Jerry Lee conseguiu entender, disse ao merceeiro que deveria se envergonhar em deixar aquele bebê parado na rua. "Dê a esse *bambino* algo para comer agora mesmo", disse ela. Jerry Lee comeu mortadela o suficiente para matar um homem comum.

Por volta da 1h da manhã, viu-se sentado numa cadeira numa delegacia de New Orleans, ou talvez no Reformatório Juvenil; não sabe dizer ao certo. Um policial, que estava ligando para todo lugar com um telefone em Ferriday, finalmente conseguira falar com Elmo, que alguém mandara chamar, para pedir-lhe que, por favor, viesse buscar o filho, pois New Orleans já tinha problemas o bastante sem ele.

"Não sei o que deu nesse menino", respondeu Elmo.

Ao fundo, Mamie dizia "obrigado, Jesus".

"Também não sei, senhor", disse o policial.

"Quer dizer, eu dei uma lambreta a ele".

"Apenas venha buscá-lo, senhor", pediu o policial.

Elmo dirigiu madrugada adentro. Naquela época, não era uma viagem prazerosa por aquelas estradas. Quando finalmente chegou, olhou para o filho por um instante, o rosto obscurecido de fúria, e suspirou.

Jerry Lee disse que teria ido para casa mais cedo, mas "papai, é difícil para um garotinho chegar em casa".

Elmo suspirou novamente e dirigiu de volta para Ferriday com o filho.

"Lá estava minha mãe", relembra.

Ela correu para o carro e agarrou seus ombros. "Moleque, eu devia matar você", disse. E então o apertou contra o peito. "Eu te amo tanto. Vem aqui, filho".

Jerry Lee soube então que se safaria de praticamente qualquer coisa.

"Amavam aquele menino. Estavam simplesmente felizes em tê-lo de volta", diz ele, mais uma vez.

Não tem mais certeza de por que exatamente partiu.

"Só sabia que uma lambreta não era o que eu procurava".

Elmo já tinha decidido há um bom tempo que o menino era especial, e nem sempre de uma maneira boa. Soube rapidamente que ele não seria um agricultor ou um carpinteiro; recusava-se a carregar o próprio peso pela casa e teria sido o mais lamentável colhedor de algodão a portar um saco. Não só o saco voltava leve, mas voltava quase vazio, e seria capaz de destruir um trator num piscar de olhos, simplesmente desaparecendo com ele pela estrada, arando o *asfalto*. E aceitara que o garoto não era um erudito. Esperava ao menos manter o filho fora do reformatório ou da prisão, mas mesmo essa possibilidade não era muito animadora. Antes que Jerry Lee conseguisse enxergar acima do painel, já tinha roubado a caminhonete Ford de Elmo para dar uns passeios pelas estradas de Ferriday e do rio Negro, a toda velocidade. Quando aconteceu pela primeira vez, Elmo percebeu que o veículo estava rodando para fora da garagem e correu para ver quem estava dirigindo. Parecia que não havia ninguém. Então viu um lampejo de uma cabeça loira, xingou e considerou rezar. A caminhonete deslizou para a estrada de terra e saiu com tudo, rugindo, enquanto Elmo observava e aguardava o som de uma grande tragédia. Tudo o que escutava era o motor, que rugia e rugia. Havia algo errado. Até que finalmente lhe ocorreu: "Ah, Senhor, o menino não tá trocando a marcha". Jerry Lee devia estar a cerca de 400 RPM, com o motor fumegando, até que finalmente deu meia volta e retornou para casa.

Quando encostou na garagem e o motor morreu, lá estava seu pai, horrorizado, com as grandes mãos na cintura. Podia sentir o cheiro das gaxetas derretendo e do metal fumegando.

Jerry Lee decidiu agir como se soubesse dirigir.

Ficaram lá olhando um para o outro.

"Bom", Elmo enfim perguntou. "Como foi, filho?".

"Fui muito bem, papai, mas não consegui entender como sair da primeira marcha".

Elmo sabia que devia trancar o menino atrás das grades, mas ele era um daqueles animais que se mataria se debatendo contra o ferro.

"Bem", disse o pai, derrotado. "É melhor eu te ensinar".

No outono de 1943, Jerry Lee já estava mais apaixonado pela música, a ponto de uma canção no rádio ou cantada no varal ou nos campos ser capaz de paralisá-lo. A música, branca e negra, blues e caipira, rodopiava a seu redor, e à medida que cantava de volta, acompanhando, sua voz ia ganhando corpo até que ele soasse menos como um moleque sardento. Sabia algo sobre a pureza da música, da beleza rústica dela. Estava entre os primeiros sons que ouviu ainda bebê, mesmo antes de Elmo Jr. ir para o céu e de Elmo Pai ser mandado para New Orleans, e nunca o abandonaria. "Era lindo quando meus pais cantavam duetos. Cantavam 'I'll Fly Away', 'Will the Circle Be Unbroken?', 'Old Rugged Cross' e 'Will There Be Any Stars in My Crown?'", diz. E às vezes, quando cantavam, parecia que tinham os corações partidos, mas, para Jerry Lee, soava como se a própria alma da música estivesse à mostra, quando os ouvia cantar as músicas da igreja. "Simplesmente não há como superar aquelas velhas canções".

Ele nunca incrementaria aquela beleza; nunca quis cantar com mais emoção. Só quis fazê-la andar mais rápido, mais firme, e para isso precisava de um motor, mas os únicos pianos em seu mundo pertenciam a outras pessoas. Seu pai tinha um violão e o encorajava a tocar, mas o instrumento era limitado – e ele sempre detestara limites – e parecia que as cordas eram feitas para segurá-lo, não para libertá-lo. "Aprendi a tocar violão e tocava bem, mas um violão tem só seis cordas". Diz isso como alguém fala sobre um cachorro de três pernas, com tristeza e pena. Na igreja, ele ouvia o futuro naqueles velhos pianos com suas cicatrizes de batalha de todas aquelas cruzadas contra o diabo, uma tenda de cada vez. Mas somente os ricos, ou pelo menos pessoas mais ricas do que eles, tinham um em casa.

Brincava no quintal quando viu a velha caminhonete do pai subindo pesadamente até a casa na Tyler Road. Os tempos melhores, o trabalho em carpintaria e o preço do algodão tinham dado uma folga a Elmo, e pela primeira vez na vida ele havia comprado sua própria terra. Era o primeiro chão no qual punha seu nome.

"Trazia um piano na caminhonete, e meus olhos quase saltaram das órbitas", diz Jerry Lee.

Começou a pular como o velho Herron pulava quando Elmo o passava por cima da cerca.

"Depois descobri que ele tinha hipotecado o sítio para comprá-lo. Eu disse que tive os melhores pais do mundo".

Elmo deu ré na caminhonete até a entrada da casa e desamarrou as cordas. Juntos, carregaram o instrumento para dentro.

"Aí está, agora toque", disse Elmo.

Era um piano vertical em madeira escura, construído pela P. A. Starck Piano Co. de Chicago, Illinois – uma construção única, segundo os anúncios, cujo aro dava ao instrumento um timbre mais cheio e encorpado, semelhante ao de um piano de cauda – "bem adaptado para uso em concertos".

Seu pai o comprou em Monroe, Louisiana, por um valor do qual não consegue se recordar.

Decerto era usado. "Parecia novo, para mim", diz hoje.

Deixou os dedos correrem pelas teclas.

"Obrigado, papai", disse.

Mamie olhava da soleira. Não tinha perdoado completamente o marido por ter ido para a cadeia uma segunda vez, deixando-a sozinha com os filhos e o pesar. As mulheres podem pegar pesado com um homem, nesses casos.

"Você fez bem", disse a ele.

"E não demorou até que eu estivesse tocando piano quase tão bem quanto toco agora", diz Jerry Lee.

É preciso perdoá-lo por desconsiderar, aí, uma vida inteira de influências, de adaptação e estudos – não no sentido convencional de aulas pagas, mas na forma como aprendeu sua arte, simplesmente ouvindo, sempre ouvindo. Ele sempre acreditará que, embora tenha aprendido e absorvido a música do mundo ao redor, a maior parte de seu talento veio de dentro, de onde Deus o colocou.

O piano viria a ser chamado de o investimento mais sábio da história do rock and roll.

"Está logo ali", diz hoje sobre o primeiro piano, apontando para além da porta, para onde o velho piano vertical se encontra apoiado cansadamente contra a parede no corredor escuro. "Eu pensava que era a melhor coisa do mundo".

O menino tocava, tocava a todo momento em que não estava obrigado a estar em algum outro lugar, e só parava para tomar banho e dormir; às vezes ele até comia ao piano, mordiscando um sanduíche enquanto pensava em melodias, ritmos, canções. E também não tinha nada melhor para fazer. Ele nunca tinha visto muito valor na escola, pelo menos antes de descobrir as garotas, e agora sabia que ela era totalmente desnecessária. Agora, na maldita sala de aula, fitava o tampo de sua carteira num sofrimento abjeto e um comichão para ser liberto daquela tolice. "Ficava inquieto e alerta o tempo todo", diz. Não havia sinal na Ferriday Elementary para marcar o final do dia letivo, mas "a banda marcial começava a ensaiar às três horas em ponto", e isso significava que o último período finalmente tinha terminado. Quase virava a carteira de cabeça para baixo ao sair da sala, descia a escadaria num salto só, agarrava a bicicleta e pedalava para casa, onde passava com um estrondo pela porta e deslizava até o banquinho do piano como se estivesse de patins. Tocava "Blessed Jesus, Hold My Hand" e "He Was Nailed to the Cross for Me" e todos os outros hinos que conseguia se lembrar, todos de ouvido; as notas não significavam nada para ele, e as partituras e hinários eram apenas desperdício de árvores boas.

> *I will be a soldier brave and true and firmly take a stand*
> *As I onward go and meet the foe, blessed Jesus, hold my hand* [5]

---

5 *"Serei um soldado corajoso e verdadeiro e tomarei firmemente minha posição / Enquanto em frente sigo e encontro o inimigo, Jesus abençoado, segure minha mão"*, do hino "Jesus, Hold My Hand", de Albert E. Brumley.

Desaparecia no piano como se tivesse verdadeiramente entrado na caixa do instrumento e fechado a tampa. Seus primos vinham brincar com ele, mas agora ele os mandava embora na maior parte das vezes. Nada mais importava além do piano.

Elmo e Mamie incentivavam essa obsessão, mas havia um limite.

"Filho...", diria Elmo, quando o relógio batia dez horas, às vezes onze ou mais. "Filho, precisamos dormir um pouco".

"Mais dez minutos, papai".

"Não".

"Mais cinco?".

"Não".

Mamie viria até a sala, esfregando os olhos. "Feche a tampa, filho, e vá pra cama".

Embora fosse um pianista nato, ainda tinha de praticar bastante para dominar as músicas mais complicadas. Elmo conhecia música, conhecia a ciência dela, apesar da falta de escolaridade, e às vezes, no início, corrigia o filho.

"Você pulou um acorde menor, filho", disse certa vez.

"Então pulei um, grande coisa", respondeu Jerry Lee, para então dizer, acanhado: "O que é um acorde menor?".

"E então papai se sentava comigo e me mostrava", diz hoje, relembrando.

Mas Elmo nunca tinha visto alguém dominar o instrumento, ou qualquer outro instrumento, e as nuances das músicas, tão rapidamente.

Elmo chamava uma música "e eu me sentava e tocava", diz Jerry Lee. Algumas daquelas canções permaneceriam com ele – e em seus shows – pela vida inteira, como "Waiting for a Train", de Jimmie Rodgers, a história de um sujeito sem um tostão tentando apenas voltar para casa, mas que acaba atirado do trem por um guarda brutal da empresa ferroviária. "Canções que contam histórias", diz. Outras simplesmente nos fazem sentir bem. Ele tocava "Mexicali Rose", de Gene Autry – essa fazia Elmo armar uma algazarra e abrir um sorriso largo –, "My Blue Heaven", de Gene Austin, e "In the Mood", de Glenn Miller. Não sabia exatamente o que era o swing, mas conhecia a sensação antes mesmo de seus pés tocarem o chão ao se sentar no banco do piano. Tocava "Alabama Jubilee", canção de 1915, e "Silver Threads Among the Gold", ainda mais antiga e que sua mãe adorava. E havia outras canções de um estilo novo de piano que estava ganhando popularidade, chamado boogie-woogie – músicas como "Down the Road a Piece" e, depois, "The House of Blue Lights". Não se lembra onde ouviu todas elas, mas sabe ousecomo aprendeu a tocá-las. "Só precisava ouvi-las", às vezes apenas uma vez.

Porém, sempre há uma diferença entre um menino e seu pai. Certo dia, enquanto Jerry Lee se esforçava para aprender uma das novas canções, Elmo sentou-se ao velho piano e tocou-a ele mesmo do início ao fim. E tocou de maneira bela e impecável, e foi tão fascinante, de uma beleza tão improvável, que o garoto começou a chorar, em desespero. Vendo aquilo, Elmo nunca mais tocou uma música ao piano na frente do filho. "Você consegue imaginar uma coisa dessas?", diz Jerry Lee. "Amar tanto uma criança" a ponto de se afastar do piano pelo resto da vida?

O mais chocante era o quão rapidamente ele conseguia aprender uma música e adaptá-la em algo novo. Elmo instalou fiação elétrica na casa e comprou um rádio para o filho, de forma que ele pudesse fisgar o que estivesse pairando no ar. Ouvia o rádio como um homem peneirando por ouro. Algumas estações chegavam irritantemente fracas, flutuando desde Chicago ou alguma outra cidade grande, mas a melhor música do mundo estava sendo tocada praticamente ali do lado, de qualquer modo. Os jesuítas da Loyola University tinham 50 mil watts impulsionando os sons de big bands e dixieland desde New Orleans, e era possível ouvir Sharkey Bonano como se ele estivesse ali na sala. Em Natchez, a WMIS tocava blues quase ininterruptamente, do enferrujado shuffle de piano de Champion Jack Dupree às *jump bands* urbanizadas de Louis Jordan e Amos Milburn. A WSMB, de New Orleans, vinha com música hillbilly de Nashville, e logo a KWKH começou a trazer o Louisiana Hayride de Shreveport, numa transmissão que mudaria a vida de Jerry Lee. Comprava discos sempre que conseguia um pouquinho de dinheiro, sucessos de boogie, hillbilly e pop, sons que eram obscuros apenas para pessoas com ouvidos insensíveis, e espionava incansavelmente o bairro negro de Ferriday para ouvir os blues mais autênticos que pudesse, sempre coletando e absorvendo. Com o tempo, ele só precisaria ouvir uma música uma única vez para guardá-la na memória, e então combinaria a letra às fileiras de teclas pretas e brancas, qualquer coisa, de canções country como "You Are My Sunshine" à velha canção de New Orleans, "Margie", passando por blues e cantigas de beberrões.

Era uma época grandiosa para a música americana, em que os trabalhadores rurais firmavam a pedra fundamental do rock and roll, as orquestras elegantes dominavam os bailes nos hotéis em New Orleans, conjuntos de *jump blues* faziam turnês contínuas pelo Sul e a música country amadurecia das melodias de rabeca para um som ao qual um soldado de volta da guerra poderia se apegar ou beber e dançar com sua namorada. Havia uma explosão de música nova por todo lugar, mas a música antiga ainda brilhava. Ele se esbanjava nas novidades, mas também ouvia Al Jolson, que nunca saíra de moda de fato, e Hoagy Carmichael:

> *Now he's poppin' the piano just to raise the price*
> *Of a ticket to the land of the free*
> *Well they say his home's in Frisco where they ship the rice*
> *But it's really in Tennessee*[6]

Nas noites de sábado, sentava-se ao lado do rádio como se fosse algo cujo interior pudesse ver. Ouvia o Grand Ole Opry, e até suportava Roy Acuff, que era "o pior cantor que já ouvi".

"Como assim, você não gosta do Roy Acuff?", perguntava sua mãe.

"Bom, ele não é nenhum Jimmie Rodgers", diriam ele e seu pai, quase em coro.

O "Maquinista Cantor"[7] vivia agora na casa dos Lewis à maneira como dividira a cela com Elmo em New Orleans. O pai tocava a música para o menino na vitrola, e Jerry Lee ouvia a genialidade ali, ouvia o apito do trem através da terra torturada e ouvia o blues sangrar na música daquele homem branco, à maneira como ouvia nos campos da paróquia. Rodgers era o pai da música country, mas também era "um cantor de blues nato. Eu adorava o blues dele", diz Jerry Lee. Em pouco tempo estava cantando e tocando sobre pegar caronas clandestinas em trens de carga, se embebedar e os perigos das mulheres da vida, e mal tinha completado dez anos de idade.

---

6 "Agora ele está tocando piano só para juntar dinheiro / Para uma passagem para a terra da liberdade / Bem, dizem que seu lar é em Frisco, de onde enviam o arroz / Mas na verdade é no Tennessee". "Hong Kong Blues", de Hoagy Carmichael.

7 "The Singing Brakeman", como Rodgers era conhecido.

> *Oh, my pocketbook is empty and my heart is full of pain*
> *I'm a thousand miles away from home, just waitin' for a train* [8]

Mamie fazia uma careta ao ouvir o garoto cantar músicas tão viscerais e seculares, mas já não havia como contê-lo. "Mamãe apoiava minha música" desde o início, diz, mesmo se empalidecesse com as letras. Quando tinha cerca de quatorze anos, ficou muito tocado com uma música chamada "Drinkin' Wine Spo-Dee-o-Dee", que um cantor de rhythm and blues de nome Stick McGhee adaptara de uma cantiga mais suja e cheia de palavrões aprendida no exército. O filho de Mamie elaborou sua própria versão levemente mais limpa, de modo que a mãe não desmaiasse ou caísse de joelhos a rezar por sua alma ou beliscasse um pedaço de seu braço com toda força, e o boogie ecoou pela Tyler Road abaixo...

> *Way down in New Orleans where everything's fine*
> *All them cats is just a-drinkin' that wine*
> *Drinkin' that mess is pure delight*
> *When they get sloppy drunk they sing all night*
> *Drinkin' wine spo-dee-o-dee, drinkin' wine*
> *Drinkin' wine spo-dee-o-dee, drinkin' wine*
> *Drinkin' wine spo-dee-o-dee*
> *Won't you pass that bottle to me* [9]

...e então tocava outro hino. Seus primos Jimmy e Mickey também tinham se apaixonado pelo piano por volta da mesma época, e tocavam juntos, às vezes todos os três, e o povo da cidade ficava maravilhado diante de tanto talento na mesma linhagem, mesmo que fosse praticamente impossível encontrar exatamente quais linhas iam em qual direção. "Nós três tocávamos. Quando eu e Jimmy tocávamos, dava para ouvir a três quarteirões", recorda-se. Mas nunca houve dúvidas quanto a quem liderava aquele trio. "Você acha

---

[8] "Ah, minha carteira está vazia e meu coração está cheio de dor / Estou a mil quilômetros de casa, só esperando por um trem". "Waiting for a Train", clássica composição de Jimmie Rodgers.

[9] "Lá em New Orleans, onde tudo está ótimo / Todos os caras só bebendo aquele vinho / Beber aquele negócio é puro deleite / Quando ficam caindo de bêbados, cantam a noite inteira / Bebendo vinho, spo-dee-o-dee, bebendo vinho / Passe essa garrafa pra cá".

que Mickey e Jimmy conseguiam tocar como eu, tocar aquelas músicas de Al Jolson como eu?", diz, como se estivesse desafiando alguém a discordar.

Porém, mesmo quando criança, nunca ouviu ninguém tocar exatamente como queria tocar, nem cantar precisamente como queria cantar. A maioria dos artistas de destaque tocavam violão; os pianistas ainda pareciam ficar relegados ao fundo, ou presos num ou outro estilo de música.

Ele então ouviu um homem que desafiava qualquer rótulo, que parecia um pianista de country and western e tocava ao lado de homens em ternos cravejados de imitações de diamantes e grandes chapéus, mas que também tocava jazz, blues e qualquer coisa que quisesse, de Cab Calloway a swing texano. Alguns chamavam sua música de *Western swing*, outros de *hillbilly boogie*. Jerry Lee sabia apenas que soava bem, como algo que ele gostaria de tocar.

> *Yeah I'm an ol' pipeliner an' I lay my line all day*
> *I got four or five women, waitin' to draw my pay* [10]

O talento musical de Moon Mullican germinara na igreja, como o de Jerry Lee. Mullican aprendeu órgão primeiro, mas foi atraído pelos sons que ouvia pairando das plantações e penitenciárias do Condado de Polk, no Texas. Seu pai colocava rédeas nele, mas era difícil impedir o garoto de ouvir os sons que chegavam no vento texano. Era de ascendência escocesa e irlandesa, e mais branco, impossível – seu avô lutara pelo Sul na Guerra Civil, em Shiloh –, mas ele misturava blues e jazz da cidade grande em seus shows, entre as baladas country chorosas. O público, que pagava bem para assisti-lo, às vezes não sabia o que pensar quando ele tocava aquela música negra tão alto, os disc jockeys não sabiam onde tocá-lo e os produtores musicais não sabiam o que fazer com ele, mas Jerry Lee escutava-o muito atentamente, e ouviu naquela música alguns dos primeiros batimentos cardíacos daquilo que um dia conheceria como rock and roll. "Moon Mullican sabia o que fazer com um piano". E, num piscar de olhos, Jerry Lee estava tocando sua música.

Sentava-se no velho piano e misturava e combinava e experimentava. De certa forma, era como se o piano fosse o coração da velha casa dos Lewis, sempre pulsando, pulsando. "Quando vinham as enchentes e Ferriday ficava

---

10 "Sim, sou um encanador, e instalo meus canos o dia todo / Tenho quatro ou cinco mulheres esperando para sacar meu pagamento".

debaixo d'água, papai colocava o piano na caminhonete e o transportava" para um local são e salvo. Decidir o que salvar e o que deixar não era difícil: o piano era o único móvel bom que tinham. Então, quando a água baixava e a casa secava, Elmo o trazia de volta e Mamie suspirava de alívio.

"Nos reuníamos ao redor do piano todas as noites, naquela época, eu, ela e papai", diz Jerry Lee. Sempre fora desse jeito para eles, em meio à pobreza, a tristeza e a morte, e, agora, novamente, em meio à esperança. Estava claro que o garoto chegaria a algum lugar. Era tudo uma questão de direção.

Mamie separou a camisa branca e a gravata borboleta de Jerry Lee. Era o indicativo de um grande dia por vir na casa dos Lewis. Foram para a igreja na caminhonete Ford de Elmo e estacionaram entre os outros carros deteriorados. Aqui e ali, via-se algum marido se ajeitando no assento, esperando pela esposa até o final da pregação, dos cantos e da chamada ao altar. Até mesmo Lee Calhoun foi até lá num Chevrolet surrado, pela mesma razão que um jogador de pôquer nunca revelava sua mão boa. Ele mandara construir a igreja com blocos de concreto, para prevenir inundações, mas os blocos eram preciosos, então era melhor não vir uma inundação das grandes. Havia luz elétrica, mas não havia encanamento sob o chão de madeira simples – uma latrina foi construída nos fundos – e não havia vitrais nas janelas para filtrar e amenizar o sol da Louisiana. Um fogão enferrujado, o único aquecimento no inverno, repousava num canto. Mas lá dentro, numa manhã de domingo, não havia dúvidas sobre quem era o dono da casa, e não era Lee Calhoun.

No verão, era uma estufa; parecia que sempre era verão. Os paroquianos escancaravam as janelas e instalaram dois enormes ventiladores de caixa em cantos opostos do salão para atrair e expelir o calor que subia. Os ventiladores atraíam também os sons da igreja, e criou um fenômeno na Texas Avenue do qual as pessoas não se recordavam testemunhar em nenhum outro lugar. A Assembleia de Deus era uma igreja só de brancos, mas vizinhos negros vinham aos domingos e se sentavam sob as árvores para ouvir a música que transbordava daquele lugar. Pessoas estacionavam seus carros e abaixavam as janelas ou abriam as portas para ouvir. A austeridade da linha pentecostal não se estendia à música, mesmo antes de Jerry Lee Lewis e dos outros garotos deixarem sua marca nela, e era possível ouvir o piano na Main Street. Elmo tocava violão, Mamie cantava, Son Swaggart manejava o arco na rabeca e o resto da família acompanhava. Logo haveria bateria, *steel guitar*, contrabaixo, acordeom, entre outros instrumentos, e o lugar literalmente sacolejava. "Era muito animado", diz Gay Bradford, que nasceu em 1931 e ia à igreja com Jerry Lee.

Naquele domingo, a família chegou em carreata – estava quase inteira lá – e sentou-se nos bancos simples de madeira escura: os altos e esguios Swaggarts, os mais baixos e bonitos Gilleys, os irritadiços Herron, os selvagens garotos Beatty, sua bonita tia Stella com o amarrotado tio Lee, e todo o resto. Mamie e Elmo tiveram uma filha desta vez: Frankie Jean, nascida em 27 de outubro de 1944. Ela seria um incômodo para o irmão, mas uma aliada na longa vida que estava por vir. Mamie tinha a criança nos braços, ninando-a suavemente no banco da igreja enquanto o culto começava. A congregação orou por força, pela coragem de ser um guerreiro para Cristo, por livramento de todo pecado, e por vida eterna aos pés do Seu trono. Então veio uma canção. Aqui, genética pura fazia toda a diferença. Não havia um coral vestindo túnicas. O lugar inteiro, do fundo até a frente, era um coral.

E então Jerry Lee, com os cabelos para trás com brilhantina, deslizou do banco rústico e caminhou até a frente da igreja. Não era um percurso longo, então por que ele parecia atravessar uma extensa catedral? Encarou a congregação, cerca de quarenta pessoas naquele domingo, mas parecia muito mais, então. Aguardaram educadamente que ele começasse... e esperaram e esperaram.

Jerry Lee respirou fundo, deu meia volta e caminhou talvez uns cem quilômetros até o banco de sua família.

"Mamãe", sussurrou.

"Sim, filho", disse Mamie.

"Qual é a música que eu tinha que tocar?".

"'What Will My Answer Be?'".

Ele assentiu.

"As pessoas caíram na gargalhada".

Marchou de volta à frente da igreja.

> *What will my answer be, what can I say*
> *When Jesus beckons me home?* [11]

---

11 *"Qual será minha resposta, o que posso dizer / Quando Jesus me convocar para casa?"*

"Foi a primeira música que cantei na igreja".

Tudo o que cantou ou tocou desde então reside sobre os pilares daquele dia, daquela igreja, e daquela canção. Não vê ironia alguma nisso, não questiona, não faz concessões: "A música vem de Deus".

Outros estilos de música incrementariam e dariam nuances ao seu desenvolvimento, mas foi tudo construído sobre a graça, a beleza e o significado daquelas velhas músicas religiosas, não importa o quanto ele tenha se desviado das histórias por elas contadas. Acredita que sem elas todos os outros estilos e realizações teriam sido, de alguma forma, menores, como se feitos de areia. Reconhece que de fato sacudiu essas estruturas o máximo que pôde, assim como o fizeram – em menor grau – Jimmy e Mickey e outros pianistas da família. "Se não me engano", recorda-se Gay Bradford, "tiveram de chamar alguém para instalar teclas novas".

Se havia alguma coisa que ele levava muito a sério, era o piano, e ele se comprometeu ao instrumento de forma obstinada – mas isso não significa que não ouvia mais ninguém sobre o assunto.

"Tive uma aula de piano certa vez, uma única aula, quando tinha doze anos. Foi com o sr. Griffin. Ele queria me ensinar a tocar com partitura, com um livrinho velho que tinha, com temas infantis. Mas toquei como eu queria tocar – aquele estilo de boogie-woogie". O professor lhe deu um tapa. "É, minha mandíbula estalou um pouco". 'Você nunca mais vai fazer isso', ele me disse", conta Jerry Lee, sorrindo com a lembrança.

O que lhe faltava era alguém em quem se espelhar ao piano, um artista a quem ele imaginasse se tornar semelhante no palco. Hank Williams e Jimmie Rodgers tocavam violão. Moon Mullican, pálido e de rosto redondo, embora fosse capaz de tocar de tudo, não era nenhum exemplo de personalidade que se sobressaí – e Jerry Lee nunca o viu no palco, de qualquer modo. Encontraria esse modelo não muito longe, em Pine Bluff, Arkansas, em sua própria família.

Carl Everett Glasscock McVoy era um primo, filho da tia Fannie Sue Herron Glasscock, e alguns anos mais velho do que Jerry Lee, Jimmy Lee e Mickey. Na boa aparência e no estilo de piano do primo Carl, Jerry Lee viu tudo o que ele queria ser, ou pelo menos o início das coisas. O pai de Carl era um pastor que viajava pelo país e, numa estadia em Nova York, Carl teve contato com o piano boogie-woogie da cidade grande e ensinou alguns *licks* a Jerry Lee numa visita aos parentes na Paróquia de Concordia. "Ele era um gênio", diz Jerry Lee. "Vi-o tocar piano na casa do tio Son e da tia Minnie, os pais de Jimmy. Ele tocou piano e cantou e eu disse, 'Cara!'. E ele era um sujeito tão *bonito*. Ah, ele era *bonitão*. E eu disse, 'Rapaz, se eu puder fazer o que ele faz, isso seria demais'".

McVoy não era um astro, é claro. Trabalhava em construção durante o dia e tocava piano à noite. Anos mais tarde, depois de seu primo ter alcançado a fama, gravou alguns discos também, incluindo uma versão suingada de "You Are My Sunshine", que veio a ser o primeiro compacto da Hi Records. Sua pequena fama não cresceu nem durou, mas seu visual carismático e seu estilo pulsante de piano já tinham dado a Jerry Lee um gostinho do futuro.

Contudo, o filho de Elmo sabia que a música dele não era tudo o que podia ser, não ainda. "Faltava *alguma coisa*", diz ele, algo que ia além de estilo – algum elemento de ousadia, algo visceral. Mesmo ainda menino, sabia que a música ao seu redor, a música gospel, country e da velha guarda, não estava buscando o mais fundo dos estados de espírito.

Para isso, ele teria de deixar de lado o hinário e seguir um outro tipo de tumulto e gritaria, do outro lado da cidade.

3

HANEY'S BIG HOUSE

Ferriday
1945

As senhoras da igreja caminhavam mais rápido ao passar pela altura do número 500 da Fourth Street. Não queriam ficar por ali depois do pôr do sol. O conflito, tão antigo quanto o Jardim do Éden, queimava no bairro negro de Ferriday desde que o primeiro *bluesman* saltou do trem de carga e tocou em troca de álcool entre as avenidas Maryland e Carolina. De vez em quando, alguns pastores corajosos, ungidos com o sangue do cordeiro e à prova de balas, se instalavam perto dos clubes noturnos e começavam a pregar ao crepúsculo. Alertavam que Satã estava à espreita na bebida e na luxúria e logo estaria entre os homens para colhê-los como trigo. Mas as garras do pecado eram firmes, e a Fourth Street ficava repleta de gente à noite. Desciam de grandes Packards ou de ruidosos Model A, usando polainas e colares de pérolas, ou tropeçavam para fora de um ônibus Trailways, em busca do lugar onde o enxofre cheirava mais como um bom churrasco, onde os gritos e lamentos tinham ritmo e uma espécie de júbilo selvagem. Ali, rapazes tocavam blues com saquinhos de terra de cemitério acomodados dentro das guitarras e belas mulheres dançavam de uma maneira supostamente impossível para a espinha dorsal humana. O melhor dentre esses clubes, ou o pior, dependendo das suas afiliações, era um lugar chamado Haney's Big House, uma das maiores casas de blues e R&B entre Memphis e New Orleans, e quando os pregadores bradavam contra a música do diabo, era precisamente daqui que estavam falando.

Mas o Haney's não era um boteco vagabundo com uma banheira cheia de cerveja e gelo e algumas jarras de bebida caseira. Era um lugar onde quatrocentas pessoas se apertavam nas noites de final de semana – a população inteira de Ferriday era de menos de quatro mil – para dançar, beber, jogar, brigar e se cortar, com tudo isso escorrendo para uma rua de terra onde um velho e barulhento ônibus de turnê aguardava, estacionado no meio do mato. Caça-níqueis cuspiam centenas de moedas por vez, e os seguranças mantinham a paz com socos ingleses, arrancando a arma da mão de alguém com um golpe ou quebrando a cabeça do sujeito antes dele fazer algo estúpido o suficiente para atrair a polícia branca. Era um clube onde facas eram sacadas com frequência na pista de dança e as mulheres carregavam navalhas nas roupas íntimas, então o chefe tinha um bom motivo para manter as coisas as mais tranquilas possíveis.

Quem mandava ali não era um chefão exibido, mas um sério homem de negócios afro-americano chamado Will Haney, que comandava não somente esse antro de iniquidade, como também um motel, uma lavanderia e uma fortuna modesta vinda do aluguel de casas populares, e nas horas vagas ainda vendia seguros. Dizia-se que era um homem decente e de pavio longo, apesar de se alinhar com o diabo. Mas Haney sabia que a música rústica significava dinheiro, conhecia o poder do blues da mesma forma que os patrocinadores do Grand Ole Opry entendiam do apelo das baladas de amor perdido e das canções de dor de cotovelo – ele sabia como o blues era capaz de fisgar as pessoas em cheio e só soltá-las quando relâmpagos dizimassem a Terra.

"Foi onde ganhei substância", diz Jerry Lee, e suas memórias têm de retroceder quase sete décadas para saborear mais uma vez aquela primeira noite, para encontrar os guitarristas, gaitistas e pianistas, novatos mordazes e velhas relíquias cheias de cicatrizes, em ternos risca de giz amassados e manchados de suor e usando sapatos de couro bicolores, tocando boogie como se aquela fosse a última noite no planeta. Tocavam nos estilos dos clubes de Kansas City, St. Louis, New York e Oakland, embora ele ainda não os conhecesse. Seus nomes se perderam na memória, se ele sequer os soube; tampouco é capaz de se lembrar de algum pianista, estilo ou truque específico que tenha tentado imitar. O que o marcou mais foi a sensação, a crueza, o ritmo insistente, como se a música ali tivesse escancarado uma fenda para outra dimensão. "Caí em cheio".

Os brancos chamavam o lugar de Bucktown[1]. "Diziam que se você se tornasse negro por uma noite ali, jamais ia querer voltar a ser branco", conta Doris Poole, que na época trabalhava no balcão de uma lojinha nas noites de sábado. "Mulheres entravam na loja, compravam aqueles canivetes e guardavam nos sutiãs antes de saírem no sábado à noite". Uma coisa é certa: na primeira vez em que o pequeno Jerry Lee subiu na janela para espiar lá dentro, para ver do que se tratava a gritaria, soube que também pertencia àquele lugar, não importava seus cabelos dourados, e ele jamais voltaria de fato para o outro lado.

> *You can take me, pretty mama,*
> *Jump me in your big brass bed.*[2]

Surge novamente a questão da sorte. Seria sua música tão visceral e vigorosa, tivesse ele nascido em outro lugar, algum lugar mais sereno, ao invés de bem na convergência de duas culturas vivendo uma paz intranquila e frágil, onde negros e brancos estavam sempre sob a pressão de alguém? Teria ele se tornado o músico que se tornou? "*Se* é a maior palavra da língua inglesa", diz, e seu orgulho não o deixará assentir que talvez sua luz não tivesse brilhado da mesma forma num outro lugar, num outro tempo. Porém, havia uma razão pela qual ele corria pela Fourth Street com tanta frequência quando menino, assoviando música da igreja e canções de caubói, enquanto, do outro lado de uma fina parede de madeira, os maiores nomes do blues aguardavam enquanto ele bolava uma maneira de entrar. Não havia fingimento ali. Ali, artistas consagrados da cidade grande, como Big Joe Turner, ou astros em ascensão, como Riley King, checavam a brilhantina do cabelo no espelho nos bastidores e seguiam a berrar o blues.

> *You can rock me, baby,*
> *Till my face turn cherry red.*[3]

---

1 Nome que referencia gueto.
2 "Pode me pegar, bonitona/ Jogue-me na sua cama de latão". "Cherry Red Blues", de Pete Johnson e Big Joe Turner (1939).
3 "Pode me balançar, baby/ Até meu rosto ficar vermelho".

Will Haney é importante para o legado do rock and roll por conta da casa que construiu, e não a construiu para brancos. Era um homem que não queria saber de bobagens, dono de um clube de dança que não dançava, que raramente bebia, mas quando bebia, o fazia com propósito sério. Tinha pouco menos de um metro e oitenta e pouco menos de noventa quilos, rosto redondo e expressão permanentemente séria, como se sempre tivesse algo melhor a fazer. Numa fotografia de estúdio tirada nos anos 1940, está posando numa cadeira diante de uma janela de um jardim falso; parece absolutamente descontente, como um homem prestes a ser disparado de um canhão. Construiu um pequeno império no Sul segregado, numa cidade onde a Ku Klux Klan queimou um bom amigo seu até a morte em sua própria loja. Servira a seu país na guerra na França, em meio ao fedor e ao veneno das trincheiras, em trabalho servical capaz de destruir a alma, e voltou para casa para vender seguros para a Peoples Life Insurance de New Orleans, cobrando apólices que custavam mixaria e mal pagavam um caixão de pinho. Porém, quando as enchentes chegaram à Paróquia de Concordia, ele viajou a New Orleans para impedir que a companhia cancelasse o seguro de seus clientes.

Em meados dos anos 1930, pegou o dinheiro que juntara e providenciou um pedaço de terra na Fourth Street, que aos poucos floresceu no icônico clube noturno que só fechou uma vez, no dia em que sua mãe morreu. Servia linguiças apimentadas, paleta de porco e um ótimo frango frito com feijão branco e broa de milho. "Uma refeição completa", conta Hezekiah Early, que construiu seu primeiro violão com uma caixa de queijo e cresceu com as lendas do lugar, vindo a tocar na banda da casa do Haney's anos depois. Haney conseguiu fazer com que a parada de ônibus fosse situada diante da entrada do restaurante. Tinha cinquenta mesas, além de mesas de bilhar e de pôquer e caça-níqueis, quando a jogatina era legalizada – e quando não o era. O lugar era maior do que qualquer outro, negro ou branco, então foi batizado de Big House ["casa grande"].

"Naquele tempo, um branco sempre podia ir aonde quisesse, mas os brancos nunca vinham ao Haney's", conta YZ Ealey, um guitarrista de Sibley, Mississippi, que tocou com Big Mama Thornton e L. C. "Good Rockin'" Robinson e integrou a banda da casa do Haney's por três anos. "Era algo estritamente para negros", e se você quisesse beber, jogar e ouvir música ao vivo, tinha de pagar um dólar a Haney na entrada. E ao entrar na Big House numa noite quente da Louisiana, em meio às gargalhadas histéricas, ao som pulsante dos tambores e à fumaça turva, era quase possível acreditar em todas aquelas coisas das quais o povo da igreja sempre falava. Um passo para dentro e já se sabia que uma fronteira fora cruzada, dizem os músicos que tocaram lá. Os espetos de ferro fumegantes cuspiam óleo quente e, no forno de terra, chamas escaldavam a carne. O ar tinha um cheiro forte de fumo e de peixe frito, além de uma doçura enjoativa de gim e mentol. Os caça-níqueis decoravam uma das paredes, tilintando e ressoando, e cada puxada de alavanca era um acordo com o diabo. Tubarões rodeavam as mesas de bilhar, homens que chegavam em vagões leito, mas iam embora correndo ao lado da linha férrea, tentando alcançar o vagão de gado, porque Ferriday tinha seus próprios tubarões. Nos salões dos fundos, homens em ternos finos com bons charutos entre os dentes de ouro sentavam-se detrás de grandes pilhas de dinheiro, com os guarda-costas impassíveis a postos, mas ninguém roubava no Haney's. O carteado durava o dia todo e a maior parte da noite e atraía jogadores de Houston, New Orleans e West Memphis, e antes do sol nascer haveria alianças de casamento e escrituras na mesa de apostas, mas nenhuma declaração de débito. A casa ficava com uma parcela de tudo. "Todos têm um talento, e o de Haney era ser o dono de um clube noturno", diz Ealey. Por volta das nove horas, com a clientela já bem calibrada, a música ao vivo começava com o ruído infernal dos músicos plugando as guitarras semiacústicas em grandes amplificadores. O palco ficava a um metro e meio de altura do chão, tinha três metros de comprimento e ocupava uma parede inteira; tinha de ser dessa forma para conter toda a perversão que seria liberada noite adentro. Era capaz de acomodar uma orquestra ou apenas um homem num banquinho, tocando um violão comprado por correspondência.

Haney dava o nome de "bailes", o que era menos provável que ofendesse os religiosos ou assustasse os brancos, e os carros faziam fila na ponte de Natchez, os faróis formando uma centopeia de mais de um quilômetro de extensão. Os bailes eram anunciados numa coluna do jornal *Concordia Sentinel* chamada "Among the Colored" ("entre as pessoas de cor"). "Não dava para andar naquele lugar... ficava abarrotado, lotado", diz Early, cujos Hezekiah and the House Rockers tocaram por anos na Big House. "Haney tinha os seguranças, mas havia umas brigas infernais, porém, sem tiroteios". Havia profissionais negros que, assim como Haney, trabalhavam unicamente no lado negro da cidade, agentes funerários e médicos que dividiam espaços com barbeiros, serralheiros, cozinheiras e camareiras, ferroviários e funcionários de frigorífico. Os músicos chamavam de Chitlin' Circuit, o circuito de clubes só de negros ao longo do Sul Profundo segregado, onde um homem ou mulher de talento era capaz de ir embora com um punhado de notas de vinte dólares e ainda assim ter de dormir no carro. Porém, se tocasse no Haney's, você dormia em lençóis limpos no Haney's Motel, comia os ovos com presunto do Haney e provava as bebidas do Haney e, se fosse parado pela polícia, havia uma palavra mágica. "O xerife me parou várias vezes", conta Early. "'Aonde você tá indo? O que tem aí?', e eu dizia: 'O sr. Haney nos deu essa bebida'. Nunca fui para a cadeia".

Quem tivesse algum nome no blues, *shoutin' blues*, *rhythm and blues*, qualquer tipo de blues, tocava na Big House.

Jerry Lee costumava ficar entre os arbustos e o vidro quebrado e observar os *bluesmen* desembarcarem dos furgões e ônibus, "quando ainda não tinha idade para entrar" e ainda não estava desesperado para entrar escondido. Tinham dormido de terno, quase sempre ternos de cidade grande, vindos da Beale Street, em Memphis, ou de ainda mais longe, como Chicago, e cobriam seus cabelos quimicamente alisados e modelados com um lenço, como uma mulher, até que chegasse a hora do show. Os guitarristas e saxofonistas, mesmo os famosos, carregavam estojos surrados para dentro da casa, porque ninguém transportava o xodó de outro homem. "Todo mundo tocava no Haney's, big bands, com naipe de sopros e tudo", recorda-se Jerry Lee. Haney trouxe Papa George Lightfoot, o gaitista que cruzaria as fronteiras e tocaria em bares de brancos na velhice, e o trombonista Leon "Pee Wee" Whittaker, quase capaz de se lembrar da criação do mundo, que tocara com os velhos Rabbit's Foot Minstrels no início do século.

Ao longo dos anos, segundo os músicos que integraram as bandas da casa, a Big House recebeu o suave texano Charles Brown, o elegante Roy Milton e seus Solid Senders, que emplacaram dezenove discos no Top 10 de R&B, e Fats Domino, antes dos sucessos "Ain't That a Shame" e "Blueberry Hill". Haney trouxe os Slims – Memphis Slim and the House Rockers e Sunnyland Slim. Um pianista cego chamado Ray Charles, o guitarrista Little Milton e o cantor Bobby "Blue" Bland tocaram lá, bem como Junior Parker, um caipira negro magricela chamado Chuck Berry e uma jovem Irma Thomas. A casa abriu as portas para jovens artistas como Percy Mayfield, o sereno cantor e compositor que implorava por alguém para amar em "Please Send Me Someone to Love", e para grandes astros da geração anterior, como Tampa Red, de voz azeitada pelo uísque, e seu parceiro ocasional, o pianista Big Maceo Merriweather, de Atlanta, que lembravam a todos, a cada batida, que tinham perseverado e ainda perseveravam.

> *So take these stripes from around me*
> *Take these chains from around my leg* [4]

A liberdade, cantava Maceo, tampouco era fácil, e Tampa Red gemia: "Mmmmmm-hhhhmmmm". E se algo construído com tábuas e pregos já teve uma vida, um coração próprio que batesse, este era o lugar, onde mesmo na ressaca da manhã era possível ouvir um velho bluesman solitário afinando seu violão, buscando um som entre as mesas e cadeiras vazias.

"Haney nunca fechava as portas", diz Early.

Jerry Lee viveu na sombra quente do blues por toda a vida. O blues viajava no vento pelas terras baixas da Louisiana, e tudo o que ele tinha de fazer era ficar parado em algum lugar por um momento para ouvi-lo. Três em cada quatro habitantes de Ferriday eram negros, e o blues do homem negro transbordava das janelas dos carros que passavam e dos rádios e das jukeboxes. Mas Jerry Lee nunca o ouviu – ouviu de verdade – até que transbordasse da Big House. Mesmo antes de ter altura o suficiente para conseguir olhar pela janela, escalava até o parapeito ou conseguia alguém para levantá-lo, só para uma olhadela de um segundo. Nunca era o bastante, e seguiu por anos como algo platônico.

Arrastava seu primo Jimmy consigo e tentava convencê-lo a entrarem escondidos. "Ele não ia. Eu simplesmente não conseguia colocá-lo para dentro... Ele tinha medo de entrar lá". Jimmy conhecia a besta quando a via, "chamava de música do diabo", relembra Jerry Lee, e, mesmo depois de súplicas inenar-

---

4 "Então tire esse traje listrado de mim/ Tire essas correntes da minha perna". "County Jail Blues", de Big Maceo Merriweather.

ráveis, deixava o primo selvagem à mercê da própria danação. Além disso, Jimmy disse a ele, se seus pais descobrissem que estava entrando escondido no Haney's Big House, iam lhe dar uma surra até que esquecesse o próprio nome. "Minha mãe pode não me matar, mas meu pai vai", disse a Jerry Lee.

"Bom, eu não tenho medo dos meus", Jerry Lee respondeu.

"Nunca consegui fazer com que Jimmy entrasse lá comigo. Ele tinha medo", diz, relembrando. Mas, para ele, era uma boa época para sair de casa; talvez nem sentissem sua falta, pelo menos por uma hora ou duas. Mamie tinha dado à luz recentemente uma segunda filha, outra garota de cabelos escuros, batizada de Linda Gail. Mamie e Elmo ficavam distraídos, ainda empolgados com a nova bebê. Mas Jerry Lee, na verdade, não se importava muito se seria descoberto ou não. Não batiam nele, só ameaçavam bastante. Além disso, valia a pena levar uma surra por certas coisas, supunha ele.

Há muito suspeitava que havia algo na música negra o qual queria e necessitava, mas não sabia exatamente como conseguir ouvi-lo. Matutava incessantemente sobre isso; o Haney's ficava a uma caminhada curta de sua casa, mesmo se ele tivesse de passar por lá depois de uma ida ao Arcade para assistir a mais um faroeste ou talvez a *Frankenstein*. Ao longo dos anos, muita gente alegaria ser o responsável por dar-lhe acesso ao clube proibido, por içá-lo até uma janela aberta ou por deixar uma porta destrancada, de modo que o garoto pudesse se esgueirar para dentro. A verdade é que, certo dia, ele simplesmente não podia suportar mais o comichão e caminhou sozinho até uma das duas portas de entrada na Fourth Street. Era uma noite de domingo e ele estava desertando da igreja na Texas Avenue. No Haney's, viu um ônibus surrado do lado de fora, o que significava uma banda em turnê ou talvez até mesmo um *bluesman* de certo renome; o clube já estava abarrotado de gente e o sol vermelho ainda não tinha se posto. Em casa, não sentiriam sua falta por horas. "Todo mundo estava na igreja", relembra. A Assembleia de Deus se reunia duas vezes aos domingos, pela manhã e à noite; o diabo nunca tirava folgas.

Esperou por sua chance, até que Haney e os cobradores de entrada olhassem para outro lado, e disparou para dentro da fumaça e do barulho. Olhou ao redor, num frenesi, em busca de um lugar para se esconder, mas não havia nenhum que pudesse ver. "Então entrei debaixo de uma mesa", diz. Simplesmente deslizou tranquilamente, malandro, ali para baixo, sem ser visto – ou pelo menos é isso que conta a si mesmo – até que estivesse em segurança na escuridão entre os sapatos de couro envernizados e os saltos altos.

Entrei, Jerry Lee dizia a si mesmo. *Estou no Haney's*. Naquele lugar que ameaçava sua alma imortal.

E valeu a pena. "Pude ver *tudo*", recorda-se, embora fique incerto se ele está falando do clube ou de algo mais. Acima dele, os adultos gingavam em cadeiras cambaleantes, bebiam e riam. Na pista de dança, homens e mulheres se encontravam numa engrenagem, pernas travando-se no interior de outras pernas, de forma tão apertada que se uma levasse um corte, a outra sangraria. "Não poderia ser um lugar melhor para mim", diz Jerry Lee. "Me dei bem *com* o lugar".

The blues starts rollin'
And they stopped in front of my door [5]

No palco, o guitarrista cantava com uma voz permeada com todo o sofrimento desse mundo vasto, plano e empoeirado. Naquela voz estava o som das correntes tilintando entre os pés dos prisioneiros. Naquela música havia um pai que se tornava diminuto, menos distinto, enquanto um camburão parte por uma estrada desolada do Delta e uma mula o arrasta por um milhão de quilômetros de terra batida. Sua guitarra uivava como uma testemunha, também, de cada quilômetro e cada murmúrio e cada dor. O homem, com a cabeça pendendo para um dos ombros como se estivesse pregada daquela forma, movia somente os dedos grossos, que volteavam pelos trastes como um beija-flor, e o suor transbordava de seu rosto. "Ali, eu só conseguia pensar, *rapaz, olha como ele toca*. Ele estava arrebentando a guitarra", recorda-se Jerry Lee. Nas mãos daquele homem, um instrumento de seis cordas não parecia mais tão inferior. "E te digo, ele cantou cada música...".

Os aplausos ainda soavam e as pessoas ainda batiam os pés no chão quando o guitarrista entrou num blues pulsante e fez levantar quem ainda estava sentado. "Aqueles lá sabiam dançar", diz Jerry Lee. Homens saltavam incrivelmente alto, como se voassem. Mulheres sacudiam partes que o menino pensava serem inertes; algumas subiam para dançar em cima das mesas. "Atiravam uns aos

---

5 "O blues começou a rolar/ E parou diante da minha porta".

outros sobre os ombros, sobre as cabeças. E eu estava no sétimo céu". Isso, ele soube, era o que estava faltando. Era o tempero, a alma pela qual procurava.

*Woke up this morning,
My baby was gone...*[6]

Já estava pensando em como tocaria, em como misturaria com o que já sabia. Mas, mais do que isso, apenas deixou o blues tomá-lo, envolvê-lo, se tornar parte dele. "Apresentei-me àquela atmosfera", diz.
Por favor, Deus, não deixe o Haney me pegar agora, pensou – e naquele exato momento uma grande mão agarrou seu colarinho, levantou-o como se fosse um boneco, e então, do alto, bem longe do chão, encarava o olho bravo e vermelho de Will Haney.
"Jerry Lee?".
Ele só balançava, suspenso. Todos em Ferriday conheciam o garoto. A maioria dos meninos, em seus macacões, não andavam por aí altivos como ele, como se fossem donos de cada quilômetro de terra por onde passassem. Mas Haney também conhecia seu tio Lee e sua tia Stella e tinha negócios com eles.
"O que tá fazendo aqui, moleque branco?", perguntou Haney.
"Tô *tentando* ouvir um pouco de blues", respondeu.
"Não é pra você estar aqui".
"Eu sei. Mas estou".
Jerry Lee tentou soar corajoso, mas, no fundo, estava pensando: *O Haney é do tamanho de uma porta.*
"Tô tentando ouvir um pouco de música, se você não se importa", disse.
Haney estava soltando fogo pelas ventas e parecia genuinamente preocupado. Era uma transgressão social perigosa. "Seu tio Lee vai acabar comigo por isso".
Jerry Lee continuava suspenso.
"Se a sua mãe te pegasse aqui, ela ia me matar! E seu tio Lee ia me dar um tiro. E a sua tia Stella? Ela teria – eles teriam – um ataque do coração".
A música não tinha parado; era possível arrastar um crocodilo dos grandes e uma máquina de lavar enferrujada por todo o salão quando a música estava boa. Haney apressou-se em levar o menino para fora. Ele não preci-

---
[6] "Acordei esta manhã/ Minha garota se fora...".

sou ser arrastado, mas também não expressou arrependimento. "E não volte mais", disse Haney, da porta. Jerry Lee começou a caminhar na direção de casa, mas assim que Haney virou as costas, deu meia volta e se esgueirou no escuro até o velho ônibus da banda. "Eu tinha de entrar naquele ônibus", diz. "Sentei numa poltrona e pensei: *aposto que é onde ele se senta*". Ficou ali por um longo tempo, sonhando, a música agora mais distante. Por fim, expulso para sempre, caminhou para casa com o *rhythm and blues* martelando na cabeça.

Alguns dias depois, um dos clientes chamou Haney. "Tem um moleque branco debaixo da minha mesa", disse.

Quando Haney o arrastou para fora, pelo menos era o mesmo da outra vez. Ele não teria suportado uma epidemia. Ameaçou-lhe e passou-lhe uma bronca de novo. "Eu voltei por anos", diz Jerry Lee com um sorriso largo. Na coluna "Among the Colored", do *Sentinel*, conferia quando os grandes nomes passariam pela cidade. De alguma forma, sempre conseguia entrar, até que se tornou um ritual. Deslizava para baixo de uma mesa, e um cliente esbarrava o dedão nele. "É você, Jerry Lee?".

"Sou eu".

Voltou repetidas vezes, inúmeras vezes. Mas a imagem que se cravou em sua mente foi a de um jovem B. B. King, o "Blues Boy da Beale Street", que um dia voltaria correndo para dentro de uma espelunca em chamas, em Twist, Arkansas, para resgatar sua guitarra, depois de dois bêbados, numa briga, tombarem uma lata de lixo acesa com querosene. Assim como sua principal influência, T-Bone Walker, King cantava um ou dois versos e então respondia com a guitarra; quando puxava as cordas, soava como se o instrumento estivesse respondendo, como se houvesse dois homens ali, ao invés de um, contando as novidades.

Aquela música tinha muitos nomes, então: blues, R&B, entre outros menos saborosos. Mas Jerry Lee sabia o que era.

"Estavam tocando rock and roll", diz ele.

"Ah, *estavam*".

Depois de ter visto a Big House se encher de música tão visceral e grandiosa, seria muito difícil para Jerry Lee se animar de verdade com a sétima série. Porém, ele fazia o melhor possível para continuar na escola, mesmo se isso significasse asfixiar um homem, e, neste caso, significou.

Isso merece uma pequena explicação. A sexta série não tinha sido lá muito boa para Jerry Lee. Primeiro, houve um esquema de troca de notas. "Mudei todas as minhas notas 0 para 10", conta ele. "Foi a única surra que levei de verdade". Mamie deu as costas enquanto Elmo tirava o cinto e batia no menino até que ela implorasse para que parasse "antes que mate o filho". Não é que o garoto não fosse capaz de estudar; só era quase impossível aprender muita coisa sobre a cavalgada de Paul Revere ou sobre a maçã de Isaac Newton quando se estava no salão de bilhar. Quando questionado se se importava com a escola, ele responderá que não, não se importava muito, porque alguns dias – muitos dias, na verdade – nunca chegou a um raio de um quilômetro de distância dela. Comia seus wafers de baunilha e marchava para a escola como um homenzinho, mas se houvesse uma jukebox tocando em algum lugar para os bêbados matutinos, ele desviaria do caminho dançando, ou se houvesse alguma esquina solitária, se sentiria compelido a se apoiar no poste para fazer-lhe companhia, e se estivesse calor, simplesmente iria nadar no rio ou no lago Concordia, ou deitar-se ao sol e pensar em canções e garotas ou em garotas e canções. Esforçava-se na música porque isso importava, porque qualquer tolo era capaz de ver que aquela era sua passagem de ida, e deixava o resto de lado, porque o resto não importava. Viu muitos barcos passarem fumegando pela barragem, encaçapou muitas bolas ao longo do feltro verde e ouviu muito Moon Mullican na jukebox, enquanto os outros garotos aguentavam a *Niña*, a *Pinta* e a *Santa Maria* e a raiz quadrada de alguma coisa boba.

Apareceu na escola para o início da sétima série, só para descobrir que não estava nela. Decidiu sentar-se mesmo assim. Já tinha concluído que uma pessoa, se fosse especial o bastante, se tivesse algo incomum a oferecer, poderia viver sob um conjunto de regras diverso daquele estabelecido para as pessoas comuns e enfadonhas. O modo de conseguir isso era tornar muito custosas para as pessoas as tentativas de dobrá-lo a suas regras de pessoas normais. "Então escolhi uma carteira... acho que peguei a carteira de Bill Herron, e me sentei. O sr. Lancaster era o professor e técnico de futebol. Ele me disse que eu tinha repetido de ano e que eu teria que voltar à sexta série. Eu disse a ele: 'Olha, se o senhor quer que eu venha para a escola, venho para a escola na sétima série. Esta aqui é a minha carteira'. Ele me mandou calar a boca, e ninguém me manda calar a boca. Eu não ia engolir aquilo. Era um homem grande, e me levantou daquele assento e começamos a brigar".

O sr. Lancaster tinha em mente que apenas carregaria Jerry Lee fisicamente até a sexta série, mas era difícil conseguir segurar firme o menino. Jerry Lee se sacudia, girava, se debatia e se contorcia enquanto os demais estudantes observavam perplexos, pois nada tão emocionante tinha acontecido em sala de aula desde que um garoto chamado Otto sujou as próprias calças numa assembleia longa demais, na segunda série, e teve de ser mandado para casa num traje de marinheiro de segunda mão.

O técnico, balbuciando e com o rosto vermelho, finalmente conseguiu segurá-lo, e foi quando Jerry Lee viu a gravata do homem tremular diante de seus olhos. Agarrou-a com as duas mãos e apenas *puxou*.

"Eu o estava enforcando. Rapaz, eu o tinha pego. Estava pendurado naquela gravata e estava morrendo asfixiado".

O sr. Lancaster deu uma única e forte arfada e começou a cambalear pela sala, com Jerry Lee pendurado na gravata como um sineiro num sino. O rosto do homem ficou ainda mais vermelho de sangue e sua respiração vinha em curtos assovios; algumas das garotinhas na sala começaram a choramingar e a fazer caretas, prestes a abrir o berreiro. "E então dois dos seus jogadores de futebol entraram na sala e me tiraram de cima dele".

Foi transportado, ainda se debatendo, até a sala do diretor e depositado numa cadeira.

Outro garoto, Cecil Harrelson, estava sentado do outro lado da sala, com uma expressão carrancuda.

"O que você fez?", perguntou Jerry Lee.

"Briguei com o sr. Dickie French", respondeu o menino.

Aquilo impressionou Jerry Lee. O sr. French, que lecionava história, era da marinha.

"E então o sr. Bateman, o diretor, entrou, me perguntou o que tinha acontecido e eu contei a ele", conseguindo até mesmo fazer-se parecer quase nobre. "Eu disse: 'Sr. Bateman, tentaram me fazer voltar para a sexta série, mas eu não queria voltar para a sexta série, queria ficar na sétima série', e ele disse: 'Filho, não lhe culpo em nada, mas tenho de lhe suspender por três semanas, porque não podemos deixá-lo matar professores'". Jerry Lee disse a ele que tudo bem, mas estava pensando mais em algo como: *por favor, sr. Raposo, não me atire naquele espinheiro.*

"Acho que ele deu duas semanas de suspensão ao Cecil, também".

Os dois garotos atravessaram o portão juntos.

"Bom", disse Cecil, enquanto viravam-se para seguir cada um seu caminho, "até mais, Matador".

"E desde então sou o Matador", diz Jerry Lee. Muita gente pensa que ele ganhou o apelido por causa de sua performance selvagem no palco, sua reputação fora dele, ou coisa pior, mas não teve a ver com nada disso.

"Eu dei-lhe o apelido", recorda-se Cecil Harrelson, que se tornaria gerente de turnê de Jerry Lee e seu amigo nos bons e maus tempos, aquele que seguraria homens para Jerry Lee bater neles, enquanto viajavam e brigavam em voltas pelo país. "É curioso. Você passa por esta vida e acorda uma manhã, e tudo ficou para trás", disse Cecil pouco antes de morrer, "mas você nunca se esquece de quando era criança. É a primeira coisa que você pensa".

Jerry Lee continuou a se educar, um estilo e uma influência de cada vez. Às vezes, uma música de sucesso o atacava como uma febre e ele parava o que estivesse fazendo, deixava as pessoas falando sozinhas, para tocá-la e adaptá-la, em questão de minutos, ao próprio estilo. Um dia, aconteceu isso enquanto ele estava num encontro no Arcade Theater. "Tinha ido ver Gene Autry e, uns quinze minutos antes do filme começar, tocaram músicas de Al Jolson em discos de 78 rotações. Estava sentado lá e ouvindo. E minha namorada estava comigo", recorda-se.

Então aconteceu algo que chamou sua atenção. "Entrou o Al Jolson e ele cantava uma música – acho que era 'Toot, Toot, Tootsie, Goodbye'. E, naquela época, eu conseguia ouvir uma música e, se gostasse, adaptá-la de cabeça automaticamente... Eu sabia palavra por palavra, melodia por melodia. Eu *sabia*. Disse para a minha namorada: 'Tenho que ir ao banheiro. Já volto'. E saí. Peguei minha bicicleta e voltei para casa".

"Sentei-me ao piano e toquei aquela música – toquei duas ou três vezes e deixei do jeito que eu queria. Peguei de novo a bicicleta, voltei para o cinema, entrei e me sentei ao lado de Faye – o nome dela era Faye, Faye Bryant. E ela disse: 'Você... demorou bastante, não?'. Respondi: 'Que nada, só fui usar o banheiro. Trouxe pipoca'".

"É inacreditável. Mas aconteceu".

Outras lições musicais demoraram mais para serem absorvidas. Foi mais ou menos nessa época que Jerry Lee Lewis ouviu pela primeira vez as palavras e a música de um homem pálido, penosamente magro e brilhante do grande estado do Alabama. Sua mãe adorava Hank Williams, este a quem chamavam de Shakespeare Caipira, porque cantava diretamente a ela, assim como a cada homem e mulher que já fora dormir incerto do que a manhã seguinte traria.

Na verdade, Jerry Lee ainda não sabia que se tratava de um gênio. "Vou ser sincero. Particularmente, não ligava muito pra ele. Não achava que ele cantava muito bem", diz. Porém, com o tempo, passou a ouvir com mais atenção "e eu estava mesmo errado quanto a isso. Transbordava aquele talento verdadeiro de um estilista" – e subitamente era como se Hank estivesse cantando diretamente a ele, também, mesmo quando o rádio estivesse desligado ou suas moedas para a jukebox acabavam e só se ouvia a estática do disco que rodava.

Crescera ao som de Jimmie Rodgers, mas quando ouviu Hank Williams lamuriando-se por sua atenção – quando o ouviu de verdade – foi como se estivesse ouvindo o próprio futuro cantado a ele. Williams começou a cantar na rádio WSFA, em Montgomery, com uma voz tão desamparada que parecia aprisionada entre este e o outro mundo. Em guardanapos de cafés e papéis de rascunho, escreveu canções sobre o que importava – sobre mulheres que não correspondiam ao amor, filhos que chamavam outro homem de papai e sobre sentir-se tão solitário na noite a ponto de desejar morrer – e, de alguma forma, para aqueles operários das fábricas de algodão, lenhadores, mineiros, meeiros, trabalhadores braçais e para as mulheres que limpavam as mesas nas paradas de caminhão, não era tão terrível quando ele cantava as dores dessas pessoas no rádio. E então ele os fazia gargalhar, cantando sobre índios de madeira que nunca tinham ganhado um beijo, uma caneca de cerveja com um buraco, e sobre como era melhor o cachorrinho correr para longe, porque o cachorrão está chegando. Não sabia ler música ou pensar numa canção em termos de notas, mas, sendo um gênio, nunca precisou. Bebia, tomava morfina e engolia analgésicos avidamente para suprimir a agonia de uma coluna torta e de uma escuridão opressora; cantava bêbado no palco e às vezes nem aparecia, e ainda assim as pessoas o adoravam, pois ele pertencia a elas, mesmo com todas as garrafas de uísque quebradas, frascos de comprimidos e agulhas, porque quando Hank cantava era possível esquecer por um momento os dedos decepados pelas máquinas e os tribunais dos homens ricos que lhes mandavam apodrecer nas penitenciárias de Atmore, Parchman e Brushy Mountain.

Assim como Jimmie Rodgers, Hank não tinha medo de cantar yodel, embora os homens do dinheiro tenham lhe dito que um disco de yodel não venderia na era moderna da música americana e que com certeza não venderia para um público além de brancos pobres caipiras. Ele os mandou ir para o inferno. Depois de alguns discos menores de sua própria autoria, finalmente encontrou a canção que o levaria à glória. "Posso deixar só meu chapéu no palco depois de cantar 'Lovesick Blues' e meu chapéu será aplaudido três vezes", disse certa vez.

Hank Williams não compôs "Lovesick Blues" – era uma canção antiga da Tin Pan Alley[7], composta em 1922 por Clifford Friend e Irving Mills –, mas tornou-a sua para sempre, com ela fez de sua voz e seu som os únicos que importariam, para todo o sempre. Era isso o que significava ser um estilista. Quando o Grand Ole Opry o colocou no grande palco do Ryman Auditorium para cantar "Lovesick Blues", a música disparou como um foguete de Nashville para todo o resto do país. Pescadores no Noroeste Pacífico ouviram...

> *I got a feeling called the blu-ues, oh Lawd,*
> *Since my baby said good-bye* [8]

...e gostaram.

Mas o homem do Alabama levava uma vida tumultuada e logo sua carreira e suas escolhas estariam travadas numa batalha quase incessante. Os homens que controlavam a transmissão de música country comercial e bluegrass do Ryman Auditorium, alguns deles tão country quanto um trem de metrô, se você tirasse seus chapéus de caubói, temiam o jovem de olheiras escuras. A WSFA o demitiu por embriaguez rotineira e logo o Opry tampouco o queria por lá.

Quando Jerry Lee ouviu-o pela primeira vez, foi numa transmissão de Shreveport, a 290 quilômetros de Ferriday, no Louisiana Hayride, o show radiofônico semanal no qual Hank tocava quando o Opry já não o recebia.

---

7 Denominação do conjunto de compositores e editores musicais da cidade Nova York responsáveis pelos maiores sucessos da música popular dos EUA ao final do século XIX e início do século XX.
8 "Tenho um sentimento chamado blues, oh Deus/ Desde que minha garota disse adeus".

Depois de "Lovesick Blues", o *yodeler* rebelde seguiu com uma série de sucessos de sua própria autoria – "I Can't Help It", "Cold, Cold Heart", "Hey, Good Lookin'", "Long Gone Lonesome Blues" – e Jerry Lee adorava todos. Mas esta não era a única razão pela qual ele se apegou a Hank Williams. Não menos importante foi o fato de que Hank também era um homem que crescera na fé, mas atraído e contorcido pelo pecado, um homem que vivia com um pé quente e um pé frio, equilibrando-se entre os mundos da música religiosa e da música secular com uma espécie de beleza torturada. Fazia o público sapatear nos auditórios com um pouco de swing *hillbilly*, e então balbuciava: "Vizinhos, temos aqui uma musiquinha sacra que vocês podem estar a fim de ouvir, uma pequena canção que escrevi...".

> *I wandered so aimless, my life filled with sin*
> *I wouldn't let my dear Savior in*[9]

Jerry Lee soube que, de algum modo, estava ligado a esse homem. "Acho que eu e o sr. Williams somos muito parecidos", diz hoje. Encostava-se na jukebox para ouvir "Your Cheatin' Heart". Estudou a letra de "You Win Again" e sentia a humilhação insuportável nela.

"Eu *sentia* algo quando o ouvia. Sentia algo diferente", diz.

Raramente se refere a ele como Hank. É "sr. Williams".

"Ouvi o sr. Williams com muita atenção. Ouvia prestando atenção nos sustenidos e nos bemóis. E quer saber? Ainda estou ouvindo".

Não havia televisão, nem registro em vídeo, para que ele pudesse ver como Hank era, como se movia ou se portava. Havia apenas os discos com os quais contar, e às vezes um pôster ou panfleto com a foto de um jovem magro e um pouco desajeitado no palco, mas elegante, de certa maneira, vestindo um terno branco e um grande chapéu Stetson; foi elegante até o fim, mesmo depois de ter sido contaminado por Nashville e passar a usar franjas de camurça e grandes notas musicais estampadas nos ternos e a decorar as mangas e calças com imitações de diamante, lantejoulas e coisas do tipo, como se tivesse saído de uma explosão numa loja de miudezas. O Opry o contratou de volta e o des-

---

[9] "Vaguei tanto sem rumo, minha vida cheia de pecado/ Não deixava meu Salvador entrar". "I Saw the Light".

pediu de novo, mas ele sempre reaparecia em algum lugar, dizendo: "Vizinhos, estou muito feliz de estar de volta, e tenho uma musiquinha *bunitinha*...".

Jerry Lee tocava essas músicas sem parar. Fazia o mesmo com outras canções, como "Walking the Floor Over You", de Ernest Tubb, e centenas mais, mas havia algo diferente na música do sr. Williams, à maneira como certas pinturas são mais vívidas, mais reais do que outras, e ele sonhava em conhecer o homem para dizer o quanto gostava de suas canções. Mas não havia pressa. Jerry Lee mal chegara à adolescência e Hank Williams ainda estava em seus vinte e tantos anos e prometera, no rádio, que se Deus assim quisesse e o córrego se mantivesse baixo, logo, logo ele estaria na cidade.

Foi por volta dessa época que Jerry Lee começou a desafiar a supremacia de Elmo no lar. Elmo era capaz de tolerar muitas coisas, menos atrevimento, e Jerry Lee nasceu para ser atrevido. Largou a mamadeira já bancando o espertalhão e, ao chegar na adolescência, concluiu que poderia confrontar o pai, poderia desafiar suas ordens como um homem desafia outro homem. Era engraçado quando era um menino, mas uma vez que já estava grande o bastante, sabia que teria de se defender com os punhos. "Pensei em tentar, um dia", diz. Não se recorda exatamente de qual foi a gota d'água – talvez o velho tivesse finalmente ficado velho, no fim das contas – mas o tal dia enfim chegou.

"Ele me pegou pela nuca e fiquei encarando-o". Da última vez que isso tinha acontecido ele ainda era um garotinho, no Haney's Big House. Agora era diferente. Os olhos do pai estavam tranquilos e insípidos.

Lembra-se de um golpe, talvez dois, e depois a voz da mãe.

"Não bata nele de novo! Não bata no meu bebê".

"Lembro que ele me pegou como se eu fosse de palha, e eu soube que estava conquistado".

O ano de 1948 começou com uma onda de crimes na Paróquia de Concordia, ou pelo menos com o mais próximo disso na memória das pessoas dali. Todo tipo de coisa sumia, inclusive alguns itens que faziam a polícia se perguntar por que alguém iria querer aquilo. Eram apenas Jerry Lee e seu primo Jimmy, este num deslize temporário, que se esgueiravam na noite, roubavam ferro de sucata do tio Lee e vendiam novamente para ele na manhã seguinte, ou invadiam depósitos que guardavam coisas que a maioria das pessoas não pegaria numa caça ao tesouro. Em sua autobiografia, Jimmy escreveu que a dupla roubou um rolo de arame farpado; não precisavam de arame farpado, e Jerry Lee era contrário a pegarem, mas Jimmy concluiu que se já tinham chegado ao ponto de arrombar a porta e entrar, então decerto tinham de sair com alguma coisa. Saiu carregando o rolo de arame, mas era muito pesado e ele o jogou numa vala. Os garotos tinham mais sorte nas lojas, e quando chegou o verão de 1948 já tinham uma pilha considerável de itens saqueados. "É obra de uma gangue", dizia o comissário Swaggart quando questionado sobre o surto de roubos, mas a onda de crimes diminuiu misteriosamente para zero depois que Jimmy voltou a se dedicar ao Senhor e Jerry Lee, a família e o piano pegaram a estrada para a penitenciária de Angola, onde Elmo conseguira emprego na construção do hospital prisional.

Lar de alguns dos piores abusos dos direitos humanos na história penal americana, Angola era, no início, uma prisão com fins lucrativos, onde homens e mulheres podiam ser arrendados do estado, açoitados e postos para trabalhar até a morte, para então serem substituídos como as peças de um carro. Trabalhavam nas plantações de algodão e sofriam tortura, estupros e assassinatos sistematicamente. O estado assumiu o controle no século XX, mas pouca coisa mudou e os detentos simplesmente desapareciam, enterrados em valas anônimas ou afundados no rio, que formava uma grande crescente ao redor da prisão. Naquele ano de 1948, o governador Jimmie Davis prometeu humanizar Angola, e as reformas incluíam a nova construção que levou Elmo e sua família para lá. Porém, não foram essas reformas que elegeram Davis; no Sul, não se é eleito prometendo tornar a prisão *mais simpática*. Davis, um cantor country ao estilo de Jimmie Rodgers, tivera um sucesso alguns anos antes, uma canção chamada "You Are My Sunshine", e enviou caminhões de campanha equipados com alto-falantes tocando a música a todo volume até mesmo em lugares onde provavelmente só os tatus ouviriam. Às vezes, numa situação surreal, os caminhões com os alto-falantes ficavam presos atrás do caminhão que carregava a cadeira elétrica do estado, que era transportada ao redor da Louisiana para que a população pudesse executar seus condenados de perto. E os caminhões seguiam numa caravana macabra.

You are my sunshine, my only sunshine
You make me happy, when skies are gray[10]

Nesse lugar assombrado, Jerry Lee se apaixonou, ou algo do tipo. A família Lewis se mudou para um conjunto residencial de trabalhadores ao lado da prisão, e Jerry Lee frequentava a escola pública. Até ia às aulas, porque descobrira o futebol americano. Era magricelo, porém veloz e capaz de pegar a bola e correr como uma lebre, e fazia todas as garotas derreterem quando tirava o capacete e jogava o cabelo para trás, o que ele sabia fazer bastante. Mas então um *tackler*[11] do tamanho de uma colheitadeira o atingiu com um golpe baixo e separou seu fêmur do resto do corpo, deixando-o engessado da cintura ao dedão do pé. E ele então voltou a ser pianista.

Logo descobriu que as garotas gostavam de um pianista bonitão ainda mais do que de um herói do futebol. Começou a se importar com as roupas, o cabelo e o tipo de carro no qual iria namorar, embora ainda só tivesse treze anos. Carteiras de motorista, assim como a maioria das outras formas de intervenção governamental, não tinham nada a ver com ele, e já descobrira que muita gente era tola o bastante para deixar as chaves dentro do carro, de forma que este pudesse ser tomado emprestado.

Quanto às garotas, "eu podia pegar ou largar", diz ele. "Pegar, na maioria das vezes".

E então ele a viu.

Tinha um nome encantador, um nome bíblico.

"Ruth", diz Jerry Lee.

Era esbelta, com cabelos castanho-escuros, e mais bonita do que música de violino.

"Penso bastante nela".

O problema em ser Jerry Lee Lewis são as arestas afiadas das coisas em sua memória. Na peça *Gata em Teto de Zinco Quente*, de Tennessee Williams, o patriarca da família dominante descreve a própria vida em termos semelhantes: "Por toda vida fui como um punho em riste... Socando, esmagando,

---

10 "Você é minha luz do sol, minha única luz do sol/ Você me faz feliz quando o céu está cinzento".

11 Posição do futebol americano.

atingindo!'". Numa vida assim, deixa-se muita coisa estilhaçada e quebrada, muita coisa irregular.

"Mas às vezes não há pontas afiadas", diz Jerry Lee. É exatamente dessa forma quando ele pensa em Ruth. Era na época em que só Cecil Harrelson, e não o mundo todo, o chamava de Matador. Não era um garoto sutil e nunca o fora, mas era mais gentil perto dela então, e quando pensa nela hoje. Nem mesmo Jerry Lee Lewis é capaz de ter um punho em riste o tempo todo.

"Agora vou afrouxar estas mãos e tocar as coisas *suavemente* com elas", escreveu também Tennessee Williams.

Já tivera uma namorada, é claro – uma garota adorável lá em Ferriday, chamada Elizabeth. "Uma boneca morena. Achava que a amava um pouquinho. Adorava o jeito como ela andava, o jeito como ela falava. Uma *boneca*. A mãe dela ficou na varanda nos observando quando saímos e quando voltamos da formatura num Chevrolet 49, e eu não me importei, a beijei mesmo assim. Mas então nos mudamos para Angola e conheci Ruth".

Ela trabalhava no balcão de uma lojinha. "Eu ainda tinha treze anos e ela tinha dezesseis, era uma garota bonita e razoavelmente bem encorpada. Eu perguntei quanto custava um chocolate e ela simplesmente me deu. Quando percebi, já estávamos deitados sob o sol às margens do velho Mississippi".

Jerry Lee sabia de romance. Tinha ouvido a respeito em canções. Mas reconhece, hoje, que poderia ter sido mais suave. Deitavam-se à beira do rio durante horas, apenas conversando.

"Olhe aquelas nuvens. Elas te dizem alguma coisa?", dizia ela.

"Nada. Você pode ver o que quiser nas nuvens", respondia ele.

Ela encontrava todo tipo de coisa, navios, casas e ilhas no céu.

"Não sei, pra mim parecem só nuvens", dizia Jerry Lee.

Ele fica em silêncio por um momento e deixa a mente divagar um pouco.

"Era uma garota muito doce".

Ainda estava engessado quando começaram a sair. Quando enfim estava com as pernas livres, ele e Ruth dançaram no quarto dela ao som do toca-discos. "Dançávamos, e só. Um dia, o pai dela nos pegou, mas não estávamos fazendo nada. Ele deu uma boa de uma surra nela. Continuamos mesmo assim. E então ela me ouviu tocar piano, e pronto. Estava apaixonada".

"Eu já era um homem havia um bom tempo. Dirigia desde os nove anos", diz ele, a título de explicação.

Ela parecia contente em apenas abraçar-se com ele à sombra de uma árvore, na beira do rio, ou no sofá, quando seus pais não estavam em casa. "Mas nunca fui muito de abraçar", diz ele. Um dia, encontraram o ponto mais recluso na margem do rio e estenderam uma manta. "Bem ali nas margens arenosas de Little Creek. Não poderia ser um lugar melhor... Sabe, você passa muito tempo na vida buscando algum tipo de perfeição, mas ainda estamos muito longe disso. Mas é o que parecia, ali, naquele momento. Eu passara muito tempo pensando em coisas assim".

Beijaram-se, e Jerry Lee começou a pedir.

"Não", disse ela.

Ele insistiu.

"Não", disse ela, mas menos firme.

Ele a convenceu; já tinha convencido a si mesmo, acreditava.

"Eu vinha lutando contra isso há um tempo", diz, por causa de sua criação. Mas insistiu. "Finalmente a convenci – a seguir com a programação, por assim dizer".

Então, lá estava ela, nua, e aquele momento era tão perfeito quanto ele imaginava que seria.

"Estou pronta", disse ela.

"E, uh, passamos para o que interessava", diz ele, recordando-se. "E... abordei a situação lentamente".

Mas, no último segundo, ele hesitou.

Podia ouvir as Escrituras no ar.

Ouviu a mãe.

Olhou para o céu à procura do relâmpago, da acusação.

"Me ajude, Senhor".

Ruth olhou para ele, perplexa.

Esperou.

"Não posso fazer isso", disse ele.

"O quê?", disse ela.

"Não vou".

"Foi você quem me fez tirar a roupa", lembrou-lhe.

"Pensei que eu queria", disse Jerry Lee.

"Quer dizer que você me deixou desse jeito e não vai...? Você não pode fazer isso comigo. Você sabe o que eu quero e eu sei o que você quer. Você não me engana".

"Não. Não seria certo", disse ele.

Ela ficou sentida, furiosa e envergonhada, e totalmente confusa.

"Eu queria... mas não fui criado dessa forma. Estou te fazendo um favor", disse Jerry Lee, e vestiu-se.

"Eu estava assustado", diz ele, tantos anos depois. "Ouvira o sermão e estava morrendo de medo. Ouvia minha mãe. Pensei que haveria relâmpagos e trovões e aquela coisa toda, e soube que seria errado. E nunca fiz nada com uma mulher até que me casasse".

Ele soube, então, o que estava em jogo. "Não teria dado certo. Eu queria ser um astro. Queria tocar aquele piano. Às vezes, você tem de escolher, e eu escolhi o sonho. Não ia deixar aquele sonho passar em vão. Ouvi dizer que ela se casou com um bom homem. Provavelmente teve um monte de filhos. Mudaram-se de lá. Mas penso bastante nela, sim. Ponha isso aí no livro. Quero que ela saiba".

Quando o trabalho acabou em Angola, a família mudou-se de volta para a Paróquia de Concordia, numa casa em Black River. Jerry Lee procurou Elizabeth, mas as garotas bonitas não permanecem muito tempo nas cidadezinhas do Sul; elas somem leve e rapidamente. Mas, de qualquer forma, as mulheres não eram seu primeiro amor.

Vinha sonhando em ser um músico de verdade desde os nove anos de idade, e embora soubesse centenas de músicas, até o verão de 1949 ninguém lhe pagara um tostão para cantar. Foi o ano em que a Ford Motor Co., de Detroit, Michigan, fez um carro que sempre será belo para Jerry Lee, pois foi ali, contra aqueles para-choques bulbosos, que seu futuro começou a se formar. O Ford custava apenas US$ 1.624 e contava com um motor *flathead* V8 e câmbio de três marchas, além de um ornamento no capô elaborado a partir de um brasão de leões em estilo europeu do século XVII, ou algo do tipo; era difícil dizer. Mas aquele *flathead* era a coisa mais nervosa no asfalto em 1949, e os contrabandistas de bebidas compravam muitos deles. Infelizmente, o governo também o fazia, de modo que a turma do uísque e a turma do governo estavam numa perseguição acirrada. Porém, independentemente do lado, podia-se pôr as mãos em um na Babin-Paul Ford Motor Co. em Ferriday naquele verão, e as pessoas vinham vê-lo e ouvir uma banda *hillbilly* tocar "Walking the Floor Over You" sobre um palco de compensado.

No início da tarde, uma pequena multidão já estaria reunida – fazendeiros, barbeiros, balconistas, corretores de seguro e mulheres cansadas arrastando crianças de mãos grudentas – para espiar sob o capô e ouvir Loy Gordon e seus Pleasant Valley Boys tocarem "Wildwood Flower".

Elmo, Mamie, Jerry Lee e a tia Eva observavam, ouvindo o show gratuito. "Meu garoto consegue fazer melhor do que isso", disse Elmo subitamente, e foi convicto em direção ao palco para dizer aos organizadores daquela festa que o *verdadeiro* talento estava ali no público, estourando bolas de chiclete. Os vendedores da concessionária não viram mal algum na ideia, e Jerry Lee foi recebido no palco com aplausos educados. As pessoas acharam bonitinho terem deixado o menino tocar, e o pianista cedeu o velho instrumento de cauda. Jerry Lee respirou fundo. Esperavam alguma coisa country ou gospel, e ele olhou toda aquela gente e berrou "Wine Spo-dee-o-dee!" tão alto que fez Mamie corar e Elmo abrir um sorriso largo feito um lunático.

> *Now I got a nickel if you got a dime.*
> *Let's get together and buy some wine.*
> *Wine over here, wine over there,*
> *Drinkin' that mess everywhere*[12]

A princípio, o público não sabia o que achar daquele moleque martelando o piano feito doido e berrando aquela "música de negro". Mas os homens queimados de sol batiam suas botas Lehigh no tempo da canção de Stick McGhee e as pessoas abriam sorrisos, bobas de ver.

"O menino tá indo bem. Talvez devêssemos pegar gorjetas", disse tia Eva.

"O dinheiro faz a égua trotar", disse Mamie.

Passaram um chapéu. Quando voltou, estava pesado de tantas moedas prateadas.

---

[12] "Agora tenho cinco centavos, se você tiver dez/ Vamos nos juntar e comprar um pouco de vinho/ Vinho aqui, vinho acolá/ Bebendo aquele negócio em todo lugar". "Drinking Wine Spo-Dee-O-Dee", de Stick McGhee.

"Acho que consegui quatorze dólares", diz Jerry Lee.

Era enfim um profissional.

"Fui pago por cantar e tocar piano".

Depois disso, caminhou nas nuvens por um momento. Largou a escola, pois não via futuro ali. Ele e Elmo colocaram o piano na traseira da caminhonete e caíram na estrada, ganhando um pouco de dinheiro aqui e ali, com Jerry Lee cantando e tocando músicas gospel, *hillbilly* e blues, e até mesmo de Al Jolson, e logo ele estaria levando para casa troféus de shows de talentos e fazendo participações regulares em estações de rádio da região. "Tinha meu próprio show", um programa de quinze minutos na WNAT, em Natchez, patrocinado por uma mercearia de Ferriday. "As pessoas começaram a ouvir falar de mim, e a perguntar: 'Ei, quem é aquele moleque ali?'". Tocava principalmente gospel e um pouco de country; não podia se soltar – não ainda – e tocar o tipo de música que queria.

Seus primos faziam trabalhos similares, espalhando o próprio talento pelas terras baixas da Louisiana, embora Jimmy ainda temesse que cantar e tocar boogie-woogie levaria todos eles ao inferno de primeira classe. Jerry Lee tinha o mesmo medo, às vezes – cada domingo na igreja o lembrava do perigo de prazeres seculares tão intensos –, mas não tão profundamente e nem com tanta frequência. "Queria ser um astro. Sabia que poderia ser, se..." – se os criadores de estrelas de Memphis ou de Nashville o escutassem com atenção, e ouvissem em seu piano e em sua voz que não havia ninguém como ele no mundo.

Impaciente como era, sabia que sua música seria desperdiçada se as pessoas não a pudessem ouvir, e para isso era necessário um palco maior. Queria um bar *honky-tonk*, e isso atormentava sua mãe. Mamie teria adorado ver o filho no sacerdócio, usando um terno branco no palco e cantando apenas canções religiosas, mas dizer que ela o castigava por conta da música secular seria um exagero, relata ele. "Mamãe não gostava de algumas daquelas músicas, mas ela estava *do meu lado*" não importava o que viesse, disso ele sabia, e ainda hoje acredita.

Colocou essa tolerância e apoio à prova do outro lado do rio, em Natchez. As rudes casas noturnas dali eram os únicos lugares que ele conhecia, em seu pequeno mundo, nos quais músicos podiam ganhar a vida, ou pelo menos uma pequena parte dela. Mas cerca de dez dólares por noite já era mais do que ganharia colhendo algodão, o que ele não faria de jeito nenhum, nem sob a mira de uma arma. Então, embora ainda vivesse sob o teto do pai, ia sorrateiramente aos clubes de Natchez para pedir um emprego regular. Os donos dos clubes, homens sem meias palavras que já tinham visto de tudo, começavam a rir quando o menino entrava. O riso desaparecia de seus rostos quando o ouviam tocar boogie, música *hillbilly* e até *Gene* Autry. Dizia a eles que estava procurando trabalho como pianista, mas também podia tocar bateria, se houvesse dinheiro envolvido.

"Tinha treze anos quando saí de casa para tocar, assim que já estava grande o bastante", recorda-se. "Eu me sentava num banquinho de onde meus pés nem tocavam o chão. Era jovem assim. Isso era no Blue Cat Club, em Under-the-Hill, na velha Natchez", um bairro à beira do rio que era um viveiro de iniquidade e vilania havia mais de duzentos anos, mas também uma mina de ouro para estilos musicais. Ali, um músico tinha de saber *de tudo*. Um pedido nem sempre era apenas uma sugestão, não quando vindo de um homem que cortava lenha para ganhar a vida e bebia uísque feito água. Jerry Lee tocava música *hillbilly* e canções como "Release Me" e "Goodnight Irene", e até mesmo Glenn Miller. "Aprendi a tocar de tudo, contanto que ganhasse uma gorjeta" – e aprendeu a se abaixar bem quando as garrafas começavam a voar. Depois de um tempo, ele diz: "Ficava com saudades de casa e dizia a eles: 'Tenho de ir pra casa ver minha mãe'". Mas continuava a voltar.

Naqueles clubes de Under-the-Hill, tocava com seis ou sete relógios pendurados em cada braço magrelo, colocados ali por clientes que concluíam que os acessórios estariam mais seguros nos braços de um garoto se houvesse uma batida policial – o que acontecia com frequência no Blue Cat Club. "O nome do dono era Charlie. Ele me dizia: 'Olha, se a polícia chegar e perguntar a sua idade, diga a eles que tem 21 anos'. E eu dizia: 'Ah, claro'".

Pelo menos a polícia tinha senso de humor.

"Quantos anos você tem, garoto?", sempre perguntavam.

"Vinte e um", mentia ele.

"Bom, parece que é isso mesmo", e riam toda vez.

"Já tenho vinte e um há um bom tempo", dizia Jerry Lee, que não estava disposto a desperdiçar uma boa mentira.

Ao longo dos anos seguintes, os clubes nutririam sua música, o máximo que podem nutrir lugares cujo dono carrega uma grande pistola .44 à mostra nas calças e onde mulheres têm as perucas estapeadas rotineiramente por outras mulheres. Ao caminhar até seu carro, passava por bordéis e viciados em heroína. Naquela época, Nellie Jackson tinha um bordel famoso em Natchez, onde era possível se deparar com um oficial de polícia com as calças abaixadas, mas Jerry Lee diz que não era um freguês. "Uma vez fui até a porta, mas dei meia volta e fui embora", diz. Não tinha nada da sua conta ali.

Sua mãe se preocupava e chegava a ficar acordada até tarde até que ouvisse o carro do filho estacionar no quintal, às vezes já ao amanhecer. Isso continuou noite após noite, quando ele fez quatorze anos, depois quinze, e houve momentos de muita dúvida, momentos em que, ao ver o rosto cansado da mãe, ele se perguntava se poderia ter tudo de uma vez, se poderia domar aquele boogie e dobrá-lo ao Senhor, domar seus desejos e arrumar um terno branco e uma tenda e usar seu talento promissor para a igreja. Mas sobrevivia tocando música. No outono de 1951, prestes a fazer dezesseis anos, "já era um homem e me comportava como tal", e já estava mais do que pronto para achar uma esposa e se casar, pelo menos segundo os padrões de sua família. Porém, trabalhava num bar, e sabia que um homem – ou um homem esperto, pelo menos – não achava uma esposa num bar. Tal união seria muito bem condenada, fundada nas areias movediças do pecado. Um homem, quando sábio, achava sua esposa na igreja.

Viu a garota e fez um pacto com os olhos. "Eu estava tocando 'Peace in the Valley' quando a vi. Estava sentada na primeira fileira. Que beleza. Uma mulher de verdade. E eu dei bandeira, rapaz. Dava para ver nos meus olhos".

Era 1951. Seu nome era Dorothy e ela tinha dezessete anos. Seu pai era o reverendo Jewell Barton, evangelista itinerante da região de Monroe que viera para Ferriday salvar os desviados e trouxera a bela filha consigo. Não estava preocupado com a exposição dela aos pecados do lugar e às tentações da estrada. Dorothy, cujo cabelo fazia ondas escuras e lustrosas, era uma garota devota, e o reverendo sabia que tinha de ir até regiões selvagens para fazer seu trabalho, tinha de se aventurar a lugares como a cidade ferroviária de Ferriday, que desde seu início atraía homens como ele. Era um guerreiro de Cristo e precisava de armas. Contratou Jerry Lee para tocar piano e encher a casa. A reputação do garoto como pianista tinha se espalhado. Era um bom avivamento, com boas pregações, canto e música, mas Jerry Lee não viu nem ouviu muito de nada disso depois que notou a garota de cabelos escuros. Estava fixado nela.

"Eu tinha acabado de fazer dezesseis anos e ela incendiou meu mundo. Quer dizer, eu tinha uma febre. Isso mesmo, *febre*. E faria qualquer coisa, prometeria qualquer coisa que precisasse".

Chegou até a compartilhar quais os seus sonhos, disse a ela que queria ouvir suas músicas no rádio, talvez até ser um astro, um dia. "Ela me disse: 'Talvez você possa ter o nome naqueles discos com um buraco grande no meio', e eu disse: 'Você está doida, os discos têm buracos pequenininhos no meio'. Achei que ela estava tirando sarro de mim. Mas ela só estava falando dos discos de 45 rotações".

Começaram a sair e a "dar uns beijos no carro" em 1951. Ele sabe que era 1951 porque tinha um Ford 1941 e, assim como muitos sulistas, marca a passagem do tempo e os acontecimentos por meio da linhagem dos carros que teve. "O tio Lee me emprestou o dinheiro" para o carro, recorda-se. "Tive de passar pela tia Stella para convencê-lo, mas ele enfim me deixou um cheque sobre a mesa. O carro era branco, com pneus de borracha interna branca e abas nos para-choques. John Frank Edward acabou com ele em 1958". Jerry Lee e Dorothy passaram longas e frustrantes horas naquele carro, estacionados entre os pinheiros.

"Ambos acreditávamos que era pecado fazer qualquer coisa a mais", diz hoje, mas depois de três meses torturantes, queria mais, precisava de mais, e usou todo seu charme para conseguir. Ela lhe disse que podia simplesmente parar por ali, até que atravessasse com ela o corredor da igreja, ou pelo menos a porta do cartório.

Jerry Lee disse a ela que estavam apaixonados, isso já estava declarado.

"Mas estou me guardando para um marido", disse ela.

"Bem, isso não é problema nenhum", disse Jerry Lee.

Não foi o pedido mais romântico, mas funcionou.

"Era uma boa mulher, uma boa e bela mulher", diz ele, mas seus pais sabiam que o garoto ainda estava longe de estar pronto para começar uma família; às vezes, ficavam gratos por ele ainda não estar em Angola. "Se eu tivesse ouvido papai e mamãe...", lamenta-se. "Mas insisti em me casar. Papai disse: 'Mamie, você sabe como o garoto é cabeça dura', e então jogou as chaves do carro para mim e disse: 'Vá em frente e aprenda sozinho'".

Marcaram o casamento para fevereiro de 1952. "O tio Lee conseguiu os documentos para nós", diz Jerry Lee, que não viu e nunca veria necessidade em papelada quando estava a fim de se casar. No formulário, escreveu que era um agricultor de vinte e dois anos. Os familiares que foram à pequena cerimônia disseram que não se lembravam de outra vez em que duas pessoas tão bonitas, uma loira e uma morena, se encontraram e se uniram na luz do verdadeiro evangelho, e imaginaram quão belos seriam seus filhos. Um fotógrafo do *Concordia Sentinel* veio tirar uma foto do casal para a coluna social. A lua de mel foi uma noite num hotel na Main Street em Ferriday, em frente à concessionária Ford onde Jerry Lee conseguira ganhar algum dinheiro tocando pela primeira vez. "Hoje é um asilo", diz ele, e sorri.

Ele sonhara com aquela noite, sonhara acordado e fizera planos para ela. Porém, ambos estavam tímidos e apenas se sentaram juntos e conversaram por horas, até que ela perguntou-lhe se deveriam fazer amor, ao que Jerry Lee, malandro, disse que achava que era para isso que tinham se casado, "não era?", e, sob a luz da Babin-Paul Ford Motor Co., consumaram o casamento na santidade da fé. Mas depois de toda a negação e todo o conflito com a fé com os quais ele crescera, "não foi o que achei que deveria ser. Achei que seria mais". Acordou na manhã seguinte e sentou-se na beira da cama com a cabeça entre as mãos. Olhou para a bela garota adormecida.

Isso não está certo.

"Levei cerca de trinta minutos para concluir que tinha cometido um erro, que tinha me casado jovem demais", pela razão mais mundana pela qual as pessoas fazem tal coisa. "*Rapaz*, pensei, *me estrepei*. Isso não tinha nada a ver com ela. Ela manteve sua parte na barganha". O que faltava era algo de dentro dele.

Naquele inferno especial reservado a jovens que se casam no calor do momento, Dorothy começou a fazer planos para a vida a dois ao mesmo tempo em que ele começava a bolar um plano para a vida separados. "Ela não achava que estava acontecendo algo que não deveria estar acontecendo. Estava apaixonada". Ele tinha apenas o que se tem quando o amor se queima muito rapidamente, e nenhuma ideia de como viver com isso. Dorothy foi morar com a família Lewis, como se ainda houvesse algum futuro ali. Por cerca de dois meses, Jerry Lee tentou ser um marido zeloso, pelo menos por fora, trabalhando como motorista de caminhão e ajudante de carpinteiro, e tocando piano a serviço do Senhor. Tentou até pregar. Dois meses daquela bondade incessante quase o mataram.

"Era uma garota boa, uma garota pura", diz. De certa forma, era simplesmente boa demais. Uma noite, cerca de dois meses depois de terem dito "sim", ele passou pela porta da casa em Black River vestindo um blazer branco.

"Aonde você vai?", perguntou Dorothy.

"Eu e Cecil Harrelson vamos caçar guaxinins".

Ele não teve nenhuma explicação para por que alguém iria caçar guaxinins num blazer branco.

Mamie gostava de Dorothy e, como todas as mães espertas, temia por isso.

"Você não vai a lugar nenhum", disse a ele.

Jerry Lee respondeu e Mamie deu-lhe um tapa. "Moleque, você *se casou* com essa menina. Você volte aqui e cuide dela", disse.

Andou até o quintal com a esposa chamando por ele e a raiva da mãe no seu encalço.

"Eu te amo, por favor, não vá", gritava Dorothy.

Ele partiu com Cecil e deixou a esposa e a mãe para trás.

Os dois iam a um bar para ouvir e tocar música e talvez se envolver com mulheres; a relutância de Jerry Lee em fazer isso fora das convenções da igreja estava ruindo. "Parecia que as mulheres caíam das árvores", diz ele, mulheres da sua idade então e mais velhas, todas lindas e dispostas. Esperavam por ele em grande variedade nos bares do outro lado do rio. "Quando se toca nos clubes... simplesmente acontece. Elas se jogam em você. Era praticamente impossível resistir. Só tinha de escolher uma. Parecia meio que um sonho. Parecia 'um sonho impossível', como diz a canção de Elvis[13]. Via aquelas garotas andando na frente do palco, balbuciando 'te amo', e eu tinha dezesseis, dezessete anos, vendo aquelas garotas, só tentava olhar para outro lado, fazer minhas músicas e sair do palco", mas ele não tentava tão firmemente assim. "E, filho, era bom. Contanto que eu as quisesse".

Depois de um tempo, Dorothy voltou para casa, em Monroe, com o coração partido. "E eu e Cecil fomos para New Orleans".

---

13 "The Impossible Dream".

Houve uma época em que quem realmente quisesse ouvir um piano ressoar ia até o Storyville, o distrito da luz vermelha de New Orleans, onde as damas da noite acenavam languidamente das sacadas, meio chapadas, com torrões de açúcar entre os dentes e absinto no hálito. Jelly Roll Morton trabalhou lá, assim como King Oliver, tocando nos bordéis enquanto os cavalheiros aguardavam ou decidiam suas escolhas. A música chamada de jazz firmou-se ali, entre as zonas, os artistas de *vaudeville* e os bondes na linha Desire, mas, no início dos anos 1950, os bordéis se mudaram mais para dentro das sombras constantes de New Orleans e o barulho passou para a Bourbon Street. Ali, as calçadas pulsavam com luzes, bebida, sexo e música, com mais de cinquenta shows burlescos e de strip-tease e outras distrações entre a Canal Street e a Esplanade Avenue, a maioria delas concentrada em cerca de cinco quarteirões. O vício tinha então uma certa grandeza. As casas noturnas apresentavam de tudo, da dança dos sete véus a comédia pastelão a um homem capaz de coçar o cabelo com o dedão do pé, tudo ao som de música ao vivo, com o som da banda se misturando aos sons da rua e ao de outra banda, e mais uma, assim por diante, até que tudo fosse uma espécie de cacofonia insana. Homens faziam filas de um quarteirão diante do Casino Royale, do Sho Bar e do 500 Club para ver Wildcat Frenchie, a mulher-gato Lilly Christine, Alouette LeBlanc, Kalantan, do corpo paradisíaco, a boneca cupido Linda Bridgette, Tee Tee Red, Blaze Starr (que fazia companhia ao um tanto peculiar governador Earl Long) e a garota-ostra Evangeline, que surgia de uma concha do tamanho de um sedã e dançava com uma pérola gigante estrategicamente posicionada. Os soldados piavam, os seguranças davam-lhes uma sova e a máfia ficava com uma comissão para cada dólar. As bebidas alcoólicas eram superfaturadas e diluídas, os cafetões, batedores de carteira e viciados em drogas se moviam como lobos na fumaça dos cigarros, e dez dólares suados não pagavam uma refeição no Galatoire's, mas podiam ser o suficiente para alguém acabar morto. E era tudo meio maravilhoso, de certa forma, se você só estivesse de passagem para algum lugar que ainda fizesse um pouco de sentido.

    Jerry Lee Lewis e Cecil Harrelson, aos dezesseis anos, caminhavam sem medo. Cecil, embora menor que Jerry Lee, era o cúmplice perfeito para tal aventura. Era durão, veloz e habilidoso, e sabia como conversar com as pessoas, como vender o talento do amigo. Tornaram-se amigos rapidamente desde aquele dia em que ambos tentaram matar seus professores na Ferriday High School. "Cecil era perigoso com uma faca. *Ele* era o Matador", diz Jerry Lee.

Caminharam pelos vendedores ambulantes e garotas maquiadas até encontrarem um lugar que parecesse interessante e caíram para dentro. Nunca precisaram se preocupar quanto a serem menores de idade; a menos que você entrasse a bordo de um carrinho de bebê, os bartenders de New Orleans lhe serviriam bebida, diriam onde comprar drogas e lhe deixariam ver uma mulher dançando com uma cobra.

"Vi coisas que nunca vi", recordou-se Cecil, com risinhos.

"Nunca compramos bebida", diz Jerry.

Cecil pedia para falar com "o chefe desse estabelecimento aqui". Quando o homem chegava, Cecil passava sua conversa simples: "Estou com um rapaz aqui que toca piano melhor do que qualquer um que você já viu, e queria saber se o deixaria tocar uma música".

"E alguns deles só olhavam para mim como se eu fosse louco", contou Cecil, relembrando. "Mas quando o ouviam tocar, mesmo que só um pouco, era o que bastava".

Jerry Lee se sentava e tocava uma música *hillbilly* chamada "Hadacol Boogie", inspirada num remédio carregado no álcool – tocava endiabrado, e no refrão uma multidão embriagada cantava com ele como se tivessem se reunido naquela manhã e planejado a coisa toda.

> *Standin' on the corner with the bottle in my hand*
> *And up steps my mama with the Hadacol man*
> *She done the Hadacol boogie*[14]

"Despejavam bebida para nós, doses duplas, exatamente como nos filmes. E seguíamos Bourbon Street abaixo, de clube em clube. Começaram até a ouvir falar de mim, daquele moleque selvagem que tocava boogie-woogie no piano. E quanto mais íamos, mais bêbados ficávamos... No fim da noite, estávamos tão bêbados que nem enxergávamos direito. Imundos de vômito. Mal ficávamos em pé. Minha primeira bebedeira de verdade". Ele percebe agora

---

14 "Parado na esquina com a garrafa na mão/ E escada acima, minha mãe com o homem do Hadacol/ ela fez o *boogie* do Hadacol".

que tiveram sorte de sair vivos da Crescent City. Mas mordera a maçã e gostara do sabor.

Já havia algum tempo que ele precisava se soltar um pouco; começava a entender que um homem simplesmente tem de se soltar de vez em quando, a menos que esteja com medo do mundo ou da mulher. Porém, em algum momento daquela viagem debochada para New Orleans, ele conseguiu fazer um pouco de história musical. No estúdio J&M, onde Fats Domino vinha gravando sucessos já havia alguns anos, ele registrou o que se acredita ser sua primeira gravação. Foram duas músicas: uma balada de Lefty Frizzell chamada "Don't Stay Away (Till Love Grows Cold)", que cantou em tom agudo e melancólico, e um boogie arrasador no qual exibiu tudo o que sabia. Cecil guardaria esse disco até a velhice.

Estava farto do casamento, isso ele sabia, e farto de Dorothy. Disse a si mesmo que, em mente, estava solteiro e isso deveria ter sido o bastante, mas o Estado da Louisiana exigia papeladas, documentos ou coisas do tipo. Sempre detestara formulários e formalidades, detestava tédio, detestava as regras pelas quais as outras pessoas viviam, então não fez nada, seguiu vivendo dentro das regras que estabelecera para si mesmo. Muitos homens ricos fazem isso, e é fácil conseguir quando se é um Kennedy ou Lee Calhoun, mas é preciso coragem para tentar quando se é pobre. "Só fiz o que queria", diz ele – e diz muito isso.

Foi por isso que certa vez, quando passou pela garagem de uma concessionária depois do horário de funcionamento e viu um belo automóvel, não viu motivo para não pegar o carro emprestado por um tempinho, pelo menos até de manhã. Nas regras das pessoas comuns, isso se chamava furto de veículo e era um crime. Porém, numa cidade tão pequena, a segurança nas garagens era frouxa. "Garanto que se eu passasse por uma garagem e visse um carro com a chave dentro, naquela época, eu ia nessa. Só dizia: 'Ah, olha só'. Dirigia por todo lado. Mas devolvia. Sempre devolvi. Pegava todo tipo de carro e estacionava exatamente onde tinha encontrado. O último foi um Chevrolet 1950". De certa forma, tratava algumas pessoas da mesma maneira. Raramente fala de alguém com arrependimento, mas se arrepende quando fala sobre Dorothy. "Dorothy me disse que fui o único homem com quem ela esteve, e eu sei que era verdade... Deixei-a chorando na porta da casa da minha mãe. 'Filho, você está errado', mamãe me disse. Tenho vergonha do que aconteceu. Se pudesse voltar atrás, não teria feito aquilo".

Tentou mais uma vez seguir uma vida sacra, em parte porque queria tranquilizar a mãe. Ou pelo menos foi para um lugar onde fazer a coisa certa era a ideia geral. Poderia até ter conseguido – provavelmente não, mas talvez – se alguém tivesse tido o bom senso de trancar o piano.

O corpo de estudantes aguardava respeitosamente nos bancos da igreja, sem uma unha pintada ou camisa desabotoada sequer, formado por cerca de quinhentas almas a cantarolar baixinho, com espírito escolar, e iluminadas pela luz do verdadeiro evangelho. Os alunos homens do Southwestern Bible Institute usavam paletós, gravatas e camisas engomadas nas aulas, e as mulheres usavam saias longas e não cortavam o cabelo, às vezes por tanto tempo que o cabelo encostava nas panturrilhas enquanto caminhavam pelo campus em sapatos baixos. Maquiagem era proibida e batom era contrabando. As jovens eram obrigadas a usar meia-calça o tempo todo, mas naquele ano o outono demorou a chegar ao leste texano e o calor era demais até para respirar, então algumas das estudantes desenhavam uma linha nas costas das pernas com graxa de sapato, para poderem ter um pouco de alívio. Foi o ano em que o editor do anuário recortou as fotos dos estudantes de forma tão justa que só era possível ver um círculo com os rostos, porque algumas das jovens tinham cometido um pecado perante Deus ao fazerem penteados. Quando um dos garotos, Billy Paul Branham, saiu para caminhar pelo campus depois do anoitecer, tomando sorvete e cantando "The Old Rugged Cross" com vontade, o reitor lhe deu dez deméritos.

Não era um lugar que recompensava a individualidade. "Aparentemente, não", diz Jerry Lee.

A escola oferecia cursos de negócios da igreja, organização missionária, estudos bíblicos e, é claro, história e profetas pentecostais. Mas não havia muita gritaria na capela aos domingos, num santuário selado firmemente por vitrais, e ninguém ficava muito feliz no meio de uma música. Nos arredores do campus, arquitetura vitoriana decorava as ruas limpas e tranquilas, sem atoleiros, cobras *black racer* ou tatus à vista. Ali, naquele lugar impiedoso, Jerry Lee sentou-se ao piano, olhou para o corpo de estudantes e decidiu que era hora de mudança.

O garoto sempre teve o poder de conquistar as pessoas, sua personalidade era como um ímã industrial. Teria sido um pregador formidável. Ainda esposo de uma jovem num casamento o qual não tinha intenção de manter, enfim acedeu aos desejos da mãe e decidiu usar seu talento como cantor e pianista, um dom de Deus, para trazer pessoas ao Senhor. Matriculou-se nesse lugar chamado Southwestern Bible Institute, em Waxahachie, Texas. O nome da cidade significa "riacho da vaca" ou "riacho do búfalo" ou "gato selvagem gordo", dependendo de qual linguista você acreditar. Waxahachie ficava a 610 quilômetros e uma viagem poeirenta de ônibus de Ferriday. Escolheu essa instituição em parte porque ela contava com uma divisão de cursos que se contentava em fazer vista grossa para algumas questões menores, como pré-requisitos e até mesmo diplomas de ensino médio. Tia Stella e tio Lee ajudaram com os custos de ensino e com a passagem de ônibus, pensando que talvez ele se tornasse pastor, no final das contas, mas certos de que ele precisava sair de Ferriday antes que um namorado ciumento ou um pai irado o pegassem desprevenido com um porrete ou uma chave de cano – ou antes que um vendedor de carros o mandasse para a cadeira ou atirasse nele no escuro. Mamie deu-lhe um beijo de partida, disse que estava muito orgulhosa dele e chorou um pouco. Elmo apertou sua mão como um homem crescido, e quando o grande ônibus da Trailways partiu de Ferriday, ia carregado de expectativas despropositadas.

"Eu era capaz de pregar de verdade", diz ele, e de fato planejava dar uma tentativa séria ao lugar, pelo menos de início. Contudo, ficou bestificado quase que imediatamente. As aulas eram tão tediosas e irrelevantes para sua vida quanto as que tinha matado antes. Não via sentido em mergulhar numa biblioteca de livros grossos e empoeirados numa escola onde estava supostamente se preparando para ser pregador. A Bíblia era a Palavra de Deus, a Rocha, a Grande Ave, e pregava-se a partir dela, ponto final. A Bíblia era tudo que um homem precisa *saber*, e isso ele diz até hoje. O resto era só papel e vento.

Assim, matava essas aulas também, e pulava a janela tarde da noite para ir farrear. Mas o problema em cabular aula no Southwestern Bible Institute em Waxahachie, Texas, era que, depois de pular o muro, você ainda estaria em Waxahachie, Texas. Sendo assim, ele pegava uma carona até Dallas, a mais ou menos uma hora e meia dali. Dallas, com seus bares e mulheres de cabelos extravagantes, era todo um outro tipo de tentação, e Jerry Lee encontrava até um pouco de boogie-woogie lá. Mas ele quase sempre conseguia chegar na hora do jantar no refeitório, e se tornou popular na escola, em especial entre as garotas, que gostavam de seus cabelos loiros ondulados, da forma como ele cantava e de como não tinha medo de cantar quando quisesse, fosse autorizado pela escola ou não, embora os deméritos não parassem de cair sobre ele. Depois de ter cantado no Blue Cat Club, onde os homens iam para cima uns dos outros com garrafas quebradas, um demérito não era exatamente algo que o deixaria tremendo de medo.

"Eu, Joey Walden e outros dois ou três caras começamos a cantar juntos", a capela, na fila do jantar, conta. "Fazíamos isso o tempo todo", tanto que se tornou um ritual no refeitório para os estudantes.

"Todos nós tentávamos chegar ao refeitório quando eles estavam lá, porque gostávamos deles cantando", disse Pearry Lee Green, que entrou no Southwestern no mesmo ano em que Jerry Lee e se tornaria pastor da igreja Tucson Tabernacle. "Cantavam hinos. Não se cantava nada que não fossem hinos". Para Jerry Lee, era natural; na Assembleia de Deus você tinha de cantar, e cantar alto, para mandar o diabo, espancado e com o rabo entre as pernas, de volta para as profundezas com o poder e a exultação da voz. Ele ainda fazia questão de que o trio cantasse enquanto as garotas desciam pela escadaria dupla até o refeitório, de modo que pudesse dar uma boa olhada nelas. "Dorothy foi me visitar lá, e isso não deu muito certo", diz. Ainda estava casado com ela, mas parara de agir de acordo há um bom tempo.

Na metade do semestre de outono, o instituto organizou uma espécie de assembleia e show de talentos que reuniu os músicos e cantores da escola para uma noite de entretenimento cujo tema era religião. O mestre de cerimônias seria Pearry Lee Green, que liderava um grupo de oração para o Japão pós-guerra, era gerente de negócios do anuário da faculdade, membro do conselho estudantil, presidente do Texas Club, presidente do Governor's Club e tinha uma vaga afiliação com o Future Business Leaders of America[15]. Jerry Lee foi convidado a tocar um solo de piano. Um dos estudantes, que já o ouvira tocar e conhecia seu estilo ao piano, alertou Pearry Lee que o garoto era "diferente", talvez até "diferente demais".

"Olha só", Jerry Lee disse a eles quando expressaram suas preocupações, "vocês querem que isso corra bem, não querem?".

---

15   Organizações estudantis.

Pelo que Pearry Lee se lembra, Coleman McDuff, que se tornaria um cantor de peso nos ministérios da Assembleia de Deus, abriu os trabalhos cantando o "Pai Nosso" num tenor melodioso. Alguns estudantes encheram os olhos de lágrimas. "Quer dizer, Coleman era um cantor. Era capaz de quebrar uma taça com a voz", disse Green.

Ele então apresentou Jerry Lee Lewis, de Ferriday, Louisiana, que tocaria uma canção tradicional da Assembleia de Deus, "My God Is Real".

"Parece que teremos uma mudança no andamento", disse à plateia.

Jerry Lee observou o corpo de estudantes, ainda sobre o brilho sereno de Coleman McDuff.

Golpeou uma tecla e mostrou a que veio, como um martelo descendo com tudo sobre um sino, e começou "My God Is Real". Era uma versão tão fumegante e rápida que Green pensou que era "When the Saints Go Marching In".

"Toquei num andamento um pouquinho acelerado", admite Jerry Lee.

Foi uma versão de tremer o chão. Tanto que, num primeiro momento, os jovens, todos criados na igreja, mas não na igreja na Texas Avenue, não souberam o que pensar. Mesmo aqueles que vinham das igrejas mais distantes, menores e mais viscerais da Assembleia de Deus, onde as pessoas falavam em línguas, choravam e dançavam nos bancos, nunca tinham visto a música tocada daquela forma, porque nunca tinha sido tocada daquela forma. Só a letra era familiar.

> My God is real, He's real in my soul
> For He has washed and made me whole[16]

"As pessoas ficaram chocadas", disse Pearry Lee.

E só melhora, ou piora, dependendo do seu ponto de vista.

"Foi um *spiritual* de andamento acelerado", descreve hoje Jerry Lee.

Ele então soltou o boogie. Manteve-se fiel à canção, mas também àquilo que estava em seu coração naquele momento e arrasou e rugiu por toda a capela. Esticou a perna em direção à plateia e se virou de modo que pudesse vê-los se contorcendo e sofrendo, e seu cabelo caía sobre o rosto enquanto ele martelava o piano:

---

16 "Meu Deus é real, Ele é real na minha alma/ Porque Ele me purificou e me fez inteiro".

> *His love for me, His precious love, is like pure gold*
> *My God is real, for I can feel Him in my soul*[17]

Os estudantes que naquela altura não estavam completamente paralisados começaram a se mexer. Começaram a balançar nos assentos e a bater os pés no tempo da música, e alguns até começaram agitar os braços no ar. Alguns se levantaram e até fizeram uma dancinha ali mesmo, nos bancos da igreja. *Agora estamos chegando a algum lugar*, pensou Jerry Lee, e apertou o passo. Remexia as teclas como se estivesse espremendo os últimos resquícios de boogie que houvesse nelas e, quando acabou, estava suando. "Sempre soube que, quando começava a suar, era porque tinha detonado", diz ele.

Mas a plateia ainda se mexia.

"Estavam gritando, uivando".

Os aplausos explodiram no interior da capela e não paravam mais. Foram os maiores e mais altos aplausos que ele já recebera.

"Fiquei um pouco assustado, pensei: 'O que está acontecendo aqui?'", diz.

Eles queriam mais.

Jerry Lee estava disposto, mas viu o reitor vindo em sua direção.

"Ele torceu o nariz. Estava um pouco aborrecido", recorda-se.

"Viu o que você fez com todos esses jovens? Você os deixou *loucos*". Disse a palavra *loucos* como se a estivesse passando por um ralador.

Jerry Lee disse-lhe que não era sua intenção.

"Você arruinou uma ótima faculdade cristã".

O reitor disse a Jerry Lee que ele já era no Southwestern Bible Institute de Waxahachie, Texas. Porém, quando os outros estudantes ouviram isso, alguns começaram a entoar vivas em apoio e gritaram que "se ele for embora, nós também vamos".

Por que não podem ser todos como Coleman McDuff?, o reitor deve ter se perguntado.

Um dos estudantes deu um berro.

"Olhe o que você fez", disse o reitor a Jerry Lee.

No dia seguinte, Pearry Lee Green foi chamado à sala do presidente da

---

17 "Seu amor por mim, Seu precioso amor, é como ouro puro/ Meu Deus é real, pois posso senti-Lo em minha alma".

instituição. Quando chegou, Jerry Lee estava lá. O presidente disse a Jerry Lee que ele irresponsavelmente solicitara uma reação impura de todo o corpo estudantil da faculdade ao tocar música inconsequente e lasciva, portanto, junto com os reitores, lhe mostraria o caminho da rua e lhe disse para tomar cuidado para a porta não bater em seu traseiro quando saísse. Jerry Lee, a quem nunca faltou audácia, disse aos reitores e ao presidente que não aceitaria a expulsão.

"Vou para casa por duas semanas, mas volto", disse. Não tinha intenção de voltar nem se estivessem distribuindo donuts e passeios de pônei gratuitos, mas queria deixá-los de olho nos portões todos os dias, para ver se ele voltaria mesmo.

E então as autoridades escolares voltaram sua ira para Pearry Lee. Tal quebra de decoro num evento para toda a escola deveria se tratar de uma trama, de uma conspiração. "Eles me perguntaram por que eu tinha deixado Jerry Lee Lewis tocar piano. Eu disse a eles que não o conhecia mais do que aos outros alunos, e que me disseram que ele tocava piano e eu o ouvira cantar. Eles nos expulsaram. Disseram que não tolerariam aquele tipo de música. Disseram-nos para fazer as malas com nossos livros e roupas e dar o fora do campus. 'Vocês não são mais bem-vindos aqui'. E quando estávamos ambos na porta da sala do presidente, Jerry Lee se virou e disse: 'Quero que vocês aí saibam que o Pearry Lee não teve nada a ver com isso. Ele não sabia o que eu ia fazer'. Eles voltaram atrás na minha expulsão e não precisei ir embora. Jerry Lee me defendeu".

Alguns dos alunos acenaram quando ele foi embora, rumo à rodoviária e a Ferriday.

"Acho sinceramente que, no fundo, ele queria ser pregador", diz Pearry Lee.

Jerry Lee não precisava de faculdade ou do processo de ordenação para pregar, e não desistiu disso de imediato. Sabia o que sentia, e pregava baseado nisso, pregava como o pecador que era. Pequenas igrejas nas paróquias ao redor do rio o recebiam, "e eu pregava como uma tempestade do Espírito Santo". Ele não fala muito sobre isso – é uma daquelas coisas que acha particulares demais, *reais* demais, de certa forma, para se falar a respeito. Mas aqueles que diziam que ele não tinha o direito de pregar como pecador, que isso não deveria ser permitido a ele, nada sabem sobre a fé na qual ele foi criado e, além disso, se somente homens perfeitos pregassem, mal haveria pregação, em primeiro lugar. A tendência era se apegar a histórias de fracasso, porque sem fracasso não era possível haver redenção. Aqueles sem pecado caminhavam por uma estrada solitária, vazia a não ser por ecos. O curioso era que a música apimentada que Jerry Lee tocou em Waxahachie viria a ser bem-vinda, incentivada e até lugar-comum na Assembleia de Deus, como já o era na Texas Avenue e em igrejas como aquela por todo o Sul mais rústico.

Mas Jerry Lee não pregou por muito tempo. Voltou para os clubes de Natchez e Monroe, entre outros lugares, mas, apesar das raras noites em que conseguia gorjetas fartas, o dinheiro ainda não rendia um ganha-pão verdadeiro, então mais uma vez ele foi procurar um emprego diurno. Mais uma vez tentou trabalho braçal, só para redescobrir que isso necessitava trabalho braçal.

A certa altura, considerando sua personalidade poderosa e vencedora, achou que poderia ter alguma sorte como caixeiro-viajante. Assim, começou a trabalhar como comissionado para a Atlas Sewing Machine Company. A empresa vendia máquinas de costura no crediário; a isca era não precisar pagar nada no ato, apenas assinar um contrato se comprometendo a pequenos pagamentos mensais. Com um parceiro, Jerry Lee perambulava pelas paróquias em torno do rio num Pontiac 1947, carregando a máquina de mostruário para cima e para baixo a cada chamada. Descobriram rapidamente que, se a população da Louisiana de fato precisava de uma máquina de costura nova, não ia comprá-la do porta-malas de um Pontiac.

"Então bolei uma maneira de vender máquinas de costura pra valer", diz Jerry Lee.

Batia na porta das casas com estrutura de madeira, dos *motor homes* e dos apartamentos e dizia: "Boa tarde, senhora, meu nome é Jerry Lee Lewis e sou da Atlas Sewing Machine Company, de Baton Rouge, Louisiana... Parabéns, a senhora ganhou uma máquina de costura". Ele então cobrava dez dólares, em cheque ou dinheiro, "de impostos", as convencia a assinar uma folha de papel aparentemente inócua – "que era um contrato" – e dizia a elas que esperava que desfrutassem da nova máquina e as muitas horas alegres que ela proporcionaria. Então ele e o parceiro caíam na estrada e dividiam o dinheiro. "A conta chegava depois".

Vendiam o quanto conseguiam carregar no Pontiac, "mais de cinquenta em um único dia", segundo Jerry Lee. Encomendou mais máquinas à empresa, para continuar com o golpe. "Me disseram que eu era o maior vendedor de máquinas de costura do mundo, o maior de todos os tempos".

Quando a cobrança chegava, as pessoas simplesmente ignoravam, presumindo que era um engano, e quando a empresa as contatava, diziam que não iam pagar por uma máquina de costura que tinham recebido de graça, como lhes informara aquele moço simpático, e então mandavam o último representante da Atlas Sewing Machine Company, de Baton Rouge, Louisiana, dar no pé dali antes que sacassem a arma ou soltassem os cachorros. Assim, as pessoas pobres ficavam com as máquinas e a empresa decidiu que precisava de novos vendedores naquela região da Louisiana e do Mississippi. A essa altura, Jerry Lee já tinha conseguido cerca de mil e duzentos dólares com o grande sorteio de máquinas de costura de 1953.

Sua conversa variava: dizia a algumas mulheres que elas tinham ganhado um desconto de cinquenta dólares, e a outras oferecia uma carona até a mercearia para que trocassem o cheque.

"Mas eu estava errado", diria ele posteriormente, numa entrevista. "Não estava errado em vender máquinas de costura, mas estava errado em vendê-las daquela forma". E então começou a cantar:

> Be sure
> You're gonna pay
> For your wrongdoin',
> Jerry Lee,
> But I'll never
> Make the same
> Mistake again[18]

"Da próxima vez, não vou deixar o contrato", disse.

Um dia, em meio a essa nova onda de crimes, ele e o parceiro pararam num posto de gasolina para abastecer, tomar uma Coca na loja de conveniência e esticar as pernas, e Jerry Lee viu uma grande pistola de cano inoxidável guardada numa caixa de vidro sobre o balcão. "Acho que pensei que era Jesse James. Voltei

---

18 "Saiba que/ Você vai pagar/ Pelo que fez de errado/ Jerry Lee/ Mas nunca vou/ Cometer o mesmo/ Erro de novo".

naquela noite e roubei a pistola... Acho que não tem problema admitir isso agora. Fui pego com ela umas duas semanas depois", sentado no carro estacionado com a arma no colo, quando foi surpreendido por um xerife da paróquia. O xerife colocou ambos os homens na cadeia miserável de St. Francisville. Jerry Lee ligou para seu tio Lee, o único homem que ele conhecia que poderia pagar a fiança, e Lee Calhoun disse que estaria lá "imediatamente".

"Rapaz, foi terrível", recorda-se. "Não cabia nada na cela e estava lotada de uns caras mal encarados – quer dizer, *bem* mal encarados –, mas eu e meu parceiro nos mantivemos juntos. A comida era horrível, um ensopado que era só uma gororoba. E não havia mulheres".

Depois de três dias, Lee Calhoun enfim apareceu.

"Ele não teve de esperar tanto tempo", diz Jerry Lee.

Foram ter com o juiz.

"Bem, vou lhe dizer o que farei. Vou lhe dar três anos em Angola", disse o juiz.

O coração de Jerry Lee quase saiu pela boca. As pessoas brincam com isso, mas ele sentiu.

"Meu Deus", disse.

"Mas, como este é o seu primeiro crime, ao invés disso vou deixá-lo na condicional por três anos".

Jerry Lee ri da maioria desses quase-desastres, mas sabe o quão próximo esteve, naquela sala de tribunal, de descer ao inferno bem real da penitenciária de Angola. "Depois disso, meu parceiro roubou uma daquelas baterias grandes de caminhão e eles o mandaram para lá". Já ele andou mais na linha, durante a condicional, sabendo que Angola era um lugar onde os sonhos morriam. Esse cuidado não durou muito tempo, mas durou o bastante para ele passar pela condicional. Evidentemente, se o juiz soubesse do golpe da máquina de costura, ele certamente teria cumprido pena por roubo e fraude – a menos, é claro, que seu tio Lee conseguisse resolver isso também. Hoje ele pode rir disso, pois qualquer que seja a prescrição para um golpe de máquinas de costura, provavelmente é menor do que sessenta anos. Contudo, ele fica um tanto quanto feliz sabendo que muita gente nos confins da Louisiana ganhou uma máquina de costura, o que o torna quase um Robin Hood, roubando dos ricos para dar aos pobres e tal, exceto, é claro, por aqueles mil e duzentos dólares que ele tirou.

Atravessou mais uma vez o rio e começou a tocar boogie de novo, por cerca de dez dólares por noite. Nas noites mais mornas, tocava piano com a mão direita e bateria com a esquerda, até que o dono de um dos clubes, Junior May, disse a ele que aquela poderia não ser uma ideia muito boa. "Ele me disse que as pessoas iam lá esperando ver uma banda inteira, e quando viam que era um homem só, estranhavam".

Regras, sempre as regras.

"Eu fazia o que precisasse para ganhar gorjetas", diz hoje.

Por que não poderia haver um conjunto diferente de regras para ele?

"Às vezes, quando sei que está certo, digo que está errado, e às vezes, quando sei que está errado, digo que está certo", dá de ombros. Isso pode fazer a vida ficar confusa, às vezes, diz ele hoje, mas nunca tediosa. O tédio é o que realmente mata os sonhos. "E, se você deixar, ele lhe devora vivo".

4

SR. PAUL

Natchez
1952

O palco tinha cerca de quarenta centímetros de altura e tinha uma grade na frente, para impedir que os bêbados cambaleantes subissem e fossem eletrocutados pelos cabos de energia. A fumaça de cigarro se turvava numa névoa azulada e o ar cheirava a cerveja choca e ao tipo de perfume que se compra de jarra. O Wagon Wheel era como o Swan Club antes dele, e o Blue Cat e o Hilltop, e outras espeluncas onde o blues e a música *hillbilly* colidiam, um lugar para brigar por uma boa mulher ou um homem arrependido e virar doses de bebida até amolecer os sentidos, onde votos de casamento estavam mais para uma sugestão e caminhoneiros davam gorjetas para a banda na forma de pequenos comprimidos brancos. "Pessoal do interior, doses grandes e doses pequenas", diz Jerry Lee, que marcava o tempo em meio a essa balbúrdia com um par de baquetas, e adorava.

De extraordinário, só havia a música, e quem concedia a ela esta qualidade, antes de Jerry Lee finalmente assumir o velho piano vertical e roubar a cena, era um pianista de cinquenta anos de Meadville, Mississippi, chamado Paul Whitehead. "Sr. Paul, e ele sabia todas as músicas do mundo. E tocávamos todas elas", diz Jerry Lee. Para elevar o volume de seu instrumento acima do som do local abarrotado, o sr. Paul fazia uma gambiarra para ligar o velho piano a um amplificador, eletrificando as oitenta e oito cordas de aço até que soassem mais altas do que o tiro de uma pistola calibre .22. Martelava as teclas para obter um som encorpado e ondulado, as estapeava como se esperasse que elas lhe revelassem um segredo, alguma música jamais ouvida num lugar como aquele. E som ele tinha de sobra. Era capaz de tocar blues de *juke-joint* ou "San Antonio Rose", espremer um acordeom até que uma banda marcial saísse do fole, invocar uma tempestade caipira na rabeca e soprar o trompete como se estivesse tentando derrubar um muro. Fazia tudo isso com o olhar perdido na distância, como se estivesse tocando não num antro de iniquidade com teto de zinco, mas em algum lugar fino, como se pudesse, de algum modo, ver o quão longe um homem seria capaz de voar dali com apenas a canção certa.

"Aquilo era talento puro", diz Jerry Lee. A música transbordava em todas as direções, fumegava pelas lâminas de um grande ventilador elétrico e se despejava pela porta mantida aberta, ao longo do cascalho e da grama alta até chegar ao asfalto, atraindo os Hudson Hornets, os Fords de duas cores e outras grandes peças de aço de Detroit. Rapazes de mocassins e camisas de botões perolados conferiam a brilhantina no brilho das calotas e conduziam as mulheres de penteados altos e expectativas baixas em direção à agitação lá dentro, sem couvert artístico. De vez em quando, ao final de um set, uma garota bonita se aproximava do palco para fazer um pedido ou apenas para dizer ao pianista grisalho o quanto adorara suas músicas, e o sr. Paul, subitamente gentil, fazia uma reverência, sorria e dizia: "Obrigado, senhorita". Acontece que o sr. Paul Whitehead era cego e, na escuridão em que ele vivia, todas elas eram garotas bonitas.

Nasceu com a vista saudável, mas aos três anos de idade teve sarampo e lesões nos olhos, e seu mundo ficou negro. "Se você colocar uma lâmpada na minha frente, não saberei dizer se está acesa ou apagada", dizia. Mas era capaz de dizer onde estava numa estrada solitária, ao voltar a face para uma janela: "Bem, estamos passando por Roxie. Posso sentir o cheiro da serraria". Rodando pela Highway 51, sabia quando estava se aproximando de McComb: "Sinto o cheiro do feno recém cortado".

Às vezes, no Wagon Wheel, ele estendia a mão seguindo a direção da voz de uma jovem lhe dizendo onde seu rosto estava. "Posso tocar seu cabelo, senhorita?", perguntava, e quase sempre a garota dizia: "Ora, é claro que sim". Depois de ter afastado mãos das partes traseiras a noite toda e aguentado investidas de homens cuja cantada mais suave era "Ei, baby, quer vir comigo?", era legal falar com um cavalheiro. Ele pegava uma mecha de cabelo e a sentia entre o polegar e o indicador por mais ou menos um segundo, não mais do que isso. "A senhorita é ruiva", dizia, e sempre acertava. As loiras oxigenadas tentavam enganá-lo, mas ele era capaz de dizer de que cor estavam tingidas e o que eram naturalmente. As jovens desperdiçavam um sorriso diante dos óculos grossos de lentes esfumaçadas que cobriam os olhos dele, e então corriam de volta para as mesas construídas com restos de madeira e portas velhas, para contar às amigas dos poderes mágicos do sr. Paul.

Mas o verdadeiro truque aqui era sua memória musical, ilimitada e infinita. Ele mandava Hank Thompson...

I didn't know God made honky-tonk angels
I might have known you'd never make a wife[1]

...e Joe Turner, Bob Wills and the Texas Playboys e até mesmo "Stardust", doce como os sonhos.

Os primórdios do rock and roll estão envoltos em mitos, mas o lugar de Paul Whitehead na lenda maior está desbotado e frágil. Foi amplamente esquecido, salvo por uma ou outra passagem, uma nota de rodapé para uma lenda, mas Jerry Lee diz que ele merece mais do que isso. Jerry Lee é ferozmente orgulhoso de sua própria técnica, de ser autodidata, de ser o primeiro e único, o escolhido, mas reconhece que estudou o homem cego enquanto aprendia as letras, enquanto aprendia a ler e controlar uma plateia, enquanto esperava por aquele último elemento, aquela coisa única e final que faltava. "Eu estava acertando meu som", diz ele, e o sr. Paul adorava o som como poucos homens já vistos por Jerry Lee. Era um artista dos mais raros, músico puro, não poluído por coisas mundanas, e, ainda assim, ele e Jerry Lee, que era um boneco de piche para a tentação e uma catástrofe ambulante entre as pessoas comuns, eram iguais, de certa forma. O palco era a luz. Para ambos, quarenta centímetros abaixo só havia o nada escuro.

"Paul Whitehead fez muito. Para mim, suas lições valem um bilhão de dólares. Acho que ele foi como um pai para mim", certamente uma influência e um professor, mas mais do que isso. Ele mostrou a Jerry Lee que havia uma

---

[1] "Eu não sabia que Deus fazia anjos de *honky-tonks*/ Eu deveria saber que você nunca daria para esposa". "The Wild Side of Life", composição de Arlie Carter e William Warren, lançada por Hank Thompson em 1952.

espécie de paz naquilo tudo, em meio ao caos, às brigas e aos bêbados. Havia vida na música, e só na música.

Paul Whitehead aprendeu música não em aulas ou viagens, mas do ar, do Blue Room, em New Orleans, e das big bands em Manhattan; num rádio empoeirado, aprendeu música *cajun*[2] do rio Atchafalaya e cada canção *hillbilly* transmitida pelo Louisiana Hayride ou pelo Grand Ole Opry. Mas aquele som pulsante de seu piano era puramente dos *juke joints*; Jerry Lee conhecia aquele som da época em que era rotineiramente atirado para fora do Haney's. O sr. Paul encontrou esse som não numa casa noturna, mas passeando pelas calçadas de Meadville, ouvindo atentamente. Era capaz de dizer quando adentrava a região negra da cidade ao parar por um segundo no concreto.

No final dos anos 1940, tocou com um guitarrista chamado Gray Montgomery, de Security, Louisiana. Gray tinha uma guitarra Gibson branca e uma gaita, e com os pés tocava bateria. Durante anos, ele e o sr. Paul viajaram pelo Sul, tocando em *honky-tonks*. "As garotas vinham aos clubes, garçonetes que trabalhavam nos cafés", relembra Montgomery. "Elas nos perguntavam se conhecíamos tal e tal coisa, e escreviam a letra para nós... Era assim que aprendíamos as músicas, pelas garçonetes".

"Não havia rock and roll, mas as pessoas estavam cansadas das músicas lentas. Pegávamos uma velha canção country e eu dizia: 'Paul, acho que o pessoal quer pular um pouco'. Observávamos o público e, se tocávamos umas notas tortas e eles gostavam e pisoteavam o salão, sabíamos que tínhamos de continuar. Não sabíamos que aquilo era rock and roll". Montgomery até tocou com o sr. Paul e Jerry Lee juntos por um breve período. Nunca chegou a um grande sucesso próprio, mas nunca se esquecerá de ver o pianista grisalho e o garoto de cabelos dourados juntos no palco, no nascimento de um estilo musical, como um homem assistindo à passagem de um cometa. Quem é que pode dizer que viu algo assim?

Fora dos clubes, o sr. Paul era quase invisível, vivia tranquilamente numa pequena casa em Natchez e se vestia de forma elegante, mas simples. Jerry Lee o levava para casa depois dos shows e observava enquanto ele caminhava sem errar o caminho até a porta, contando os passos. Tinha uma resistência

---

2 Música tradicional da parte francesa da Louisiana.

aos vícios que rodeavam os músicos. Não bebia, nem fumava, nem se dava um gás com comprimidos ou se valia de mulheres dadas. Tomava leite nos intervalos de quinze minutos; os bartenders guardavam uma garrafa de leite atrás do bar para ele. Às vezes, após um show, pegava uma carona até um restaurante de fim de noite chamado Joe's Eats, na Rota 61, e pedia uma porção de chili. Não comia se não estivesse fervendo, e se certificava disso enfiando o dedo indicador direito na tigela. Queria que o primeiro bocado fosse perfeito. Então, sozinho, comia cuidadosamente até que terminasse, e esperava em silêncio por uma carona para casa. "A mesma coisa, todas as noites", diz Jerry Lee. "Chili e um copo de leite gelado".

Para alguém que idolatrava o som, o sr. Paul não conversava muito, como se aquilo que saísse da boca das pessoas, sem melodia, fosse incômodo, de alguma forma. Mas ele conversava com Jerry Lee. Eram frequentemente vistos tratando de um piano ou de uma música. Quem quisesse acreditar em mitos dizia que era porque o sr. Paul ouvia o futuro em Jerry Lee, que seria aquele a levar a música àquele lugar único, aonde ele próprio a levaria, se pudesse apenas conseguir escapar sozinho daquele ninho de confusão. Mas as pessoas dizem muitas coisas.

"Ele simplesmente ficava feliz em tocar", diz Jerry Lee. "Ele me ensinou. Eu me sentava ao lado dele e dizia: 'sr. Paul, o senhor pode me mostrar exatamente como faz aquilo?'", relembra-se, num daqueles momentos em que não é mais ele mesmo, em que a bravata baixa e é possível ver o fantasma de um jovem afoito e curioso. "O sr. Paul foi bom para mim".

Para Paul Whitehead, música monótona era só mais um lugar aonde se sentar na escuridão. "Ele mantinha o violino no lugar com dois pedaços de papelão", para que continuasse inteiro enquanto ele tentava praticamente serrá-lo em dois ao tocar, e Jerry Lee tocava bateria ou o piano como se estivesse lhes dando uma surra, e os dois faziam o público dançar e uivar. Algumas noites, parecia que o sr. Paul, com os olhos marcados e opacos ocultos pelos óculos escuros grossos, estava ligado diretamente aos ossos das pessoas, e tocava mais endiabrado e mais veloz, para fazer o pessoal dançar cada vez mais rápido e pisotear o salão cada vez com mais força. Era capaz de saber quando isso acontecia por meio das solas de seus sapatos. Tamanho poder, e num homem que precisava ser conduzido para ir e vir do banheiro. "E eu gostava do estilo dele", diz Jerry Lee.

"Olha aqui", dizia o sr. Paul, e então corria o polegar ao longo do teclado, causando aquele efeito de cachoeira, e tocava Hoagy Carmichael num bar de caipiras.

> *Ah, but that was long ago*
> *Now my consolation is in the stardust of a song*[3]

"E então ele falava: 'Vamos tocar "Jealous Heart"'. Quer dizer, nós tocávamos *de tudo*".

Algumas cabeças duras pensavam que ele era surdo e berravam algum pedido em sua orelha. Ele sempre recuava, como se tivesse gritado em sua orelha com um megafone. Alguns dizem que é um mito aquilo de os sentidos de um cego serem mais aguçados, mas a verdade é que o sr. Paul era capaz de lhe dizer a altura da plantação de algodão baseado na poeira que subia, no zumbido distante dos aviões agrícolas ou no odor insistente dos agrotóxicos. Era capaz de saber se o dono de um clube estava tentando lhe passar a perna ao sentir o papel das notas – tenta-se todo tipo de golpe com um cego. "Eu disse a ele certa vez: 'Sr. Paul, ouvi dizer que o senhor era bem durão numa briga'", diz Jerry Lee. "Ele me disse: 'É, mas tento esquecer essa época'. Diziam que ele golpeava onde *pensava* que o oponente estava. 'Mas não brigo mais', ele me disse. 'Esse tempo já passou. Agora, só toco'".

Jerry Lee tocava bateria e emulava o sr. Paul no piano quando ele tocava trompete ou acordeom, e nunca errava uma nota. Passou cada minuto que pôde com o velho homem e, com o tempo, tornou-se protetor para com ele. Certa vez, um homem chamado O. Z. Maples levou Paul ao banheiro e voltou sem ele. "Onde está Paul?", perguntou Jerry Lee.

"Deixei ele lá", respondeu o homem.

Jerry Lee o mandou voltar e trazê-lo, já.

"Ah, ele está bem lá", disse O. Z. "Perguntei se ele queria que eu acendesse a luz para ele".

"Vai ficar difícil para mim tocar piano por aqui depois de ter ouvido você tocar. Você domina essas teclas muito bem, filho", disse ele a Jerry Lee.

---

3 "Ah, mas aquilo foi há tanto tempo/ Agora, meu consolo está no pó de estrelas de uma canção". "Stardust", composta por Carmichael em 1927.

Certa vez, na estranha calmaria depois de um set incendiário, ele disse tranquilamente: "Você vai ser um grande astro, sr. Jerry".

"Ele não tinha uma célula invejosa no corpo", diz Jerry Lee hoje. "Foi meu amigo verdadeiro". O sr. Paul foi testemunha, noite após noite, enquanto o talento do garoto se alinhava, enquanto a música antiga era refeita naqueles pequenos clubes quentes e sufocantes. Era como esperar uma tempestade se formar, mas de forma mais lenta, ao longo de meses, depois anos, mas ele já ouvia o que estava por vir. Nunca alegou ter ensinado nada ao garoto, mas sempre, sempre lembrava ao rapaz que coisas grandes estavam por vir, porque ouvia o relâmpago tomando força, e ouvia melhor do que qualquer um.

É romântico acreditar que o sr. Paul realmente previu tudo de alguma forma, previu o futuro de Jerry Lee e o futuro do rock and roll se entrelaçando. Jerry Lee só sabe do que foi dito a ele. O sr. Paul disse ao garoto que ele era um cantor de blues nato e um genuíno homem dos *honky-tonks* country, e isso era só o começo. Disse que teria adorado tê-lo visto, mesmo que por uma vez, com aqueles cabelos dourados e o rosto feroz de que as pessoas falavam e que as mulheres se amontoavam por perto para tocar. Mas, de certa forma, ele de fato viu, quando Jerry Lee soltava o blues e transbordava algo visceral e selvagem.

Mas foi seu piano o que mais emocionou Paul Whitehead. Sabia que o garoto tocava diante de plateias desde os nove anos, e ainda havia muito da igreja em sua música; alguns donos de bares não queriam um pianista cujas músicas fizessem as alianças dos clientes pegarem fogo enquanto dançavam com as garçonetes. O sr. Paul ouviu o gênio em Jerry Lee e disse a ele, "vá com tudo, filho". A maioria dos pianistas destros só tocava mesmo com uma mão, mantendo o ritmo com a mão esquerda enquanto encontrava a melodia com a direita, mas Jerry Lee dominara essa coisa de criança ao longo de mil caladas da noite em seu velho piano vertical e seguira em frente para algo diferente. Sua mão esquerda era segura e ágil, e a direita era puro caos controlado, buscando loucamente novos sons pelas teclas ao ponto de quase parecer que ele conseguia tocar duas melodias ao mesmo tempo, como se houvesse algo ou alguém ao lado dele naquele banquinho, algo assustador. Para o sr. Paul, que já era muito bom e conhecia os limites do instrumento, era encantador. Ele conhecia Beethoven e Brahms, músicos de *juke joints* de três dedos e cada pianista vivo ou morto cuja música vagou por transmissões de rádio, e naquele garoto tocando piano ouviu tudo isso e nada disso. O garoto era de uma espécie própria, e ainda estava aprendendo.

Quando chegou o verão de 1952, Jerry Lee já tinha desistido por completo do mundo careta. Havia tentado mais uma vez o trabalho braçal, trabalhando como pedreiro em Ferriday. "Eu disse ao chefe, o sr. Durant, para me colocar para trabalhar com areia ou com pedra... Eu era só um moleque, tentando derramar aquele cimento, empurrando aqueles carrinhos de mão entre aqueles homens grandalhões. Então falei ao sr. Durant que não queria mais fazer aquilo. Ele me disse: 'Bom, se você não vai ser um leão, não devia ter rugido'. Eu disse a ele: 'Bom, você não vai mais me ver por aqui', e eles me deram um cheque por meio dia de trabalho – meio dia – e fui para casa".

Ele tentou a mão em tudo o que pôde. "Tentei trabalhar em construção, tentei dirigir caminhão, tentei ser ajudante de carpinteiro... não durei muito nisso". A verdade nua e crua é que as coisas que um corpo humano deve fazer, que se espera e se exige que um corpo humano faça nesta vida, quando você é qualquer um menos Jerry Lee Lewis, nunca se alinharam muito bem com o estilo de vida dele. A questão é que ele tentou, até que não tentou mais. Seu pai foi um grande carpinteiro e um excelente agricultor, porém, sonhava o tempo todo em cantar "Mexicali Rose" no Grand Ole Opry. Jerry Lee não via razão para trabalhar por toda uma longa vida nisso, numa esteira de esperanças, sonhos e desejos, e não partir direto para o sonho. "Eu não conseguiria", diz.

As igrejas de sua terra natal tinham reconhecido e bem recebido seu dom. Mas as igrejas, cultos de reavivamento e acampamentos não pagavam bem; a maioria sequer pagava. Era como um carrapato num sofá de couro; estava confortável, só que não havia muito a lucrar ali. Seu primo Jimmy devotara-se integralmente ao Senhor. Tinha visto um demônio de olhos vermelhos diante do seu trailer e correu para o ministério como uma bola de canhão humana, mas Jerry Lee não recebeu tal chamado.

O que restava eram os bares. Semana após semana, seis dias por semana, ele tocava com bandas que rasgavam a noite, embalando os caídos, os bêbados e os solitários, e um número crescente de pessoas que só estavam empolgadíssimas com essa nova música, essa música que ainda nem tinha nome. "Cantar, tocar piano... e mulheres. É tudo o que sempre precisei, e só", diz ele. Em algumas noites mais gloriosas, conseguia cem, às vezes duzentos dólares em gorjetas, mas na maioria das noites conseguia dinheiro para o cotidiano, trocados para comer, e mesmo nas mais lucrativas, ele ainda estava um tanto quanto estagnado.

Lembra-se de uma jarra de gorjetas vazia, num show de muito tempo atrás.

"Não é um sucesso estrondoso", disse sua querida tia Stella, preocupada com o garoto.

"Nada estrondoso", disse Jerry Lee.

Porém, mesmo ainda garoto ele sabia que se você quer ser atingido por um relâmpago, tem de esperar debaixo de uma árvore. Lugares como o Wagon Wheel, espalhados pelo Sul, eram onde a música estava em turbulência, ali mesmo, na sua própria terra. Ora, mesmo Memphis estava a uma rápida viagem de carro dali, e Memphis era onde o mundo todo estava mudando, mesmo se parecia um universo distante. Nos pequenos clubes, as pessoas queriam ouvir aquela música *hillbilly* e o velho, visceral e sangrento blues, e berrado bem alto, para que a divorciada gostosa ali no canto esquecesse o lamentável ex-marido e caísse na dança. Jerry Lee nasceu para fazer isso. Já tinha ouvido isso tudo, no Haney's, e agora já não estava mais escondido debaixo da mesa. "Ninguém ia me expulsar".

She roll her belly
Like she roll her biscuit dough[4]

Mas ao invés de imitar um *bluesman* negro como um papagaio de pirata, ele quase chegava num *yodel* nas notas mais agudas e sofridas, numa exultação desenfreada e cortante de dor, sofrimento e luxúria, algo vindo do outro lado da cidade ou lá do meio da mata de pinheiros solitários, mas de um lugar igualmente violento, duro e cruel. Sua família também colheu algodão, andou com os pés acorrentados e se sentou na escuridão abafada da prisão federal em New Orleans. Para compreender isso, para ver da forma como era, é preciso pensar no contexto em que tudo isso vinha, na fumaça e na escuridão cavernosa, por discrição, onde cem pessoas se abarrotavam, rostos colados, para se medicar, os macacões, gravatas borboletas e vestidos tomara-que-caia enfilei-

---

4 "Ela enrola a barriga/ Como enrola a massa de biscoito". "Big Legged Woman", composta e gravada originalmente por Jimmy Williams.

rados no bar, todos ali para brigar, xingar, desvairar e trapacear, e alguns apenas para se perder na bebida e no ritmo por algumas horas; ninguém pedia nada além disso. Mas tinha Paul, com os olhos escondidos atrás dos óculos escuros, o rosto bondoso impassível, o acordeom em torno do pescoço, o trompete nos lábios e a rabeca na mão direita, e ninguém saberia, enquanto ele bebia seu leite, se era um bom dia ou a noite mais profunda e escura de sua alma. E tinha Jerry Lee, magérrimo, cabelo caindo nos olhos, concentrado na música e nas teclas. Não era o showman que se tornaria em apenas alguns anos. A casca dura dos pentecostais ainda não tinha se despedaçado, mas estava começando a estremecer, e se você ouvisse atentamente, poderia escutar as primeiras rachaduras. Ele agora assumia o piano do sr. Paul cada vez mais, tocando de forma bruta e uivando o blues. Mas, por ora, fazia tudo isso sentado. Assim como o sr. Paul, não se preocupava com os arruaceiros e tagarelas, as brigas de faca, os bate-bocas e os maridos bêbados. "Sempre tinha alguém sacando uma arma ou uma faca", diz. "Nunca aconteceu nada... Eu mesmo carregava uma pistola", para o caso de algum moleque de fazenda, cruzando as pernas de bêbado, se enfurecesse quando a namorada olhasse "para o lado errado".

Ele tocava de tarde da noite até as duas, três, até quatro da manhã, às vezes até que o último bêbado tombasse no chão. Nunca se cansava, ou pelo menos seu corpo nunca disse à mente que estava funcionando a todo vapor. Os caminhoneiros lhe davam anfetaminas como gorjeta. "Eles me davam um saco inteiro se eu tocasse uma música pra eles. Eu tomava um comprimido e continuava tocando, não perdia uma nota", diz. E a plateia se deleitava como com sorvete de pêssego.

Não era nada mal o fato dele ser alto e bonito e ter olhos como o sol brilhando através de uma jarra de mel escuro, e dele se portar como se fosse o rei da Inglaterra. E tinha ainda o cabelo. "Aquele cabelo, eram só ondas, só formava ondas", disse Doris Poole, que nasceu em 1934 e viveu em Ferriday quando Jerry Lee era menino. "Ele era *tão* bonito". E quando o cabelo caía sobre seu rosto, fazia as mulheres gostarem dele um bom tanto a mais, então é claro que ele balançava e fazia o cabelo cair no rosto o tempo todo.

Ele não precisava *agir* de forma perigosa; ele era perigoso. Não precisava *agir* como se fosse meio louco; ele o era. Não precisava agir como se fosse roubar suas esposas e filhas; ele o faria, na sua frente, porque a essa altura já tinha um bom gosto para isso e seria como tentar impedir um touro de entrar no curral das vacas deixando a porteira aberta. Ele podia ser um pouco rústico, um pouco grosseiro, mas era capaz de *ficar* suave se quisesse, e os caras suaves nunca teriam a audácia e o ar de perigo de Jerry Lee. E não importa quantas mulheres digam a seus maridos e a outros homens mais gentis que não querem nada com tipos assim, a verdade é... bem, é a verdade.

Ele estava fazendo um nome, uma *persona*, pela terra plana e pelas florestas de pinheiros. "Toquei no Atlas Bar, em Monroe. Eles me deixaram tocar algumas músicas e colocar uma jarra para gorjetas. Quando me dei conta, estava ganhando duzentos dólares por semana, tocando piano e cantando minhas músicas". Mas o bom dinheiro nunca durava. As pessoas diziam que ele faria muito sucesso um dia desde a época em que tocava em shows de talentos, concessionárias de carros e na carroceria da caminhonete de seu pai – mas nunca eram as pessoas certas. Esse "um dia" parecia se estender para sempre, como aqueles campos marrons infindos que o cercavam. Para manter essa vida – e, mais importante, para sobreviver a ela e levá-la além – ele sabia que precisava ter um disco, e se o disco deveria levá-lo ao sucesso, tinha de ser um dos grandes. "Eu sabia que, uma vez que tivesse meu disco, a largada estaria dada... Sabia que não teria como ser parado. Estava tudo interligado. De cara, percebi as garotas, sabia que elas gostavam do meu jeito de tocar e cantar, sabia que elas gostavam *de mim*... que elas olhavam para mim e viam algo diferente". Mas os figurões do meio fonográfico, que estavam ao norte, ainda não o tinham notado, não pareciam dar bola para ele, ainda.

Essa não era a vida que Mamie tinha sonhado para o filho. Mas ela e Elmo foram vê-lo, e ainda sonhavam.

"Você transpira demais", Mamie disse a ele.

Well, let me tell ya somethin' – what I'm talkin' about[5]

Mamie segurou a bolsa diante de si como um escudo.
"Por que você está suando tanto?", perguntava.
Ela nunca negara nada a ele, mas isso...
"Você vai ter um ataque do coração", alertou.

---

5 "Bem, deixe-me te dizer uma coisa – do que é que estou falando". Também de "Big Legged Woman".

Mamie se preocupava, sim, mas também sabia que o mundo é duro, e mais duro ainda quando se está sem um tostão, então disse ao filho que o apoiava, como sempre apoiaria, e se certificou de que ele teria uma camisa bem passada. As garotas jovens, essas noivas novas, às vezes esqueciam desse tipo de coisa. Se você vai labutar em Sodoma, que vá elegante.

Em 1953, numa viagem até a estação de rádio WNAT, em Natchez, a altas horas da noite, Jerry Lee encontrou outra morena encantadora – ele estava desenvolvendo um gosto por elas – chamada Jane Mitcham, e quando o namorado veio protestar, dizendo a ele: "Alto lá, meu velho, essa é a minha namorada", ele respondeu com uma fala que usaria por toda a vida.

"Que nada, ela *era* sua namorada".

Jane tinha dezessete anos e era diferenciada. Não era uma flor trêmula. Ela também logo engravidaria. Jerry Lee disse a ela que gostaria de fazer a coisa certa, mas ainda estava casado com Dorothy, que naquele momento residia em Monroe. Jane foi para casa, em Natchez, e contou à família sobre a situação e sobre a recusa de Jerry Lee a se casar. Pouco depois, os homens da família de Jane apareceram em Ferriday com pistolas e espingardas. Jerry Lee não ligava muito para a lei do casamento, mas tampouco ligava muito para parentes ameaçadores. Ele menospreza qualquer perigo real a sua pessoa, mas há quem ainda diga, não totalmente em brincadeira, que tudo se resumiu a se o garoto queria ser bígamo ou um homem morto. Nem toda a família de Jane queria que ela se casasse; alguns só queriam Jerry Lee morto, e acredita-se que seu tio Lee Calhoun entrou em cena para negociar. O resultado foi que Jerry Lee não morreu, mas ficou com duas esposas e, como uma delas estava bem longe, em Monroe, isso foi aceitável. Ele se casou com Jane duas semanas antes de se divorciar de Dorothy. "Me dei mal ao me casar", diz. "Que nunca se diga que Jerry Lee Lewis recusou uma dama". Mas ele sabia secretamente que tinha saído ganhando. Tinha mentido na primeira certidão de casamento ao alegar ser um agricultor de vinte e um anos, e a segunda era nula por causa do casamento pré-existente. "Então, veja só, se pensarmos bem, nunca fui casado de verdade", diz ele, pelo menos até aquela altura.

Jane acreditava que estava casada, e esperava que Jerry Lee agisse como se também estivesse. No período de um ano, ele foi de pregador aspirante que agia como solteiro a um homem prestes a ser pai, com uma esposa que gritava com ele, era capaz de xingar como um homem e insistia que ele desistisse de seus sonhos e daquelas casas noturnas de Natchez e fosse arrumar um emprego. Brigavam sério e brigavam feio. "Rapaz, a Jane sabia brigar. Ela batia como um homem. Uma vez, me derrubou escada abaixo".

Mudaram-se para um apartamento com garagem na Louisiana Avenue, e os vizinhos se espantavam com a saraivada de projéteis que seguia Jerry Lee quando ele surgia, berrando, da porta do apartamento, e como os projéteis – alguns dos quais pareciam bonequinhos de Papai Noel – choviam sobre ele enquanto ele descia as escadas e voavam em arco até ele enquanto ele entrava em seu carro ou no carro de alguém que vinha lhe dar carona até o trabalho, carros que às vezes mal diminuíam a velocidade porque nunca se sabia quando algo pesado voaria do escuro.

"Ela adorava aqueles bonequinhos de Papai Noel", diz Jerry Lee, mas não tanto quanto ela o odiava naqueles momentos.

Certa vez, ele estava entrando no carro quando uma garrafa se estilhaçou sobre o para-brisa.

"Você vai se arrepender de ter feito isso", berrou ele, mas ela não se arrependeu.

"Aquela mulher era dura com um para-brisa", diz hoje.

Metade dele desejava que as coisas se acalmassem, metade desejava que não.

"Brigávamos toda noite. Por quê? Porque era algo para fazer".

Quase não tinham dinheiro. Ele ia trabalhar num Plymouth de 1940, "com seis cilindros, mas só cinco funcionavam. E bebia gasolina. Bebia muita gasolina". Dirigiu o carro até que o pistão do motor soltou, então achou outro carro, outro para-brisa para Jane atacar com um martelo ou um sapato de salto alto.

"Era como viver no *Além da Imaginação*[6]", diz ele.

Mas a tempestade se apaziguou em novembro de 1953, quando Jerry Lee Lewis Jr. nasceu. Jerry Lee o segurou e só o observou por um longo tempo, e viu seu próprio rosto. Nascera em um povo que não acreditava que uma família tinha de ser perfeita. Famílias brigavam, homens bebiam, mulheres berravam e, no meio disso tudo, bebês nasciam e eram segurados e admirados, e assim a vida seguia, até o túmulo. "Fui criado para acreditar que, se um homem não tem família, ele não tem nada". Assim, segurou o filho entre as tempestades. "Eu amava meu menino. Era a luz dos meus olhos. Então, veja você, algo bom saiu daquilo tudo".

---

6   A série de TV *Twilight Zone*.

Na tentativa de engordar e de conseguir pagamentos mais regulares, Jerry Lee dirigiu até Shreveport para um teste para o Louisiana Hayride, que fora um trampolim para Hank Williams. Fez o teste diante de Slim Whitman, que tinha um bigode fino como o de um vilão de cinema saído diretamente das matinês de sábado e um canto *yodel* tão agudo que, um dia, Hollywood usaria na paródia espacial *Marte Ataca!* como o som de uma arma capaz de derrubar espaçonaves. Jerry Lee encontrou Whitman no estúdio KWKH e gravou duas faixas – uma canção de Hank Snow, "It Don't Hurt Anymore", e "If I Ever Need You (I Need You Now)", canção gravada por Joni James. Independentemente no que acontecesse depois, ele estava vivendo um de seus sonhos, gravando com estrelas genuínas da música country observando-o do outro lado do vidro do estúdio. Elvis Presley trabalhara no Hayride, diz Jerry Lee, "então achei que teria chance". Mas ele deixou transparecer boogie-woogie demais ao tocar piano, e Slim Whitman e os engenheiros de som torceram o nariz.

"Olharam para mim como se eu fosse doido", diz Jerry Lee.

Slim se esquivou.

"Bem, só acho que não podemos usar um pianista", disse.

O pianista do Hayride era Floyd Cramer, que se tornaria um dos mais famosos instrumentistas tradicionais da música country e cuja elegante "Last Date" se tornaria um *standard* romântico.

Jerry Lee disse a ele que estaria por perto, em Ferriday, caso precisassem dele.

"Não ligue para nós. Nós ligamos para você", disse-lhe Whitman.

Na véspera de Ano Novo de 1952, Hank Williams dormia no banco traseiro de um Cadillac azul claro, atravessando a chuva e a neve do Alabama e do Tennessee, doente e fraco, a caminho de shows em Ohio e West Virginia. Ele teria mandado esses compromissos para o inferno, se não fossem grandes shows esgotados e os organizadores não o tivessem feito assinar uma caução de mil dólares. As péssimas condições climáticas impediram que seu avião decolasse, então ele contratou um estudante universitário da Alabama Polytechnic para levá-lo de Montgomery, a cerca de 960 quilômetros, por quatrocentos dólares. Estava levemente bêbado de um *pint* de uísque, vagamente enjoado e exausto; o rapaz teve de parar no caminho para que Hank tomasse injeções de vitaminas B6 e B12 misturadas com morfina. Fizeram uma parada no velho hotel Redmont, em Birmingham, para uma boa noite de descanso, mas duas fãs adoráveis de Hank impediram que ele dormisse, então ele apenas tentou mordiscar um pouco de comida e tirar um cochilo. Mas passou mal e caiu no chão. Foi levado até o Cadillac numa cadeira de rodas e agora, no grande banco traseiro, tentava descansar. Finalmente pegou no sono, enquanto os quilômetros adiante se estendiam. O show em West Virginia fora cancelado, mas o evento esgotado em Canton, Ohio, ainda estava de pé, e provavelmente daria tempo de chegar, se o clima permitisse. Nos arredores de Bristol, Tennessee, o rapaz ao volante percebeu que o cobertor de Hank escorregara um pouco dele e estendeu a mão para trás para cobri-lo. Tocou a mão de Hank, e estava gelada. Nem foi capaz de dizer à polícia onde exatamente Hank tinha morrido, como se estivessem vivendo uma das canções dele, como aquela sobre a estrada perdida[7].

Em Canton, no auditório lotado, o locutor foi até o microfone. "Nesta manhã, a caminho de Canton para fazer este show, Hank Williams morreu em seu carro". Alguns riram, pensando ser uma brincadeira, já que Hank já usara todas as desculpas para não aparecer num show, menos essa. "Isso não é uma piada, senhoras e senhores. Hank Williams está morto", disse o locutor. Pessoas começaram a chorar, e o responsável pela iluminação lançou um círculo amarelo de luz sobre o palco, no lugar onde Hank teria se posicionado. Don Helms, amigo e guitarrista de *steel guitar* de Hank, começou a tocar e a plateia cantou as letras.

> *I saw the light, I saw the light,*
> *No more darkness, no more night*[8]

Mesmo como um rapaz rústico, Jerry Lee gostava da noção do trovador, sempre gostara, a ideia de um homem que simplesmente viajava, recitando poesia e cantando. Não conhecia as origens da palavra ou a história dos compositores e poetas que floresceram na Alta Idade Média e se espalharam pela Europa até desaparecerem na época da Peste Negra. Mas sabia que significava cantor de canções e homem vagante, e Hank Williams era isso, exatamente isso, e o fato

---

7 "Lost Highway".
8 "Eu vi a luz, eu vi a luz/ Chega de escuridão, chega de noite".

dele viajar num Cadillac e ter nascido em Mount Olive, Alabama, não o tornava um trovador menor. E, se Hank era um trovador, então o jovem Jerry Lee também o era. Hank Williams tinha vinte e nove anos quando morreu, mas veja o que ele fez, veja quantas pessoas ele tocou durante essa vida, diz Jerry Lee. Ele e seu pai teriam dirigido até o Texas, até o Tennessee, até qualquer lugar para vê-lo cantar, se apenas soubessem, mas imaginaram que, por se tratar de um homem tão jovem, mesmo que trágico, haveria tempo. Agora, de súbito havia um lugar vazio no rádio mesmo quando outra pessoa tentava cantar, um lugar morto, como acontece quando se dirige por um túnel em Mobile, Alabama, ou num vale tão profundo que as ondas do rádio voam sobre sua cabeça.

> *Just a deck of cards and a jug of wine*
> *And a woman's lies make a life like mine*[9]

"Eu teria gostado de conhecê-lo", diz Jerry Lee, e talvez até tivesse mostrado a ele o que fizera com suas canções, em especial sua versão da grande e triste "You Win Again". Mais tarde, ele ganharia um disco de ouro com essa canção de Hank Williams. "Mudei um pouco a canção, mas acho que ele teria gostado", diz. Muitos anos após a morte dele, Jerry Lee colocaria uma fotografia simples, em preto-e-branco, de Hank em sua cômoda, com um laço preto na moldura, e o magro sujeito tem permanecido lá ao longo dos anos, observando-o do alto. Às vezes, gosta de pensar que o sr. Williams, de algum modo, sabe de seu grande respeito por ele, um respeito que concedeu a tão poucos, e que o sr. Williams sabe que ele ainda está aqui, levando sua música adiante, música talvez da melhor já feita. "É bom pensar nisso", diz. "Olha, não dá para fingir sentimento. Hank Williams fazia um sermão numa canção, e ninguém mais era capaz disso, ninguém mais era capaz de emocionar dessa forma. Nesse sentido, ele era como um pregador. Era capaz de te deixar contente e de te fazer chorar. Eu gostaria de tê-lo visto. Detesto o fato de não ter conseguido".

Rejeitado, recusado e com seu herói morto, Jerry Lee voltou para Black River e a trabalhar no Wagon Wheel. Ele e o músico cego tocavam noite afora, às

---

[9] "Só um baralho, uma jarra de vinho/ E as mentiras de uma mulher fazem uma vida como a minha". "Lost Highway".

vezes até o nascer do sol. Por toda a vida ele seria tido como uma criatura selvagem, adernando entre uma crise e outra, obtendo sucesso com talento visceral e sobrevivendo de impertinência, coragem e sorte, com uma dose do que as pessoas do interior chamam de "aqueles que não se importam", e Deus sabe que era bem isso, não? A vida fora dos clubes sempre fora não só um trem desgovernado, mas um trem desgovernado transportando dinamite acesa por uma curva fechadíssima. Mas por mais desesperançosa que a vida parecesse mesmo dentro dos clubes, como um perigoso beco sem saída, ele estava criando seu som, seus movimentos, seu visual e seu estilo, e mesmo quando cambaleava para fora e para o sol nascente, sabia que um dia as pessoas comprariam seus discos, ao invés de cobrá-lo três dólares para gravar um, como os homens dos estúdios de Memphis faziam com outros sonhadores. Os Lewis não deixavam nada passar sobre eles, e certamente nada como a fatalidade ou o destino ou qualquer outra dessas coisas que soavam maricas, não a guerra ianque que levou seu passado dourado ou os agentes federais que prenderam os homens da família bem no coração escuro da Grande Depressão, quando o que tentavam fazer era ganhar um pouco de dinheiro vendendo bebida alcoólica. "Nunca desisti da esperança, nunca. Não fui criado assim", diz ele, com a cabeça erguida. Como essa história poderia começar de forma brilhante, com falas sobre milagres e prodígios, e terminar perdida, de alguma forma, no borrão de uísque e anfetaminas numa espelunca na Highway 61?

Disse à mãe que era só uma questão de tempo e que, quando fizesse sucesso, compraria uma casa nova para ela, com água encanada quente e fria e uma televisão, e uma fazenda para Elmo, e Cadillacs e Lincolns para ambos, até que não tivesse mais espaço para estacioná-los no quintal, e ela nunca mais precisaria se preocupar com dinheiro de novo, como fazia quase todo dia. Era a música ou nada o que faria isso. "Vou gostar dessa viagem. Não faz sentido ir, se você não gostar da viagem", disse a si mesmo. Ele já vira o que a vida fazia com homens que não desfrutavam da viagem. Ele os vira, engomados e aprumados por fora, mas mortos por dentro, como um pé de milho velho ou uma plantação de cana de açúcar queimada. "Não sou muito bom em ser cuidadoso", diz. "Nem sei o que isso quer dizer. Quando eu era menino, papai dizia: 'Cuidado, filho', e eu dizia: 'Bom, vou tentar'".

Hoje, é difícil extrair dele um reconhecimento de fraqueza, ou mesmo de desapontamento; cada revés arrasador foi uma unha encravada, uma rasteira, nada mais que isso. "Não sei desistir", diz ele, num rosnado grave. Se o Louisiana Hayride não o queria, se os organizadores do programa eram tão pouco visionários, ele ia tentar alcançar ainda mais adiante e mais alto. Se ele era moderno demais para Slim Whitman, então iria ao topo da montanha. Juntou algum dinheiro para viajar e foi para Nashville.

Nos anos 1950, a chamada Music City já era o Santo Graal da música country há uma década ou mais, um lugar onde inúmeros garotos e garotas do interior viram seus sonhos de estrelato se partirem do lado de fora dos frios tijolos avermelhados do Ryman Auditorium, desde 1943 lar da mais alardeada atração da música country da cidade de Nashville e, portanto, do mundo todo. O Grand Ole Opry começou em 1925 na estação de rádio WSM, com o nome de WSM Barn Dance, majoritariamente um veículo para músicos *hillbilly*, dançarinos country, rabequistas da velha guarda e uma espécie de humor *vaudeville* pastelão e caipira. Trazia atrações musicais sofisticadas como os Gully Jumpers, Fruit Jar Drinkers, Binkley Brothers' Dixie Clodhoppers, Possum Hunters, e um homem azedo, com expressão de falcão, de chapéu Stetson branco e terno, chamado Bill Monroe, e gente de toda parte adorava o programa. Nos anos seguintes, Monroe, Roy Acuff, Webb Pierce, Faron Young e, mais tarde, Patsy Cline, se tornariam astros ali. Minnie Pearl, com a etiqueta pendurada em seu chapéu ridículo, entrava no palco com um grito estridente de "How*deeee*!". Ela contava uma história milhares de vezes, sobre gente que pegava uma ferradura ainda quente e soltava rapidamente e, quando perguntavam se estava quente, respondia: "Não... só não demoro muito pra olhar numa ferradura". Grandpa Jones tocava banjo de galochas. Os cantores apresentados usavam botas de caubói feitas à mão, grandes chapéus e ternos brilhantes decorados com cactos e rodas de carroça de imitação de diamantes.

Alguns deles agiam como realeza, porque o eram: quando se tocava no Ryman, isso significava ser *alguém* na música country, e os organizadores tratavam o programa como um clube restrito. Você não era contratado para tocar no Opry; tornava-se membro, contanto que se comportasse. Eram altivos e poderosos o bastante para mandar embora até mesmo Hank Williams, por bebedeira, e quando Elvis Presley fez um teste para eles alguns anos depois, a direção do Opry lhe disse para voltar para Memphis e tentar conseguir seu antigo emprego de caminhoneiro de volta.

Jerry Lee não tinha convite, nem mesmo passagem, a menos que coragem conte. Andou pelas ruas da cidade, sentou-se diante de cada piano vazio que encontrou, e enfim conseguiu um jeito de chegar aos bastidores do Ryman, mas passou despercebido pelos homens de chapéus grandes, e os diamantes falsos machucavam sua vista. "Nunca gostei daquelas imitações de diamante", diz. Os homens altos e magros "pareciam que estavam lá há cem anos, e talvez estivessem. Ficavam me dizendo que eu tinha de tocar violão. Dizia: 'Ei, garoto, você poderia se tornar alguém se aprendesse a tocar violão'. Eu disse: 'Eu *sei* tocar violão, mas sou um homem do piano'".

"Tentei de verdade baixar o tom um pouco", diz, mas, no fim das contas, era impossível. "Simplesmente há alma no piano", e isso tinha de aparecer. Por fim, ele soube que não haveria lugar para ele numa atração onde Ernest Tubb fazia "Walkin' the Floor Over You" e só ganhava aplausos educados.

"No Opry, Elvis nem ganhou aplauso algum. Ele não estava pronto".

Jerry Lee fez um teste na RCA, pensando que talvez os homens da gravadora teriam uma cabeça mais aberta.

"Filho, você precisa tocar violão", disseram-lhe.

Ele estava até começando a detestar a palavra, o jeito como a pronunciavam: "*git*-tar"[10].

Arrumou emprego numa casa noturna no centro de Nashville, de propriedade de Roy Hall, ele mesmo um pianista. Na casa de Hall, Jerry Lee tocava para alguns dos grandes do Opry, que iam até lá para relaxar – gente como Webb Pierce, Red Foley e outros –, mas nenhum deles ia até ele ou se oferecia para ajudá-lo de algum modo. Às vezes tocava até o nascer do sol, até as pessoas estarem bêbadas demais para se levantar.

"Roy Acuff foi até o palco uma noite e me disse: 'Filho, não sei quem você é, nem quando, nem como, mas um dia você será um grande astro'. E eu disse: 'Bom, aqui estou eu, totalmente aberto a isso... mas decerto podia contar com uma ajudinha'. Mas ele só seguiu reto. Mais tarde, ele e outros diriam que isso não aconteceu, mas aconteceu, sim. Disseram que eles tinham certeza de não se lembrarem de mim, mas lembravam".

A única figura carimbada do Opry que foi legal com ele foi justamente

---

10 Do inglês *guitar*.

uma pianista, Del Wood, natural de Nashville – seu nome verdadeiro era Adelaide Hazelwood, mas era um nome grande demais para a maioria das pessoas pronunciarem –, que tinha um sucesso em ambas as paradas de country e pop com uma música instrumental chamada "Down Yonder", que vendeu mais de um milhão de cópias. Ela também tocava com um estilo visceral e martelado, quase sensual, e viu uma espécie de afinidade com o jovem rapaz da Louisiana. Fez seu melhor para ajudá-lo, apresentou-o a alguns dos astros, disse a eles que ele tocava bem, mas mesmo assim ninguém estava disposto a dar uma chance ao garoto. "Ela foi a única a ser bondosa comigo. Era uma boa dama, e eu nunca esqueci disso – e que pianista", diz ele hoje. Ele então jurou que, se um dia chegasse ao sucesso, tentaria retribuir a ela de algum modo.

"Nashville é *boa* no country", diz, pensando naqueles dias e tentando ser bondoso, "e minha música ia para os dois lados. Mas a diferença era como noite e dia". No fim das contas, ele veio a enxergar aqueles ternos com imitações de diamante como cascas duras e vazias, sem vida real dentro delas. Ganhava dez dólares por noite no bar de Hall, e logo que juntou o suficiente para comprar um carro, comprou um Ford 1939 e partiu em direção à Paróquia de Concordia. "Naaaaaah, nunca gostei muito de lá", diz hoje sobre Nashville. "Fiz alguns bons discos de country. Alguns dos quais me orgulho bastante. Mas eles são do tipo de música que Hank Williams teria feito, ou Jimmie Rodgers. Jimmie Rodgers era um homem sem frescura... Hank Williams era um homem de verdade". Eram de carne e osso, imperfeitos e humanos, e isso era o que os tornava grandes, tanto quanto suas letras e melodias, Jerry Lee acredita. Mas Nashville estava vendendo um mito daquilo que o country era para americanos médios corretos e bem comportados.

Quando chegou em casa, num clima obscuro, buscou alguns versos na memória e escreveu uma rara composição própria.

> *The way is dark*
> *The night is long*
> *I don't care if I never get home*
> *I'm waitin' at the end of the road* [11]

---

[11] "O caminho é escuro/ A noite é longa/ Não me importo se nunca chegar em casa/ Estou esperando no fim da estrada". "End of the Road".

No outono de 1955, quando estava prestes a completar vinte anos, ainda tocava de cinco a seis noites por semana em clubes, sustentando uma família com notas amassadas de um dólar e algumas de cinco e dez. Porém, hoje ele jura que mesmo assim sabia. "Eu sabia que seria o maior sucesso... Só precisava de uma *canção*".

No rádio, ouvia aquilo que uma canção perfeita era capaz de fazer com a vida de um músico, como ela podia levantar um homem do próprio pó.

"Acho que foi mais ou menos nessa época. Fui buscar papai no trabalho... Ele estava trabalhando na Ferriday High School. Começou a tocar uma música no rádio, 'Blue Moon of Kentucky'. Elvis. Eu disse: 'O que você acha disso, pai? Parece que alguém conseguiu abrir a porta'. E papai disse: 'Bem, espero que eles a fechem rapidinho'. Papai não gostou muito".

Mas o filho ouviu a promessa na canção, a promessa em Elvis e, talvez, até nele próprio.

Ouviu essa promessa em outro lugar, também naquele ano: em Fats Domino, o grande pianista de New Orleans, no magnífico Little Richard e nos primeiros versos da canção que levou Charles Edward Anderson Berry de shows em clubes à crista da onda do estrelato do rock and roll, ao número 1 da parada de rhythm and blues da *Billboard* em 1955: "*Oh, Maybellene, why can't you be true...?*". Em Berry, assim como em outros artistas que ele estudava então, ouvia o que ele mesmo podia ser, "ouvia no rádio e sabia que eu podia *superar aquilo*".

Mas Chuck, Fats, Richard – e até aquele garoto novo, Elvis – tinham o que ele precisava.

"Um *sucesso*".

"Eu estava atrasado naquela noite".

As coisas em casa não estavam boas, nunca tinham estado, na verdade. Jane ainda atirava Papais Noéis nele noite sim, noite não. Tinha um braço melhor do que a maioria das pessoas imaginaria e um estoque aparentemente interminável – ele não sabia que havia tantos bonequinhos de Papai Noel assim no mundo – e eles doíam um bocado se o acertassem em cheio. Ela também tinha uma tendência de atacá-lo com um sapato de salto alto, mas era incapaz de mantê-lo longe dos clubes, não importava a arma que empregasse. Entrou no estacionamento do santuário que era o Wagon Wheel bem quando uma série de estalos e gorjeios transbordava do bar. Os rapazes da banda estavam voltando de uma pausa, buscando um acorde ou afinando. *Deve ser uma música nova*, pensou Jerry Lee.

A nova música tinha agora um nome. Estava fumegando pelas ondas do rádio em Memphis e até mesmo ali em Natchez, como fogo saltitando de árvore em árvore numa planície de pinheiros. Os negros a vinham tocando por anos, é claro, mas a verdade dura e irrefutável era que foi preciso um toque *hillbilly* para torná-la mais digerível para a maior parte do público branco, como uma boa dose de menta num copo de bebida alcoólica caseira. No Sul Profundo, esse era, ainda, um jeito de ludibriar as crianças para fazê-las beber xarope para tosse, e era possível enganar o mundo todo de forma igualmente fácil e dar a ele o rock and roll. Foi por volta dessa época que Jerry Lee e Paul Whitehead se uniram numa nova banda com Johnny Littlejohn, um rapaz esbelto e esperto que tocava contrabaixo e trabalhava durante o dia como disc jockey na WNAT. Diziam que era melhor disc jockey do que cantor, mas ele comprava suas roupas na Lansky's, em Memphis, a mesma loja onde Elvis comprava, e usava sapatos de dois tons, preto e branco. As garotas adoravam a maneira como ele se vestia e se portava, e Jerry Lee estudou isso também. Enquanto tocava o contrabaixo, girava o instrumento num arco rítmico, e agia como se fosse alguém de importância. "Johnny Littlejohn era um homem bonito, alto e usava o cabelo bem penteado para trás. Tinha algo nele. Eu tinha um pouquinho de inveja dele. Tinha ainda uma boa esposa", diz Jerry Lee.

Ainda estava à procura daquele elemento final. O outro rapaz, o de Tupelo, encontrara o seu, e agora vivia nas ondas do rádio. Jerry Lee ia trabalhar num Ford 1951, com uma mão no *dial*, girando e girando, procurando por Chuck Berry, por Little Richard indo à loucura, pelo Platters, por Fats Domino, e encontrava aquele garoto, Elvis, passando para o lado de lá, também nas rádios negras. Os conselhos de cidadãos brancos estremeciam e chiavam, condenando isso tudo como miscigenação, mas, nos clubes de Natchez, isso não era revolução alguma; o público lá vinha curtindo música negra junto a canções de caubói desde antes da Guerra da Coreia. Mesmo debaixo de lençóis brancos – a Ku Klux Klan tinha grande presença por ali de ambos os lados do rio Mississippi – seria possível pegar algum branco caipira marcando o ritmo com os pés.

"Passei pela porta bem na hora em que eles começaram", diz Jerry Lee.

Paul Whitehead estava tocando o piano vertical eletrificado como se estivesse batendo num sino, numa música que era tão sutil quanto a mordida de um cachorro.

"Rapaz, gostei desse *lick*. *E como*", Jerry Lee disse para si mesmo.

E então Johnny Littlejohn entrou.

> *Come on over, baby*
> *Whole lotta shakin' goin' on*[12]

E, num piscar de olhos, ele soube.

"É essa a minha canção".

> *Yeah, I said come on over, baby*
> *Baby, you can't go wrong*
> *We ain't fakin'*
> *Whole lotta shakin' goin' on*[13]

"Preciso conseguir essa música".

> *I said come on over baby*
> *We got chicken in the barn*
> *Come on over, baby*
> *We got the bull by the horns*[14]

Littlejohn estava cantando com o coração na boca, pois se essa música não fosse cantada de forma violenta e selvagem, soaria boba, como um homem careta tentando parecer durão num bar de caubóis. A canção – composta num pesqueiro no lago Okeechobee, dizem, em meio a uma bebedeira e a extração de veneno de cascavéis – pedia isso. Era uma música sem um pingo de bom mocismo.

---

12 "Chega mais, gata/ Muito balanço rolando".
13 "É, eu disse, chega mais, gata/ Não tem erro/ Não estamos fingindo/ Muito balanço rolando".
14 "Eu disse, chega mais, gata/ Temos galinhas no celeiro/ Chega mais, gata/ Pegamos o touro pelos chifres".

> *Yeah, we ain't fakin' it*
> *Whole lotta shakin' goin' on*[15]

A origem da música é, na melhor das hipóteses, obscura. Roy Hall, o músico e dono de bar de Nashville que empregou Jerry Lee brevemente, diria mais tarde que foi coautor da música com um músico negro chamado Dave "Curlee" Williams, quando estavam nos pântanos da Flórida extraindo veneno de cobras e bebendo pesadamente, duas coisas que não se misturam muito bem. Mas Williams diz que compôs a música sozinho, levando a crer que Hall talvez tenha comprado parte da autoria da canção, como era de costume na época.

Hall gravou a música para a Decca – e o disco indica apenas Williams como compositor –, mas ela nunca se tornou um sucesso na voz dele, nem na de Big Maybelle, que gravou a primeira versão, com Quincy Jones liderando a banda, nem na de ninguém mais que tentou. Mas créditos à parte, a música parece ter nascido num estado lamentavelmente feliz, algo que não era nem blues, nem *hillbilly*, mas com todos os elementos básicos de ambos os estilos, não tão obscena quanto algumas canções sujas, mas talvez obscena o bastante para entusiasmar o público e ainda, se os pastores não estivessem ouvindo com muita atenção, tocar no rádio, cambaleando em algum lugar entre entretenimento formidável e trilha bem lubrificada direto para o inferno.

Jerry Lee ainda não sabia de nada disso e, se soubesse, não teria dado a mínima. Já a estava cantando na cabeça, com os dedos movendo-se no ar. Seu olhar estava fixo no palco, mas dos cantos dos olhos conseguia ver as mulheres começando a gingar e dançar, mesmo as que estavam sentadas. "Elas nem sabiam pelo que estavam batendo os pés", diz ele. E então Littlejohn mandou a parte que parecia tirada diretamente de uma tenda de um circo burlesco, dos clubes de *strip tease* no centro de Atlanta, das promessas quebradas nos drinques diluídos, mínimo de duas doses, dos salões dos fundos na Bourbon Street.

> *Well, I said shake, baby, shake*

"Era feita para mim", diz Jerry Lee. "Foi *composta* para mim".

---

15 "É, não estamos fingindo/ Muito balanço rolando".

I said shake, baby, shake now[16]

Ele não precisou anotar a letra. Os versos que esquecia, substituía por outros que simplesmente inventava. Não era exatamente poesia. Mas o ritmo, a sensação, o penetrou até os ossos.

"Ficou gravada na minha mente ali mesmo, na hora".

I said shake it, baby, shake it

"Não, melhor, queimada".

We ain't fakin'
Whole lot of shakin' goin' on

Terminava num rugido.
Ele foi até o palco, como um menino com um gibi roubado escondido nas calças.
"Você tá um pouco atrasado, não?", disse Littlejohn, quando Jerry Lee se aproximou do palco.
"Não", disse Jerry Lee. "Cheguei bem na hora".

"E levei a música para casa comigo".
A canção tocava em seu travesseiro e zunia em seu ouvido.
Na noite seguinte, pediu – pediu não, insistiu – que Littlejohn o deixasse cantar. Sabia cada palavra e cada gesto feito pelo cantor.
"Fiz exatamente igual a Johnny. Talvez eu devesse me sentir culpado por isso".
O sr. Paul passou para o acordeom, sem ego envolvido, só estava trocando de equipamento.

Come on over, baby[17]

Porém, não era a mesma coisa. Jerry Lee reescreveu a letra na cabeça en-

---

16 "Bem, eu disse, balança, gata, balança/ Eu disse, balança, gata, balança já".
17 "Chega mais, gata".

quanto ia tocando e sentiu vontade de gritá-la, e *estava* gritando antes do final da música, até que ela não fosse mais de Curlee Williams, nem de Roy Hall, nem de Johnny Littlejohn, mas sua, e só sua. Era mais potente, mais visceral e mais perigosa. Havia um prazer nu e cru nela à medida que ele martelava o piano com força desde os primeiros *licks*, martelava com tudo, e a plateia notou.

Mas é claro que Jerry Lee reparou principalmente nas mulheres, dançando sentadas nas mesas e girando no bar. "Olhavam para mim de um jeito diferente, e eu olhava para elas de um jeito diferente, como eu nunca tinha olhado antes", diz. Arrastaram-se até a frágil grade na frente do palco e se soltavam e se contorciam e "como dançavam, rapaz", mexiam tudo menos os olhos. Ele realmente não consegue explicar, mesmo hoje, mas havia algo diferente nelas. "Estavam mais bonitas".

Nem todas devolviam os olhares exatamente da mesma forma – isso só acontece nos filmes, nas histórias em quadrinhos e talvez em alguns sonhos muitos bons –, mas aquelas que se amontoaram diante do pequeno palco, bem perto daquela serpentina mortal de cabos, devolveram. Deixaram seus homens sozinhos e de mãos abanando, e, com olhares penetrantes, ofereceram tudo a Jerry Lee. "Puxavam os vestidos com as mãos e os balançavam", como se quisessem fazer mais, como se precisassem fazer mais, ali mesmo. "E eu soube que estava fazendo algo de diferente", diz hoje.

Era uma canção dançante, e as mulheres que não lotaram a beirada do palco arrastaram seus homens para a pista – marceneiros, operários e vendedores de seguros, homens que pensavam que dança era *Texas two-step* ou *sock hop* ou uma vaga memória de uma vovó fazendo *Virginia reel*. Agora eles seguravam os quadris da parceira com ambas as mãos e, se tivessem um mínimo de bom senso, teriam percebido que aquele garoto loiro estava fazendo um favor a eles.

Da forma como esses rapazes tocavam, a canção tinha até uma pequena parte falada no meio, um momento em que o cantor podia encorajar os dançarinos; era o tipo de coisa que os pianistas faziam desde que Pine Top Smith fez a primeira gravação de boogie-woogie, em 1928. Mas nas mãos de Jerry Lee isso se tornara algo completamente diferente.

"Johnny Littlejohn fazia um pouco da parte falada, e foi daí que parti. Mas a refiz. Reescrevi tudo", de cabeça.

"Agora, com calma", disse aos rapazes, baixando a mão.

> *Shake it! Ahhhhhhh, shake it, babe!*
> *Yeah, shake it one time for me*[18]

"Vi minha tia Eva lá, dançando com um rapaz, então sabia que ela estava curtindo *bem*".

> *Now let's get real low one time*
> *Shake, baby, shake*
> *Shake, baby, shake*[19]

Então levantou uma mão bem alto, de forma que ele e a plateia pudessem ver.

> *All you got to do is stand in one spot*[20]

Apontou um dedo e girou-o no ar.

> *And wiggle it around just a little bit*
> *That's when you got something*[21]

As jovens berraram.
Ele já as ouvira berrar durante um blues visceral e sujo, mas não daquele jeito.
Alguns dos namorados e maridos começaram a parecer bravos.
Disso ele também gostou.
"Foi maravilhoso".

> *Now let's go one time...*[22]

---

18   "Balance! Ahhhhhhh, balance, gata! É, balance uma vez pra mim".
19   "Agora vamos chegar bem baixo, uma vez/ Balance, gata, balance".
20   "Tudo o que você tem que fazer é ficar parada num ponto".
21   "E chacoalhar só um pouquinho/ É aí que você tem alguma coisa".
22   "Agora vamos nessa mais uma vez".

O sr. Paul espremeu o acordeom, e ele soube.
Era o começo e o fim de tudo.

Jerry Lee deixou os clubes de Natchez pouco tempo depois daquela noite. Ele não pegou a música e decolou nela como num foguete logo de cara, embora isso tivesse potencial para um ótimo filme ou uma ótima mentira. Ao invés disso, guardou-a em seu vasto catálogo de canções, à maneira como um jogador esconde um valete ou uma rainha na manga para puxá-los quando necessário, quando for a hora certa, ou quando só lhe restarem os últimos resquícios de sorte. Mas conseguia sentir que já tinha a peça que faltava. "Eu sabia exatamente o que seria", diz, cinquenta e sete anos após aquela noite. "Sabia que estava rumo à lua", e um dia andaria com ela sobre as estrelas. Pode parecer ficção, mas ele sabia que aquela era uma daquelas canções que duram para sempre, sabia que, daqui a cem anos, alguém iria pescá-la de um sinal sem fio ou de um raio de luar, gritar "*Shake it, baby, shake it*", e dançar só de meias.
"Dizem que as ondas do rádio quicam por aí. Bem, eu calculo que sim".
Alegra a ele, como um homem de idade, pensar na canção dessa forma, imaginá-la pelo espaço, fazendo *loopings* pelo universo entre as estrelas, sem nunca parar.
E o deixa um pouco triste.
A canção é eterna.

O sr. Paul tocou nos clubes durante anos. Viveu o bastante para ver a música country se tornar tão banal e plastificada que não era mais capaz de senti-la de coração. Viu o blues sair de moda e ser substituído nas ondas do rádio por algo chamado disco music, e então deslizar mais adiante, mais a fundo, numa espécie de postura vazia conhecida como hip-hop, que não se parecia em nada com o que um homem adulto faria. Os poucos homens idosos que se lembram dele recordam-se de um músico genuíno, numa época grandiosa e gloriosa. Às vezes, as pessoas deixam este mundo no momento exato em que precisam deixá-lo.
O som do sr. Paul morreu com ele, em grande parte. O Wagon Wheel fechou e foi tomado pelo mato. O músico cego nunca gravou seu próprio disco comercialmente viável, até onde se sabe. Mas, se você procurar, o fantasma de seu

piano ainda está por aí. Depois que Jerry Lee partiu para o Sun Studio, o antigo companheiro de banda do sr. Paul, o guitarrista Gray Montgomery, tentou vender a Sam Phillips uma música chamada "Right Now". Era uma pequena canção suingada, conduzida pela guitarra, com bastante rockabilly e contava com um solo de piano formidável de Paul Whitehead. Phillips disse que gostou da música, mas quis substituir o piano por um saxofone. O saxofone estava se tornando muito popular na música *redneck*. Além disso, ele já tinha fechado com o pianista mais sensacional e loucamente selvagem em todo o universo, talvez o mais selvagem e louco que já existiu, e precisava de mais um disco de piano tanto quanto precisava de um anão de jardim. Montgomery, relutante em fazer a mudança, foi embora e levou a canção para uma gravadora pequena. A música conseguiu espaço e execuções em jukeboxes em Natchez e arredores, mas foi sumindo até quase desaparecer, como é o destino de algumas canções, mesmo boas. Mas se você procurar por ela numa busca relâmpago na internet, num pequeno selo chamado Beagle Records, ainda pode encontrá-la e a Paul Whitehead, com seu solo de piano ressoando de forma tão formidável, muito mais do que pode ser descrito em tinta preta sobre uma página branca. O solo dura apenas alguns segundos, mas também será eterno.

5

SUN

Highway 61
1956

O asfalto se estendia reto como uma seringa ao longo de um grande e plano nada amarronzado, perfurando o coração do delta do Mississippi por 520 quilômetros, onde sonhos e ambições fracassadas se empilhavam feito ossos velhos nas valas à beira da estrada. O que esperava na outra ponta da Highway 61, para além da encruzilhada onde Robert Johnson fechou seu acordo com o diabo e de um enorme cemitério de barganhas menores, era a solução pela qual Jerry Lee procurava. Mas ele sabia, no fundo, que suas chances estavam se esgotando. No meio de uma plantação de milho próxima da casa de seus pais, na Louisiana, observou o pai trabalhar, mover-se como uma máquina por fileiras de pés mortos e soube que não queria viajar sozinho até Memphis por aquela estrada assombrada.

Hoje, ele reconhece que foi um dos poucos momentos na vida em que se sentiu dessa forma. "Queria papai comigo. Eu não iria para Memphis sozinho. Aquela estrada, rapaz, pegou muita gente, pegou muitos de nós... Eu não só queria papai comigo, eu *insistia*", diz.

Porém, foi preciso um pouco de trabalho. "Colhi milho com papai. Ele percorria quatro fileiras para cada duas minhas", recorda-se. Era milho com casca, no final da estação, com as cascas duras nos pés. Seria alimento para gado e porcos, moído para refeições ou embebido em lixívia para amolecer a casca para o preparo de canjica. As cascas estavam secas feito papel e farfalhantes, e a seda, frágil como a barba de um homem morto. O pó nas cascas e nos pés sufocava quando flutuava à luz do sol. O coração de Jerry Lee estava na colheita de milho não mais do que na de algodão ou no serviço de pedreiro, mas ele tinha um favor a pedir ao pai e era difícil chegar ao velho quando ele estivesse só sentado na sombra, além do mais, é ofensivo, de uma maneira difícil de explicar, para um sulista assistir outro trabalhar.

Ao encontrar Elmo vindo na direção oposta em meio à plantação, disse-lhe: "Pai, li numa revista sobre um homem em Memphis chamado Sam Phillips. A revista dizia como ele ajudou Elvis a se tornar um astro".

"Aham", disse o pai, e continuou colhendo.

"Quero ir para Memphis. Quero mostrar pra eles do que eu sou capaz".

O pai ajeitou a postura.

"Bem, não lhe culpo, filho. Eu também quereria".

Mas Elmo estava entre empregos em construções e haveria contas a pagar, e seria preciso de um tanque inteiro de gasolina só para chegar a Memphis, além do dinheiro para um hotel. Nenhum dos dois sabia o quanto ia demorar até conseguirem convencer os homens do dinheiro em Memphis a ouvi-los, ou mesmo se os deixariam entrar. Porém, para Elmo, dizer não seria como ver seu próprio sonho secar no pé pela segunda vez.

"Preciso me encontrar com esse homem. Quero ver se ele pode fazer por mim o que fez por Elvis. Quero ver se ele pode me tornar um astro", disse Jerry Lee.

Em Shreveport, mostraram-lhe a porta da rua, e em Nashville ele foi ignorado por homens que pensavam em música como um produto a ser prensado e rotulado, como peças automotivas. Precisava de alguém que arriscasse, de um rebelde, e acreditava – pelo menos na época – que Sam Phillips, da Sun Records, era esse alguém. Poderia ter ido sozinho para o teste na Sun, poderia ter vivido à base de bolachas de água e sal e feijão com carne de porco e dormido no carro, mas sabia que essa era sua melhor e talvez única chance de tocar e cantar para pessoas que sabiam o que era arriscar, que já tinham dado um salto largo ao desconhecido com o rapaz de Tupelo e achado ouro.

Elmo parou em meio ao pó que subia e pensou. Observados à distância, pareceria que os dois homens ali no campo estavam rezando, com as cabeças baixas. Depois de algum tempo, chegaram a uma conclusão.

"Fomos para o galinheiro, recolhemos os ovos e os guardamos, dia após dia; demorou um pouco, mas por fim recolhemos trinta e nove dúzias. Levamos os ovos para a cidade e vendemos para o Nelson's Supermarket. Pegamos o dinheiro e partimos para Memphis num Ford 1956".

Jerry Lee girava o *dial* enquanto viajavam, procurando por ouro. Ao adentrarem o norte do Mississippi, encontrou a WHBQ, de Memphis, e um jovem chamado Dewey Phillips, que soava ligadão de anfetaminas, e decerto o estava, uma espécie de *hipster* caipira que não se importava com a cor da música, desde que fosse das boas. Tocava Hank Williams lado a lado com Muddy Waters, e Hank Snow seguido de Elmore James. Tocava Sister Rosetta Tharpe, com sua guitarra branca e balançando os quadris, cantando sobre como "há coisas estranhas acontecendo todo dia[1]". Então Wynonie Harris fazia "Good Rockin' Tonight", os Soul Stirrers cantavam "Jesus Gave Me Water" e Piano Red berrava: "Se você não sabe agitar, vou lhe mostrar como". E é claro que ele tocava Elvis, que costurava tudo isso, cuja música estava tão além da categorização que Dewey teve de perguntar a ele qual escola frequentou, para que todos na segregada Memphis sacassem que ele era um garoto branco que só cantava música negra. Dewey era patrocinado pela cerveja Champagne Velvet – "Sim, senhor, CV para você e CV para mim" – e tagarelava loucamente, mesmo no meio das músicas, sobre coisas como uma carta da sua avó, berrando: "Alguém aí quer comprar uma *mula*?". Exortava os músicos nos discos a tocar mais rápido e mais quente, como se estivessem ali no estúdio com ele, e gritava para pianistas invisíveis: "Ahhhhhh, senta nesse piano, rapaz. Se não dá pra sentar, toque". Só se era alguém na música de Memphis depois de Dewey Phillips tocar seus discos no rádio, e enquanto Jerry Lee e Elmo se aproximavam das luzes da cidade, ele os recebia, montando freneticamente uma colcha de retalhos de blues, country e gospel para um público que passara a rejeitar música enfadonha e insossa, à maneira como as pessoas de New Orleans não comeriam comida ruim.

Jerry Lee observou a cidade pela janela do carro e sentiu-se como um pássaro num fio de alta tensão, sentiu-se como seu velho eu. Dali podia voar para qualquer lugar. "E sabia que não tínhamos vendido aquelas trinta e nove dúzias para nada".

"Conseguimos um hotel bem perto do Sun Studio", diz. "O hotel tinha uma pia com água corrente. Era a primeira vez que estávamos num lugar como aquele". Ficaram um minuto só olhando para a pia.

---

[1] *"There's strange things happenin' every day"*.

JERRY LEE LEWIS: SUA PRÓPRIA HISTÓRIA

Antes de abrir sua própria gravadora, Sam Phillips gravou as vozes de homens e mulheres sulistas, em momentos de êxtase e de agonia, por quase uma década. Gravou big bands, mas também cerimônias religiosas e funerais, milhares de longas despedidas: se você quisesse seu luto preservado, ele instalava um microfone bem no eucalipto da igreja presbiteriana Idlewild e captava cada suspiro. Faria o mesmo num grande casamento nos Chickasaw Gardens, numa posse política ou num discurso numa organização de caridade, qualquer coisa que envolvesse sons. Tudo fazia parte de seu Memphis Recording Service, negócio situado à Union Avenue, número 706, grudado a uma estofaria.

Dizia para quem quisesse ouvir que seu verdadeiro chamado era gravar música – em especial a voz de cantores de blues da região do delta do Mississippi, artistas azeitados, como John Estes e Howlin' Wolf, e mais jovens, como Junior Parker, Ike Turner, e outros que viriam a ter algum valor no blues. Em 1952, depois que algumas gravações que ele realizou para outras companhias se tornaram grandes sucessos regionalmente, lançou seu próprio selo. Batizou-o de Sun Records, acendeu a grande placa de neon sobre a janela e fez o mundo saber que estava aberto para negócio. Usava bons ternos escuros e boas gravatas com um prendedor de ouro e tinha cabelos escuros espessos e vastos e bons dentes – um homem de aparência respeitável, do tipo que era capaz de lhe vender os sapatos que você calçava quando entrou na loja e você ainda sairia grato. Mas seu amor pela música era uma paixão real e completa, e o tipo de música de que ele mais gostava ainda nem existia de verdade, pelo menos não exatamente da maneira como ele sonhava.

Sam Phillips fez-se sozinho. Assim como muitos dos músicos que ele gravaria, sua família trabalhava na terra – neste caso, agricultores arrendatários na região de Florence, Alabama. Era um homem branco que amava a música negra, e foi assim desde que colhia algodão ao lado dos pais e ouvia a música nos campos. Queria ser um advogado criminal casca grossa, mas a morte de seu pai durante a Grande Depressão deixou a família em dificuldades financeiras, então foi trabalhar numa mercearia, depois numa funerária e, por fim, como disc jockey na WLAY, em Muscle Shoals, tocando discos brancos e negros, assim como Dewey Phillips, que não era seu parente, mas um espírito irmão. Posteriormente, chegou a Memphis para trabalhar na WREC, transmitindo shows do elegante hotel Peabody, onde big bands tocavam música dançante para algumas das pessoas mais ricas do Sul. Sam teve contato com todo tipo de música – swing, gospel, *hillbilly* –, mas havia algo no blues, rapaz, que o animava de forma singular. Ele dizia que o blues era sobre como a vida era dura, mas também sobre por que as pessoas se importavam em seguir em frente, e isso o tornava a música perfeita. Dizia que se um dia encontrasse um cantor branco com alma negra conquistaria o mundo, ou ficaria rico tentando. O que ele esperava era o rock and roll.

A Sun Records se tornaria um portal para isso, construído na pedra fundamental do blues. As pessoas do rock and roll sempre falam e falam sobre o nascimento disso e daquilo, mas se você entrasse no pequeno estúdio na Union Avenue em 3 de março de 1951, ouviria a história sendo registrada, ouviria o que muitos estudiosos da história da música consideram o primeiro disco de rock and roll a ser prensado.

> *You women have heard of jalopies, heard the noise they make*
> *But let me introduce my new Rocket 88*[2]

Uma canção de amor para um Oldsmobile, foi creditada a Jackie Brenston and His Delta Cats, mas tal banda não existia de verdade; era só um nome que Sam colocou no selo, na esperança de que colasse. Brenston era saxofonista nos Kings of Rhythm de Ike Turner, que vinham tocando a música numa casa noturna em Clarksdale, Mississippi. Turner, Brenston e os Kings of Rhythm dirigiram-se à Sun Records para gravar a canção, dotando-a de um ritmo rolante, com uma batida firme e um riff de guitarra único e carregado de fuzz, um dos primeiros sons de guitarra distorcida registrados. O amplificador de guitarra da banda estava quebrado – um dos membros disse que o equipamento caiu de cima do carro e se espatifou na Highway 61, na vinda de Clarksdale –, então a caixa foi estufada com jornal amassado para manter o cone do alto-falante no lugar, o que tornou o som distorcido. "Deixe assim", disse Sam Phillips, quando alguém perguntou se deveriam tentar regravar. Ele sempre dizia que o que fazia a música funcionar era a espontaneidade: o que acontecia naquele momento imperfeito e único, *aquilo* era a coisa perfeita.

---

[2] "Vocês, mulheres, já ouviram falar nos calhambeques, ouviram o barulho que eles fazem/ Mas deixem-me apresentar meu novo Rocket 88". "Rocket 88".

Phillips gravaria Brenston, Little Milton, Rufus Thomas, Roscoe Gordon e muitos outros, alguns famosos e alguns de quem nunca mais se ouviria falar na face da Terra. Quando Chicago e outras cidades ao norte começaram a sugar os artistas e os negócios do Sul, verdadeiro berço do blues, Phillips gravou um pouco mais de música *hillbilly*, incluindo os belamente batizados Ripley Cotton Choppers[3]. Porém, enfim encontrou o que estava procurando, não num lugar solitário no meio do mato, mas num conjunto habitacional de Memphis, num garoto que tirava nota "c" em música na Humes High School e simplesmente entrou na Sun Records certo dia e disse à assistente de Sam, Marion Keisker: "Ninguém soa como eu".

Elvis mudou o mundo, mas Phillips, vivendo no mundo real, vendeu o último ano do contrato de seu maior astro para a RCA Victor por 35 mil dólares, dinheiro que ele usaria para manter o negócio e promover novos talentos. E talento era uma coisa que não parava de entrar, tão certo quanto dinheiro de funeral. Ele tinha Carl Perkins, cuja "Blue Suede Shoes" foi um sucesso monstruoso, um temperamental usuário de anfetaminas chamado Johnny Cash, cujas "I Walk the Line" e "Folsom Prison Blues" tinham forte apelo junto ao público country, e Roy Orbison, que não era muito bonitão, mas tinha uma voz como sinos celestiais. Todos ajudaram a espalhar essa nova música pelo país, um auditório e jukebox por vez. Mas eles não eram Elvis, e embora tenham feito suas próprias histórias no palco, não faziam as pessoas perderem toda a razão e quererem subir lá, berrando e quebrando tudo. Phillips ainda tinha boa música para promover, mas havia vendido o coração pulsante do rock and roll, a agitação. E a cada dia esperava que outro milagre entraria por sua porta.

No hotel, Jerry Lee e Elmo desfrutaram mais um pouco da fonte miraculosa da água encanada e rumaram para o estúdio da Sun Records, apenas para descobrir que aquele que guardava os sonhos não estava em lugar nenhum por ali. Sally Wilbourn, a secretária da Sun, disse a Jerry Lee e a seu pai que o sr. Phillips estava fora da cidade, mas que eles ficassem à vontade para tentar novamente mais tarde, como se fosse fácil assim, como se as pessoas pudes-

---

3 "Cortadores de Algodão de Ripley", em tradução livre.

sem ir e vir quando quisessem e tivessem dinheiro para tanto. Jerry Lee disse a ela que não iria embora até que alguém lhe desse um pouco de atenção.

"Alguém ia ter que me ouvir", diz ele.

O engenheiro de som – e que hoje seria chamado de produtor – era um ex-fuzileiro naval chamado Jack Clement, que viria a ser conhecido como Cowboy Jack e teria seu nome ligado a alguns dos discos mais duradouros da Sun. Ele viu Sally Wilbourn conduzir dois homens para dentro do estúdio, dizendo que o mais jovem afirmava ser capaz de tocar piano tão bem quanto Chet Atkins tocava guitarra, ou algo assim. Clement disse que tinha de ver isso por si mesmo.

"Você acha que é tão bom assim?", perguntou ao garoto.

"Sou melhor", disse Jerry Lee.

Clement o levou ao piano; era só isso o que Jerry Lee estava pedindo, o tempo todo. "Eu sabia do que era capaz, e sabia que, se alguém me ajudasse e lançasse um disco meu, seria um grande sucesso. Eu *sabia*. Mas tentar convencer as pessoas disso era como tentar enfiar um fio de macarrão no focinho de uma pantera selvagem. Simplesmente não funciona, sabe?".

Sentou-se para mostrar ao homem do que era capaz, seguro de si, mas quando o pai inclinou-se no piano, para mostrar que o apoiava firmemente, ficou satisfeito. Tocou por pelo menos três horas, tocou "Seasons of the Heart" e brincou com outras canções, em sua maioria *standards* do country e músicas de suas lembranças, como "Wildwood Flower".

"E meu pai estava lá, de pé. Eu disse: 'Acho que tinha que tocar "Crazy Arms", gravá-la e dar para Sam ouvir quando ele voltar das férias na Flórida'. E disse: 'Se ele ouvir ou não, vou estar sentado na porta dele, esperando'".

"'Crazy Arms' é estritamente um blues", diz hoje. Foi um grande sucesso country com Ray Price mais cedo naquele ano, então não era exatamente nova – mas era uma época em que muitos artistas diferentes gravavam versões de músicas de sucesso, de modo que o público comprador de discos e os disc jockeys tivessem talvez quatro ou cinco versões diferentes a escolher. Clement só deixou o gravador rodar. Havia algo que ele gostava no garoto. A música country não ia para frente então, tinha estagnado. Mas ele deixou a fita correr e o garoto seguir em frente.

"Toquei naquele velho e pequeno piano vertical, com papai apoiado nele, olhando diretamente para mim".

> *Now blue ain't the word for the way that I feel*
> *There's a storm brewin' in this heart of mine*[4]

Elmo fechou os olhos.

Ele sonhou com isso, em fazer o que estou fazendo, pensou Jerry Lee.

"Fiz um único *take*, só brincando, sabe?". Ele diz hoje que nunca ficou nervoso em tocar no estúdio diante do engenheiro de som, mas estava nervoso por tocar diante de Elmo. "Fiquei com medo de papai dizer, bem no meio da música, que eu esqueci um acorde menor aqui ou ali. Mas toquei perfeitamente, e tornei a música minha".

> *This ain't no crazy dream, I know that it's real*
> *You're someone else's love now; you're not mine*[5]

Jerry Lee bateu na última tecla e olhou para cima. "E tudo o que papai disse foi: 'Bem, temos de ir rapidinho'".

Mas não sem Clement fazer-lhe uma proposta antes: "Bem, Jerry Lee, vou me certificar de que ele vai ouvir".

Clement tocou a gravação para Sam Phillips quando de seu retorno.

"*Quem* é esse cara?", disse Phillips. "Traga-o para cá".

"Foi por aí que J. W. Brown veio até mim em Ferriday e se apresentou como meu primo", diz Jerry Lee, que não conhecia esse homem muito bem. J. W. era filho da irmã de Elmo, Jane, mas não tinha crescido com Jerry Lee e os primos de Ferriday. Ele diria mais tarde que Jane fora forçada a se casar com um forasteiro da Paróquia de Franklin, chamado Henry Brown, porque os Gilleys e Swaggarts disponíveis tinham se esgotado temporariamente.

J. W. tinha trabalhado como eletricista para a companhia de energia, mas recentemente tinha tomado um choque num fio desencapado e caído do alto de um poste, e não tinha pressa em voltar a trabalhar com eletricidade. Ao invés disso, pensou em tentar a sorte na música, e foi por isso que procurou Jerry

---

[4] "Agora, triste não é a palavra para descrever como me sinto/ Há uma tempestade se formando nesse meu coração".
[5] "Isso não é um sonho louco, sei que é real/ Você agora é o amor de outro, você não é minha".

Lee. Estava com quase trinta anos, com a esposa e dois filhos em casa em Coro Lake, no norte do Mississippi, mas já tentara uma vez o meio musical e nunca ouvira aquela doce promessa. No início dos anos 1950, passou um tempo tocando guitarra com o dono de um bar em Mangham, chamado Big Red. Certa vez, quando estavam no palco tocando, um menino sem educação alguma foi até a jukebox e colocou uma música. Red atirou em sua própria jukebox com uma .45 e o garoto voltou ao seu lugar para terminar a cerveja em silêncio.

Imaginando que precisava de um final melhor do que esse para sua história musical, J. W. comprou uma guitarra Silvertone na Sears and Roebuck e foi procurar o primo de quem tanto ouvira falar. Seu *timing* foi perfeito. Jerry Lee estava aguardando Sam Phillips chamá-lo de volta a Memphis, de qualquer forma. "J. W. disse: 'Você tem que vir pra minha casa'", e o convidou para se hospedar com ele e a família em Coro Lake, onde Jerry Lee estaria mais perto da Union Avenue, n° 706, e perto de seus sonhos. J. W. tinha visto o garoto tocar piano feito um gênio louco no palco e na igreja e, num mundo de enganadores capazes de cantar pelo nariz e até chacoalhar as pernas um pouco, o primo Jerry Lee parecia algo totalmente novo. Levou o primo e o apresentou à esposa Lois, ao filho Rusty, que então era apenas uma criança de colo, e a sua adorável filha de doze anos de idade, Myra. Não foi, como disseram alguns, amor à primeira vista. "Eu percebi, sim, que ela não era uma criança", diz Jerry Lee hoje. Ele se instalou no sofá, com sua prima bonita de doze anos por perto, espevitada, preparado para conquistar o mundo.

Sua primeira sessão de gravação de verdade – a primeira visando de fato a um disco – aconteceu em 14 de novembro de 1956. Tocou com verdadeiros profissionais de estúdio, o baterista J. M. "Jimmy" Van Eaton e o guitarrista Roland Janes, dois músicos que eram parte da Sun nos primórdios tanto quanto a pintura verde feia, o isolamento acústico manchado de nicotina e o eco *slapback* que aparecia, quase como um fantasma, nos primeiros discos do estúdio.

Janes e Van Eaton nunca vieram a seguir carreiras ilustres, no que diz respeito a dinheiro e a casas de espetáculo, mas são sinônimos à Sun e à música de Memphis, de modo que estão nas próprias sementes do rock and roll. Eram músicos extraordinários; os verdadeiros amantes da música conseguem reconhecer o estilo deles em meio à multidão de músicos menores que vieram antes e depois. Nem todo mundo conseguiria acompanhar Jerry Lee Lewis; ele já chutou do palco músicos que não conseguiam se manter em seus andamentos ou não conseguiam se mesclar a seu som. Roland e Jimmy conseguiram isso e muito mais.

Filho de um pastor pentecostal e lenhador de Clay County, Arkansas, Janes foi fuzileiro naval durante a Guerra da Coreia. Sabia tocar bandolim ao estilo montanhês e crescera na música gospel; possuía um timbre leve e sinuoso, que se fazia perceber pelas bordas de uma canção, tanto quanto durante um de seus solos indeléveis. Viria a ser engenheiro de som e produtor e parte do som de Memphis por mais cinquenta anos. Às vezes, quando alguém percebia que o homem com quem estava falando foi o guitarrista naqueles sucessos primordiais formidáveis, dava uma guitarra a ele e pedia para ouvi-lo tocar. Ele respondia simplesmente que a pessoa já tinha ouvido. Jerry Lee dá a ele o mais alto louro que se pode dar a um guitarrista: "Aquele tocava".

Van Eaton era então apenas um garoto, mas, assim como Janes, deixaria sua marca num gênero inteiro. Influenciado por swing e acrescentando marcações certeiras ao som brejeiro da Sun, sua batida era mais sutil do que a dos primeiros bateristas de rock and roll. Crescera ouvindo Dewey Phillips e as rádios de Memphis, e, nos anos 1950, tornou-se o baterista criativo da cidade, como diria Jerry Lee.

Jerry Lee respeitava e gostava de tocar com ambos, mas não formou com eles os laços que mais tarde formaria com suas bandas de estrada, que brigavam com bêbados e caçavam mulheres com ele e sobreviviam cada viagem como se fosse uma espécie de alistamento. Roland e Jimmy tentaram, mas não por muito tempo. "Tocaram comigo só por um tempinho... Acho que não gostavam de ficar longe das esposas", diz ele, rindo. "Tínhamos um probleminha com isso" (Van Eaton diria que não se importava de saltar de um telhado até uma piscina de vez em quando, mas que uma turnê com Jerry Lee era, francamente, risco de vida).

No estúdio naquele dia também estavam o guitarrista Billy Lee Riley, que teria um pequeno sucesso com "Flying Saucer Rock and Roll" e um sucesso maior com uma versão do *hit* de Billy "The Kid" Emerson pela Sun, "Red Hot". As gravações de Riley também contaram com Roland e Jimmy – e Jerry Lee Lewis, ganhando um dinheirinho por fora tocando piano. A Sun deu-lhes o nome de Billy Lee Riley and the Little Green Men, para capitalizar em cima da moda de discos voadores do momento.

Todos eles tinham mais experiência em um estúdio de gravação do que Jerry Lee, mas o modo como sua primeira sessão de verdade aconteceu pareceu-lhe um pouco desleixado. A rede elétrica do estúdio não era muito confiável, os disjuntores sempre pifavam e o local ficava escuro ou silencioso, e pessoas entravam e saíam do estúdio mesmo no meio de uma música. Porém, posteriormente, os músicos envolvidos concordariam que pouco importou naquele dia senão o potente e indomável piano de boogie-woogie e a voz forte e melancólica do garoto. Ele tocou a música de sua autoria, "End of the Road", e um pouco de Gene Autry, "You're the Only Star in My Blue Heaven". Por fim, tocou "Crazy Arms", só ele e o baterista Van Eaton, basicamente. Roland Janes saiu e voltou, até pegou um contrabaixo acústico e tocou um pouco, mais ou menos no tempo, mas estava mais brincando e fora do microfone, de qualquer forma. No final da música, Billy Riley voltou do banheiro e, sem saber que trabalho sério estava sendo feito ali, bateu um acorde dissonante em alto e bom som, bem no final, que permaneceu na gravação original. "Ele ganhou dez dólares só para ficar sentado lá", diz Jerry Lee. "Isso meio que me deixou fulo".

Ficou claro desde o início que Jerry Lee, apesar de ser um completo novato nisso, não poderia ser conduzido ou forçado a tocar uma música de outra forma senão a que ele sentia vontade de tocar na hora; seria assim por toda a vida. Janes e Van Eaton aprenderiam a quase sentir a forma como ele abordaria uma canção e o seguiriam de acordo. Frequentemente, os engenheiros de som só colocavam a fita e a deixavam rolar até algum tipo de perfeição imperfeita acontecer. Não havia *overdubs*, nem nada fabricado; mal havia tecnologia para isso, de qualquer modo. "Era arte", diz Jerry Lee. "Eu tocava como sentia a música, rapaz".

Mas ele ainda não tinha conhecido Sam Phillips.

Mais tarde, Phillips ouviu apenas alguns segundos de "Crazy Arms".

"Consigo vender isso", disse.

Alguns dias depois, Jack Clement os apresentou.

"Este é Jerry Lewis", disse a Phillips.

"Jerry *Lee* Lewis", corrigiu Jerry Lee.

Poderia ter tentado ser modesto, mas a verdade é que não sabia como.

"Ele estava com uma cara bem séria", diz Jerry Lee sobre Phillips. "Até que começou a falar de dinheiro. E quando começava a falar de dinheiro, só falava de dinheiro", e então abria um sorriso branco e largo como o de um tubarão.

"Só tenho uma pergunta para você, Jerry Lee", disse. "Diga-me o que vai fazer com todo esse dinheiro que vai ganhar".

Phillips perguntou ao garoto quanto ele considerava ser um bom pagamento.

"Bem, cem dólares por noite seria como conquistar o mundo", respondeu.

"Você vai ganhar mais do que isso. O que você vai ganhar não vai caber nos seus bolsos", disse Phillips.

Foi como pegar uma jarra de querosene e virá-la sobre um sinalizador pirotécnico.

Jerry Lee pensou por um minuto.

"E então? O que vai fazer com o dinheiro?", disse Phillips.

"Vou gastá-lo", respondeu Jerry Lee.

"Com o quê?".

"Em Cadillacs".

Antes dele passar pela porta, com uma caixa de discos debaixo do braço, Phillips o parou. "Filho...", disse.

"O quê, sr. Phillips?".

"Vou torná-lo um astro".

Posteriormente, quando perguntado sobre sua primeira impressão de Jerry Lee, Sam Phillips diria: "Soube na hora que, se ele pudesse fazer qualquer coisa, mesmo que fosse soprar uma gaita, eu já tinha meu próximo astro. Parecia um artista nato". Tudo o que Jerry Lee sabia era que o sr. Phillips apoiara seu falatório: levou uma cópia do disco para Dewey Phillips, que ouviu "assim como o fez com Elvis". E mais uma peça de seu sonho se encaixava.

"A WHBQ. Todo mundo ouvia o *Red, Hot & Blue*[6]", conta Jerry Lee. Tinha motivo para ficar esperançoso: "Eu respeitava bastante Dewey Phillips. Ele era um tipo único... selvagem como o vento do oeste do Texas". E uma coisa era certa: "Se ele tocasse seu disco, você seria um sucesso".

---

6 Nome do programa apresentado por Dewey Phillips.

Mas só porque um disc jockey concordou em ouvir um disco, isso não significava que ele ia tocá-lo; aqueles eram os guardiões dos portões dos primórdios do rock and roll. Tudo o que Jerry Lee podia fazer era esperar.

"Fui para casa com aquela caixa de discos, direto para o pedaço de terra onde papai estava trabalhando".

"Pai, quero tocar esse disco pra você ouvir", disse.

"OK, filho, vamos lá ouvi-lo", disse Elmo.

Colocaram o disco e ouviram em pé enquanto a agulha trazia aquele momento registrado em Memphis até a pequena sala de estar na Paróquia de Concordia. Jerry Lee observava o rosto do pai, indecifrável, enquanto a agulha se aproximava mais e mais ao centro do disco, até que sua voz enfim desapareceu, dando lugar à estática.

"É, é bom", disse Elmo.

E foi só o que disse. De algum modo, seu pai não pareceu tocado, não pareceu tão impressionado assim com o que o filho fizera. Jerry Lee pensa hoje que pode ser que Elmo estivesse com um pouco de inveja, o suficiente para abafar o entusiasmo pelo filho. Por Elmo ter sonhado por tanto tempo com tocar num palco e gravar um disco, deve ter sido duro ver esse sonho caindo bem como um belo terno sobre outra pessoa, mesmo que fosse seu próprio filho.

Jerry Lee pensou muito sobre aquele dia, mas deve muito ao pai para sentir qualquer tipo de rancor; o que ele sente é decepção, do tipo que dura.

"Ele não deu muita importância. Não sei por quê. Mas não deu. Acho que isso me pegou".

"Mas não é assim que o mundo real funciona?".

Jerry Lee voltou para Memphis para ficar perto da música. Certa noite, estava assistindo televisão com J. W., Lois e a família quando o telefone tocou. J. W. voltou para a sala e disse: "Dewey Phillips tá pra tocar o seu disco".

Jerry Lee disse que o primo era um mentiroso.

"Estou dizendo. Dewey Phillips está prestes a tocar seu disco no rádio".

"Que naaaaada", disse Jerry Lee.

Ligaram o rádio e lá estava ele, falando tão rápido que era difícil entender o que estava dizendo: "...e aqui é o Daddy-O Dewey Phillips, ajeitando pra trazer pra vocês o programa mais quente do país, *Red, Hot & Blue*, diretamente da WHBQ em Memphis, Tennessee... Aqui vai ele, aqui está um cara novo que Sam Phillips conseguiu. Jerry Lee Lewis. E aqui vai ele, tocando 'Crazy Arms'".

"E eu *não acreditei*. Foi a primeira vez que ouvi meu disco no rádio. E eu disse: 'Rapaz, escuta só isso'".

O ar de Memphis e do delta escuro do Mississippi se encheu com sua voz.

"Olhei para o lado", diz ele, "e lá estava Myra, toda serelepe".

Na WHBQ, Dewey Phillips e os produtores não paravam de receber ligações de ouvintes dizendo que gostaram daquele garoto da Louisiana, que gostaram mais dele do que de Ray Price e tanto quanto de Elvis. Para garantir que o rapaz não se afastasse demais de Memphis, Sam Phillips espalhou a notícia de que havia um pianista de primeiríssima na cidade, e Jerry Lee começou a fazer shows em clubes no Meio-Sul – nada muito glamouroso, e alguns até perigosos. Roland Janes gostava de contar aos outros sobre uma noite, num lugar não muito longe de Memphis, em que um caipira grandalhão começou a berrar para Jerry Lee: "Loirinho? Eeeeeeiiiii, loirinho?", até que Jerry Lee foi até ele, sorrindo, e meteu-lhe um soco no nariz tão forte que o nocauteou ali mesmo. Então voltou ao piano e tocou uma música. Muitos músicos fingiam ser durões, fingiam ser excêntricos e afetados, mas Jerry Lee era realmente durão e meio doido quando lhe convinha, diria Janes, e estava sempre disposto a defender a dignidade do palco. Ali, ele podia ser qualquer coisa, executar a peripécia que quisesse, mas se você refutasse seu palco, estaria ofendendo-o onde mais importava, e ele sempre partiria para cima de você.

Naquela época, o espectro de Elvis nunca estava muito longe. Foi Elvis, falando a Jerry Lee através do rádio, quem o convencera de que tudo era possível, mas Jerry Lee ainda era invisível ao homem que tivera tamanho impacto em sua vida. Quando foi trabalhar em Memphis na própria carreira, se perguntou se um dia chegaria até mesmo a conhecer o homem. Já conhecera Carl Perkins e Johnny Cash, e embora soubesse que ambos tinham sucesso e até eram astros, mas não tinham o esplendor de Elvis. Diziam que ele ainda visitava a Sun Records de vez em quando, e Jerry Lee tinha esperança de vê-lo por lá, não com olhos de fã deslumbrado, mas como um profissional a outro.

No final de 1956, perto do Natal, Phillips o chamou para dar uma ajuda a Carl Perkins, que viria gravar o antigo *country blues* "Matchbox" e uma composição original chamada "Your True Love". Jerry Lee estava relutante em tocar acompanhando Perkins. "Carl estava numa sessão de gravação, e eu só estava por ali à toa", recorda-se Jerry Lee. Perkins era acompanhado por sua própria banda – os irmãos Jay e Clayton e o baterista W. S. "Fluke" Holland –, mas, para esta gravação, queriam piano, e isso significava Jerry Lee.

Hoje, ele fica devagar ao falar sobre trabalhos em sessões de gravação, como se esse tipo de coisa estivesse abaixo dele, mas reconhecia em Carl Perkins um músico que sabia como conseguir o som que queria em estúdio. Perkins era então um homem esbelto de cabelos escuros encaracolados e penteados para trás com brilhantina e um queixo largo, que se vestia na moda e gostava de imitar um pouco do *duckwalk* de Chuck Berry em seus sapatos de dois tons, mas, no estúdio, era totalmente sério. "Sam queria saber se eu tocaria acompanhando o rapaz, e eu disse: 'Bem, não sei. Vou fazer o melhor que posso, mas é o Carl mesmo quem mais toca, sabe?'. Ele disse: 'Sim, mas eu quero que você faça um solo no piano'. Eu disse: 'Acho que não. Não acho que isso ia dar muito certo'. E não me lembro se ele fez um solo ou não. [Mas] dá pra ouvir. Dá pra dizer quem estava tocando piano. E é isso que eles queriam".

> *Oh, let me be your little dog*
> *Till your big dog comes*[7]

Depois de um ou dois *takes*, Jerry Lee viu Sam Phillips vindo em sua direção.
"Você vai ficar aqui por mais um tempo?", perguntou.
"Claro, por quê?".
"Elvis ligou. Disse que vai passar aqui daqui a pouco e quer conhecê-lo".
Jerry Lee disse a Sam que decerto podia ficar um pouquinho mais.

---

[7] "Oh, deixe-me ser seu cachorrinho/ Até seu cachorrão chegar". "Matchbox".

6

"ANDO A FIM DE CONHECER ESSE PIANISTA"
....

Memphis
1956

Aquele era o homem mais famoso do mundo, naquele momento. Chegou à Sun Records num Lincoln Continental conversível branco e marrom, levantou-se dos bancos de couro novo e deslizou para o lobby com uma corista morena de Las Vegas num dos braços de seu blazer cor de chocolate. O nome dela era Marilyn Evans, e era quase tão bonita quanto ele.

Elvis disse alguns "olás", e então foi direto a Jerry Lee e apertou sua mão.

"Ando a fim de conhecer esse pianista", disse.

Não agiu como o rei do rock. Agiu como um bom garoto, sem um pingo de feiura. Até abraçou Jerry Lee pelo pescoço, como um irmão o faria.

"Aquele carro lá na frente é seu?", perguntou a Jerry Lee. Com o primeiro e modesto cheque pela gravação de "Crazy Arms", investiu num Cadillac conversível vermelho com interior de couro.

"É, sim", disse Jerry Lee, como se tivesse nascido num Cadillac.

"É um belo carro, cara", disse Elvis.

"Bem, tento ter um bom carro".

Era uma terça-feira, 4 de dezembro de 1956. Muito, muito tempo depois, quando o corpo do outro garoto já estava morto, mas não seu nome, que nunca morreria, o escritor Peter Guralnick contaria a respeito dessa época breve e brilhante, e da forma como ela nunca se encaixou muito bem na mente do garoto: "Era tudo como um sonho do qual ele tinha medo de um dia acordar. Às vezes, era como se aquilo estivesse acontecendo com outra pessoa, e quando ele falava sobre isso, era com um tom de deslumbramento passível de causar dúvida, não tanto na mente de seu ouvinte, mas em sua própria".

Elvis entrou no estúdio em si para cumprimentar os outros, os velhos amigos, e para falar sobre velhos tempos, novos discos e sobre aquele oásis no deserto, chamado Las Vegas. Ouviu a fita da nova gravação de Carl e disse a todos: "É, gostei disso". Mais tarde, foi até o velho piano do estúdio. Só de brincadeira, sentou-se e correu os dedos pelas teclas.

"Todo mundo devia tocar piano", disse.

"Rimos, contamos piadas, tocamos", conta Jerry Lee. Ele e Carl juntaram-se a Elvis no piano e, com Elvis tocando não lá muito bem, começaram a cantar uma miscelânea de qualquer coisa que lhes vinha à mente. Os membros da banda de Perkins foram entrando, um a um, e ninguém percebeu, de primeira, que Phillips não estava mais na sala. Ele disparara para a sala de controle para colocar uma fita, dizendo a Jack Clement que tal momento podia nunca mais acontecer, e então correu para o escritório para dar dois telefonemas rápidos, um para Johnny Cash, perguntando se ele se importava em entrar no carro e ir para lá *agora mesmo*, e outro para Bob Johnson, colunista do *Memphis Press-Scimitar*. Johnson chegou em poucos minutos, com um correspondente do jornal e um fotógrafo, George Pierce. Enquanto isso, Elvis cantava uma imitação de Hank Snow, meio de brincadeira. Os rapazes tocaram um pouco de Chuck Berry, que todos ali basicamente consideravam um gênio, cantando "Brown Eyed Handsome Man", ou pelo menos o máximo da música que conseguiram lembrar. Aquilo se tornaria um daqueles dias raros na história da música americana, alardeado por Sam Phillips como uma reunião espontânea, puramente por acaso, de quatro dos verdadeiros grandes nomes dos primórdios do rock and roll, embora a verdade fosse que ele próprio tinha armado tudo, percebendo o potencial ali, manipulando os procedimentos, arranjando para que tudo tivesse cobertura da imprensa e fosse fotografado e, é claro, gravado. Mas não importava. Foi um grande dia, do mesmo jeito.

O colunista Johnson escreveria, depois, que nunca vira o grande astro da cidade mais descontraído ou mais simpático. Elvis contou a todos uma história sobre um cantor de Las Vegas que o envergonhou: "Tinha um cara em Las Vegas. Billy Ward and His Dominoes... que fazia uma música minha, 'Don't Be Cruel'. Ele se esforçou tanto que ficou muito, mas muito melhor do que a minha gravação, caras". Quando vozes se levantaram em protesto, ele disse: "Não, não, espera, espera, espera aí... Ele era muito fino. Era um cara negro" (era Jackie Wilson, um dos Dominoes, embora isso não significasse nada para eles, na época). Depois que alguém o lembrou do tom certo da música, fez uma pequena demonstração para Sam, Carl e Jerry Lee e para todos os demais presentes naquela pequena sala – e cantou não como si mesmo, mas como aquele outro cantor, fingindo ser ele.

> *If you can't come around*
> *At least please... tel-e-phone!*[1]

"*Tel-e-phone!*", disse Elvis, com uma gargalhada. "Rapaz, ele acertava em cheio. Agarrava o microfone e, naquela última nota, ia até o *chão*, cara... Voltei quatro noites seguidas. Cara, ele cantava essa música com todas as forças. Eu ficava debaixo da mesa. 'Tirem-no! Tirem-no!'".

Johnny Cash chegou, dizendo que só estava passando por ali por acaso, a caminho de fazer algumas compras natalinas, e os quatro – ou pelo menos três deles (há certo debate sobre quanto tempo Johnny ficou) – harmonizaram em algumas canções de casa e da igreja. Elvis estava tocando piano, com Jerry Lee ao lado dele, morrendo de vontade de tocar. "Porém, nos mesclamos muito bem", diz Jerry Lee. "Eu sabia que havia algo especial acontecendo ali. Mas eu e Elvis meio que dominamos... Johnny não sabia as letras, já que ele era batista", e Carl tampouco. "Mas acho que até foram muito bem, para uns batistas". Enquanto cantavam, um fotógrafo capturou uma imagem icônica dos quatro jovens. "A garota do Elvis ficava tentando sair na foto", relembra Jerry Lee. "Foi quando percebi que ela nem estava olhando para Elvis. Estava olhando para mim".

Por fim, Jerry Lee sentou-se ao piano ao lado de Elvis e começou a tocar.

Elvis balançou a cabeça. "Pra mim, parece que o camarada errado estava sentado nesse piano", disse.

"Bom, eu estava tentando te dizer isso. Chega pra lá!", disse Jerry Lee.

Elvis abriu um pouco mais de espaço, mas não se levantou.

Começaram a harmonizar em canções antigas, como uma que Jerry Lee adorava desde criança, "I Shall Not Be Moved". Elvis ou Carl cantavam um verso e Jerry Lee ecoava, no estilo pergunta-e-resposta:

---

[1] "Se você não pode vir/ Pelo menos telefone!".

> Well, Lordy, I shall not be
> (I shall not be moved)
> I shall not be
> (Well, I shall not be – mmmm...)
> Just like a tree that's growing in the meadow
> (down by the water!)
> I shall not be moved
> (Yeeeeahhhh...)[2]

Jerry Lee não ficou acanhado ou reverente; ao final da canção, já tinha tomado o vocal principal, exuberante com a emoção do momento. Continuaram, tocando "Just a Little Talk with Jesus", "Walk That Lonesome Valley" e "Farther Along". Johnson, o repórter, que não percebera Phillips e Clement trocando a fita de trinta minutos na sala de controle, expressou o óbvio: "Se Sam Phillips estivesse com os pés no chão, teria ligado o gravador quando aquela turma não ensaiada, mas talentosa, começou a tocar. Aquele quarteto seria capaz de vender um milhão", escreveu, e foi assim que a visita de Elvis passou a ser conhecida como a sessão do Million Dollar Quartet[3].

Numa das pausas entre as músicas, Johnson perguntou a Elvis o que ele achava de Jerry Lee.

"Esse garoto vai longe", respondeu Elvis. "Acho que ele tem um grande futuro pela frente. Tem um estilo diferente, e a forma como ele toca piano me emociona muito".

"Ele foi legal comigo. Fiquei impressionado", diz Jerry Lee hoje.

Correu pela Union Avenue a notícia de que algo especial estava acontecendo na Sun, e pessoas passaram por lá ao longo da tarde toda, participando, indo e vindo. Depois de mais ou menos uma hora, Johnny Cash saiu para fazer compras com a esposa, sem sequer ter sido gravado, e Carl foi embora pouco depois.

Logo sobraram apenas Jerry Lee e Elvis ao piano, "cantando todas aquelas músicas que cantávamos quando crianças", mesmo as que tinham aprendido

---

2 "Bem, Senhor, eu não hei de ser/ (não hei de ser movido)/ Eu não hei/ (Bem, eu não hei de ser – mmmm...)/ Assim como uma árvore que cresce no prado/ (perto das águas!)/ Não hei de ser movido".
3 O Quarteto de Um Milhão de Dólares.

no cinema, quando Gene Autry era o maior sucesso. Jerry Lee tocava algo de cabeça, e Elvis o acompanhava ou apenas ouvia:

> *You're the only star in my blue heaven*
> *And you're shining just for me*[4]

"É por isso que eu odeio começar essas *jam sessions*", disse Elvis a Jerry Lee. "Sou sempre o último a sair".

Jerry Lee também não tinha pressa nenhuma. Tocou ambos os lados de seu compacto, "Crazy Arms" e "End of the Road", e improvisou um pequeno boogie que, mais tarde, alguém daria o nome de "Black Bottom Stomp", embora pudessem ter chamado de qualquer coisa e estaria certo.

"Jerry Lee, foi bom conhecê-lo. Você tem que aparecer em casa", Elvis enfim disse a ele.

Jerry disse que apareceria e, por um segundo, os dois rapazes só se olharam. Pode não ter sido nada, mas Jerry Lee viu o futuro ali, ou pelo menos algo que poderia estar por vir. "Às vezes, acho que ele ficou com um pouco de medo de mim", diz Jerry Lee. "Quer dizer, ele era o número um. Estava sentado no trono para o qual eu rumava. E eu pensava que talvez tivesse que superá-lo. Acho que ele sabia disso, de alguma forma. E fiz um bom trabalho ao superá-lo".

Sair daquele dia sentindo-se de qualquer outra forma teria contrariado sua própria natureza.

"Sou um Lewis", diz, repetindo um mantra ao qual retorna com frequência, "e se você quer alguma coisa, você a toma. Pode pedir primeiro, mas você a toma".

"Tudo estava se encaixando", diz Jerry Lee. "Cantava nos clubes e gravava meus discos. Gravava como queria. E estava tudo se encaixando da maneira como deveria. Eu ainda tinha um bom esforço para fazer, com certeza. Mas pense naqueles caras todos – Beethoven, Brahms e todos aqueles caras – eles sentiram quando as coisas começaram a se encaixar".

Nas resenhas de música country, a *Billboard* parecia concordar, ao considerar o compacto de "Crazy Arms" "excepcionalmente forte" e "cheio de bom gosto",

---

4 "Você é a única estrela no meu paraíso azul/ E brilha só para mim". "You're the Only Star in My Blue Heaven", composição de Gene Autry, gravada por Roy Acuff e os Delmore Brothers.

com "um *feeling* poderoso de *country blues*". A canção de sua autoria, "End of the Road", era "outro petardo, com um groove certeiro instigado pela mesma batida de piano. Disco de uma esperteza distinta". Não faz sentido perguntar se ele se surpreende com isso. Ele considera tal coisa um questionamento de suas habilidades e um leve insulto. "Sim, pensei que ia acontecer. Acho que sempre soube que ia acontecer. Ficar no topo do mundo era o meu objetivo".

No dia em que a resenha da *Billboard* saiu, pouco antes do Natal, Jerry Lee deu uma passada na Sun para ver Sam Phillips. Tinha um bom carro e boas roupas de rock and roll para usar tocando, mas ainda não tinha um bom dinheiro. Não pretendia passar mais um Natal pobre. "Só queria dar um Natal legal para a minha família", diz.

"Sally, preciso falar com Sam", disse à secretária.

"Sobre o quê?", perguntou ela.

"Preciso de trezentos dólares emprestados".

"Não, não faça isso. Ele vai ter um ataque do coração", disse ela.

"Sam era bem mão de vaca", relembra Jerry Lee.

Ele enfim encurralou o homem em seu escritório. "Acho que você tem condições de me emprestar trezentos dólares, pra eu poder ir para casa no Natal", disse a ele.

Phillips o encarou por um momento e assentiu. Diria, posteriormente, que compreendia Jerry Lee melhor do que a maioria das pessoas. Porém, ele sabia que, se você prometesse a um garoto como Jerry Lee que faria dele um astro, era melhor cumprir a promessa rapidamente, ou pelo menos estar disposto a dar-lhe um adiantamento de US$ 300 para o futuro que previra. "Sam sabia que eu era um investimento lucrativo", diz Jerry Lee.

Com aquela quantia insignificante, Sam Phillips comprou um pouco de tempo de um homem completamente impaciente, não só na época, mas por anos e anos. Naquele momento, US$ 300 significavam o mundo para Jerry Lee. Ele poderia levar esse dinheiro e mostrar aos pais e à família que finalmente tinha alcançado o sucesso. O dinheiro ainda por vir, cheques com tantos zeros que ele mal podia contar, significariam menos, de certa e estranha maneira.

Dirigiu para casa com o herói Dewey Phillips berrando em seu ouvido e tocando seu disco.

"Se eu aumentei o volume? Mas é claro!", diz ele.

O carro correu pesado pela Highway 61, carregado com todas aquelas compras natalinas. "Gastei cento e cinquenta dólares só no mercado, em perus, em todo tipo de coisa. Comprei presentes. Comprei algumas coisas bonitas para as meninas. Um presente para papai e um para mamãe. Mamãe ficou contente em me ver". A família fez um amigo secreto para presentearem uns aos outros, mas o que comprou os presentes foi dinheiro de rock and roll. Sua mãe respirou tranquila pela primeira vez em muito tempo, no que dizia respeito ao filho. Ele era alguém, e provara. Estava ganhando dinheiro — não num tabernáculo, mas também não em Sodoma — e ela então pôde respirar. Conseguiria viver com o filho tocando em auditórios, reuniões de veteranos de guerra e da Legião Americana, muito mais facilmente do que se fossem botecos e *honky-tonks*. Seu filho cantara com Elvis e o ensinara como tocar piano devidamente.

Seu pai o cumprimentou e segurou sua mão.

"Nunca fui o homem que você é. Só quis ser", Elmo disse ao filho.

Jerry Lee simplesmente desviou o olhar. "Não, pai, eu é que nunca serei o homem que você é".

Décadas depois, ao falar de negócios sujos, discos não lançados e royalties não pagos, ele fica um pouco desarmado pela memória daquele mísero punhado de notas de vinte dólares colocado em sua mão por um homem em quem ele tinha de confiar.

Era capaz de gastar dinheiro, mas não tinha interesse em contá-lo. "É de se esperar que você seja enganado um pouquinho", diz Jerry Lee sobre o meio fonográfico.

Acredita que Phillips falhou para com ele mais tarde, mas não naquele momento.

"Vinte e dois de dezembro de mil novecentos e cinquenta e seis", diz hoje, "o melhor investimento na história do rock and roll", com a possível exceção de quando seu pai comprou um piano vertical de segunda mão.

"Eu adorava o velho Sam. Era meu amigo".

Anos mais tarde, Sam Phillips diria que ele e somente ele era quem verdadeiramente entendia Jerry Lee.

"Eu era capaz de olhar nos olhos do garoto", disse ele, "e ver sua alma".

Jerry Lee descobriu que muito aconteceu enquanto esteve longe. Frankie Jean, que completara doze anos, ia se casar. Alguns parentes diziam que era um pouco cedo demais para a menina se casar, outros diziam que não era nenhuma novidade, nada fora do comum na história da família ou nas tradições e práticas da comunidade, então a boda teve, enfim, a bênção geral, e todos compareceram e desfrutaram de peru ao molho de milho, biscoitos quentes e purê de batata na manteiga. Quando fizeram as preces, agradeceram a Deus pela boa sorte que Jerry Lee encontrara ao ter bom senso o bastante para saber que, se você quer ser atingido por um trem, tem de se postar nos trilhos em Memphis, Tennessee. Amém.

Em 1957, Elvis, com dois anos de vantagem, fazia o último dos três shows de seu contrato de cinquenta mil dólares com Ed Sullivan. Jerry Lee caiu na estrada, buscando, sempre buscando. Às vezes, participava de turnês conjuntas, tocando para alguns milhares de pagantes; outras, fazia shows não muito maiores do que aqueles nos clubes onde começara. É verdade que tocou em auditórios, mas tocou também numa loja de eletrodomésticos e numa festa do tomate, e em bares onde o pagamento era de menos de cem dólares por noite para a banda toda. O sucesso estava a caminho, mas vindo devagar. Tocou em Little Rock, Monroe, Jackson, Odessa, no Texas, e em Sheffield, Alabama. No final da primavera, tocou no venerado Big D Jamboree para seis mil pessoas, no Sportatorium, em Dallas, com Sid King and the Five Strings. Foi seu maior show até ali, para um público mais acostumado com Hank Snow, Webb Pierce, Janis Martin and the Marteens e Leon Payne and His Lone Star Buddies. Billy Walker tocava lá, usava uma máscara como o Cavaleiro Solitário e se intitulava The Traveling Texan[5]. A estação de rádio KRLD, com cinquenta mil watts, transmitia o show ao vivo, e a rede CBS retransmitia para o país todo. Elvis tocara lá, assim como Johnny, Carl e outros artistas menos tradicionais. Jerry Lee foi chamado para tocar mais uma noite de sábado, e depois uma terceira, e o público esticava os braços para tentar tocar a mão dele enquanto ele tentava sair do palco, e dizer a ele que o velho Ray Price não tocava "Crazy Arms" nem perto da forma como ele fazia, e como até mesmo Hank ficaria orgulhoso ao ouvir o quão bem ele cantava suas músicas.

Entre os shows, voltava repetidas vezes ao estúdio em busca de uma nova

---

5   O Texano Viajante.

gravação que poderia ser seu sucesso de revelação. Tentou velhíssimos *standards* americanos, canções que tocara quando criança, como "Silver Threads Among the Gold", e baladas country, como "I'm Throwing Rice", "I Love You So Much It Hurts" e "I Love You Because". Passou por alguns números de *country blues*, como "The Crawdad Song", "Deep Elem Blues" e o sucesso de *rhythm and blues* de Joe Turner, de Kansas City, "Honey, Hush". Tocou a sinistra balada folk "Goodnight, Irene", canções de *Western swing*, como "Shame on You" e a balada de R&B "Tomorrow Night". Tocou "Dixie" e "Marines' Hymn". Resgatou Gene Autry com "My Old Pal for Yesterday" e Hank Williams com "I Can't Help It" e "Cold, Cold Heart". Até gravou duas tentativas de música-tema – um tiro pela culatra chamado "Pumpin' Piano Rock" e uma canção mais simples e mais potente que batizou de "Lewis Boogie":

> It's called the Lewis Boogie – Lewis way
> I do my little boogie-woogie every day[6]

Essas foram as primeiras – ou pelo menos algumas das primeiras – gravações em que ele se refere a si mesmo nas letras, algo que faria no palco e em estúdio por meio século.

Passava alguns dias em Memphis, e então partia para a estrada de novo. "Sinto falta disso", diz ele. Naquele ano, tocou no Rebel Room, em Osceola, Arkansas, um lugar que tinha rede de galinheiro ao redor do palco para proteger a banda de garrafas de cerveja arremessadas. O arame sempre o ofendia – "Eu não queria nada entre a plateia e eu" – mas aquele era um lugar onde as garrafas estavam propensas a voar em direção à cabeça dos cantores. A polícia apareceu duas vezes naquela noite, para apaziguar tumultos e impedir uma tentativa de assassinato, e já passava da meia-noite quando o público, parte dele bêbada demais para se mexer, se acalmou minimamente e de fato ouviu alguma coisa.

Alguns dizem que foi ali, em Osceola, que aconteceu pela primeira vez. Outros dizem que foi em outra espelunca, em Blytheville. Jerry Lee só sabe o que aconteceu dentro do recinto. Ele já estava ficando um pouco cansado de tentar cantar para bêbados que achavam que música era apenas trilha sono-

---

6 "Chama-se Lewis Boogie – à moda Lewis/ Faço meu pequeno boogie-woogie todo dia".

ra para brigas, tombos ou vômitos; às vezes, ele realmente não era ouvido, de verdade. Foi quando Jerry Lee libertou seus relâmpagos e acertou aqueles bêbados de olhos cansados e aquelas mulheres de penteados altos bem no meio dos olhos com um atiçador escaldante de rock and roll. Começou a lançar aquela introdução de boogie de duas mãos que ouviu pela primeira vez anos antes, no Wagon Wheel, e os pegou de jeito pelos pés cambaleantes. Trouxe as mulheres direto para a beirada do palco, tão ofegantes que os botões mal paravam nas blusas. Mas agora era diferente. Ele não era mais um moleque qualquer encontrando seu caminho por uma música, como o era no Wagon Wheel. Era um homem do palco de verdade.

Whose barn? What barn? My barn![7]

E, quando a música terminou, o público berrou e berrou e pediu que tocassem de novo. Assim o fizeram, e tocaram ainda uma terceira vez. Jerry Lee olhou para J. W. Brown, que estava tocando baixo com ele na estrada, e para o baterista, Russ Smith.

"Bem, aí está, J. W. Acha que temos um sucesso?", disse Jerry Lee.

"Whole Lotta Shakin' Goin' On" se manteve como seu ás na manga, um fenômeno de música ao vivo, uma canção cuja fama corria de cidade a cidade e que as pessoas vinham pedir, mas que não tinha execução em rádio para mantê-la viva. Jerry Lee, por mais orgulhoso que estivesse de "Crazy Arms", sabia que aquele primeiro compacto não tinha sido o empurrão de que ele precisava e não o levaria até onde ele ansiava por chegar: televisão em rede nacional, execução em rádio a nível nacional, Hollywood, o além-mar. "Eu simplesmente não podia desperdiçar aquele soco de nocaute", diz ele.

Foi então ter com Sam Phillips e puxou seu ás da manga, só para descobrir que os outrora jogadores de pôquer da Sun Records agora estavam, de súbito, jogando damas, como homens velhos e cansados. Subitamente, a gravadora que tinha dado um grande salto para o desconhecido com Elvis Presley estava reticente demais quanto ao verdadeiro rock and roll. Jack Clement acreditava que Elvis não deixara espaço para outro garoto branco sulista cantar e tocar rock and roll rebelde.

---

[7] "Celeiro de quem? Que celeiro? Meu celeiro!". "Whole Lotta Shakin' Goin' On'".

"Ele me disse: 'O Elvis pegou essa ideia com tudo e a quebrou'", recorda-se Jerry Lee.

Não só Sam Phillips não queria muito gravar "Whole Lotta Shakin' Goin' On", como ele parecia verdadeiramente ter medo dela. "Ahhhh, não, é muito vulgar, ousada demais. Nunca vai funcionar. De jeito nenhum", disse Sam a Jerry Lee.

"*É um sucesso*", argumentou Jerry Lee.

Outros dizem que Sam deve ter tido mais entusiasmo pela música do que isso, embora talvez não tanto quanto Jerry Lee. Para Sam, boa música era ao mesmo tempo paixão e negócio – e, mesmo se tivesse adorado, essa música era um negócio arriscado.

Para restringir suas apostas, Phillips disse a Clement para escrever uma música nova para Jerry Lee, e o resultado foi talvez uma das mais ignóbeis gêneses que qualquer canção podia ter. Conta-se que Clement estava no banheiro, pensando sobre um rompimento com sua namorada e, por alguma razão, sobre reencarnação, e sobre o quão engraçado seria se ele voltasse como algo flutuando na privada e se, quando sua namorada olhasse para baixo, lá estivesse ele, piscando para ela. Ele não podia escrever aquilo, é claro, mas foi inspiração:

> *If you see a head a-peepin' from a crawdad hole*
> *If you see somebody climbin' up a telephone pole – it'll be me!*[8]

Foi essa a música que a Sun Records escolheu como o lado A do próximo compacto de Jerry Lee, que Sam escolheu como o foguete que o lançaria para o estrelato. Jerry Lee foi para o estúdio e deu o melhor de si.

Ele sabia, desolado, que aquilo nunca ia decolar. "Eu disse: 'Ahhh, essa música, sozinha, nunca será um sucesso'".

Jerry Lee sabia que tinha de tomar uma posição firme. Deixou claro que pretendia gravar "Shakin'" *em algum lugar*, e Phillips enfim concordou em torná-la o lado B de "It'll Be Me". Phillips diria, mais tarde, que só o fez para acalmar Jerry Lee, que sabia o que queria antes mesmo de ter um alvo de fato. Fez algumas tentativas iniciais de gravar "Shakin'" no estúdio, mas foram, na melhor das hipóteses, exercícios, nunca capturaram o espírito dos shows ao vivo; era difícil saber sequer se aquilo seria possível.

---

8 "Se você vir uma cabeça espiando de um buraco de caranguejo/ Se você vir alguém subindo num poste telefônico – serei eu!". "It'll Be Me".

Só em meados de fevereiro de 1957 foi que Jerry Lee finalmente voltou ao estúdio, com Roland Janes e Jimmy Van Eaton para tentar mais uma vez. Tinham feito cinco *takes* passáveis de "It'll Be Me" quando Clement colocou fita o suficiente para um só *take* de "Shakin'". Phillips dissera-lhe para não perder muito tempo com ela, e tempo era dinheiro. Desta vez, Jerry Lee martelou o piano do modo como lembrava do Wagon Wheel, e Janes infundiu a gravação com sua guitarra aguda e precisa, soltando *licks* e frases que seriam copiados por outros guitarristas por décadas a fio. Naquele dia, no estúdio que deu à luz o som de Elvis, "Blue Suede Shoes" e "I Walk the Line", além de muitos outros, Jerry Lee ignorou o revestimento acústico, as janelas de vidro e as máquinas e cantou como o faria para um público real, como cantara num boteco no Arkansas e num auditório pequeno e apertado em Billings, Montana, e tocou de forma selvagem, ríspida e perfeita o bastante. Quando terminou, exatamente dois minutos e cinquenta e dois segundos depois, os três rapazes no estúdio só ficaram lá sentados, meio paralisados, pois cada um deles *soube*.

"Um *take*... e silêncio. Nunca se fizera silêncio lá antes", relembra Jerry Lee. E foi isso. "Bem, então fomos para o Miss Taylor's Restaurant – era bem perto dali – e pedimos filé de frango à milanesa com arroz, molho e nabo". Posteriormente, Clement diria que quem passava pelo estúdio quase desgastava a fita de tanto ouvi-la, a única fita do único *take*. "Foi a única vez em que fiz uma música desse jeito", diz Jerry Lee, como se houvesse um elemento do destino ali, até mesmo a mão de Deus, no final das contas.

Sam Phillips ouviu e gostou da música – era difícil não gostar –, mas, para ele, isso importava tanto quanto um apostador do jóquei consegue ganhar dinheiro com um cavalo que só corre numa plantação de batatas. "Os disc jockeys não vão tocá-la", disse ele, então como fariam para alguém sequer ouvi-la? "Vai ser uma bomba. 'It'll Be Me' será o compacto".

Esqueça a televisão, disse ele. Visualmente, seria ainda pior.

"Veja bem, esse era o problema", diz Jerry Lee, "quando eu cantava...

> *All you gotta do, honey, is stand that thing in one little ol' spot*
> *An' wiggle it around just a little bit*[9]

---

9 "Tudo o que você tem que fazer é ficar parada num ponto/ E chacoalhar só um pouquinho".

...apontava meu dedo indicador no ar e balançava".

Para demonstrar, ele estica o dedo no ar e roda e roda. Sem a música, parece exatamente com o que o rapaz de vinte e um anos gostaria que parecesse para todas aquelas fãs enlouquecidas. Não importava que ninguém de fato conseguisse vê-lo fazendo isso no disco, se a música chegasse às rádios e às jukeboxes. Quando ele cantava, era possível imaginar muito bem, e algumas das moças, bem, quase podiam sentir.

Quando Elvis balançou as pernas, pregadores de todo canto podem até ter fingido que aquele era o fim da civilização como eles a conheciam, mas os céus não caíram, e o rio Mississippi não correu ao contrário. Jerry Lee pretendia dar sequência a isso. Com seu sucesso inequívoco gravado, mas não ainda nas lojas ou no rádio, caiu na estrada novamente, para tocá-lo bem alto em show após show. Não precisava polir a canção – seria como acariciar um gato bravo –, mas precisava dar assunto às pessoas, deixá-las ouriçadas dos Grandes Lagos ao Golfo do México. Aí então, mesmo se a polícia invadisse o palco ou armasse um bloqueio nos locais dos shows, os disc jockeys prestariam atenção e ele passaria a viver no ar ao lado de Elvis, ou para além dele.

Ele não sabia precisamente onde estava, apenas que era em algum lugar do Canadá. A caravana trovejava por rodovias que mal existiam, com o asfalto comido pelo pergelissolo e o cascalho disparando como chumbo grosso sob os grandes carros. Eram eles um Lincoln Continental, um Fleetwood Cadillac, um ameaçador Hudson Hornet e um Buick Supreme novíssimo; só se manteve novo por mais ou menos uns mil e seiscentos quilômetros, até começar a ser pego pelos buracos. Os grandes sedãs tinham cores diferentes, a princípio, mas agora eram todos uniformemente cinzentos, da cor da poeira que subia. Jerry Lee viajava no banco do passageiro do Buick, cansado dessa distância enorme entre as plateias e aplausos, de 900 a 1.200 quilômetros por dia. "Eu não dirigia... Era pago para tocar piano e cantar. Astros não dirigem". Ao invés disso, lia *Super-Homem* ou usava o acendedor de cigarros para acender bombinhas, uma atrás da outra, e as atirava pela janela entreaberta para que explodissem debaixo dos carros que vinham atrás.

"Naquela primeira turnê, fomos eu, Johnny, Carl, Sonny James, Marvin Rainwater e Wanda Jackson. Percorremos 130, 150 mil quilômetros naquele

Buick, ao longo do Canadá, ao longo de todo lugar... jogando bombinhas durante todo o caminho". Às vezes ele errava feio e as bombinhas explodiam nos para-brisas ou nos capôs, e Johnny e Carl o xingavam com todas as forças, embora ele não conseguisse ouvir, mas, em uma ocasião, calculou bem mal e a bombinha rebateu no aro da janela e caiu no colo de J. W., cujos berros ecoaram no interior do Buick por um bom tempo, por mais tempo do que parecia normal. Todos eles ali podiam muito bem ter contado com um bedel ou um inspetor. O carro da frente ia completamente carregado de baterias, cases de guitarras, blazers sob medida e sapatos de dois tons. As únicas outras provisões que levavam eram uísque, bombinhas e gibis.

Ele não consegue se lembrar de todas as cidadezinhas por onde passaram, nem mesmo dos nomes nas placas na estrada, só dos espaços vastos e vazios entre elas. Viajavam por mais de 300 quilômetros sem ver um café ou um hotel. "Parávamos em alguma loja de conveniência e comprávamos salsichas, mortadela, pão, picles e mostarda, e estacionávamos na beira da estrada para fazer um piquenique... Calgary foi um dos lugares por onde passamos. Quebec. Ficaram loucos no Quebec. Levantavam os vestidos".

Para os donos dos hotéis e dos postos, pareciam um bando de lunáticos que tinham saído da linha, roubado uns bons carros e estavam aterrorizando o interior. "Johnny veio até o meu quarto e viu um televisorzinho minúsculo que havia lá, e disse: 'Sabe, minha esposa sempre quis um desses'. E eu disse a ele: 'Ótimo, então vá roubar o do seu próprio quarto'". Assim seguiam, 1.200, 1.400 quilômetros por dia, meio bêbados, loucos de comprimidos, gatunos, destrutivos e acossados por mulheres à solta e ataques de temperamento, e foi perfeito.

"Tivemos umas boas brigas. Uma boa briga renovava os ares", diz Jerry Lee.

Carl Perkins e Johnny Cash começaram a turnê como atrações principais. Ainda eram os grandes nomes na Sun e, para Sam Phillips, seus empreendimentos mais lucrativos. O problema era aquele novato, o garoto loiro, que não sabia seu lugar e não tinha papas na língua, e, numa convivência tão próxima, eles não conseguiam desligá-lo, não podiam fugir nem matá-lo, embora tenham considerado a ideia. Com o passar dos dias, teve até mesmo o descaramento de sugerir que ele deveria encerrar os shows, ele, com apenas dois compactos lançados e nenhum ainda nas paradas. Pensaram alto: quem aquele Zé Ninguém da Louisiana pensava que era?

Estavam começando a chamar aquele tipo de música de "rockabilly", mas o garoto se recusava a se rotular como tal, se recusava a abraçar qualquer relação com aquele blues carregado de elementos *hillbilly* que vendia tão bem em qualquer cidade que tivesse uma concessionária de tratores na avenida principal. Para Jerry Lee, o termo era depreciativo, algo imposto pela sociedade a esses rapazes do interior e a sua música. "Eu não tocava rockabilly. Tocava rock and *roll*", diz. Carl era puro rockabilly – "Blue Suede Shoes" era o hino do estilo – e o Johnny, o contador de histórias, era mais country do que a maioria dos jovens roqueiros aspirava ser, embora sua "Get Rhythm" fosse um rock potente e dos bons, como relembra Jerry Lee. O público adorava tudo isso, comprava ingressos aos montes e dançava, como dançava, já que esse som fazia a velha música country tradicional parecer uma vitrola em rotação mais lenta, e as filas se formavam ansiosas, cidade após cidade. Cada vez mais, à medida que sua presença de palco só crescia, era Jerry Lee quem criava a comoção, que botava o público para dançar, e ele então exigia mais e mais espaço sob os holofotes. Espaço que era, ele acreditava, seu por direito.

Inúmeros fãs de música e estudiosos do rock and roll gostariam de ter uma máquina do tempo, só para voltar para essa época específica, para aquela turnê, para abrir espaço naqueles auditórios lotados em meio às planícies vastas e às Montanhas Rochosas do Canadá e ver como tudo aquilo aconteceu, ver Jerry Lee Lewis, Johnny Cash e Carl Perkins, jovens, viscerais e selvagens, cantando naqueles grandes microfones *art déco*, parecidos com peças que se soltaram do capô de um velho Oldsmobile, em palcos machucados por milhões de cadeiras dobráveis de metal, em auditórios onde a atração da próxima semana seria uma montagem de O *Mercador de Veneza* pelo grupo de teatro do ensino médio.

"E agora, senhoras e senhores, de Maud, Oklahoma, a Rainha do Rockabilly, Wanda..." – e antes que o apresentador pudesse terminar, a plateia estava gritando e assobiando – com um "fiu-fiu" aqui e ali – enquanto Wanda Jackson entrava no palco, de saltos bem altos e os quadris soltos, tranquila como se estivesse caminhando até a caixa do correio. Antes que ela fizesse um som sequer, os lenhadores, pedreiros e vendedores de seguros já começavam a transpirar. Essa não era uma *cowgirl*. Seus vestidos tinham franjas, para acentuar os quadris, e eram curtos, para acentuar alguma outra coisa, suas pernas eram esbeltas e perfeitas e sua cintura tão estreita que duas mãos grandes seriam capazes de circulá-la por completo. Seus cabelos eram castanho-escuros e sedosos, e seus olhos grandes, emoldurados por sobrancelhas arqueadas de uma verdadeira estrela; era uma deusa com uma voz endiabrada, que rugia ao cantar que uma mulher teimosa é um espinho para um homem[10].

Era difícil tocar depois dela. Mas então vinha Sonny James, de Hackleburg, Alabama, a passos largos em seu terno *western*, um homem esguio, de cabelos escuros, que sobrevivera à Guerra da Coreia, cantando uma canção de amor atemporal. Não era a letra de "Young Love" que a tornava encantadora, mas a maneira como ele a cantava, como fumaça sobre veludo.

Em seguida, vinha o bonitão Marvin Rainwater, vestindo uma camisa franjada de camurça e uma faixa indígena na cabeça, porque ele tinha ascendência Cherokee. Com seu barítono profundo, cantava sobre como iria "encontrar um passarinho azul e deixá-lo cantar a noite toda"[11]. Era um cantor de baladas suaves, e amaciava a plateia antes dos verdadeiros *headliners* entrarem no palco: os rapazes da Sun.

Primeiro vinha Carl Perkins, com suas calças apertadas demais e suas costeletas pontudas, e chegava arrasando:

> Well, it's one for the money
> Two for the show...[12]

Por meio da força de vontade, Jerry Lee subira na ordem das atrações e ultrapassara Carl, até que agora só havia Johnny Cash, em seu elegante e sombrio terno preto, acima dele no cartaz. Naquela noite, houve a discussão costumeira a respeito de quem fecharia o show. Johnny, de nome mais conhecido e com uma música nas paradas, tinha os organizadores a seu favor: estava no topo da lista, o que significava que viria depois de Jerry Lee. Mas Jerry Lee tinha de ceder o palco primeiro.

O palco se tornara uma espécie de laboratório para Jerry Lee, e ele era o cientista maluco. Ali, ele misturava e combinava canções e versões de canções, cos-

---

[10] "A hardheaded woman is a thorn in the side of a man", da letra de "Hard Headed Woman.
[11] "Gonna find [him]a bluebird, let it sing all night long", da letra de "Gonna Find Me a Bluebird".
[12] "Bom, é um para o dinheiro/ Dois para o show...", "Blue Suede Shoes".

turava certas partes e descartava outras; por ser Jerry Lee, fazia o que queria no ato, num set que deveria durar cerca de quatro músicas, mas ele ignorava isso também. Num minuto estava tocando "Crazy Arms", no outro "Big-Legged Woman", e o público batia palmas em uma e batia os pés e uivava na outra. Seu show ficou mais selvagem e cada vez mais endiabrado naquela turnê, e as plateias urravam pelo bis. Ouvira dizer que os canadenses eram pessoas prudentes e reservadas, mas devia ter ouvido errado. Começava a entender, cada vez mais, enquanto a música ainda estava em sua gênese, que aquilo era só o começo. Dar um show era como puxar a alavanca que acordaria o monstro de Frankenstein, e então observar seus primeiros espasmos de vida. "É preciso se vestir da maneira certa, agir da maneira certa, portar-se da maneira certa; unir tudo isso".

A parte do visual bonito, bem, Deus já tinha cuidado disso. Mas era preciso usá-lo. A essa altura, seu cabelo já tinha se tornado quase que outro instrumento. Sob as luzes, brilhava de fato como ouro polido, e, no início dos shows, estava assentado e penteado para trás, de forma que ele parecia respeitável, como um estudante universitário ou o filho de um pregador. Porém, durante os rocks, balançava a cabeça como um homem selvagem, bagunçando aquele cabelo todo; caía sobre seu rosto, e isso simplesmente parecia causar algo nas mulheres – e os gritos delas pareciam causar algo na plateia, e daí as coisas ficavam um tanto quanto histéricas. Os cabelos bagunçados faziam as ondas se transformarem em cachos emaranhados e pareciam ganhar vida, algo perverso, como a própria Medusa. Às vezes ele sacava um pente no palco e tentava penteá-los novamente, mas era algo selvagem demais para ser domado. "Fui o primeiro no rock and roll a ter cabelos compridos", diz ele, lembrando daquela noite, "e *como* eu *balançava*".

Aquelas eram as maiores plateias que ele já vira ou ouvira, e ainda é capaz de vê-las e ouvi-las.

"Mais!".

"Mais!".

"Mais!".

Tocou um bis, depois dois, e, ao final, tocou "Shakin'" em meio a um pandemônio.

"Não queriam me deixar sair do palco".

Quando terminou, as pessoas tinham se levantado de seus assentos e os seguranças pareciam inquietos. Jerry Lee pavoneou para fora do palco, estendendo um braço no ar firmemente, mais uma saudação do que um tchau. "E saí deixando-lhes a se perguntar quem era aquele garoto selvagem".

Lá estava Johnny Cash, transpirando e quase empalidecendo, enquanto a plateia gritava por mais. Jerry Lee relembra: "Ele parecia uma estátua. Não disse uma palavra".

No auditório, uma mulher tinha desmaiado no corredor.

Ao passar por Johnny, Jerry Lee disse em seu ouvido: "Ninguém toca depois do Matador".

A plateia ainda gritava "Jerry Lee! Jerry Lee!" quando Johnny entrou no palco. Aquietaram-se respeitosamente enquanto ele cantava "I Walk the Line".

> *I keep a close watch on this heart of mine*
> *I keep my eyes wide open all the time*[13]

Adoravam Johnny no Canadá, mas foi como a calmaria depois da tempestade. "Depois disso, Johnny não tocou mais depois de mim e disse que nunca mais tocaria", diz Jerry Lee. "Ele disse: 'Quando Jerry Lee termina, acabou'. *Ninguém toca depois de mim*". Naquela noite, depois do show, as garotas vieram não em uma ou duas de cada vez, mas numa multidão. "Também, era inevitável", diz ele. "As garotas vinham à noite, às vezes até antes dos shows, quando o sol se punha. E eu dizia a elas que continuassem", e ele então ri da lembrança, mesmo da possibilidade de tal coisa ter acontecido, dele ter mandado uma bela garota embora.

"Caramba, que época".

Algumas lendas começam dessa forma, com muito drama, e outras são puramente acidentais. Em algum lugar da estrada, onde exatamente ele não consegue se lembrar, enjoou de tocar sentado enquanto todo mundo no lugar estava de pé, então simplesmente se levantou para tocar em pé. Amava o piano, mas o instrumento de fato ancorava um homem e lhe dava pés de argila. Porém, quando se levantou, o banquinho do piano estava no caminho. "Então decidi que simplesmente empurraria o banquinho só um pouco para trás com o salto da minha bota, para abrir um pouco de espaço, mas a bota ficou presa e acabei arremessando o banquinho para o outro lado do palco. Rapaz, aquilo levou o público à loucura. E

---

[13] "Tomo muito cuidado neste meu coração/ Mantenho os olhos bem abertos o tempo todo".

eu disse: 'Bem, então é isso o que eles querem'". Se eles gostaram quando ele só arremessou o banquinho, o que fariam se ele o arrastasse e chutasse para o outro lado do palco? Assim o fez, e a plateia uivou e comemorou, e as mulheres gritaram, então ele passou a ter de fazer isso todas as vezes, a cada bendito show.

"Ah, sim. Eu estava meio fora de controle".

Artistas iam e vinham ao longo da turnê, mas Jerry Lee passava a maior parte do tempo com Johnny e Carl, apesar da tensão entre ele e os dois. Hoje, é quase doce pensar neles como um grupo de jovens rapazes contando piadas, brigando na terra e agindo como crianças mimadas na estrada, enquanto azeitavam sua arte. Mas a turnê era um bom tanto mais sinistra do que isso. Todos eram viciados em alguma coisa. Carl bebia muito na maioria das noites e em alguns dos dias, e Johnny estava desamparadamente viciado em anfetaminas, sempre falando sobre coisas profundas, como a desumanidade dos homens uns com os outros e prisões, e se os porcos conseguiam ou não ver o vento. E havia Jerry Lee, voando alto nisso tudo, e a todo vapor.

"Eu gostava do Carl. Ele se tornou meu amigo. Era muito talentoso. Sabia cantar, tinha uma voz muito boa, e tocava guitarra muito bem. Sabia tocar *por toda* a guitarra". Seus sentimentos para com Cash são mais complicados. "Johnny, bem, eu simplesmente achava que ele não cantava muito bem. Escreveu algumas músicas muito boas... mas digamos apenas que ele não era nenhum trovador". Ele e Cash seriam amigos aqui e ali e até gravariam juntos quando mais velhos, mas, na fria primavera do Norte em 1957, o homem de preto era mais um obstáculo em seu caminho.

Ironicamente, quando as coisas enfim estouraram, não foi Cash com quem ele teve de lutar. Certa noite, numa cidade da qual de fato não se lembra, ele e Carl Perkins estavam sentados em espreguiçadeiras na frente de um pequeno hotel na estrada, só tomando um ar refrescante. As temperaturas primaveris nas montanhas canadenses chegavam abaixo de zero em alguns dias, mas eles detestavam ficar engaiolados nos quartinhos minúsculos. Em algum momento da noite, havia um quarto de garrafa de uísque perto deles, mas ninguém se lembrava onde isso havia ido parar.

"Carl estava bem bêbado, e eu só estava bebendo um pouco", recorda-se Jerry Lee.

Naquela noite, Perkins vestia uma camisa chique da Lansky's, de Memphis, onde Elvis comprava suas roupas. "Essa camisa está bonita?", perguntou a Jerry Lee.

Para Jerry Lee, não faria diferença se Carl estivesse usando um saco de estopa amarrado com linha de pescar. Ele só se importava se *ele* estava bonito, e sabia que estaria elegante até mesmo atolado na lama.

"Não estou bonito?", perguntou Carl.

Jerry Lee resolveu soltar o verbo e rosnou: "Você e o Elvis, sempre andando por aí nessas roupas chiques, sempre preocupados sobre como está o visual...".

Talvez ele estivesse levemente mais bêbado do que se recorda. "Carl levantou daquela cadeira pronto para lutar, e quando vi já estávamos brigando pra cima daquele Buick". Ele diz hoje que não foi uma batalha épica. "Eu não acertava nenhum soco, nem o Carl". Lembra-se de acertar um bom tapa com as costas da mão, e então acabou e os dois eram amigos de novo, mas a inveja continuaria. "Era inevitável. Eu fazia bis diante de doze mil pessoas, dois, três bis... Eles sabiam. Sabiam, mesmo naquela época, que estavam vendo a coisa mais maravilhosa".

Tocou num palco giratório, que rodava lentamente enquanto ele se apresentava. "Eu não gostava daquilo. Gostava de ficar num só ponto, de modo que pudesse ficar de olho em certas pessoas". Se ficasse girando e girando, perderia de vista alguma garota bonita. "E então eu tinha de botar meus olhos nela de novo. Eu sempre conseguia encontrar minha garota, naquela época. Achar uma bela garota não era um problema. *Olhe*, eu dizia a mim mesmo, *há um casal*. E então: *Olhe, ali na terceira fileira*". Em Quebec, quase se apaixonou. "Elas levantavam os vestidos e eu berrava: 'Um pouco mais alto, baby', elas subiam. Rapaz, elas se jogavam. E continuavam se jogando, noite após noite, cidade após cidade".

Ele ainda estava casado, é claro, com a volátil Jane, que ainda estava em Ferriday com seu filho e a família de seus pais, mas a verdade é que ele tentava não pensar mais nela tanto assim. Tinham se casado por necessidade, e tal casamento parecia menos necessário a três mil quilômetros de distância. "Eu estava vivendo um sonho", diz ele, mesmo se a realidade na qual esse sonho se baseava fosse, por ora, bastante frágil.

Seguiram viagem por quase dois meses, para mais shows em lugares ainda mais remotos, dirigindo dia e noite, cheirando a suor, uísque e pólvora. Jerry Lee estava completamente indomável agora, e, para alguns, quase fora de si. Começara a tocar piano com os pés, às vezes, em seus calçados número 44, e a plateia rugia diante disso também. "Eu tocava com os pés, no tom. É possível, quando você sabe o que está fazendo. Não era só um truque. Eu *tocava*". Estava se exibindo e fazendo os companheiros passarem vergonha, com a plateia adorando tudo isso, e, ao final da primavera, seu relâmpago já estava rebatendo pelas ondas do rádio, só que mais fraco e mais distante do que ele preferia.

Os músicos que tocavam com ele se lembram de todo encontro com ele como uma espécie de validação, de certificado de autenticidade. O guitarrista Buzz Cason escreveria, posteriormente, sobre como saiu de um teatro em Richmond e viu Jerry Lee, o grande Roland Janes e Russ Smith, seu baterista de turnê baixinho, dançando depois de um show em cima de um Buick 58, só dançando, porque o tempo em cima do palco nunca era longo o bastante. Lembra-se de viajar com Jerry Lee para Buffalo, e que Jerry Lee queria dar um pulo nas Cataratas do Niágara. Subiu num muro diante da grande queda d'água, com os cabelos loiros chicoteando ao vento, e fitou o abismo por, talvez, trinta segundos, e então deu um pulo de volta ao chão. "Jerry Lee Lewis viu as Cataratas do *Niag-uh*. Agora vamos para casa, rapazes".

Certa vez, numa passagem pelo Texas, viu dois indivíduos singulares sentados numa mesa num grande clube noturno. Um deles era seu antigo herói do piano, Moon Mullican. O outro era o simplório, porém afinadíssimo Roy Orbison, outro artista da Sun. "Foi em Odessa, cidade natal de Roy Orbison. A questão do Roy é que ele queria pegar cinquenta dólares emprestados de mim para que pudesse cair fora daquela cidade... Ele disse que sabia que poderia gravar um sucesso se conseguisse sair daquela cidade. E eu disse: 'Bem, te empresto cinquenta dólares de bom grado'". Orbison rapidamente ficou com inveja de Jerry Lee na Sun, crente que Sam Phillips estava dedicando energia demais da gravadora em um só homem. Não seria a primeira vez que isso acontecia. "Ele ficou um pouco chateado", diz Jerry Lee, mas pelo menos saiu de Odessa.

"Whole Lotta Shakin' Goin' On" finalmente estava no rádio, não só em Memphis, mas no país todo e, segundo a *Billboard*, "se espalhando como fogo na floresta" nas paradas de country, *rhythm and blues* e pop. Quando ele voltou para o Sul, já tinha se tornado uma constante no rádio em Memphis. "A música estava tocando em todas as lanchonetes", diz, e ele dirigia pelas ruas da cidade em seu Cadillac vermelho com a capota abaixada, ouvindo seu próprio som genial envolvê-lo e se espalhar pelo ar quase líquido que Memphis tem no verão. Às vezes, levava junto sua prima Myra, que olhava para ele com olhos pidões sob sua franja castanho-escura.

Mais cedo naquele ano, Elvis comparecera ao Kennedy Veterans Hospital, em Memphis, para um exame médico que verificaria se ele estava em forma para servir ao país caso fosse alistado, embora, é claro, não houvesse mais guerra, e eles certamente não chamariam o monarca do rock and roll. De lá, foi direto tomar um trem para Nova York, onde faria sua última apresentação no *The Ed Sullivan Show*, cujo operador de câmera estava instruído a filmá-lo somente da cintura para cima. Ciente de que alguns americanos ainda se escandalizavam com seu comportamento lascivo, Sullivan pegou Elvis pelo braço, olhou diretamente para o centro da câmera e para a consciência da nação, e chamou-o de "um rapaz ótimo e decente". E então Elvis foi para casa, onde o coronel Tom Parker, seu empresário, o presenteou com um terno de lamê dourado, mas Elvis continuava a se jogar de joelhos no palco, o que gastava o ouro, que era caro, então Parker disse a ele que não fizesse mais aquilo. Elvis parou de usar aquelas calças. Foi para Hollywood e gravou quatro filmes em dois anos, um chamado *Jailhouse Rock* (no Brasil, *Prisioneiro do Rock*), e gravou mais músicas em estúdios de Hollywood do que era capaz de se lembrar. Quando voltou para Memphis, levou seus pais para morarem numa mansão branca chamada Graceland, com muros e grades altos, para manter afastados os fãs que tinham se habituado a dormir no gramado de sua mãe na Audubon Avenue. Chuck Berry, que estava lá no começo de tudo, escreveu a Bíblia do rock and roll praticamente sozinho, mas, na primavera de 1957, o garoto branco de uma casa modesta de Tupelo estava acima de todo mundo na música, de modo que, quando as pessoas pensavam em rock and roll, pensavam nele e somente nele.

Alguns já sugeriram que havia malícia no coração de Jerry Lee no que dizia respeito a Elvis, mas não havia nenhuma, não especialmente naquela época. Já bem velho, ele diria que idolatrava Elvis quando adolescente e que se tornou seu amigo quando um jovem adulto. Mas seria mentira dizer que ele não queria o que Elvis tinha, e não havia nada furtivo ou desleal nele quando chegou para buscar isso tudo.

Elvis tinha muitos amigos, mas, Jerry Lee diz, poucos não eram comprados e ele se identificava verdadeiramente com ainda menos deles. Naqueles primeiros anos, tornaram-se amigos próximos. Jerry Lee tocava piano por horas – Elvis gostava de ouvir principalmente os *standards* gospel – e houve rumores de que eles farreavam por Memphis em estágios variados de loucura. Ambos tinham grandes motocicletas Harley-Davidson e rodavam lado a lado pela cidade. A história mais ultrajante conta que, certa vez, ele e Elvis saíram de moto pela cidade completamente nus, boato que Jerry Lee se recusa a confirmar – ou a negar.

"Eu sabia que você ia chegar nisso", diz ele hoje. "Prefiro nem entrar nesse assunto. Não acho que Elvis ficaria contente", e dá risada. "E ele não está aqui para se defender".

Um dia, pouco depois de ter lançado um cover de uma das canções dos filmes de Elvis, "Mean Woman Blues", trombou com ele – quase que literalmente – nas ruas de Memphis.

"Ele tinha um Eldorado preto, de 56. Eu tinha um Eldorado branco, 56. Eu estava indo para a Sun Records e ele vinha no sentido oposto". De súbito, Elvis entrou na contramão. "Ele ia bater de frente comigo. Eu parei e disse: 'Que diabos está fazendo, cara?'".

"Vou te processar".

"Pelo quê?".

"Por 'Mean Woman Blues'".

Hoje, ele ri disso. "Eram bons tempos. Ele não tinha um pingo de inveja no corpo. Decerto não em relação a mim".

Numa viagem para casa na Paróquia de Concordia, o garoto loiro recebeu um aviso muito semelhante ao que Elvis recebera, dizendo-lhe para comparecer para exame médico. "Dizia que eu deveria me apresentar ao meu oficial de recrutamento. Amassei o papel e joguei no rio Negro". Em seguida, entrou em seu Cadillac, que subiu berrando pela Highway 61, rumo a Memphis. Lá, em sua carruagem V8, espreitava o trono com sua música de sucesso, seu relâmpago, como uma lança em sua mão, e esperou que o poder ali se acumulasse cada vez mais, até estalar e cuspir fogo, até que o Rei o encarasse de homem para homem, porque, quando tomasse a coroa, queria que ele soubesse quem a estava tomando.

Ele não precisava de uma música que o tornasse impróprio. Jerry Lee sempre fora impróprio, e um pouquinho de fama não mudou isso; você pode pintar um celeiro de branco mil vezes, e ainda assim isso não fará dele uma casa. O problema não estava nas letras que ele cantava, mas em *como* ele as cantava. Qualquer um pode cantar sobre pecar, mas quando ele cantava, soava como se soubesse muito bem do que estava falando e fosse demonstrar, se você tivesse um minutinho. Pat Boone cantou "Tutti Frutti", de Little Richard, e não incitou uma revolta sequer, mesmo entre os presbiterianos.

"Aqueles tempos já se foram, desapareceram, mas eu me diverti *muito*", diz Jerry Lee.

Por um período fugaz de primavera e verão, ele e sua música de sucesso fumegaram pelas ondas do rádio, primeiro em Memphis, mas se espalhando rápido ao redor do país, e até Dewey Phillips o tocou em *Red, Hot & Blue*, falando como se as palavras estivessem queimando sua boca. No meio do verão, "Whole Lotta Shakin' Goin' On" já tinha vendido mais de cem mil compactos, cinco mil num único dia.

E os adolescentes não foram os únicos que perceberam esse novo talento: os compositores também.

"Um sujeito chamado Otis Blackwell disse que escrevia canções, que queria compor uma para mim, que tinha composto para Elvis e agora queria compor para mim", disse Jerry Lee. Blackwell, compositor negro de Nova York, era uma figura de respeito – o homem que escrevera "Don't Be Cruel" e "All Shook Up" para Elvis.

"'Você com certeza não é um garoto branco', ele me disse da primeira vez que me viu, e eu disse a ele: 'Ora, sim, senhor, sou branco'".

Só isso já preocupava bastante as pessoas. Elvis as enganara por um tempo, causara dúvida, e, quando descobriram que ele era um homem branco, alguns guardiões da moral gritaram blasfêmia, e quando suas filhas choraram, gritaram e babaram por ele, os pregadores e políticos novamente se levantaram contra o rock and roll. Quando Elvis esteve no *The Steve Allen Show*, os produtores o colocaram num smoking e o puseram para cantar "Hound Dog" para um basset chateado e trêmulo. Mas Elvis, como bom garoto, acariciou e até beijou o cachorro uma ou duas vezes. O jovem Jerry Lee assistiu a tudo isso meio rosnando, pensando: *Se vocês pensam que isso é perigoso, esperem até verem um pouco de mim.*

Já era perigoso antes, mas agora, com um sucesso, estava armado. "'Whole Lotta Shakin'' estava a caminho da lua", diz Jerry Lee. "Da primeira vez que ouvi, já soube que era mais do que apenas uma boa música. Soube que era irrefreável. Simplesmente soube. Nada do que fizessem poderia pará-la".

"E então eles a baniram".

Sam Phillips estava sentado atrás do vidro frio na Sun, morosamente correto. Tinha de acontecer. Banir músicas de rock and roll já tinha se tornado quase um esporte nacional, de Boston a Biloxi, uma espécie de jogo do ovo e da galinha entre políticos aduladores, pregadores cabeça-dura, publicitários, agências regulatórias do governo e donos de estações de rádio, e a história não estava do lado de Jerry Lee. Todos mamavam uns nos outros e se tornavam maiores e falavam mais alto, não só no Sul dito retrógrado, mas até mesmo no Nordeste, como se o país inteiro estivesse assumindo o papel de um pai com corte de cabelo militar tirando o cinto para uma surra ao entrar no quarto do filho adolescente, dizendo: "Você não vai tocar essa música de crioulo na minha casa".

Em 1954, uma deputada de Michigan apresentou um projeto de lei que proibiria a correspondência de qualquer gravação "pornográfica", como discos de rock and roll. Em Memphis, a polícia confiscou "Honey Love", dos Drifters, antes que os compactos fossem colocados nas jukeboxes. Em 1955, em Mobile, a rádio WABB recebeu quinze mil cartas com reclamações sobre músicas sujas. Em Bridgeport, Connecticut, a polícia cancelou um show de Fats Domino no Ritz Ballroom, com medo de que a dança poderia evoluir para um tumulto. Em 1956, a rádio ABC se recusou a tocar uma gravação de "Love for Sale", música de Cole Porter de 1930 sobre prostituição, na voz de Billie Holiday, cantora de jazz de quarenta e um anos. Em Ohio, dançar em público ao som de discos de rock and roll era contra a lei para menores de dezoito anos, enquanto que em Nova York um executivo da Columbia Records apresentou um programa na CBS para debater com psiquiatras os efeitos negativos do rock and roll na mente adolescente. Em 1957, o cardeal Stritch, da Arquidiocese de Chicago, baniu todo rock and roll das escolas católicas, temeroso dos efeitos que aquele ritmo teria sobre os adolescentes. As estações de rádio baniram até mesmo a versão de Elvis para "White Christmas", baseada na recente versão R&B dos Drifters.

Se eram capazes de banir "White Christmas" só porque era cantada numa forma amena de rock and roll, como é que não baniriam essa nova canção, "Shakin'", cantada por um jovem branco que não apenas *insinuava* que os ouvintes deveriam balançar algo, mas dizia a eles que o fizessem – dizia a eles que balançassem "aquilo" em particular, e embora ele não dissesse o que exatamente era "aquilo", só um pastor de jovens muito protegido não adivinharia em três ou quatro tentativas. Os pregadores e políticos amontoaram todo seu nojo, desdém e medo do rock and roll sobre essa única música; alguns até alegaram que ele blasfemava na letra, dizia a palavra *inferno* ("*hell*"), embora fosse apenas a maneira como cantava. O que mais doía era que sua música foi desfavorecida até mesmo perto de sua terra natal, à medida que as rádios sulistas a retiravam da programação. As vendas estagnaram e o grande arco de sua estrela ascendente começou, só por um momento, a ficar mais lento.

"Eu só estava tentando gravar um disco", diz Jerry Lee inocentemente, mas ele foi pego na história maior – o recém-começado confrontamento à segregação no Sul Profundo, que deixara à solta os medos que os brancos tinham em relação a seus ideais malfadados, e o início da liberação dos hábitos sexuais, e todo o resto. Em Memphis, onde o fogo do rock and roll outrora ardera sob as pernas inquietas de Elvis, a grande ameaça agora tinha um novo nome e um novo rosto bravo, à medida que políticos e pregadores berravam seu nome e seus crimes "sem saber nada sobre mim", diz Jerry Lee. Os jovens eram instruídos a quebrar seus discos de Jerry Lee e então a orar fortemente. Estações de rádio que tinham tocado a música duas ou três vezes por hora, às vezes duas ou três vezes seguidas, a retiraram da programação, e milhares de compactos ficaram empilhados no depósito de Sam Phillips, sem vender.

As perspectivas eram tão desoladoras que Sam buscou ajuda em seu irmão mais velho, Jud. Naquele momento, Jud vendia carros usados em Florence, Alabama, mas tinha trabalhado no ramo musical. Divulgador e vendedor nato, tinha contatos com disc jockeys e produtores de televisão ao redor do país, e, quando chegou a Memphis naquele verão, foi para servir como uma espécie vagamente definida de diretor de marketing com um único projeto de fato: Jerry Lee.

Jud Phillips entendia a natureza e o apetite humanos, diz Jerry Lee. E isso tinha pouco a ver com bom gosto ou mesmo com realismo. Você poderia dizer qualquer coisa às pessoas e, se berrasse alto o bastante, elas acreditariam. Como prova, havia o caso de amor da cidade com a luta livre. Naquele ano, Farmer Jones, usando um coice de mula do Arkansas e uma puxada de tronco, levou uma luta de dois nocautes com Art Nelson no Ellis Auditorium. O povo torcia por um silo ambulante chamado Haystacks Calhoun, e vaiava a careca Lady Angel, que fazia "crianças chorarem e damas desmaiarem". Foi o ano em que Zebra Kid derrotou Nature Boy Buddy Rogers com uma cabeçada, só para ser perseguido até a rua, onde um espectador trouxe uma cadeira de metal para Nature Boy para que ele pudesse deixar o Kid inconsciente. E os jornais cobriam isso tudo como se fosse real. Mas a questão é que não era, era cara de pau.

Jud, que sempre tinha um jornal a tiracolo, era um estudante da turba. Ao invés de se desculpar por Jerry Lee, decidiu que iriam ostentá-lo. Isso ocorreu a ele depois de ver Jerry Lee se apresentar num show com Carl Perkins, Johnny Cash e Webb Pierce na região de Sheffield/Muscle Shoals, onde o garoto quase acabou com o piano. Depois do show, Jud se apresentou, foi com ele até o camarim e disse a ele o que ia fazer e como ia fazê-lo. Estivera no meio da música a maior parte da vida, assim como seu irmão, e era provavelmente o vendedor de carros usados com os melhores contatos do Sul. Tinha amigos nas emissoras de Nova York. Acreditava que se simplesmente aparecesse por lá com o garoto, na audácia, como se devessem estar lá, talvez conseguisse colocar Jerry Lee e sua música na televisão em rede nacional.

Sam Phillips estava dividido entre apenas engavetar a música ofensiva e apostar tudo numa última e grande cartada. Não estava convencido de que uma viagem de supetão e cara para Nova York, sem a garantia de um segundo de exposição, valia a pena. Para Jerry Lee, começava a parecer que aquele que um dia o prometera o estrelato não mais acreditava nele. Jud cantou a bola para Sam que estava correndo o risco de perder esse garoto à maneira como perdera Elvis, por pouca coisa, mas Sam o mandou ficar quieto, pois não havia muito que perder a essa altura, exceto um moleque com um disco que ninguém tocava. "Eu não tive medo", diz Jerry Lee hoje, mas a batalha que se deu entre os dois irmãos no escritório a portas fechadas determinaria seu destino.

"Ele poderia ter sido um gênio. Especialmente quanto a fazer dinheiro, e manter esse dinheiro", diz ele sobre Sam Phillips.

Mas Jud Phillips acreditava nele. Assim como com a maioria das pessoas leais a ele, Jerry Lee jamais se esqueceria disso. "Jud era um homem decente, e um bom homem de negócios. Era um vendedor. E via o que Sam não via". Mesmo quando estava bêbado, o que não era raro, sua mente estava sempre fervilhando, diz Jerry Lee. "Dava festas, molhava um pouco a mão de alguém, fazia o que fosse preciso" para fazer as notícias correrem, atiçar um rebuliço. Por fim, conseguiu convencer o irmão a comprar duas passagens de trem para o Grand Central Terminal, em Nova York. "Eu nunca tinha entrado num trem antes", pelo menos não em um que tivesse pagado pela passagem. "Pensei que seria legal". Enquanto corriam pelos trilhos, sacou um exemplar dobrado do *Super-Homem* e decidiu não se preocupar com nada daquilo, com Nova York, com a disputa entre os dois irmãos. Ele sabe agora que não era que Sam Phillips não tinha fé nele. Se não fosse pela fé inicial de Sam nele, ele não sabe ao certo que rumo sua música teria tomado, e formou uma amizade com o homem que queria e precisava para ser genuíno, algo para além dos negócios e até da música; ele ainda precisa disso hoje. "Ele gostava muito de mim. Ah, sim, seu respeito por mim era ilimitado", diz. Jerry Lee diz que Sam estava apenas sendo cauteloso, e talvez realista. Tais coisas, tais ressurreições, raramente aconteciam na vida real, mas, às vezes, aconteciam nos gibis.

Hoje, ele se lembra principalmente não dos arranha-céus, mas das calçadas que cruzavam a cidade. "Eram incríveis", diz, "os quarteirões mais longos que já caminhei. Mas essa é a cidade, rapaz, essa é Nova York. Não se chega lá para depois não se arriscar".

Moveram-se pelas multidões de um grande edifício a outro, pedindo por uma chance para mostrar aos poderosos, aos fazedores de reis, o que ele era capaz de fazer. "Não fiquei nem um pouco nervoso", diz hoje, embora pudesse ter ficado, se tivesse vivido tempo o bastante sob o Ciclope da televisão. Porém, na terra natal, pouca gente tinha um aparelho; seu tio Lee, é claro, foi um dos primeiros a ter um televisor em Ferriday, mas seus pais só recentemente tinham comprado um, acreditando, como sempre acreditaram, que um dia ligariam aquela coisa, apontariam a antena na direção de alguma torre distante e lá estaria Jerry Lee, sentado ao piano. Parecia que ainda ontem ele e sua mãe estavam sentados com as cabeças voltadas para aquele pequenino rádio de transistor para ouvir o Grand Ole Opry, rezando para a bateria durar pelo menos até o final de "Walkin' the Floor Over You".

Os antigos contatos e o bom papo de Jud conseguiram com que eles chegassem à porta das emissoras, mas não um teste.

Jerry Lee viu Ed Sullivan mandá-lo embora de longe. "Saiam daqui. Não quero mais nada dessa porcaria de Elvis", disse o apresentador.

Isso envergonhou Jerry Lee; era como se estivessem mendigando. "Vamos embora, Jud, acho que ele não quer saber de nós, não quer nem ouvir", disse.

Então Jud buscou Henry Frankel, um velho conhecido que agora era coordenador de talentos na NBC, e Frankel buscou Jules Green, que era o empresário de Steve Allen. O programa de Allen, que era concorrente do de Ed Sullivan, da CBS, estava disposto a correr riscos maiores a fim de roubar da concorrência alguns pontos de audiência. Apresentavam de tudo, de comediantes a ventríloquos a pessoas que giravam pratos em bastões – e, é claro, música, posto que o próprio Allen era pianista, do tipo que tocava música de coquetel.

Green nem se levantou, só ficou lá sentado com os sapatos sobre a mesa, quando Jud entrou. Não se impressionou com a quantidade de discos que Jerry Lee vendera, nem com a ideia de outro roqueiro caipira. Não fazia muito tempo desde que tiveram que camuflar Elvis para conseguir trazê-lo ao programa mantendo a gritaria do público num nível controlável de decibéis.

"Onde está sua fita?", perguntou a Jud.

"Não há fita", respondeu ele.

"Fotos?".

Jud disse a Green que seu artista estava no lobby, esperando.

Green se levantou e olhou pela janela do escritório.

"Tudo o que vejo é um cara mascando chiclete e lendo uma revista em quadrinhos. Você diz que ele sabe fazer alguma coisa. Eu não sei", disse.

O garoto, de cabelos mais compridos do que era apropriado, estava encostado num pilar, entretido com as aventuras de Mickey Mouse. Estourou uma grande bola de chiclete e parecia entediado. Já tinha terminado um exemplar do *Super-Homem*.

"Se você tiver um piano, ele vai lhe mostrar o que é capaz de fazer", disse Jud.

Foi uma daquelas raras ocasiões em que ser desconhecido salvou um artista. Green não sabia de nenhuma proibição, de nenhuma das estações de rádio e patrocinadores que estavam contra Jerry Lee, e Jud não fez questão de contar. Por que abrir o portão para um cachorro bravo, já que ele só vai te morder?

"Jerry Lee, venha cá", disse Jud.

Jerry Lee se lembra vividamente desse momento.

"Tirei meu chiclete da boca e grudei no tampo do piano, coloquei meu gibi do Mickey Mouse no chão e fiz o que sabia fazer".

Tocou "Shakin'" inteira, fumegando e perfeitamente.

Quando terminou, Green já estava pegando a carteira. "Vou lhe dar quinhentos dólares agora mesmo", disse a Jud, se ele prometesse levar Jerry Lee de volta para o hotel, trancasse a porta e não falasse com mais nenhum produtor de TV, e o trouxesse de volta para fazer um teste para Steve Allen às nove da manhã.

Na manhã seguinte, Jerry Lee tocou a música novamente, desta vez diante de Allen.

"Ele fingiu tocar bateria batendo com um lápis no piano", recorda-se Jerry Lee. "Ainda consigo ver. É engraçado como algo tão insignificante, com uma batucada com lápis, pode mudar toda sua vida, mudar tudo".

Jud disse a Steve Allen que, se ele desse a Jerry Lee três minutos no ar, nenhum telespectador se levantaria para mudar de canal nem faria qualquer outra coisa senão ficar fascinado. Allen não entendeu como alguém seria capaz de manter uma promessa como aquela, mas aquela não era sua primeira empreitada musical e, numa época que as pessoas ainda estavam tentando entender aquela nova mídia, ele era visionário.

"Quero que você toque essa música, Jerry Lee, toque-a do jeito que tocou agora, no meu programa esta noite", Steve Allen disse a ele. Anos depois, quando o perguntaram por que deu uma chance àquele garoto, Allen diria apenas que adorava qualidade e sabia quando ela existia.

"Ele gostou até da parte falada da música", a parte que assustava tanta gente, disse Jerry Lee. "Ele ouviu, e soube que era um compacto de potencial sério. Sabia que tínhamos algo vendável".

Jerry Lee apertou sua mão e o agradeceu pela oportunidade.

JERRY LEE LEWIS: SUA PRÓPRIA HISTÓRIA

Era 28 de julho de 1957.

"Eu não estava nervoso", diz Jerry Lee.

Steve Allen aguardava no palco pelo sinal.

Três... dois... um...

Allen, simpático e de óculos, convidava a América a deixar suas bandejas e mesas para se juntar a ele por uma hora inteira – com um comercial aqui e ali – em um show de variedades e entretenimento, com Shelley Winters, Tony Franciosa, os Four Coins, Jodie Sands, o cantor Jerry Lee Lewis, o mímico Shal K. Ophir e "nosso elenco regular de malucos, Tom Poston, Don Knotts e Louis Nye".

Jerry Lee aguardava nas coxias. Tinha vinte e um anos.

"Eu não estava nervoso", repete.

Mas também não via sentido nenhum em só ficar lá parado sem fazer nada, assistindo a um mímico. Ele e a banda atravessaram a rua e foram tomar um drinque.

Voltaram faltando apenas um ou dois minutos para entrarem no ar, sob algumas encaradas raivosas dos produtores e um ou dois olhares preocupados do próprio Steve Allen. Não sabiam é de nada, diz Jerry Lee. Aquele negócio de TV era como andar na lua.

"Fiquei procurando por vocês por uma hora, pois não sabia onde vocês estavam", disse Allen, no ar, enquanto Jerry Lee, J. W. Brown e o baterista Russ Smith perambulavam pelo palco, fora das câmeras, para se preparar. Assistindo ao programa, ao prestar atenção no barulho no set, é possível ouvi-los se preparando. Allen, como velho profissional, prosseguiu tranquilamente. "Agora, uma palavrinha" – *crash, tum, bang* – "dos nossos, uh, contrarregras, aparentemente. Fiquem ligados para um rock and roll sensaci..." – *tum, bang* – "...se vocês acham que estão derrubando nosso set, esperem até ouvir Jerry Lee Lewis. Ele destrói o piano e tudo mais".

Allen cortou para um comercial, no qual uma dona de casa perplexa, porém de penteado perfeito, observava o filho deixar pegadas de água de chuva num chão imaculado, mas sem problemas, pois o chão estava encerado com Johnson Stride Wax, "a cera que os líquidos não pegam". E então, faltando menos de cinco minutos para o programa terminar, a câmera abriu novamente em Allen. "Teve muito balanço rolando por aqui o dia todo, como resultado da visita desse sujeito chamado Jerry Lee Lewis... como vocês devem saber, em particular os jovens, ele está lançando um novo disco...". Enrolou um pouco, como se estivesse tentando decidir como alertar aos telespectadores o que estava prestes a atingi-los. "E agora, aqui está ele, pulando e sacudindo, Jerry Lee Lewis!".

Come on over, baby[14]

Jerry Lee, vestido como se estivesse indo ao cinema, numa camisa listrada de manga curta, calças pretas e sapatos brancos, fez o que sabia fazer. Parecia dividido entre uma alegria selvagem e uma fúria flamejante, e olhava para a câmera como o fazia todos os dias, como um garotinho num playground, dizendo "quer aprontar alguma?" até cansar, e se soltou. A única diferença, a única concessão que fez para a TV, foi discreta. Na hora de girar o dedo ofensivo no ar, quando diria "balance só um pouquinho" (*"wiggle it around just a little bit"*), cantou, ao invés disso, "pule só um pouquinho" (*"jump around just a little bit"*), sem girar nada perceptivelmente, nem conversa nenhuma sobre balançar nada. Foi basicamente a única concessão que ele fez na vida, e a maioria das pessoas nem notou. Martelava as teclas com tanta força que elas pareciam pular de volta para encontrar seus dedos, seu cabelo balançava como se fosse um animal vivo sobre sua cabeça e, no final, quando chutou o banquinho para trás, o objeto voou para o outro lado do palco e pousou ao lado de Steve Allen, que o pegou e atirou de volta para Jerry Lee. Pareceu espontâneo, descontraído e real, mas é claro que era só boa televisão. O que aconteceu foi que Milton Berle estava nos bastidores durante os ensaios e disse a Allen: "Olha, quando ele chutar aquele banquinho para trás, pegue-o e jogue de volta, de forma que apareça na câmera".

Quando terminou, o garoto se levantou, puxou as calças para cima e olhou em volta, como se quisesse dizer: "Bom, aí está", e a plateia trovejou em aplausos ali naquele pequeno estúdio. "Não tinha muita gente e o palco era pequeno. Eles não me conheciam... Mas me viram e gostaram de mim. Uma porta foi aberta, como dizem, e eu *voei* para dentro".

Tais estripulias não aconteciam toda semana em rede nacional, onde os produtores ainda varriam o país à procura de malabaristas e comediantes;

---

14 "Chega mais, baby".

parecia uma festa para a qual, por causa da televisão, todo mundo era convidado. Steve Allen entrou no palco dançando, embora de um jeito bem de homem branco, meio pateta, batendo as mãos e gesticulando para que os outros convidados – e havia um bando – subissem no palco também. Jerry Lee estava com um sorriso largo, como se tivesse roubado alguma coisa e escapado impune, e teria saltado de volta àquele banquinho e tocado a noite toda, até durante os comerciais, se o tivessem deixado.

"Até mamãe e papai viram o programa, me viram na TV. Ficaram doidos".

Allen diria, posteriormente, que o garoto era ouro puro diante das câmeras; o show registrou ótimos índices de audiência, melhores até do que os de Ed Sullivan, e na televisão, na verdade, nada importava muito senão a aritmética. "Ele era de primeira", diria Allen. E, depois daquela noite: "Era um astro".

"Aquela noite foi o que desprendeu tudo", disse Jerry Lee. "Steve Allen me convidou para voltar na semana seguinte, e depois mais uma vez, e então eu estourei. Os discos começaram a vender quarenta, cinquenta mil cópias num único dia. Arrasamos. Steve Allen me colocou no topo novamente, e nunca me esqueci disso".

"Na segunda vez que me apresentei lá, Jane Russell veio até o camarim. Ela me perguntou: 'Como é aparecer para o público, ao vivo, diante de um microfone ligado?'. Eu respondi: 'Querida, não tem problema algum. Simplesmente faça'. E ela me deu um beijo no rosto".

Aparentemente, os guardiões da moralidade americana estavam dispostos a abrir uma pequena fenda pela quantia certa de dinheiro. "Todas as proibições à música foram retiradas", recorda-se. "Estávamos no topo *do mundo*, rapaz".

Lá na Sun Records, Cash, Orbison e Perkins estavam mal humorados. Billy Lee Riley se embebedou e, num ataque de fúria e ciúmes, tentou destruir o estúdio até que foi contido.

Jerry Lee voltou a Memphis caminhando sobre as nuvens.

Na época, não sabia o quão perto de um desastre Sam Phillips chegara ao enviá-lo naquela viagem a Nova York. Tinha prensado e enviado centenas de milhares de compactos para todo o país, de modo que estivessem disponíveis nas lojas imediatamente depois da participação no programa de Steve Allen. Em setembro, "Shakin'" era o compacto número um nas paradas de R&B e country e só não ficou no topo das paradas de pop devido ao megassucesso "Tammy", de Debbie Reynolds. A Sun Records desviou tempo, atenção e dinheiro de outros projetos para focar-se no novo astro, e quando jornalistas perguntaram a Sam Phillips se ele tinha algum plano de vender o novo rapaz como fizera com Elvis, Phillips disse-lhes que fossem para o inferno. O compacto que fora vítima de censura ainda tinha detratores, à medida que o movimento contra o rock and roll ia e vinha, tornando-se desgastado em algumas cidades e fervilhando em outras, "mas, para cada estação de rádio que bania a música, outras duas a tocavam", diz Jerry Lee.

Ele realmente não compreendia o que tudo aquilo significava, não mais do que Elvis compreendera. Viu o estrelato de Elvis do lado de fora. Não fazia ideia do que havia do lado de dentro, fosse bom ou ruim. Mas havia uma diferença entre os dois: Elvis às vezes parecia desamparado, enquanto que Jerry Lee se virava.

"Num dado momento, eu estava ganhando cem dólares por noite, e subitamente passei a ganhar cinco mil, e então dez mil dólares por noite", diz. "Se eu sei o que as pessoas estavam pensando? Rapaz, acho que nem elas sabiam o que pensar. E, se não gostavam, eu só ria, mandava-os para aquele lugar e seguia em frente".

Sempre houve mulheres se amontoando diante do palco ou esperando nos bastidores, mas agora elas subiam no palco, perdiam o fôlego. A primeira vez foi em Nashville. "Eu estava num palquinho minúsculo, mas, rapaz, me lembro bem, estava começando a sacar. Estávamos tocando numa base da Guarda Nacional, e de repente chegam umas garotas, um bando de garotas. Pensei: *Não estou gostando do olhar dessas meninas*, e os policiais não podiam fazer nada a respeito. Elas me beijavam e puxavam minhas roupas e meu cabelo... Rapaz, elas praticamente me lincharam. Rasgaram minhas roupas, me deixaram só com as roupas de baixo. Eu estava com uma bermuda velha listrada... Depois disso, passei a usar samba-canção, para o caso daquilo acontecer de novo. Eu berrava: 'Espera aí, baby! Calma lá!'". As garotas saíram correndo com as peças de roupa dele como se fossem troféus.

"Um retalho encostou num bracelete de metal que me furou e quase arrancou meu braço. Me assustou um pouco. Foi uma emboscada. As garotas planejaram aquilo. Se reuniram e planejaram aquilo tudo", diz.

"Eu estava com um terno de estampa de leopardo. Gostava daquele terno". Porém, depois, quando alguém lhe deu uma calça e ele estava sendo escoltado pela polícia para um local seguro, um fotógrafo o flagrou com um sorriso largo. "Não dá para beijar trezentas garotas de uma só vez", diz, então foi só um grande desperdício de exuberância.

Mas se elas o tivessem devorado vivo, pensou, "que belo fim seria".

Jerry Lee rapidamente substituiu Elvis como inimigo público número um aos olhos dos moralistas que protestavam contra o rock and roll. Elvis tinha ido para Hollywood fazer filmes de faroeste e romance. Jerry Lee disse saber que Elvis ainda sabia como fazer rock – "ah, rapaz, ele era um roqueiro" – mas era também o homem que fez "Love Me Tender", comprou um Cadillac cor de rosa, e ainda parecia ficar genuinamente surpreso com esse mundão vasto, e até um pouco perdido nele. Elvis, quando questionado a respeito de sua música, sempre respondia com "Não, senhor" ou "Não, senhora", ele não iria se desculpar por seu rock and roll, porque não acreditava que estava fazendo algo errado ao cantá-lo e ao dançar daquele jeito. Jerry Lee sabia que ele e Elvis compartilhavam alguns medos e dúvidas, mas Elvis guardava bem os seus e convivia com eles, à maneira como uma criança convive com um amigo imaginário. A criança às vezes conversa com o amigo imaginário, mas não na presença de adultos. Ao menos assim parecia, para Jerry Lee. "Elvis se preocupava com o que as pessoas pensavam", diz, quase confuso.

Para Jerry Lee, a fama era algo que às vezes o açoitava, às vezes o deixava ser; em tempos negros, era capaz de perder toda a visão do lado bom de sua música, de acreditar que era algo do mal, até que as coisas de repente clareassem, ao que ele, então, enxergaria tudo muito melhor. A questão do rock and roll, disse ele, é que o estilo deixava as pessoas muito más, mas, mais do que isso e com mais frequência, as deixava felizes, as fazia esquecer da vida por um momento, e, se uma jovem subisse no palco para se jogar sobre um cantor de rock and roll bonitão da Louisiana de vez em quando, e o apertasse quase como se quisesse quebrar sua coluna, que mal tinha?

"Eu sabia que mamãe estava orgulhosa, que papai estava orgulhoso" e, tendo isso como escudo, não se importava demais quanto aos estranhos que ofendia. O orgulho de sua mãe aumentou à medida que ele se afastou dos bares, de Sodoma, e aquilo significava tudo para ele. "Ela me apoiava cem por cento. Sabia que eu tinha que fazer aquelas coisas. E então ela me viu na televisão... e achou que era a maior coisa que já tinha visto".

E a televisão continuava a chamá-lo – incluindo um convite de um jovem DJ da Filadélfia, que tinha um programa chamado *Bandstand*. "Ele me ligou e disse: 'Você não me conhece, mas meu nome é Dick Clark'. E eu disse a ele: 'Não, não te conheço'. E ele: 'Bem, tenho um pequeno programa de TV...'. E eu: 'Olha, você precisa falar com Sam e Jud'". Clark disse a eles que os patrocinadores prometeram-lhe um programa noturno em rede nacional se ele conseguisse uma apresentação de Jerry Lee Lewis. Só havia um porém: os produtores queriam que Jerry Lee dublasse a música, como os convidados costumavam fazer.

Ele participou do programa, mas não seguiu as regras. "Não queriam que eu fizesse como faço, mas eu fiz em alto e bom som, e não fiquei só no raso", diz. "Fiz de tudo".

Foi por volta dessa época que Sam Phillips lhe deu seu primeiro cheque gordo pelos royalties de "Shakin'".

O valor: US$ 40 mil.

Por um momento, Jerry Lee não sabia se aquilo significava quatro mil ou quarenta mil, mas estava feliz de um jeito ou de outro. Colocou o cheque no bolso e o carregou consigo por semanas, meses, até que a tinta desbotasse e o papel estivesse prestes a rasgar em dois, de tão dobrado. Foi ao Taylor's Restaurant e pediu filé com molho, feijão de corda e nabo, talvez tenha pedido até beterraba, embora não gostasse de beterraba, na verdade, e, rapaz, como estava bom; como galhofa, tentou pagar com o cheque de quarenta mil dólares.

"Uh, acho que não podemos descontar esse cheque", a garçonete disse a ele.

Foi para casa e tratou de cumprir suas promessas. Comprou uma casa nova e boa para a mãe em Ferriday, não uma mansão numa colina, mas uma casa boa e limpa, com água encanada quente e fria, uma rede elétrica que não brilhava vermelho na parede nem incendiaria o lugar e lâmpadas que não oscilavam quando a geladeira ligava. Comprou um terreno para o pai, uma fazenda, porque um homem sem um pedaço de terra não era nada, só um devedor.

"Comprei um Fleetwood Cadillac novo para mamãe. E comprava um novo para ela a cada ano, ela passou a esperar por isso. Se eu não comprasse, ela pegava um dos meus. Uma vez ela saiu dirigindo um branco, com interior em couro vermelho. Tive que ligar para ela e perguntar: 'Mãe, você pegou meu carro?'. E ela disse: 'Peguei, sim'. Chegou a um ponto em que, se eu a visse rodeando um no quintal, sabia que ela ia pegá-lo".

Comprou um Lincoln grande para o pai. Dava dois mil dólares por vez para as irmãs irem fazer compras. Se outros parentes estivessem em crise ou passando necessidade, ele os ajudava, vasculhava os bolsos e lhes dava dinheiro vivo.

"Aceitavam e queriam aquele dinheiro", diz Jerry Lee, e mereciam, pela fé que tiveram nele desde cedo e por tanto tempo. Se ele tivesse alguma dúvida quanto àquilo, tudo o que tinha de fazer era fechar os olhos e imaginar aquele piano na carroceria da velha caminhonete do pai, cada vez maior naquela estrada de terra, até que estivesse tão grande em sua mente e a seus olhos que era a única coisa que conseguiria ver de fato, por anos a fio.

Elmo agarrou o sonho de rock and roll com ambas mãos grandes, e Jerry Lee adorava cada momento disso, adorava ver os sonhos do pai se tornarem realidade por meio dele. Uma família mais tradicional, como a de uma pintura de Norman Rockwell, poderia ter sonhado diferente, poderia ter ansiado ver o filho indo para a faculdade e voltando para casa médico, advogado ou industrial, mas o que corria no sangue da família de Jerry Lee era música, e quando você se forma na música, naquele tipo de música, ninguém lhe entrega um canudo e um daqueles chapéus quadrados esquisitos. Assim, Jerry Lee deu ao pai as chaves de um Lincoln novo, e pouco tempo depois Elmo se embebedou e bateu o carro em alguma coisa imóvel, então Jerry Lee comprou-lhe outro, porque amava o pai e porque aquele piano balançara o mundo.

Ele conta a história de como comprou um Cadillac novinho para Elmo, e como seu pai, voando bêbado pelo Mississippi, "simplesmente não fez uma curva, capotou umas três vezes e simplesmente desceu do carro e saiu andando. 'Onde está seu carro, pai?', perguntei a ele, e ele olhou para mim e disse: 'Não faço ideia, filho'. Bem, naquele dia dei a ele um igual, vermelho com couro branco – quer dizer, um carro chique – e estacionei na garagem dele. Ele apareceu na porta, entrou no carro e saiu dirigindo, como se nunca tivesse batido. Eu disse a ele: 'Parece que seu carro está bem, pai', e ele disse: 'É, filho, tá indo bem'".

"Na Califórnia, comprei uma Harley nova para ele. Pilotou-a por todo o caminho de volta, e perto de Greenville, Mississippi, estava a 170 por hora quando finalmente o pegaram. O telefone tocou e era o delegado. 'É o sr. Jerry Lee Lewis?', e eu respondi: 'Bom, não sei, depende'. E ele disse: 'Estou com um sujeito aqui que diz ser seu pai, ele estava passando por aqui a *centissetenta*, e disse que só tomou *uma* cerveja'. E ouvi papai ao fundo, dizendo: 'Juro por Deus, filho, só *uma* cerveja'. Eu disse ao delegado: 'É ele, sim'. Perguntei se podiam soltá-lo, e ele me disse: 'Diga a ele para maneirar'".

"Aquela também foi uma época boa", diz Jerry Lee.

No estúdio, enquanto buscava por outro sucesso, havia tempo para gravar mais música antiga da boa, do tipo que ouvia quando menino. Um dia, diz ele, "Clement me capturou no momento certo, no clima certo", sentado sozinho ao piano, e gravou uma versão de "That Lucky Old Sun", sucesso número um de Frankie Lane em 1949. Era uma daquelas canções que passeiam facilmente pela cabeça, e o piano de Jerry Lee deu-lhe um clima de bar, um tom de classe trabalhadora. Numa voz suave e tranquila – em contraste com a música berrada e sacolejante pela qual ele ficara famoso –, cantou sobre um homem trabalhador, queimado e enrugado pelo sol, suando a camisa pela esposa e os filhos.

> *While that lucky ol' sun ain't got nothin' to do*
> *But roll around heaven all day*[15]

"Aquilo era de arrepiar", diz ele.

O único ponto preocupante era seu casamento com Jane. Ela ainda estava morando em Ferriday enquanto ele se hospedava nos Browns em Coro Lake, e às vezes até esquecia que era casado. Sabia que seu filho estava sendo bem cuidado, bem perto de sua família, mas Jane estava cansada da distância entre eles e insistia em ir com Jerry Lee Jr. para Memphis. Mas Jerry Lee ainda estava morando com o primo J. W. e a família, e não tinha pressa para ir morar em nenhum outro lugar. Passava cada vez mais tempo com sua prima Myra, que, para ele, não parecia nem um pouco ter treze anos. Estava crente que ela era maior de idade, baseado em todos os costumes e padrões de sua própria

---

15 "Enquanto esse velho sol sortudo não tem que fazer nada/ Senão rodar pelo céu o dia todo".

história e experiência, e, depois de um reencontro malfadado com Jane em Memphis, sentia-se ainda menos como um homem casado e começava a suspeitar que Jane tampouco se sentia como uma mulher casada. Mas ela não brigava mais, não atirava mais o mundo para cima dele, qualquer amor que pudesse ter existido ali simplesmente morreu, desapareceu numa espécie de indiferença, e ele soube que escapismo foi tudo o que existiu ali. Porém, como sempre, detestava trazer as leis dos homens para sua vida pessoal, então apenas deixou estar, enquanto desaparecia dentro do estúdio para gravar o crucial compacto sucessor de "Shakin'".

O céu de Memphis estava repleto de estrelas cadentes. Ele viu Carl Perkins empacar depois de um grande sucesso, viu Roy Orbison e Billy Lee Riley, entre outros, em tentativas desesperadas e frustradas, e estava determinado a fazer melhor, gravando e descartando música atrás de música, nunca encontrando aquela que seria a canção certa. Mas "Shakin'" ainda não estava acabada e ele ainda tinha tempo de colher mais louros dela. As pessoas já ousavam dizer o que ele sempre soube. Em agosto, uma matéria causou burburinho pela agência de notícias United Press, afirmando que Jerry Lee Lewis estava a caminho de usurpar o trono de Elvis Presley como rei do rock and roll.

Ele se lembra de uma ocasião em que estava sentado na Sun Records com Johnny Cash, enquanto "Shakin'" se mantinha firme nas paradas. Cash, Perkins, Billy Lee Riley e os outros artistas da Sun ainda estavam injuriados pela viagem de Jerry Lee a Nova York e pelo constante protecionismo de Sam para com ele em detrimento de todos os outros, então eles só estavam lá sentados em silêncio. Jerry Lee lia o *Super-Homem*.

"Quantos discos você vendeu?", Cash perguntou-lhe de repente.

Jerry Lee olhou para Regina, a secretária.

"Cerca de setecentos mil", disse ela.

"Quantos eu vendi?", perguntou Johnny.

"Cerca de duzentos mil", respondeu ela.

Johnny, com seu jeito taciturno, pensou a respeito disso por um momento.

"Deus do céu", disse com sua voz grave. "Queria ser um ídolo adolescente. Deve ser bacana".

Jerry Lee disse a ele que sim, era, e voltou ao seu gibi.

7

CALOR DEMAIS PARA O ROCK

Memphis
1957

Ele gastava dinheiro como se fosse da família Rockefeller, esbanjando em carros, motocicletas e roupas de rock and roll, e tinha mais mulheres bonitas no seu encalço do que um Kennedy em Palm Beach, mas é fato comprovado que rapazes pobres do Sul têm problemas com o sucesso da mesma forma que um homem de medidas estranhas tem problemas em achar uma peça de roupa que não raspe, aperte e coce, e essas roupas te levam à loucura e você tem vontade de rasgá-las do corpo e correr para casa.

"In-fer-no!", berrou Jerry Lee.

"Não acredito nisso", disse Sam Phillips.

"Meu Deus todo-poderoso, grandes bolas de fogo", reclamou um dos músicos de estúdio, já impaciente.

"É isso! É isso! É isso. Lá diz, lá diz, *celebremos!* – *apenas* com a alegria de Deus", berrou Jerry Lee.

Sam Phillips olhou para ele surpreso e com um pouco de medo. Ele e Jack Clement estavam com a fita rodando no estúdio e tinham contratado músicos para acompanhar Jerry Lee em algo que parecia certeiro, uma música escrita especialmente para ele pelo responsável por todos aqueles sucessos de Elvis: o grande Otis Blackwell. Tudo conspirava para um novo sucesso de fazer tremer a Terra, mas Jerry Lee tinha voltado para casa. Ainda estava lá com eles no estúdio, em meio à bateria e aos amplificadores e cabos, mas seu coração e espírito estavam em outro lugar – capturados, como sempre estiveram, entre a fumaça e o rebolado do Haney's Big House e as advertências soturnas da igreja na Texas Avenue, entre o poder trovejante da fé e o som secular da luxúria e da ganância. Jerry Lee se recusava a gravar, pois fazê-lo seria servir ao diabo.

"Mas quando se trata de música mundana, rock and roll...", disse.

"Arranque-a", disse Billy Lee Riley.

"...qualquer coisa nesse sentido", continuou Jerry Lee, impassível, "você se arrasta para o *mundo*, está no *mundo*, não *saiu* dele e ainda é um pecador. E, como pecador, se você não é salvo e renascido e *tornado uma criancinha*, caminhando diante de Deus e sendo santo... Irmão, o que quero dizer é que você tem de ser *tão* puro. Nenhum pecado deve entrar. *Nenhum*. Porque lá diz: nenhum pecado. Não diz só um pouquinho. Diz que *nenhum pecado deve entrar*. Nem um pouquinho que seja, irmão. É preciso andar e *falar* com Deus para ir para o Céu. É preciso ser *tão* bom".

Riley deu aleluia. Como era o caso no estúdio de vez em quando, alguém abrira uma garrafa de uísque, que já tinha rodado uma ou duas vezes nas mãos de Phillips e dos músicos, sendo o rock and roll uma das raras profissões em que o álcool é tão necessário quanto as palhetas aos guitarristas.

Sam tentou argumentar que Jerry Lee podia fazer o bem com sua música, que animava as pessoas.

"Certo. Agora veja, Jerry. Convicção religiosa não significa necessariamente extremismo. Tudo bem. Você quer me dizer que vai seguir a Bíblia, a palavra de Deus, e que vai revolucionar o *universo inteiro*? Escuta só. Jesus Cristo foi enviado para a Terra pelo Deus todo-poderoso".

"Certo", disse Jerry Lee.

"E ele convenceu, ele salvou todas as pessoas no mundo?".

"Não, mas ele tentou".

"Com certeza. Agora, espera aí. Jesus Cristo veio para este mundo. Ele tolerava os homens. Ele não pregava de cima de um só púlpito. Ele saía por aí e fazia *o bem*".

"É isso aí. Ele pregava *em todo lugar*".

"Em todo lugar".

"Pregava na terra firme".

"Em todo lugar. Certo, certo".

"Pregava na água".

"É isso aí, é exatamente isso. Agora...".

"Cara, ele fazia *de tudo*. Ele curava".

"Agora, veja, aqui está a diferença...".

"Você está seguindo aqueles que curam? Assim como Jesus Cristo?".

"O que você quer dizer? Você... Quê?... Eu...", gaguejou Sam.

"Bom, está acontecendo todos os dias".

"Como assim?".

"Os cegos passam a enxergar. Os mancos passam a andar".

"Jerry, Jesus Cristo...".

"Os aleijados passam a andar".

"Na minha opinião, Jesus Cristo é tão real hoje quanto o era quando veio ao mundo", disse Sam.

"Certo! Certo! Você está tão certo que não tem ideia do que está falando".

"Agora, eu diria, mais ainda...".

"Ahhh", interrompeu Riley, "vamos gravar".

Mas Sam Phillips, que tinha tomado uísque o suficiente para se encher de coragem, já estava avançado em sua argumentação e não ia desistir agora.

"Nunca vai vender, cara", disse alguma outra pessoa. "Não é comercial".

"Não, já falo com você daqui a pouco... Mas olha só... Escuta, estou te dizendo de coração, e eu estudei um pouco da Bíblia...".

"Bom, eu também", retrucou Jerry Lee. "Estudei de cabo a rabo e de cabo a rabo e de cabo a rabo, e sei do que estou falando".

"Jerry, Jerry, se você acha que não dá para fazer o bem sendo um expoente do rock and roll...".

"Dá pra fazer o bem, sr. Phillips. Não me leve a mal".

"Espera aí, espera aí, escuta. Quero dizer, quando digo 'fazer o bem'...".

"Você pode ter *um bom coração*".

"Não quero dizer, não quero dizer *somente*...".

"Você pode ajudar as pessoas".

"Você pode *salvar almas*!".

"Não! NÃO! NÃO! NÃO!".

"Já deu", disse a outra voz. "Não vai sair".

"Como é que – como é que o diabo vai salvar almas? Do que você tá falando?".

"Escuta, escuta...".

"Cara, estou com o *diabo* em mim. Se não estivesse, seria cristão".

"Bem, você até pode estar...".

"*Jesus!*", Jerry Lee quase berrou, e bateu no peito. "Cure este homem! Ele mandou o diabo embora. O diabo diz: 'Para onde posso ir?'. Ele diz: 'Posso entrar nesse *suíno* aqui?'. Ele diz: 'Sim, entre nele'. Ele não entrou?".

"Jerry, o ponto aonde quero chegar é, se você acredita no que está dizendo, não tem absolutamente outra alternativa senão – escuta! – senão...".

"Sr. Phillips, não me importa. Não é o que você acredita. É o que está *escrito na Bíblia!*".

"Bem, espera aí...".

"É o que está *lá*, sr. Phillips".

"Não, não...".

"Não é o que você acredita, é só o que está dizendo lá".

"Não, meu Deus, se não é sobre o que você acredita, então como você *interpreta* a Bíblia? Hein? Como você interpreta a Bíblia, se não é sobre o que você acredita?".

"Bom, quer dizer, tem algumas pessoas, não dá pra saber", ponderou Jerry Lee.

"Vamos gravar, cara!", queixou-se Billy Lee Riley.

"Não, veja bem...".

"Você pode falar", disse Jerry Lee. "Você pode falar, e falar o quanto quiser". A fé na qual Jerry Lee cresceu não cede à argumentação, não está aberta a interpretação. Houve e haveria muitos momentos em que ele travaria uma guerra consigo mesmo por conta disso. Este, por acaso, foi registrado em fita no estúdio da Sun, e serviria de prova de que o conflito interior de Jerry Lee não era algo inventado em livros e filmes, mas algo real e penetrante. Ele sabe que não é excepcional nesse sentido, e que a maioria dos corações humanos estão em guerra consigo mesmos, mas sua batalha era mais pública simplesmente porque a fama insistia nisso. Mas foi algo histórico quando, em algum momento enquanto a maior parte da grande cidade de Memphis já estava dormindo, os homens naquele estúdio apertado terminaram o uísque e finalmente começaram a tocar uma canção de rock and roll, que se tornou não apenas mais um compacto, mas outro marco musical.

Jerry Lee, como sempre, tocou como achou que soava melhor, independentemente de como um compositor ou letrista dizia que a música deveria ser tocada. Quando o baixista começou a ter dificuldade em seguir a condução do piano de Jerry Lee, "se posicionou em cima do piano, e simplesmente ficou lá, observando minhas mãos... seguindo meus dedos. E foi na mosca. O baterista também acertou na mosca".

> *You shake my nerves and you rattle my brain*
> *Too much love drives a man insane*
> *You broke my will, but what a thrill*
> *Goodness, gracious, great balls of fire!*[1]

"Nunca vou me esquecer de Sam Phillips olhando para mim pelo vidro do estúdio, levantando um dedo – *número um*".

Não foi a escalação costumeira de Janes e Van Eaton que tocou nessa gravação histórica, e sim dois músicos de estúdio que por acaso estavam ali por perto quando precisaram deles. "Só baixo, piano e bateria – é só o que tem na música". Ele nem sabia o nome do baterista. "Eu conhecia Sidney Stokes", o baixista que subiu no piano, "mas não muito bem. E não sei o que aconteceu com eles. Foi a última vez que os vi. Isso é *estranho*, não?". Mas essa era a natureza desse ramo, ou ele logo descobriria: as pessoas simplesmente sumiam. Apenas o som, prensado em vinil preto, era eterno.

Assim como em "Shakin'", a letra da música poderia ser considerada devassa, mas só se você usasse a imaginação. Sam Phillips não a lançou de imediato, já que "Whole Lotta Shakin'" ainda seguia firme. Primeiro, Jerry Lee foi para Hollywood – bem, na verdade, ele voltou a Nova York – para seu primeiro papel num filme, interpretando a si mesmo. Otis Blackwell, que escreveu "Great Balls of Fire", depois de comprar do compositor nova-iorquino Jack Hammer o título cativante, estava produzindo a trilha musical para um filme de rock and roll de baixo orçamento chamado *Jamboree*, espécie de homenagem aos disc jockeys que previa a participação do influente Alan Freed também interpretando a si mesmo, até que ele desistiu devido a uma disputa contratual. Para substituí-lo, os produtores trouxeram disc jockeys de todo o país para apresentar as mú-

---

[1] "Você mexe com os meus nervos e bagunça minha cabeça/ Amor demais deixa um homem louco/ Você acaba comigo, mas que emoção/ Graças a Deus, grandes bolas de fogo!".

sicas, e era pelas músicas – e não pelo fraco enredo envolvendo um casal de cantores apaixonados – que o público ia ver o filme.

De qualquer modo, a maior parte dele eram números musicais. Fats Domino tocou "Wait and See". Carl Perkins participou, assim como Frankie Avalon, Connie Francis, The Four Coins, Jimmy Bowen, Jodie Sands, Lewis Lymon e até Slim Whitman, que dissera a Jerry Lee: "Não ligue para nós…". Ao todo, foram dezoito artistas, mas é claro que foi Jerry Lee, incluído de última hora no elenco por conta do fenômeno "Whole Lotta Shakin'", quem roubou o show, mais uma vez, com "Great Balls of Fire". Mas havia algo errado enquanto as câmeras o focavam, porque o microfone estava mudo e o piano era só cenográfico, uma caixa vazia com uma fileira de teclas brilhantes.

"Esse piano não tem notas", gritou ele, e o diretor respondeu que é claro que não tinha, isso era *show business*, e lhe disse para fingir que estava tocando e dublar a letra como se estivesse cantando de verdade. E embora ele enxergasse isso como uma abominação para com sua arte e para com todo som verdadeiro já tirado de um piano, de uma guitarra e até de um pente sobre um papel, fez o que lhe foi pedido, já que o fingimento era para o cinema, e ele adorava o cinema. Finalmente entendeu como Gene Autry cantava todas aquelas músicas de caubói em cima de seu cavalo, Champion, sem soar como se estivesse com soluço e sem morder a língua. "*Aaahhhh*, pensei comigo, *então é assim que ele fazia*". Se era bom para Gene Autry, então era bom o bastante para ele.

Não foi um bom filme, mas Sam Phillips sabia que significaria inúmeras noites de propaganda gratuita no cinema, e para os fãs de rock and roll que talvez nunca conseguissem ir a um show para ver Fats Domino ou Jerry Lee Lewis, era uma dádiva. Ficaria em cartaz por anos em lugares como Birmingham, Atlanta e Knoxville e passaria na TV em programas como *Dialing for Dollars*, que exibia filmes antigos entre episódios de *Rawhide* e reprises de *I Love Lucy*.

Em casa, em Ferriday, sua vida pessoal tinha tomado um rumo ainda mais tenso. Jane lhe dera um segundo filho, mas ele não foi capaz de se enxergar no rosto da criança, e alegou que Jane se envolvera com outro homem enquanto ele estava na estrada. Em setembro, entrou com um pedido de divórcio, acusando Jane de adultério e de outros atos de indecência e selvageria, incluindo bebedeira em excesso e xingamentos em público. Jane se defendeu reivindicando que era tudo mentira, e pediu divórcio devido a falta de suporte financeiro, tratamento desumano e abandono. Alegou que Jerry Lee os deixara sem dinheiro e com pouca comida, e que o segundo bebê era *também* seu filho, o que levou Jerry Lee a dizer, por meio de seus advogados, que aquilo era uma falácia, e o casamento infeliz e violento enfim seria desfeito – porém, como era comum a Jerry Lee, não a tempo.

Miraculosamente, a bagunça do divórcio se manteve, predominantemente, uma questão local e não sabotou sua subida ao sucesso – e ele subiu muito, muito alto. Sam ficou tão tomado pela promessa de Jerry Lee que comprou um anúncio de página inteira na *Billboard* para divulgar o artista e o filme *Jamboree*. Jerry Lee começou a trabalhar com um empresário chamado Oscar Davis, um velho publicitário que trabalhou com seu ídolo, Hank Williams, e foi homem de confiança do coronel Tom Parker, empresário de Elvis.

Jerry Lee não tinha medo de ser conduzido para fora de seu eu natural, da forma como o coronel fez com Elvis, moldando-o até praticamente tirar todo o rock and roll de sua alma.

"Ninguém – ninguém mesmo – empresaria Jerry Lee", diz ele. "Ninguém molda Jerry Lee. Não posso ser moldado".

Porém, até então, gostava do que vinha acontecendo na Sun e em sua carreira em geral. O dinheiro era cada vez maior, e Jud se mantinha em sua função costumeira e vagamente definida, que era orientar o agendamento de apresentações. Foi o Jud, o jogador, quem decidiu arrancar Jerry Lee do estigma da música *hillbilly* de uma vez. Não que ele não iria mais gravar música country – inclusive, para o lado B de "Great Balls of Fire", estava prestes a gravar um dos maiores e mais duradouros sucessos country de sua carreira –, mas Sam e Jud, assim como as revistas de circulação nacional, acreditavam que ele estava se tornando a cara do rock and roll. Como se para encerrar o assunto de uma vez por todas, decidiram mandá-lo para um lugar onde caipira nenhum ousaria pisar. Mandaram-no para o número 253 da West 125th Street, na ilha de Manhattan. Mandaram-no para o Harlem.

"Eles me mandaram para o Apollo".

"Esse garoto é capaz de tocar em qualquer lugar", disse Jud aos produtores do teatro.

E então cruzou os dedos e virou um gole grande de bebida.

Não era simplesmente o Apollo Theater. Era o Apollo na época dos Nove de Little Rock. Em 4 de setembro de 1957, membros da 101ª Divisão Aerotransportada do Exército escoltaram nove estudantes negros ao interior da Central High School de Little Rock, Arkansas, enquanto, do lado de fora, um bando de gente berrava ofensas raciais e ameaçavam assassinatos, numa das demonstrações públicas de racismo mais horrendas da história dos EUA. Em Little Rock, o Sul tinha mostrado quem realmente era para cidadãos negros por todo o país.

Foi em meio a esse clima que Jerry Lee e sua pequena banda partiram para Nova York.

"Subi naquele palco com J. W. e Russ, e não havia um branco sequer na plateia". Os passos dos músicos ecoavam profundamente, como se o palco fosse uma pele de bateria bem apertada e atravessada por toda a rica história do local. Jerry Lee relembra: "Olhavam para mim como se quisessem me matar". Ninguém gritou ou vaiou; havia um silêncio esquisito. O rock and roll pode ter sido uma ponte racial, mas agora o próprio som de sotaque sulista carregava uma noção de crueldade e racismo, até de assassinato, e talvez ninguém na música moderna soasse mais sulista do que Jerry Lee Lewis.

O velho teatro foi construído durante o Renascimento do Harlem, no período em que os negros das cidades do Norte se recuperavam depois da segregação e da Primeira Guerra Mundial. Ella Fitzgerald, aos 17 anos, cantou lá, assim como Billie Holliday. Cab Calloway berrou naquele palco em seu smoking branco, grandes conjuntos de jazz vieram de Kansas City, Chicago e Paris, e big bands e orquestras fizeram do Apollo a joia da coroa da música negra e da música em geral – joia essa que artistas mais novos, como Sam Cooke, Jackie Wilson e Chuck Berry, só poliam ainda mais.

Jerry Lee assumiu seu posto ao piano de cauda, instrumento que já tinha sido tocado por alguns dos maiores talentos musicais que o mundo conheceu. Quando disse *"olá"*, seu sotaque da Louisiana preencheu o lugar. Confrontado com a estranheza, tomou uma decisão de bate pronto: ao invés de tentar esconder o sotaque, decidiu exagerá-lo. Sentiu-se ameaçado, e um galo orgulhoso não sai correndo do galinheiro; pia mais alto e arranha o chão. Ele diz que não tinha intenção de ser desrespeitoso, mas não via como ser apologético quanto a suas origens sulistas ajudaria a aliviar as tensões. Decidiu tornar a si e à banda ainda *mais* sulistas, mais desagradáveis. Poucos teriam feito o mesmo, mas ele não pensou racionalmente.

"Estou feliz de estar aqui no Apollo Theater com meus rapazes", arrastou, como se estivesse com a boca cheia de bolinhas de gude e com sorgo na língua. "Esse aqui na bateria é Russ Smith, de Newport, Arkansas", mentiu. Russ, pego de surpresa, começou a balançar a cabeça discreta e negativamente; do Arkansas não tinha nada, era de Biloxi, Mississippi. "E esse aqui no baixo é J. W. Brown. Ele é de Little Rock, Arkansas, onde faz calor demais para o rock", e J. W. também fez um gesto de estranheza, afinal sabia que era da Louisiana, mesmo que ninguém mais soubesse.

"Achei que deveria pegar o touro pelos chifres", diz Jerry Lee hoje. Se eles seriam expulsos do palco, do Harlem e de Nova York, era melhor acabar logo com aquilo. Houve, por um momento, um silêncio mortal. "Mas havia um camarada grande, gordo, sentado bem na primeira fila", que entendeu a piada, mesmo que não fosse muito boa, "e ele riu alto", diz Jerry Lee. Riu da coragem daqueles rapazes de irem tocar lá diretamente do coração das trevas do Sul segregado e violento. E aquilo fez as pessoas na plateia sorrirem, alguns até riram alto também, e a tensão baixou, recorda-se Jerry Lee. Ele então deu partida no show, não com um blues, que é o que talvez se esperaria, mas numa versão boogie de "Crazy Arms", canção country que o garoto branco tinha refeito como um blues. A plateia aplaudiu educadamente. Jerry Lee então tocou as primeiras notas de "Mean Woman Blues" e a dança começou. "Eu sabia o que eles estavam esperando. Sabia o que eles queriam", e deu-lhes a música nova, certeira e pulsante.

> *I laughed at love 'cause I thought it was funny*
> *But you came along and mooooved me, honey*
> *I've changed my mind*
> *This love is fine*
> *Goodness, gracious, great balls of fire!*[2]

"E eles rapidamente entraram no clima e começaram a dançar".

---

[2] "Eu ria do amor porque o achava engraçado/ Mas você chegou e mexeu comigo, querida/ Mudei de ideia/ Este amor é ótimo/ Graças a Deus, grandes bolas de fogo!".

Levantaram-se dos assentos e foram para os corredores.

Sentado no banquinho do piano, penteou o cabelo loiro e encerrou com "Shakin'" na versão mais forte que já tocara até então, e quando chutou o banquinho para trás, tentou lançá-lo até a metade da Amsterdam Avenue. Sobre esse show, os críticos diriam que ele era um caipira rude, com um certo vigor animalesco, mas quando saiu do palco a plateia aplaudia, berrava e batia os pés no chão, e as garotas bonitas olhavam para ele com aquele olhar, e Jerry Lee deixou o Apollo Theater em meio a uma grande tempestade de barulho.

"Aposto que não esperavam por isso", disse para si mesmo ao sair do palco.

Naquela época, parecia que ele sempre caminhava na contramão.

"'Great Balls of Fire' cumpriu a missão e fez muito no sentido de me colocar onde eu precisava estar", diz Jerry Lee. "Desde o início soubemos que seria um clássico, que seria o tipo de música pela qual as pessoas esperam, e se tornou uma questão de escolher entre essa e "Shakin'" para terminar os shows, e *não importava*, porque as pessoas enlouqueciam de um jeito ou de outro". Tocou-a no *The Steve Allen Show*, esbelto e estiloso, desta vez com um paletó preto e calças brancas.

"Nunca entendi essa música como ousada ou qualquer coisa do tipo. A WHBQ estava com 'Great Balls of Fire' no primeiro lugar. E a música ficou lá no primeiro lugar por seis semanas seguidas... não conseguiam tirá-la. Então *proibiram* a música! Para tirá-la do primeiro lugar".

No final do ano, "Great Balls of Fire" já era o disco mais vendido da história da Sun. Não era algo profundo, nem mais, nem menos do que "Whole Lotta Shakin'", mas isso era o rock and roll da época, antes que os *crooners* se apossassem do estilo quando este perdeu as estribeiras. De certa forma, "Great Balls of Fire" era uma canção de amor, mas uma canção de amor de um Jerry Lee Lewis de vinte e um anos, não um passeio sob o luar à beira da praia, mas um casal fugindo da polícia e de todo o mundo desapontado com eles a 160 km/h. Outros podem não ter pegado o significado ali, envolvidos no ritmo e na batida, mas ele pegou. "Diz muito ali, diz a verdade". Nem todo mundo considera as coisas de todas as perspectivas ou com muita profundidade. Alguns tomam decisões no mais alto calor do momento, pelo menos aqueles como Jerry Lee o fazem. Ele tem pena de quem nunca fez isso.

O rock and roll já começava a exibir os primeiros sinais de que logo se transformaria num estilo meloso, mas ele não tinha interesse algum nessa coisa lamentável e, quando chegava a tentar gravar algo nesse sentido, no estúdio, normalmente só fazia piadas, para mostrar que estava acima desse tipo de música. Para o lado B de um disco, os produtores frequentemente queriam uma canção que contrastasse com a do lado A, mas, para Jerry Lee, isso sempre significou voltar às raízes. Para o lado B de "Great Balls of Fire", escolheu exatamente o que queria, e não achava que o autor da música, agora para sempre viajando naquele Cadillac fantasma em alguma Estrada Perdida, se importaria.

Sam Phillips, do outro lado do vidro do estúdio naquele dia, parecia estar prestes a chorar. Crescera ouvindo Hank Williams, ainda mais do que Jerry Lee. Hank Williams pode ter pertencido ao mundo, então, ou ao Senhor, mas começou no Alabama.

> *I'm sorry for your victim now*
> *'Cause soon his head, like mine, will bow*[3]

Jerry Lee às vezes fechava os olhos quando tocava o repertório do sr. Williams. Quase sempre, nem percebia que fazia isso. Quando terminou, quando tinham um *take*, viu Sam dentro do estúdio.

"Você me acertou em cheio", disse Phillips, e saiu.

O lado B também foi um sucesso, até em Londres. Aumentou a lenda de Jerry Lee e provou que ele não tinha se esquecido de suas raízes, mesmo quando fazia todos gritarem por rock and roll. Mas, mais importante, ele crê que, em algum lugar, Hank Williams olhou para baixo e bateu o salto da bota em aprovação. "Quero pensar que sim", diz.

Não acreditar no Paraíso, na salvação, é não acreditar em segundas chances, mas a pergunta que assombra está no registro dos pecados de um homem, no preço. Podem *todos* os pecados de um homem serem lavados? Pode isso acontecer se ele levou as pessoas para longe de Deus com a música? "Essa foi a grande questão sobre a qual eu e Sam tivemos aquela discussão. Bem, um dia saberemos. Isso é o que me preocupa".

---

3 "Tenho pena de sua vítima agora/ Pois logo a cabeça dele, assim como a minha, vai baixar".

Jerry Lee continuaria a viver numa espécie de purgatório. Em sua terra natal, seu primo Jimmy Lee passava a vê-lo cada vez mais não só como uma alma perdida, mas como um mensageiro do próprio diabo, e pregava intensamente sobre isso, sobre o salário do pecado, bradando contra a perversidade desnuda da música secular, e não de uma maneira vaga, mas citando diretamente o nome do primo. Entraria numa cruzada para a vida inteira, malhando Jerry Lee por décadas a fio. E então, quando os dois se encontrassem em Ferriday, comiam frango frito e de vez em quando até tocavam piano juntos, como faziam quando crianças, como se nada tivesse acontecido. Nesse sentido, sempre foi uma família estranha, com a habilidade de fazer vista grossa no que dizia respeito a parentes, mas, também, descendiam de homens que, depois de longos goles de uísque de milho, cambaleavam para pregar o evangelho até desmaiarem, dois espíritos num só corpo. Se um homem assim conseguia viver consigo mesmo, então com certeza primos seriam capazes de conviver entre si.

Porém, quando 1957 virou 1958, as vidas dos dois homens tomaram caminhos tão drasticamente distintos que Jerry Lee crê que seu sucesso perturbou a cabeça de Jimmy. Enquanto Jerry Lee dirigia Cadillacs e o primo Mickey Gilley estava no Texas tentando o sucesso como cantor country, Jimmy estava na Louisiana, sentado num Plymouth desgastado, girando a chave na ignição e pedindo a Jesus que curasse seu carro. Precisava desesperadamente do veículo para chegar aos cultos, mas as válvulas estavam queimadas, não havia o que fazer. Mas ele orou mais e mais e, de súbito, o carro ligou e o motor rugiu. Depois, quando vendeu o carro a um mecânico, este lhe disse que as válvulas tinham de fato sido "curadas", e Jimmy soube que era um sinal.

Mais tarde, depois de pregar num culto em Ferriday, Jimmy foi convidado por Elmo e Mamie para jantar e passar a noite na casa nova que Jerry Lee tinha comprado para eles. Ao estacionar, Jimmy viu a garagem cheia de Lincolns e Cadillacs, e Mamie lhe explicou que Jerry Lee gostava de dirigir carros diferentes de vez em quando. Jimmy foi até o quarto de hóspedes para tirar o terno – ele só tinha aquele – e encontrou um closet repleto de ternos caros que pertenciam ao primo famoso. Pôs a mão no bolso para pegar o pagamento da cruzada daquela noite: uma nota de um dólar e cerca de cinquenta centavos em moedas, e colocou o dinheiro sobre a cama. "Onde estás, Senhor?", perguntou em voz alta, e sentiu a presença de Deus explodir ao seu redor e reforçou sua dedicação ao Senhor bem ali, no closet de Jerry Lee, dizendo que mesmo que tivesse de colar as solas dos sapatos caminharia o caminho dos justos e não cairia na tentação das riquezas que rebaixaram seu primo.

"A princípio, pensei que Jimmy estava temendo por mim... temendo muito por mim. Ele viu os carros e as roupas e não curtiu aquilo", diz Jerry Lee. Porém, mesmo quando a fama e fortuna de Jimmy como pastor cresceram – e cresceriam imensamente –, parecia que sua identidade como homem de Deus permanecia vinculada a seu primo mais selvagem.

Só havia uma outra pessoa no mundo que poderia compreender metade do que estava acontecendo com Jerry Lee. "Elvis sabia", diz ele, porque Elvis viveu a mesma coisa. Passaram algumas noites em Graceland com Jerry Lee tocando piano. De vez em quando, ele tocava a noite inteira, com Elvis apenas parado ao lado do instrumento, às vezes cantando, às vezes perdido em lembranças e pensamentos. Parecia que estava sonhando acordado, Jerry Lee diz hoje. Assim como muitas pessoas que têm tudo o que pensavam querer, Elvis tinha de viajar para um tempo em que não tinha nada daquilo para ser feliz. Certa noite, pediu a Jerry Lee para tocar uma música chamada "Come What May". Elvis "adorava aquela música", diz ele.

> *I am yours, you are mine, come what may*
> *Love like ours remains divine, come what may*[4]

Quando terminou, Elvis pediu a ele que tocasse de novo, e de novo, até que a noite virasse manhã, como uma fita em *loop*. "De novo e de novo e de novo", diz Jerry Lee, "e eu simplesmente continuei tocando".

Ele passou a ver Elvis como uma das pessoas mais solitárias e inseguras que já conhecera, pelo menos entre os famosos que veio a conhecer. "Era uma pessoa marcada", diz hoje. Para Jerry Lee, parecia que Elvis estava interpretando um roteiro escrito para ele pelo coronel Parker, atuando como o ídolo

---

[4] "Sou seu, você é minha, não importa o que aconteça/ Um amor como o nosso permanece divino, não importa o que aconteça".

do rock and roll, quando tudo o que tinha de fazer era ser um. "Era uma boa pessoa", diz Jerry Lee, mas que tentava agradar a todos, e isso o desgastou.

Tornara-se seu amigo e aceitara sua amizade, e agora que sua própria carreira desabrochava e seus compactos subiam nas paradas, estava mais determinado do que nunca a tomar a coroa. Mas, em 1957, depois que já o tinha conhecido e visto como, debaixo do estrelato, ele era uma pessoa boa e quase sem maldade alguma, além do menino inseguro que vivia ainda mais profundamente debaixo daquilo tudo, era complicado. Certa noite, Elvis perguntou a ele se tinha alguma música sua que gostaria de ouvir. "Eu disse: 'Sim, 'Jailhouse Rock'", meio de brincadeira, porque aquela era uma música de produção caprichada, que ninguém começa a cantar no meio de um salão de jogos. "Mas ele cantou, na hora, a música toda. Fez a dança e tudo. Só faltava o cenário. E comecei a pensar: *Caramba, quanto tempo isso vai durar?*", até que Elvis enfim terminou seu show e não restava mais nada a fazer senão aplaudir. Foi uma das coisas mais estranhas que Jerry Lee já tinha visto: Elvis fazendo uma reverência numa sala quase vazia.

A tensão que Jerry Lee pressentia entre eles nunca iria embora, e cresceria ao longo dos anos, à medida que suas vidas, em alguns sentidos parecidos e outros absurdamente diferentes, se tornavam mais e mais bizarras. Mas permaneceram amigos enquanto 1957 desaparecia na história. Quase sempre, acabavam juntos ao piano; quase sempre, cantavam velhas canções de amor de gerações passadas, ou canções gospel. Não havia fitas rodando nessas ocasiões. Jerry Lee conta que era bem-vindo em Graceland mesmo depois que Elvis começou a se retirar do mundo dos homens normais, porém, em parte por causa dos exércitos de puxa-sacos que o cercavam, ele nunca se sentiu muito à vontade.

"O que você acha das minhas atuações no cinema?", Elvis lhe perguntou.

"Bem, você não é nenhum Clark Gable".

Conversavam sobre tudo o que jovens rapazes conversam – exceto sobre aquela coisa que mantinha ambos acordados nos momentos mais profundos da noite. Jerry Lee enfim perguntou a ele a mesma coisa com a qual vinha incomodando Sam Phillips: "É possível tocar rock... e ainda ir para o Céu? Se você morresse, acha que iria para o Céu ou para o inferno?".

Elvis parecia surpreso, confuso. "Seu rosto ficou vermelho", recorda-se Jerry Lee.

"Jerry Lee", respondeu ele, "nunca mais me pergunte isso. *Nunca* mais me pergunte isso".

Aos olhos de Jerry Lee, religião e fé são coisas diferentes. Religião é só religião; qualquer um pode colocar uma placa ou um símbolo numa porta e alegar que aquilo é fé, e rezar para aquilo. Já a fé verdadeira é algo belo e terrível. Ele e Elvis compreendiam isso. "Crescemos na Assembleia de Deus... Por ele ser Elvis, pensei que ele seria a pessoa para quem eu *podia* perguntar. Às vezes, parecia que não havia ninguém mais com quem conversarmos, a não ser nós mesmos".

"Você será julgado pelo que fez... E as pessoas não querem acreditar nesse tipo de coisa, porque estão procurando... estão procurando uma saída". Mas não há saída, diz ele. No final, só há o julgamento.

"Acho que aquilo ficou na cabeça dele por muito tempo. Eu mesmo lutei essa batalha. Sei que Elvis se preocupava comigo. Eu sei". Eram, então, amigos de verdade. "Ele não apareceu muito depois disso. Entendi que ficara assustado. Então nunca mais perguntei aquilo a ele. E também nunca tive uma resposta".

Seria difícil inventar a vida que ele teve por um breve período entre 1957 e 1958, uma vida tirada diretamente das páginas de um de seus gibis, onde todas as mulheres eram estonteantes e todos os homens heroicos.

Certo dia, numa viagem a Los Angeles, passou a tarde com Elizabeth Taylor num estúdio da MGM. A mulher mais bela do universo sorriu para ele, com aqueles olhos transcendentais, e quando ele se desculpou por não falar muito, ela disse que tudo bem, pois tagarelas a atormentavam.

"Bom, o que você acha daqui?", perguntou ela a Jerry Lee, a respeito do estúdio.

"Não sei... O que você acha?".

"Acho que é uma completa merda", respondeu ela (embora, ao contar a história, ele soletre o palavrão ao invés de pronunciá-lo).

"Ainda bem que a minha mãe não a ouviu dizer isso."

Jerry Lee a conheceu porque seu marido, Mike Todd, conhecia seu empresário, Oscar Davis. Os quatro saíram para jantar e depois, no quarto do hotel, "lá estava Elizabeth sentada bem ao meu lado... Nunca vi uma mulher tão linda quanto ela. Conheci muitas mulheres, mas ela leva o troféu de mais bela. E Michael Todd disse: 'Jerry, você se importaria em ficar aqui com Liz enquanto eu e Oscar vamos a um bar que conheço no centro da cidade? Vamos tomar uns tragos e voltamos logo'. Ele disse: 'Você tomaria conta dela para mim?'".

"Lá estava eu, um moleque da Louisiana, nem sabia o que estava acontecendo. Só sabia que Elizabeth Taylor estava sentada *ao meu lado*. E eu era *guardião* dela. Acho que, na hora, eu nem tinha noção o suficiente para ficar nervoso. Conversamos por um bom tempo".

Teve seu nome numa placa junto ao de Sam Cooke, que o chamava de "primo", um cantor de voz pura cujas palavras pareciam permanecer no palco como anéis de fumaça, mesmo depois dele ter agradecido ao público e ido embora. Fez uma turnê por casas de show só de negros com Jackie Wilson, e o viu deslizar pelos palcos como se tivesse farinha nas solas dos sapatos de couro de jacaré. "Jackie Wilson era um artista de tirar o fôlego. Era capaz de fazer de tudo. Ah, rapaz, que cantor". Os dois permaneceram amigos até a morte de Wilson.

Na estrada, Patsy Cline o empurrou para dentro de um banheiro e contou-lhe uma piada suja, cantou "Walking After Midnight" como um anjo de *honky-tonk* pouco antes dele subir no palco, e então sentou-se na primeira fila e assobiou para ele como um marinheiro machão. Viu um homem chamado Ellas Otha Bates, com uma guitarra esquisita, em formato retangular e cheia de apetrechos desnecessários, se transformar, senhoras e senhores, em Mr. Bo Diddley no palco, onde conduzia uma batida que era a pedra fundamental do rock and roll. E ele *ouviu*, bem ali.

Ouviu *"wop bop a loo bop a lop bam boom"* através da parede de um camarim, berrado pelo homem conhecido como Little Richard, que usava mais delineador do que Cleópatra, que cantava cada nota, cada respiro, como se estivesse prestes a entrar para a história e nunca mais fosse ter essa chance de novo. "Ele era uma viagem. Uma coisa de louco", diz Jerry Lee. Era um grande cantor e gritava como ninguém, mas era principalmente um *showman* nato. "Sua voz *era* o rock and roll".

Ouviu Ray Charles. "Um gênio absoluto, de verdade. Sua sabedoria pessoal era incrível. Ele era simplesmente *grande*... um *homem bom*. Quando o encontrava, ele dizia: 'Ei, Jerry Lee, está bonito!'". Jerry Lee ainda se indigna com a ofensa que Charles sofreu quando foi preso por porte de heroína, "que ele vinha usando há anos. E caíram matando em cima dele, bem feio. Eles não *compreendiam*, sabe?".

Conheceu os grandes, e alguns até fizeram o jantar para ele. Bateu um papo com Fats Domino e ponderou: "Por que chamam ele de Fats? Ele não é gordo. Só meio que *parecia* gordo. Era um grande pianista... o mais humilde possível. Cozinhou arroz e feijão para mim".

Maravilhou-se com os vocais suaves do cavalheiro conhecido como Gentleman Jim Reeves, e sentou-se com um jovem cabisbaixo chamado Michael Landon, depois que os homens do dinheiro tentaram transformá-lo num ídolo adolescente. "Desisto, Jerry Lee, porque simplesmente não sou um cantor", disse-lhe. Quando Jerry Lee o viu novamente, cavalgava pelo rancho Ponderosa vestindo as mesmas calças cinza e jaqueta verde toda semana, atirando nos bandidos com Hoss, Adam e Pa, tentando não acertar em Hop Sing, no seriado *Bonanza*.

Conheceu, enfim, um dos verdadeiros bastiões da história da música, o homem que pediu a Beethoven para sair da frente e a Johnny para ser bom[5] – viu-o subir no palco, alto e magro como um varapau, com movimentos de uma graça tranquila, braços longos e mãos grandes a balançar, sua raiva contra os brancos ainda fumegando devido à forma como tentara excluí-lo. Esse homem lançou um olhar para Jerry Lee e sua coluna ficou reta como o encosto de uma cadeira, e os produtores sussurraram que sim, haveria encrenca ali. "Chuck... Chuck Berry", diz Jerry Lee, e balança a cabeça, sorrindo. Os produtores estavam certos.

Estava nas coxias enquanto Buddy Holly, "que era um roqueiro também, ah, era", cantava "*all my life, I been a-waitin'*" com uma paixão das mais viscerais que ele já vira. Holly só cedeu o palco a ele depois de quatro bis, mas ficou nos bastidores para assisti-lo e dançar e festejar como um fã, berrando: "Cara, isso é quase tão bom quanto o Texas!". Tinha um carinho especial por Buddy. "Um verdadeiro campeão", diz. "Ah, sua música era das mais quentes. Dava um ótimo show. E sabia tocar guitarra... tão bem quanto Chet Atkins. Era um cavalheiro, nunca mentia, nunca traía a namorada nem nada disso".

Assistiu a todos os shows e tocou com todo mundo, e parecia que, não importava onde tocasse, superava todos os grandes nomes que vieram antes dele – até mesmo Sinatra e Elvis – até que seu próprio nome estivesse no topo dos cartazes em todos os shows, onde ele deveria estar desde sempre.

---

5 "Roll Over Beethoven" e "Johnny B. Goode".

Quando questionado, depois de todo esse tempo, se já houve alguém de quem ele tinha medo que tocasse antes dele – embora *medo* provavelmente seja uma palavra forte demais –, responde que houve um só homem.

"A única pessoa com quem eu tinha um problema era Roy Hamilton".

Hamilton era um cantor de *rhythm and blues* de Leesburg, Georgia, bonitão e de queixo largo, capaz tanto de cantar límpida e suavemente quanto de entregar um soul visceral. Tinha estudado canto lírico e clássico, foi boxeador amador e, como Jerry Lee, começou a cantar na igreja. Influenciou de Elvis aos Righteous Brothers e, no palco, entregava-se por completo ao cantar, com os pulmões já infectados e enfraquecidos pela tuberculose que influenciaria em sua morte aos quarenta anos.

"Ele tinha grandes músicas – 'Ebb Tide', 'Unchained Melody'. Tinha aquele compacto 'Don't Let Go'. Estava começando a fazer sucesso. Nós dois estávamos, na verdade. Eu ia fazer um show em algum lugar, e era a estrela do show. Ia fechar o show. E ouvi o show *dele*. Ele encerrou com aquele: '*Hear that whistle? It's ten o'clock! Go, man, go! Go, man, go!*'⁶. E tinha aqueles rapazes de backing vocals – Get-a-Job Boys, era como se chamavam" (eram, na verdade, os Silhouettes, cujo único sucesso era o compacto "Get a Job"). "Eles o acompanharam nessa música também, e foi algo tremendo".

"E eu disse: '*Rapaz, tenho que tocar depois desse cara?*'. Não gostei nada disso. Falei: 'É impossível entrar no palco depois dele'. E o empresário dele disse: 'Você tem razão, Jerry. Você já está com o trabalho feito para esta noite'. Fui lá e abri com 'Great Balls of Fire', que já emendei com 'Whole Lotta Shakin' Goin' On'". Ele normalmente terminava os shows com essas músicas.

"Enfim, consegui prender a atenção do público até que bem. Mas ele... realmente conseguiu. Ele deveria ter fechado aquele show".

Porém, não havia tempo para ser humilde em 1957. Um grande e apavorante vácuo se abrira no rock and roll, à medida que Elvis se preparava para sua convocação. E lá veio aquele garoto do rio Negro, tocando seu piano numa caminhonete, preparando-se para assumir esse posto assustador, mas, desta vez, num cenário de Hollywood, e isso tudo fez as fãs desmaiarem e os produtores abrirem aquele sorriso de crocodilo, até que ficasse claro que a única

---

6 "Ouviu esse apito? São dez horas! Vai, cara, vai! Vai cara, vai!"; trecho de "Don't Let Go".

pessoa capaz de impedir Jerry Lee de chegar ao trono era o próprio Jerry Lee. A aclamação não foi universal, mas os detratores eram silenciados ou tinham suas críticas desprezadas como esnobismo. Alguns críticos torciam o nariz para ele – não para a música, mas para a pessoa, censuravam-no por pentear o cabelo no palco e por outros comportamentos rústicos, ao mesmo tempo em que admitiam que, embora ele surrasse o piano, surrava perfeitamente no tom. "De uma forma ou de outra, eu não ligava, pois não era para eles que eu fazia o show", diz ele.

Até mesmo Liberace, que era capaz de tocar o instrumento com muita proficiência, sob todas aquelas roupas extravagantes do Velho Mundo e do brilho de Las Vegas, maravilhou-se com a habilidade daquele rapaz sem treino formal. "Ele disse: 'Ninguém consegue tocar piano tão rápido e bater as notas certas... e cantar ao mesmo tempo'", recorda-se Jerry Lee. "Disse que devia haver outro piano escondido em algum lugar". Por fim, foi assisti-lo com os próprios olhos em Hot Springs. "Ele foi aos bastidores, onde eu estava tocando, sentou-se e me observou tocar, só ouvindo. Não acreditou até que viu com os próprios olhos".

Na Sun, Sam Phillips, normalmente mão-fechada, empacotou milhares de compactos para distribuir em convenções de disc jockeys, e Jud elaborou um plano para divulgar o próximo disco, outra composição certeira de Otis Blackwell, chamada "Breathless", com uma campanha diferente de tudo que a indústria já vira até então. Estes eram homens nos quais ele confiava então, que lidavam com partes dos negócios sobre as quais ele nem fingia se interessar. "Eu era pago para tocar piano e cantar", disse, repetindo outro mantra ao qual se ateria por toda a vida, "e para nenhuma outra coisa além disso". A parte referente a negócios – produção, agendamentos e coisas do tipo – tiravam a naturalidade e esgotavam a parte divertida. Tocar piano, frisaria ele, era como fazer amor com uma mulher, mas ele seduzia *todo mundo*.

"Elvis enfeitiçava as mulheres e se voltava mais para elas em sua música", diz. "O negócio dele eram as mulheres. Mas eu tinha mulheres *e* homens loucos pela minha música, porque ela era visceral".

Em Graceland, Elvis observava os sucessos de Jerry Lee ultrapassarem incansavelmente os seus nas paradas, e quando os puxa-sacos começavam a falar demais sobre esse novo garoto, porque passaram a pensar nele como amigo de Elvis, ele os mandava calar a boca.

Com os pais, Elmo e Mamie Herron Lewis.

Cortesia de Jerry Lee Lewis

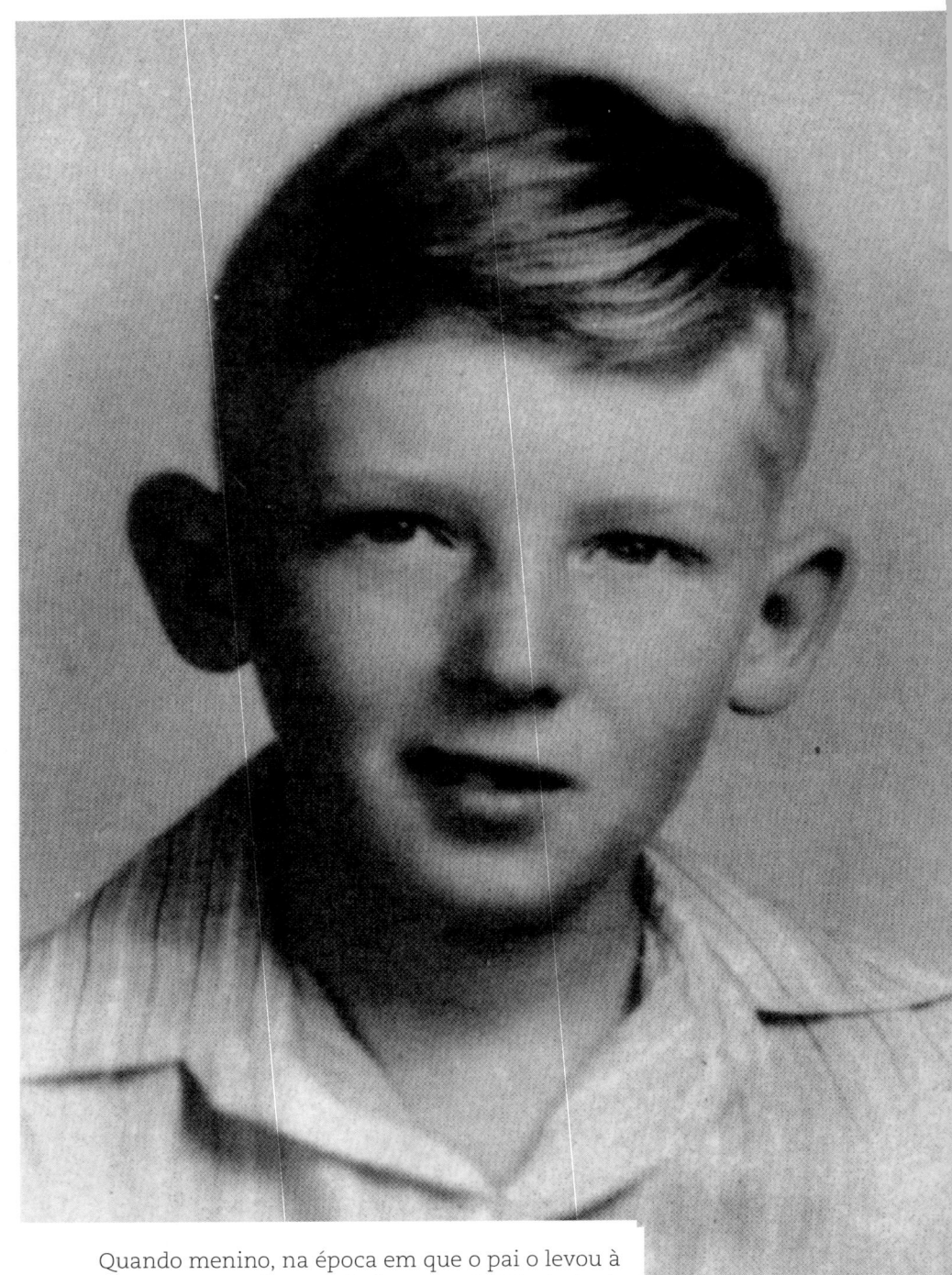

Quando menino, na época em que o pai o levou à barragem para ver os barcos de festa no rio Mississippi. "Um dia, será você ali", disse Elmo a ele. "Será você".

Michael Ochs Archives/Getty Images

O jovem conquistador à solta nas ruas.

O bar do Haney's Big House. O proprietário, Will Haney, é o segundo da direita para a esquerda. "Apresentei-me àquela atmosfera", diz Jerry Lee. *Concordia Sentinel*

Com o fundador da Sun Records, Sam Phillips (*acima*), que tentou convencer Jerry Lee de que ele poderia salvar almas como um "expoente do rock and roll", e o irmão de Sam, Jud (*abaixo*), que serviu, em diferentes momentos, como empresário, parceiro de bebidas e mentor. *Pictorial Press; Colin Escott*

Da esquerda para a direita: Jerry Lee, Carl Perkins, Elvis Presley e Johnny Cash ao redor do piano da Sun, em 4 de dezembro de 1956: a *jam session* vespertina que entrou para a história como o Million Dollar Quartet. "Eu sabia que havia algo especial acontecendo ali", diz Jerry Lee. *Michael Ochs Archives/Getty Images*

Aqui está ele, pulando e sacudindo: *The Steve Allen Show*, 28 de julho de 1957.

Michael Ochs Archives/Getty Images

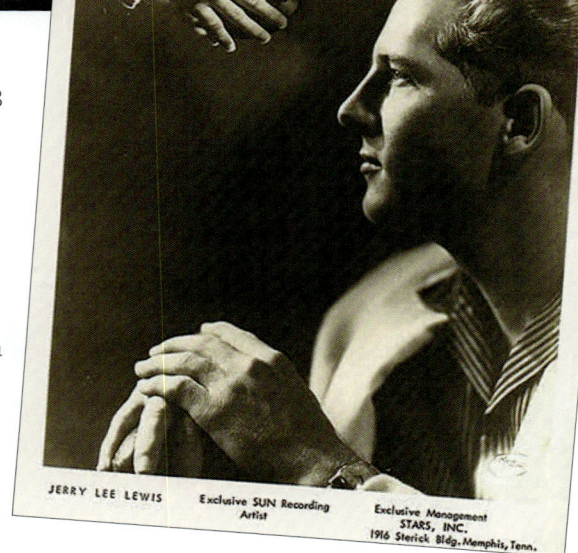

Brilhando do alto: uma misteriosa foto promocional da Sun.

Estreando "Great Balls of Fire" no filme *Jamboree*.
Michael Ochs Archives/Getty Images

Dando autógrafos para fãs no Bell Auditorium, em Augusta, Georgia. *Museum of Augusta*

A Grande Bola de Fogo no American Bandstand, de Dick Clark.

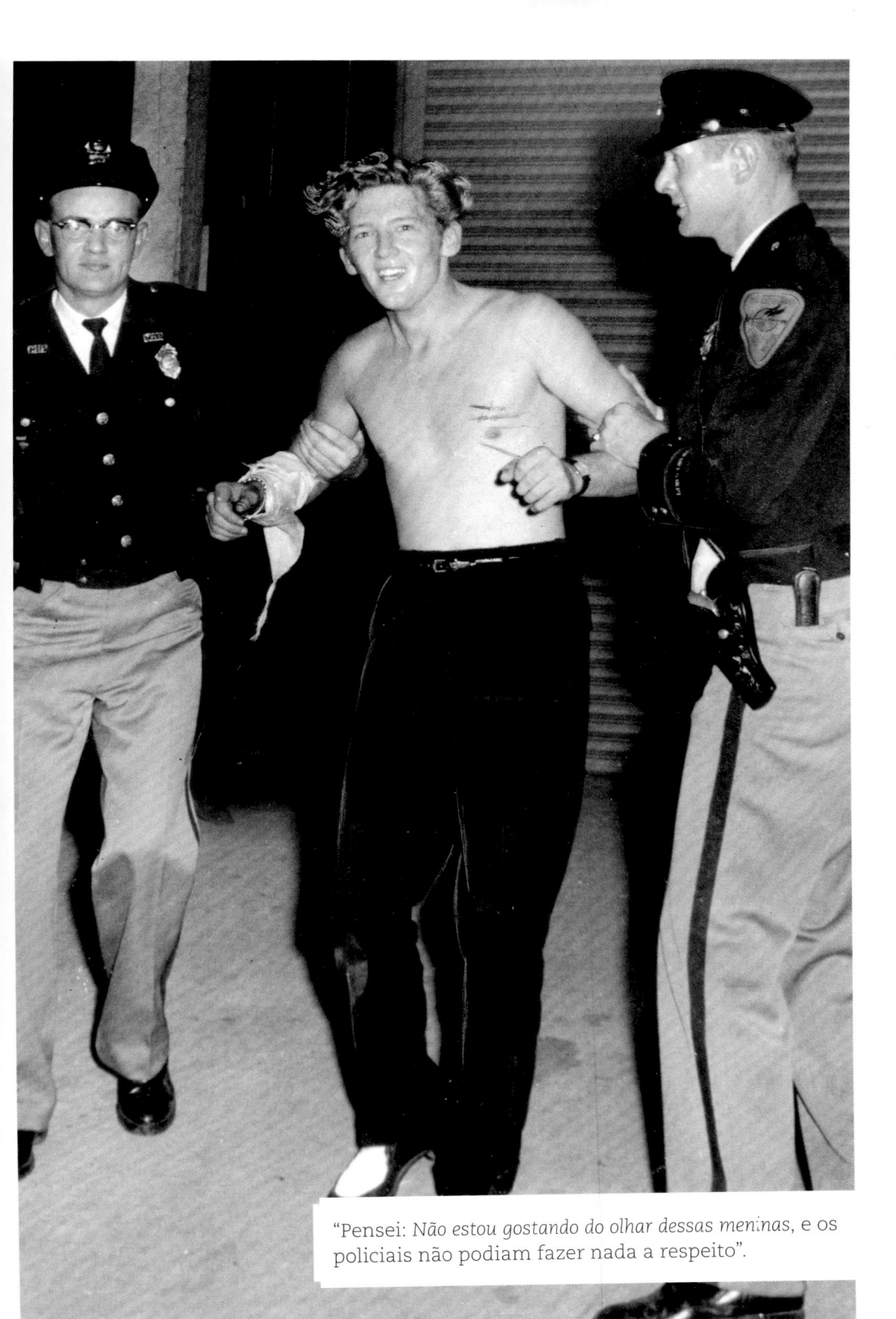

"Pensei: Não estou gostando do olhar dessas meninas, e os policiais não podiam fazer nada a respeito".

Valdosta, Georgia, provavelmente no início de 1958. *Cortesia de Pierre Pennone*

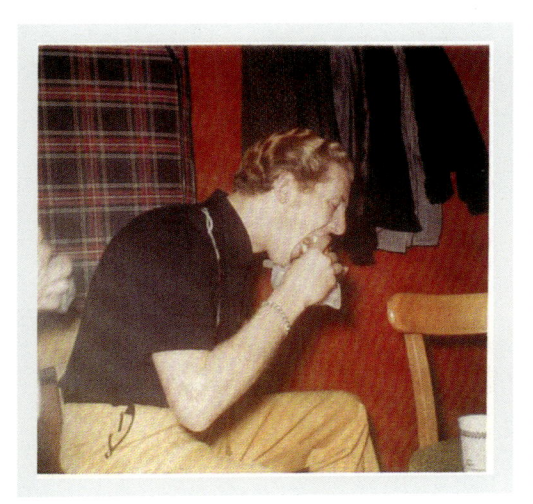

Com a presidente do fã-clube, Kay Martin (*acima, à direita*), e uma fã no camarim do Loews Paradise Theater, no Bronx, em Nova York, 31 de março de 1958.

Cortesia de Kay Martin/Pierre Pennone

No Granada Theatre, em Tooting, Sul de Londres: o último show antes de deixar a Inglaterra, 26 de maio de 1958. *Pierre Pennone*

"Por que não deixamos as questões pessoais fora disso, senhor?". Saudando a imprensa, com Myra, quando do retorno da Inglaterra, Aeroporto de Idlewild, Nova York, 1958.

Michael Ochs Archives/Getty Images

Steve Allen Lewis, que faleceu antes do quarto aniversário.

Kevin Horan/The LIFE Images Collection/Getty Images

Com Don Everly (*ao centro*) e Buddy Holly (*à direita*), que pediu a ele conselhos sobre matrimônio. Jerry Lee lembra-se de Holly como "um verdadeiro campeão" e "um cavalheiro".
Pictorial Press

Com os pais, Mamie e Elmo, em 1959.
Bettmann/Corbis

No El Monte Stadium, em Los Angeles, com o DJ Art Leboe, em 20 de junho de 1958. *Michael Ochs Archives/Getty Images*

REX USA / Devo Hoffmann

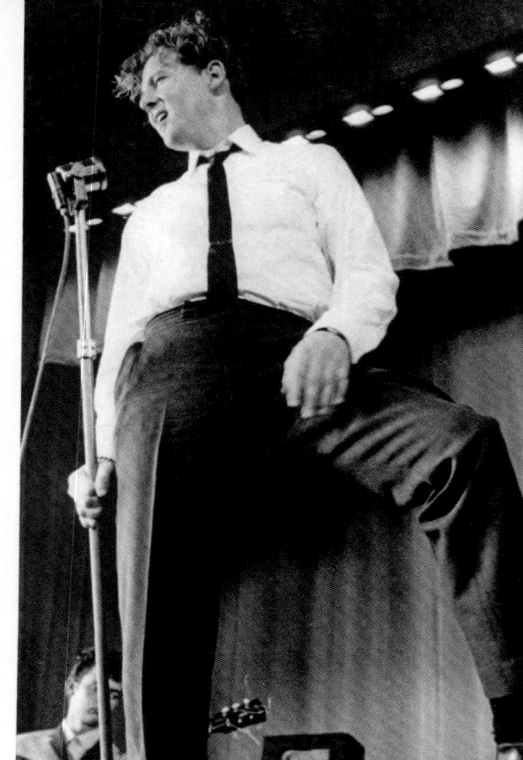

O conquistador retorna à
Europa no início dos anos 1960.

Marion Schweitzer/REX USA

O encerramento de sua participação triunfal em *Don't Knock the Rock*, da Granada TV, em 19 de março de 1964.
ITV/Rex/REX USA

Em maio de 1963 (*acima*), Jerry Lee fez uma temporada de uma semana no Star Club, barulhento bar no infame Reeperbahn, o distrito da luz vermelha de Hamburgo, onde os Beatles tinham ganhado experiência. Em 5 de abril do ano seguinte (*à esquerda*), voltou ao lugar para gravar um dos maiores discos ao vivo de todos os tempos.

Pierre Pennone; K&K Center of Beat/Retna Ltd

No estúdio para a Smash, 1965. *Robert Prokop*

Fotos de um show em Chicago tiradas para a capa do álbum *Memphis Beat*, da Smash.
Robert Prokop

ACIMA: O selvagem renascido como um astro country amadurecido.
REX/Dezo Hoffman

BAIXO: "Não, nunca minha alma há de se satisfazer!". Como Iago em *Catch My Soul*, 1968.

No camarim do London Palladium, em 1972. *Gijsbert Hanekroot/Redferns/Getty Images*

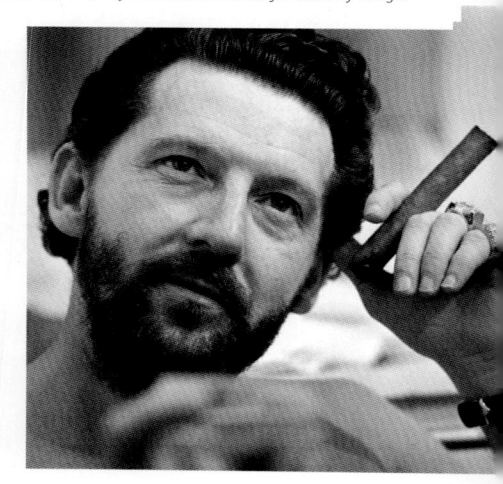

No London Rock and Roll Show, o primeiro show realizado na história do Wembley Stadium, em 1972. *Chris Foster/REX USA*

Bananafish Garden, Brooklyn, Nova York, 1973. *Bob Gruen*

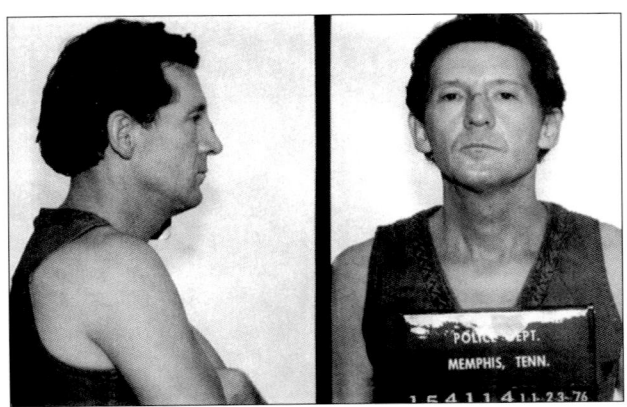

ACIMA: "Onde está papai? Ele ainda está falando palavrão?". Com Elmo, no Texas, nos anos 1970. *Raeanne Rubenstein*

ABAIXO: Depois de bater nos portões de Graceland, nas primeiras horas da manhã de 23 de novembro de 1976. *Memphis Commercial Appeal*

ACIMA: Em seu avião particular, anos 1970. *Raeanne Rubenstein*
ABAIXO: No palco com Linda Gail. *Raeanne Rubenstein*

Com Mick Fleetwood e Keith Richards em *Salute!*, especial de TV de Dick Clark, julho de 1983. *Richard E. Aaron/Redferns/Getty Images*

Os rapazes de Ferriday, Louisiana: com Mickey Gilley (*à esquerda*) e Jimmy Lee Swaggart. © *Christopher R. Harris*

ACIMA: Com sua quarta esposa, Jaren Pate, em 1978.
Memphis Press-Scimitar

NO MEIO: No casamento com Shawn Stephens, em 7 de junho de 1983.
Globe-Photos/ImageCollect.com

ABAIXO: Depois da morte de Shawn, em 24 de abril de 1984, casou-se com Kerrie McCarver.
Zuma Press

Recebendo sua estrela na Calçada da Fama de Hollywood. Com Dennis Quaid, que interpretou Jerry Lee no filme *Great Balls of Fire!* (no Brasil, *A Fera do Rock*), de 1989.

AP Photo/Doug Pizac

Em casa, em Nesbit, Mississippi, com seus discos de ouro da Sun.

LFI/Photoshot

Com Chuck Berry e Ray Charles na primeira cerimônia de introdução ao Rock and Roll Hall of Fame, em 23 de janeiro de 1986. © *Lynn Goldsmith / Corbis*

Na festa de estreia de *Great Balls of Fire!*, no Peabody Hotel, em Memphis, 1989. *AP Photo/Todd Lillard*

De volta ao Hall of Fame, em 1995 (*à esquerda*), e no palco com Levi Kreis no musical *Million Dollar Quartet*, em 2010.

© *Neal Preston/Corbis; Bruce Glikas*

Frankie Jean (*à esquerda*) e Linda Gail (*à direita*).

WireImage/Getty Images

Com Judith, 2014. *Steve Roberts*

O lado mais obscuro do rock and roll era outra coisa que ele tinha em comum com Elvis. Tomava comprimidos desde a época do Wagon Wheel e do Blue Cat Club, em Natchez, para manter-se alerta e acordado nas noites sem fim. Engolia anfetaminas como se fossem M&M's. "As pessoas me davam aos punhados – eu as guardava no bolso da camisa e ia pegando uma a uma". Era uma espécie de camisa mágica, com um bolso sem fundo. Crentes que o estavam ajudando, pessoas continuariam a fazer isso por anos, até que ele "tivesse o bolso cheio o tempo todo. Acho que nunca fui um viciado completo", diz, mas essa dependência nos comprimidos para fazer ou chegar ao final de um show ficaria pior, mais profunda. Na época, de meados para o final da década de 1950, ele era indestrutível, aparentemente à prova de balas. "Mas era fácil se viciar em comprimidos, especialmente analgésicos", e o processo lento de destruição de seu corpo começou, noite após noite, incessantemente.

Dificilmente ele era o primeiro a passar por isso. Astros da música country já vinham se viciando em anfetaminas desde sempre – no caso de Hank Williams, era morfina – e músicos de blues e jazz tornaram a seringa e o baseado parte de sua *persona*. Porém, com alguém como Jerry Lee, esse tipo de coisa era mais perigoso. Como seu pai já tinha descoberto, ninguém mandava nele. Estava rapidamente ficando conhecido não como um cantor de rock and roll, mas como um homem selvagem que superaria qualquer um no palco, na bebida, nas brigas, basicamente em *tudo*. Roubaria sua namorada ou esposa na sua frente, lhe desafiaria a fazer alguma coisa a respeito, e então lhe mandaria para o hospital e a mulher para casa.

Ele diz que a maior parte disso é verdade, não tanto sobre a bebida. "Nunca bebi tanto assim", afirma, sabendo que isso provavelmente vai fazer algumas pessoas balançarem a cabeça e rirem de sua audácia. Tinha uma queda, admite, pelo uísque Calvert Extra, "comprava uma dose e a deixava sobre a tampa do piano. Normalmente, limpava minha voz". Mas não era preciso muita bebida para conduzi-lo ao mau comportamento. Era um lutador por natureza – gostava da emoção de uma briga, quando alguém o ameaçava – e um amante, diz ele, por desígnio.

"Era duro resistir quando elas *imploravam* para subir no ônibus ou no avião. Era a vida real. Mas parecia um sonho".

As mulheres – quase sempre, mulheres de outros homens – eram outra ameaça, esta mais imediata. "Eu estava tocando, levantava a cabeça e via uma bala colocada em cima do piano, e dizia: 'Ah, quem será que deixou isso aqui', embora tivesse uma boa ideia de quem foi. Mostrava para a plateia", reforçando ainda mais sua lenda. Não tinha muito respeito por maridos incapazes de manter suas esposas felizes. Ele sabia como fazer isso; se eles não sabiam, era melhor se esforçarem mais.

"Eu sempre tive um sonho no qual eu tinha um cavalo, um cavalo especial, incapaz de ser atingido por balas, e havia um velocímetro nele, e eu chegava a 100, 160 km/h nele, pulando cercas e correndo por grandes pastos, e nunca nos cansávamos", diz, e sorri. "Tinha uma arma, a arma mais rápida, e ninguém era capaz de me pegar". Não sabe ao certo o que significa esse sonho; não é do tipo de homem que perde muito tempo pensando sobre sonhos. Mas tem uma noção.

Como é comum aos homens desde o início dos tempos, ele não via motivo para não poder ter tudo, para não poder ter a vida selvagem do rock and roll e todos os seus excessos, e uma vida familiar para manter seus pés no chão, para segurá-lo, e ainda havia o fantasma de sua educação religiosa sempre sussurrando em seu ouvido. "Eu me dava mal ao me casar, *sim*. Você encontrava as garotas que não te deixavam, então se casava com elas. Eu só dizia: 'Não tem por que deixar você de fora. As outras não ficaram'".

Em Coro Lake, o monarca em ascensão passeava pelas ruas com Myra, sua maior fã. Ainda estava morando com J. W., Lois, o garotinho Rusty e Myra. Tinha dinheiro suficiente para comprar uma mansão, e logo o teria para comprar sua própria Graceland, caso quisesse, mas não queria uma mansão, não queria ficar rodeado de puxa-sacos, cercado por muros e receber cartas de amor de fãs malucas, que as deixavam entre as grades de ferro. Gostava de ser o hóspede perpétuo mais rico da história de Coro Lake, porque gostava de conviver com Myra quando chegava em casa. Era esbelta, com cabelos castanhos ondulados, um pescoço longo e olhos bem grandes – e, se ela era uma criança, então ele era um macaco astronauta russo.

"Vamos apostar corrida", dizia ele a ela.

"Você vai ganhar fácil de mim".

"Vou correr de costas".

E ela disparava, rindo.

Jerry Lee era capaz de voar correndo de costas, habilidade que qualquer um que já jogou um pouco de futebol deve ter e qualquer um que tem a tendência a roubar a mulher alheia talvez deva precisar ter. Estava a toda velocidade, quando tentou se virar, perdeu o equilíbrio, "ah, rapaz, foi uma aventura", e caiu rolando pelo asfalto da East Shore Drive. Tentou se apoiar, mas só teve sucesso em ralar boa parte da pele das palmas das mãos, que não tinham preço. "Acabei com elas", diz. Não se machucou seriamente, mas precisou tocar seu show seguinte enfaixado, e se ali havia algum tipo de aviso ou ironia, ele não percebeu – e, se o tivesse, teria ignorado, de qualquer modo.

"Myra era uma menina de doze anos quando cheguei lá. Não prestei atenção... Não fazíamos nada, na época. Mas passei a observá-la, e de súbito ela era uma mulher crescida".

Sempre tinha o que queria, e queria Myra. Não se perguntou sobre o que isso significaria para o seu lugar na hierarquia e na história do rock and roll, nem sobre o que a sociedade pensaria disso ou exigiria em troca – sobre que pena teria de pagar por não se preocupar em estar ofendendo as sensibilidades de mulheres e homens mais cuidadosos. "Não estava preocupado com a minha carreira", diz. "Quando queria fazer algo, simplesmente fazia".

Muita gente já perguntou por que alguém, qualquer um, não explicou tudo a ele, que não importava se ele considerava isso certo ou errado baseado em sua cultura. A questão é que, se ele seria o novo rei do rock and roll, havia costumes e práticas aos quais teria de se ater para poder reinar nesse mundo mais vasto. Porém, se alguém de influência viu perigo no que estava acontecendo em Coro Lake, ou esperavam que fosse acabar, ou, enquanto o dinheiro entrava, fingiam que nada estava acontecendo. Mas mesmo se alguém – Sam, Jud ou outra pessoa em quem ele confiava – questionasse Jerry Lee com seriedade a respeito de sua relação com Myra, ele teria apenas levantado a cabeça, subido a calça, olhado para eles de cima para baixo e dito que ninguém mandava nele, e então levaria Myra para tomar milk shake em seu Cadillac, com a capota abaixada para que todos pudessem ver.

"Eu costumava a levar para a escola", chegando em um de seus grandes conversíveis, e as outras garotas davam risinhos e gritinhos em vista ao primo famoso. Ele diz que as legiões de pessoas que o condenaram por isso, por romancear uma garota de treze anos, pintaram uma coisa que nada tinha a ver com a realidade. Sua própria irmã se casou aos doze anos. Todos celebraram, porque, como sua mãe dizia, a menina era madura. Casamentos com garotas de treze ou quatorze anos eram comuns na história de sua família já há muito tempo. Para muitos, podia ser ofensivo, mas era o que era.

"Myra não era uma menininha. Era uma mulher. Parecia uma mulher crescida, amadurecida e pronta para a colheita", diz hoje. Não se preocupa quanto a como isso pode soar, e reafirma, só para mostrar que não se importa. "Para mim, parecia uma mulher". Diz ele que ela não era tão inocente em relação a garotos, não da maneira como livros e filmes tentaram fazer parecer, e já vinham se beijando e namorando por alguns meses. J. W. e Lois diriam que não sabiam de nada disso, que se sentiram traídos por Jerry Lee, mas ele acredita que era difícil não perceber que algo estava acontecendo na casa, especialmente se eles olhassem do lado de fora e vissem os dois no carro. Conversavam ao telefone quando ele estava em turnê e desapareciam em seu carro assim que ele estivesse de volta. "Era minha prima de terceiro grau, e quando falava com ela no telefone, dizia: 'E aí, prima?'".

"Certa noite, estacionamos na frente da casa... Quando terminamos, ela começou a chorar. 'Olha, eu já fiz isso', e não era a primeira vez, 'você nunca vai se casar comigo, vai?'. Eu disse: 'É claro que vou'. E cumpri a promessa".

"Pensei a respeito de ela ter treze anos e tudo mais", diz ele hoje, "mas isso não a impedia de ser uma mulher crescida".

Segundo conta em seu próprio livro de memórias, J. W. por fim perguntou a ele por que ligava tanto para a garota quando estava na estrada, mas já era tarde demais para parar o que estava em curso.

"Eu nem estava tentando escondê-la", diz Jerry Lee. "Gostava muito de andar em conversíveis, e é difícil esconder uma mulher num daqueles, ainda mais se ela estiver sentada no meu colo".

O fato de ela ser parente, ser uma prima, tampouco o preocupava, porque casamentos até mesmo entre primos de primeiro grau eram rotineiros em sua cultura e decerto em sua família. Se primos não tivessem se casado com primos, a grande tribo da Paróquia de Concordia nem teria existido. Não só era algo aceito, como também, ao que tudo indica, preferido. Por tais padrões, um primo distante era quase um estranho, um forasteiro. "Era minha prima de terceiro grau. Eu ia me casar com ela de qualquer maneira, mesmo se fosse minha irmã... Bom, acho que não iria tão longe assim".

O divórcio de Jerry Lee e Jane ainda não estava finalizado em dezembro de 1957, e continuaria assim por cerca de mais cinco meses, por conta daquelas leis e convenções ridículas que não deveriam ter nada a ver com ele. Porém, ele havia assinado os papéis pedindo o divórcio, e Jane também, então, até onde ele sabia, aquele casamento estava acabado de uma vez por todas – Jane manteve a custódia de Jerry Lee Jr. – e acreditava estar livre para se casar novamente. Fora ensinado que casamento era um pacto entre um homem, uma mulher e Deus, pacto este que ninguém poderia desfazer, mas era um fato consumado que homens e mulheres se apaixonam e às vezes acabam brigando feio e casamentos se desfazem. "Acho que a razão pela qual eu vivia me casando é que não conseguia achar ninguém", ninguém que durasse, diz ele. Enquanto o ano chegava ao fim e tudo o que jamais sonhara estava ao alcance de suas mãos, Jerry Lee, em seu Cadillac, cruzou a fronteira estadual do Tennessee rumo ao norte do Mississippi, onde o casamento era, na melhor das hipóteses, uma ciência inexata, e permitido a qualquer um com alguns dólares no bolso e uma boa história ou uma mentira plausível. Naquele dia, Jerry Lee entrou no Tribunal do Condado de Jefferson com uma mulher que assinou um documento afirmando que seu nome era Myra Gayle Brown e que ela tinha vinte anos. Jerry Lee também assinou, e os dois partiram para o Tennessee, depois de cortada aquela fita vermelha boba. A verdadeira Myra estava em Memphis, na sétima série.

Na segunda semana de dezembro, num momento de calmaria em sua agenda de shows, fez o pedido a Myra no banco da frente do Cadillac. Futuramente, ela escreveria que ficou assustada e relutante e que ele a pressionou, mas Jerry Lee não se lembra de nada disso. "A gente estava na frente da casa, namorando um pouco, e eu disse: 'Quer se casar comigo?', e ela disse: 'Não vejo por que não', e decidimos nos casar".

No dia seguinte, 12 de dezembro de 1957, ele dirigiu para o sul mais uma vez, em meio ao trânsito das compras natalinas, com uma certa Myra Gayle Brown ao seu lado. O destino era novamente o Mississippi, desta vez a cidade de Hernando, no Condado de DeSoto, aonde jovens de Memphis iam há anos para se casar em segredo. Por volta da uma hora da tarde, estacionaram diante da capela. O reverendo M. C. Whitten, da Igreja Batista, conduziu a cerimônia e, sem amigos ou familiares como testemunhas, Jerry Lee e Myra se casaram diante de Deus. O pastor, que estava acostumado com tais coisas, não questionou a união. Não houve lua de mel – não havia a possibilidade disso acontecer –, então apenas voltaram para Coro Lake. Não contaram para ninguém, porque Myra tinha medo do que seus pais diriam. Jerry Lee não se importava de eles saberem, mas concordou em esperar, pelo menos um pouco, para contar ao primo J. W. que agora também era seu genro.

Jerry Lee já foi questionado milhares de vezes se amava a garota.

"Por um momento, achei que sim".

Ele pensa a respeito, ponderando.

"Havia amor ali".

O segredo durou cerca de uma semana, até que uma faxineira bem intencionada viu uma certidão de casamento numa gaveta e chamou a atenção dos pais de Myra. Aqui, as versões da história diferem drasticamente. J. W. e Lois disseram que ficaram estarrecidos, intensamente abalados, inconsoláveis, furiosos e, é claro, sentiram-se traídos. J. W. disse, ainda, que isso o lançou numa fúria assassina, que ficou inclinado ao assassinato e não se importaria em sofrer as consequências, afirmando que foi atrás de Jerry Lee com uma pistola carregada no banco do carro. Segundo Jerry Lee, isso pode funcionar para um bom roteiro de cinema, mas que não foi tão dramático assim.

"Eu não estava fugindo de J. W. Posso ter dirigido um pouco rápido", diz, sorrindo, "mas não estava fugindo. Ele dizia que ia atirar em mim, mas não ia fazer coisa nenhuma". Jerry Lee nem acredita que foi um choque tão grande assim, talvez só para Sam e Jud Phillips, que entenderam de imediato o perigo ali, não da parte de J. W., mas da inevitável má fama que se seguiria.

J. W. de fato foi ao estúdio da Sun e perguntou se Jerry Lee estava lá, e de fato carregava uma pistola – Jerry Lee insiste que era só pose. Sam disse a ele que se sentasse com aquela arma e desse ouvidos à razão.

"Olha, J. W., entendo que você está furioso e que quer atirar em Jerry Lee", disse Sam, insinuando que ele próprio já quisera fazer isso muitas vezes. "Mas você tem de entender uma coisa, filho. Você até pode atirar nele, mas vai ganhar muito mais dinheiro se não atirar".

J. W. foi para casa, e Jerry Lee não levou nenhum tiro.

"Conversa é conversa, só um monte de papo furado", diz ele. "Fiz o que queria fazer". Acredita que o fato de J. W. ou qualquer outra pessoa fingirem estar chocados e pegos de surpresa pelo namoro com Myra e por isso ter levado ao casamento, seria uma revisão da forma como as coisas funcionavam naquele tempo.

Ele seria retratado como um homem de olhar suspeito para um berço, enquanto Myra seria retratada ou como uma garotinha tensa e confusa, ou como uma estudante leviana e empolgada, dividida entre amor adolescente e um grande arrependimento, cada vez mais profundo. Nesse retrato, ela parecia ter passado de criança brincando de bonecas e esposa da noite para o dia. Aos prantos e envergonhada, amontoou suas roupas e pertences de criança numa casa de bonecas, que era o que ela tinha mais próximo de uma mala de adultos, e deixou o santuário da casa dos pais. Este seria o retrato duradouro e condenatório de Jerry Lee, e muitos acreditaram ser exatamente o que ele merecia. Mas ele diz que é um exagero imenso. "Quando essa suposta novidade se espalhou, foi como se eu tivesse cometido um pecado imperdoável. *Não cometi*".

Para quem estava de fora e dava de cara com isso, o casamento era algo confuso. Myra era constantemente parada pela polícia quando saía para dar uma volta em um dos Cadillacs de Jerry Lee, pois os oficiais achavam que era uma adolescente que pegara escondido o carro dos pais. Certa vez, foi detida e teve o carro desmantelado pela polícia depois de tentar pagar por uma refeição com uma nota de cem dólares, no mesmo dia em que um banco perto dali foi assaltado por alguém cuja descrição batia com a sua; os próprios policiais foram incapazes de se decidir se ela era uma menina dando uma volta à toa no Cadillac do pai ou uma mulher crescida capaz de roubar um banco. Porém, de algum modo, a notícia do casamento de Jerry Lee com Myra permaneceu, predominantemente, em Memphis e região, cercado pelo rio e pelas ribanceiras do lado do Arkansas, como o segredo mais bem guardado do rock and roll. Em seu primeiro Natal casados, Jerry Lee deu de presente para Myra um Cadillac conversível vermelho, com interior de couro branco.

J. W. chegou a considerar brevemente dar queixa contra Jerry Lee, mas deixou-se convencer do contrário por um promotor. "Conversa... não significa... nada", diz Jerry Lee. "J. W. e eu nunca tivemos problemas". Ele disse à mãe de

Myra que amava sua filha, e a J. W. que cuidaria dela, que ela nunca passaria vontades, e ponto final, até onde ele sabia. "Sempre tentei ser bom para minhas mulheres, comprar a elas o que quisessem, mantê-las satisfeitas, com um carro bonito", diz. Não se importa que sua atitude em relação a isso pareça congelada no passado. *Era* o passado quando tudo isso aconteceu, e é onde ele está mais feliz, em boa parte do tempo.

Jerry Lee e Myra foram para Nova York no Natal, para que ele pudesse fazer uma série de shows importantes de final de ano, e J. W. e Lois foram com eles. Isso foi na época do controverso auge de Alan Freed, o disc jockey que popularizou o próprio termo rock and roll em rede nacional. Naquele final de ano, Freed estava organizando uma turnê conjunta em Nova York, de proporções jamais vistas. Fãs ansiosos por conseguir um lugar no Paramount Theater fizeram uma fila que deu uma volta no quarteirão, empurrados e mantidos no lugar pela polícia. Buddy Holly, Fats Domino e Jerry Lee Lewis eram os artistas principais, numa escalação que também incluía Paul Anka, os Everly Brothers, Frankie Lymon and the Teenagers, Danny and the Juniors, the Rays, Lee Andrews and the Hearts e os Twin Tones, todos abarrotados num show de duas horas, que seria repetido ao longo do dia. Brigas irromperam na Fourth-Third Street à medida que os fãs se empurravam e lutavam para entrar, sujando só mais um pouco a cara do rock and roll, mas o lado de fora estava tranquilo se comparado ao ataque de nervos que Jerry Lee estava tendo no interior do teatro.

Buddy Holly seria o primeiro a se apresentar, dentre os artistas principais, e Freed queria que Jerry Lee entrasse em seguida, deixando o encerramento do show para o mais consagrado Fats e sua orquestra. É verdade que Fats tinha um histórico consistente de sucessos nos primeiros lugares das paradas, mas Jerry Lee tinha então o compacto de maior sucesso no país, "Great Balls of Fire". O problema era que o contrato de Fats garantia a ele o encerramento do show, e seu empresário empunhava o papel como se fosse uma arma. Jerry Lee não teve escolha senão a tocar antes dele – ou isso, ou que fosse embora –, mas, como era de costume, quando Jerry Lee Lewis perdia uma discussão, logo se ouviria o som de coisas quebrando.

Jerry Lee entrou no palco sob os gritos da plateia. Quando executou seu mais recente sucesso, tocou piano com cada parte do corpo: com os cotovelos, pés e traseiro, tocou como se estivesse furioso com o instrumento, e foi como se aquela música escaldante fosse uma espécie de doença contagiosa que se espalhava pelo público. Mulheres desmaiaram; centenas invadiram o palco. A polícia formou uma frágil barreira enquanto Jerry continuava a tocar, mesmo depois de se dar conta de que o que estava acontecendo com a plateia extrapolava tudo o que ele já vira, algo que fazia as garotas alucinadas naquela base da Guarda Nacional em Nashville parecerem que estavam a caminho do chá da tarde numa reunião estudantil. Algumas das jovens desceram para o fosso diante do palco e agarravam as pernas de Jerry Lee, na tentativa de arrancar alguma coisa dele para levar para casa, até que ele mesmo tirou os sapatos e os atirou longe (dizem que um dos sapatos acertou J. W. bem no rosto), até que a banda tivesse que simplesmente fugir do palco, saindo por uma porta lateral. Ele se lembra disso tudo, mas acontecia com tanta frequência, diz, que as coisas se misturam. "Parecia que *toda* noite era assim".

Fats tocou seu set para um teatro dizimado e em choque, com cerca de metade dos assentos vazios, e disse a Freed que, se para ele tanto fazia, dali em diante tocaria antes de Jerry Lee. O show não só quebrou uma boa quantidade de assentos, como também quebrou todos os recordes de público no Paramount, e a *Billboard* mais uma vez se entusiasmou, chamando-o de "um dos cantores mais dinâmicos da cena atual" e citando Sam Phillips dizendo que Jerry Lee era "o artista mais sensacional que já vi, não tem para ninguém", e todos sabiam quem era o "ninguém" de quem ele falava. Myra, no hotel, não viu nada dessa loucura e comoção; jantaram tranquilamente no hotel quando Jerry Lee voltou, como se ele tivesse chegado em casa depois de um longo dia vendendo seguros. Tentar manter sua vida doméstica e sua vida rock and roll separadas, ou tão separadas quanto fosse possível, se tornaria sua rotina.

O ano terminou enquanto a multidão rugia em Nova York, primeiro por Jerry Lee e depois pela tradicional bola brilhante na celebração na Times Square, o que parecia sinalizar não só a passagem de ano, como também a passagem do rei jovem e moreno e a ascensão do rei jovem e loiro – embora aqueles que amam Elvis como a uma religião digam que não foi assim e nunca será, pois seu Rei era muito mais do que um simples cantor. Naquele inverno, em Memphis, Elvis se preparava para partir para a Alemanha e a Guerra Fria; garotas choravam nos portões de Graceland e diziam que esperariam por ele pelos dois anos de ausência e para sempre, se fosse preciso. Era o bastante para saber que ele ainda estava lá em algum lugar, como uma estrela distante.

Porém, até onde Jerry Lee sabia, esse reinado já tinha terminado havia algum tempo. Nos meses seguintes, ele teve quatro sucessos consistentes, ao passo que Elvis escorregava. Mas, segundo ele, aqueles que diziam que Jerry Lee queria ser Elvis estavam redondamente enganados. Pode ser que outrora tenha desejado isso, quando Elvis era a essência do rock and roll, mas isso se alterou, se tornou algo diferente. "Eu queria tocar piano, cantar e fazer discos de sucesso, sem me preocupar com nada a não ser de onde vinham os cheques… Ah, nem com isso, na verdade". Queria tomar seu lugar no zênite do rock and roll e ouvir as multidões chamarem seu nome, e então fazer sua reverência. E, quando acabasse, quando tivesse voltado para casa, não queria essas multidões acampadas no jardim ou bloqueando a garagem, nem tendo tremeliques só de pensar nele, nenhuma dessas coisas sem sentido. Queria ambas as vidas; queria tudo.

Morar com J. W. e Lois era, na melhor das hipóteses, incômodo, então comprou para Myra uma casa de três quartos na Dianne Drive, em Whitehaven, bairro tranquilo de Memphis, e logo a garagem estava repleta de carrões e outros brinquedos caros. Custou cerca de 14 mil dólares, quantia que significava um sonho impossível para um motorista de caminhão de lixo, um objetivo de vida para um pedreiro e o pagamento de uma noite de trabalho para Jerry Lee. Embora ainda faltassem três anos para ela poder tirar carteira de motorista, Myra continuava a dirigir e a bater, e quando Jerry Lee ficava sabendo, só ria, pois, quando se é um astro do rock, os Cadillacs, assim como as mulheres, dão em árvores, embora agora ele tivesse de dispensar as mulheres. Myra deixou a escola e foi ser a Sra. Jerry Lee Lewis em tempo integral, às vezes viajando com ele, às vezes ficando em casa. Para ajudá-la nos momentos de solidão, ele depois compraria para ela um poodle que batizaram de Dinky, embora Dinky tivesse fama de mal comportado, propenso a acidentes e osso duro para móveis, carpetes e nervos. Porém, esse era o tipo de problema da vida real que todos os casais da vida real enfrentam, e era a vida real na Dianne Drive, exceto pela preponderância de Cadillacs.

A criação seguinte de Otis Blackwell – ele era tão rentável quanto a Coca-Cola – era algo diferente, que não tinha tanta crueza quanto sua contribuição anterior, "Great Balls of Fire", e com certeza sem a audácia do primeiro grande sucesso de Jerry Lee, "Whole Lotta Shakin' Goin' On". Mas era uma canção singular, com uma levada rápida e nuances quase que em cada passagem, sempre temperada pelo som de piano ondulado e martelado, marca registrada de Jerry Lee. Desta vez, não foi uma gravação de um *take* só – era uma música complicada, em alguns aspectos –, e sim algo em que Jerry Lee e os músicos de estúdio trabalharam insistentemente em cima até que o resultado fosse uma canção na qual ele quase uivava num verso e sussurrava no verso seguinte, uma canção que até hoje é difícil de ser categorizada ou mesmo explicada. Porém, se "Shakin'" e "Great Balls of Fire" eram sobre sexo, como teorizam alguns estudiosos da história da música, então "Breathless" era sobre o sentimento que vinha depois.

> *My heart goes 'round and 'round*
> *My love comes tumblin' down*
> *You... leave me... breathless*[7]

Era uma música mais sofisticada, mas o piano de Jerry Lee dava a ela aquela sensação de locomotiva e seu sotaque a deixava menos engomadinha – no fim das contas, era inconfundivelmente dele, com uma piscadela. "Acho que é uma grande canção", diz ele. Era como se Otis Blackwell compusesse cheques em branco para os grandes cantores preencherem.

Assim, com o que sentia que seria mais um sucesso no currículo, Jerry Lee levou Myra para conhecer sua família e não se deparou com nenhuma crítica ao casamento da parte dos parentes na Paróquia de Concordia, e essas eram as únicas pessoas – com exceção, talvez, de Sam e Jud Phillips – cuja opinião importava para ele. O primo Jimmy, que condenava basicamente tudo a respeito de sua vida nos últimos anos, malhando-o a ponto de seus pecados terem se tornado uma espécie de indústria no circuito dos cultos de avivamento na Louisiana e Mississippi, não disse uma só palavra sobre o

---

7 "Meu coração bate forte/ Meu amor vem como uma avalanche/ Você... me deixa... sem fôlego".

casamento com a garota. "Jimmy também era humano", diz Jerry Lee, mantra que repetiria sempre a respeito do primo.

Em janeiro de 1958, partiu para sua primeira turnê internacional que não envolvia um Buick ou uma lata de salsichas. Embora estivesse um pouco relutante em viajar tão longe de avião sobre o oceano, embarcou numa turnê relâmpago pela Austrália, com paradas para shows no Havaí na ida e na volta. Tocaria, mais uma vez, com seu amigo Buddy Holly e com o Paul Anka, o jovem *crooner* cuja "Diana" era um dos maiores sucessos do ano no país. Ficou contente em encontrar-se com Buddy, mas não tanto com Paul, a quem via como um exemplo da lenta suavização e enfraquecimento do rock and roll, um provedor de uma música que não trazia elemento nenhum de *honky-tonks*, *juke joints* e nem mesmo da igreja. Até hoje, Jerry Lee não tem a capacidade de fingir que gosta de alguém, e ele não simpatizava com Anka, então com quinze anos, e seu desgosto por ele só era um pouco menor do que por Pat Boone.

Não foi uma turnê das mais felizes, truncada por cantores mirins e grandes orquestras. Deixou Jerry Lee com vontade de que ele e Buddy Holly pudessem sair em turnê só os dois, tocando rock and roll bom, simples e potente, deixando aquela bagunça para trás. Encontrou um pouco de paz no Havaí. "Passamos a noite no Hilton, fomos nadar naquelas águas lindas, nem tive medo dos tubarões". Porém, na noite seguinte, em Sydney ou algum outro lugar, viu-se numa área nos bastidores abarrotada de músicos desnecessários, com acesso difícil ao banheiro, e seriamente apertado. Desesperado, encontrou uma garrafa de cerveja sem dono aparente. Esvaziou o conteúdo no lixo, achou um único canto semi-reservado por ali e, virando-se para a parede, aliviou-se. Com a garrafa cheia, colocou-a de volta onde a tinha encontrado. "Eu tinha de mijar em algum lugar", diz, dando de ombros.

Um sujeito grandão, um dos músicos da orquestra, apareceu, pegou a garrafa e tomou um gole.

"*Aaaagggghhhhh!*".

Botou a garrafa de lado, xingando e cuspindo.

"Só me digam quem foi", berrou para todos ali. "Só me mostrem quem foi...".

Seus colegas de banda se reuniram, prontos para atacar.

"Quero matar alguém!", gritou o músico ofendido.

"Não te culpo", berrou de volta Jerry Lee. "Eu faria o mesmo".
Prometeu ajudá-lo, porque os músicos tinham de se manter unidos.
"Vou pegá-lo", disse Jerry Lee. "Vou achá-lo".
Saiu dali como se em perseguição acirrada.
"Era do naipe de metais. Um saxofonista, acho".

Anka, enquanto isso, estava lhe dando nos nervos. Não consegue se lembrar exatamente o que o garoto tinha; talvez fosse o fato de ele ser tão bom moço.
"Era um almofadinha", diz Jerry Lee.
Anka bebia leite. Jerry Lee disse a ele que, na Austrália, o leite era de canguru ou de algum outro marsupial, que era melhor ele tomar cerveja.
"O cara que estava cuidando dele estava tentando se engraçar com uma garotinha... Dei uma cerveja a ele".
Diz ele que Anka gostou da cerveja. "Bebeu toda a cerveja e saiu trançando as pernas, e fomos todos para a cobertura do hotel... Era o prédio mais alto de Sydney, e só tinha uns doze andares. Mas imagino que o estrago seria feio se você pulasse de lá".
Lembra-se que Anka caminhou até a beirada. "Não gosto da forma como as coisas vão indo", disse. "Acho que vou pular. Vou pular desse negócio".
"É uma boa ideia, Paul", disse Jerry Lee, enojado. "É bem isso o que você tem que fazer". Foi até a beirada e olhou para baixo. "Tá limpo".
Buddy Holly, que observava a uma distância segura, ficou preocupado.
"Ele pode fazer isso de verdade, Jerry Lee", disse.
Jerry Lee olhou para Buddy e fez um não com a cabeça.
"Bom, pule", disse a Anka.
Anka olhou para baixo.
"Bom, você vai pular ou vai fazer a gente ficar aqui a noite toda?".
Anka hesitou. "Bom", disse enfim, "não vou te dar essa satisfação".
"Filho, é melhor você tomar mais cerveja", disse Jerry Lee.
Ele diz que o garoto nunca esteve em perigo. "Que nada, não daria para empurrá-lo. Não daria para tirá-lo de lá nem com um trator".

Buddy Holly, por outro lado, estava em seu momento mais fervilhante, era uma das forças motrizes do rock and roll em menos de um ano depois de ter alcançado o sucesso, e quando Jerry Lee o observou no palco na Austrália e no Havaí, soube que a escalada, a corrida, nunca estaria terminada, nunca seria vencida de verdade. "Lembro-me de pensar: *Hmmmmm, esse garoto está ficando muito bom*". Abrira para Elvis em Lubbock, chamara a atenção de um empresário e provara – mesmo naqueles óculos de aro preto – que era capaz de um rock de colocar a casa abaixo.

"Era meu amigo".

Alguns meses depois daquela noite, conta Jerry Lee, o telefone de sua casa em Memphis tocou. Holly ligava para ele mais ou menos a cada quinze dias, e então conversavam sobre música e tudo mais.

Naquela noite, Buddy estava feliz.

"Jerry, estou pensando em me casar com essa garota. O que você acha que devo fazer?".

"De verdade, não sei dizer, Buddy. Não sei o que te dizer".

"Bem, você já tem bastante experiência no assunto".

"É, isso é verdade", admitiu Jerry Lee. "Isso pode te dizer alguma coisa".

Mas Buddy falava sério. Queria uma resposta de verdade. "O que você acha?".

"Se é o que você quer fazer, faça".

Buddy então contou a Jerry Lee sobre a garota, uma bela garota que conhecera em Nova York chamada Maria Elena. E, na verdade, ele já a pedira em casamento – no primeiro encontro dos dois.

"Se você a ama", disse Jerry Lee, "não importa o que ninguém mais pensa".

"Breathless" vendeu cem mil cópias naquela primavera e escalou as paradas, mas não disparou como "Great Balls of Fire", que ficou na primeira posição por seis semanas e pairou no topo ou perto do topo das paradas de country, rhythm and blues e pop. Jerry Lee tocou "Breathless" em horário nobre no programa de variedades de Dick Clark, mas a música ainda não tinha estourado de fato. Uma das excentricidades da canção era um *break* que meio que paralisava as pessoas no meio de um passo na pista de dança. "Eles aprenderam. Eu lhes ensinei", disse Jerry Lee. Porém, enquanto isso, Jud Phillips foi em busca de um grande empurrão.

O programa noturno de Clark, *The Dick Clark Show*, era patrocinado pelo chiclete Beech-Nut, mas Clark não estava vendendo chiclete o bastante para satisfazer o patrocinador, e Jud, ao ouvir os lamentos de Clark quando saíram para beber em Manhattan, teve uma ideia que seria útil tanto para o apresentador quanto para a Sun Records. Por cinquenta centavos e cinco embalagens de Beech-Nut, Clark daria um compacto de "Breathless" de brinde. Beech-Nut era um chiclete forte que o deixaria "sem fôlego" ("*breathless*"), diria Jud com um sorriso largo. Em três semanas, cinquenta mil telespectadores fizeram a troca, e a demanda continuou a crescer até que a canção alcançou o Top 10 em todas as paradas. E Jerry Lee seguiu fulgurante, até que o verdadeiro astro do rock and roll, o homem genuíno, começasse a ser cercado de mitos.

"Um dia, eu estava na William Morris Agency[8], em Nova York, e havia uma bela mulher sentada atrás da mesa na recepção", recorda-se. Enquanto a recepcionista ouvia, arrebatada, Jerry Lee a regalava com um falatório quilométrico, repleto de histórias das loucuras do rock and roll e do interior da Louisiana, e qualquer coisa a mais que ela quisesse ouvir.

Então, algo lhe veio à mente.

"E se eu te dissesse que nada disso é verdade?", perguntou.

A mulher pareceu arrasada. "Por favor, não me diga isso!", disse. "Esse é o Jerry Lee Lewis que eu *conheço*. Aquele que as pessoas adoram".

Ele disse a ela que não se preocupasse porque, bem, era tudo verdade. Ela se tranquilizou e seus sonhos se mantiveram intactos.

"Como eu disse, as pessoas gostam de se lembrar das coisas de uma certa maneira".

Em março de 1958, Jerry Lee voltou a Nova York, desta vez como atração principal de mais uma turnê conjunta de Alan Freed, chamada The Big Beat, que contava, ainda, com Buddy Holly e Chuck Berry. Holly aceitou de bom grado ser o primeiro a tocar, mas, quando os outros dois se encontravam nos bastidores, era como assistir a dois trens tentando ocupar o mesmo trilho.

Em alguns aspectos, Jerry Lee era muito parecido com Berry, talvez mais até do que com Little Richard, o pianista escandaloso que ele sempre admirou. Jerry Lee e Berry eram ambos *showmen* natos, com sonoridades originais; ambos pegaram a música de raiz e a forjaram no próprio molde do rock and

---

8   WMA, famosa agência de talentos.

roll. Jerry Lee era um garoto branco capaz de se deleitar numa música tradicionalmente negra; Chuck Berry era capaz de fazer country com os garotos brancos e soar mais como o *swing* texano e o country do Grand Ole Opry do que como blues e R&B, e, entre um set e outro, falava como um professor de New England. Assim como Jerry Lee, vivia com seus demônios – eram outros, mas, ainda assim, demônios.

Mais velho, Berry não cresceu pobre em St. Louis – seu pai era diácono e sua mãe, diretora de uma escola –, mas isso não o impediu de tomar decisões equivocadas: cumpriu uma pena de três anos por assalto a mão armada e saiu da cadeia no dia de seu aniversário de 21 anos. Trabalhou colocando para-choques numa linha de montagem automotiva, como zelador num prédio e até como esteticista. Sempre adorou música e gostava especialmente de country. Porém, quando ouviu o cantor e guitarrista T-Bone Walker, soube que seria capaz de tocar daquele jeito e ganhar um trocado. Foi negado em grandes palcos por anos enquanto tentava um lugar sob os holofotes, às vezes mandado embora de seus próprios shows marcados quando os donos dos clubes descobriam que era negro. Assim como Jerry Lee, foi influenciado pela música de Jimmie Rodgers e Hank Williams e até por grandes nomes do bluegrass, como Bill Monroe. Foi para Chicago para ficar conhecido – recomendado à Chess Records por Muddy Waters – e fez sucesso com uma nova versão da velha canção "Ida Red", agora rebatizada de "Maybellene". Havia um pouco de country ali, e, nos clubes negros, o público torcia um pouco o nariz, mas enfim se levantava e dançava ao som daquele "negro *hillbilly*". Seguiram-se outros sucessos, como "Roll Over Beethoven", "Johnny B. Goode" e "Sweet Little Sixteen", e, de repente, o rock and roll tinha um cancioneiro. Jerry Lee, Elvis e outros cantores de rock brancos da época admiravam Chuck, em especial a música "Brown Eyed Handsome Man", mas só quando fizeram uma turnê juntos foi que Jerry Lee viu a habilidade do homem no palco; não se preocupou com quem seria o melhor músico – isso ele já sabia com certeza –, mas ao menos seria um rival de respeito.

Com um amontoado de sucessos a seu favor, Berry insistia que justiça fosse feita e que ninguém – ninguém – tocasse depois dele. Na verdade, assim como Jerry Lee, ele insistia que ninguém seria capaz disso. Tinha um bom argumento, já que fazia um dos shows de rock and roll mais dinâmicos e incomuns já apresentados. Tocava sua guitarra branca fazendo o *duckwalking*, passo que se tornou sua marca registrada, deslizando pelo palco num pé só, remexendo-se e rodopiando sem parar, abrindo tanto as pernas quase a ponto de fazer um espacate e saltando pelo palco desse jeito, algo que teria arruinado alguém menos hábil, ou pelo menos arruinado as costuras de suas calças. No final das contas, o que as pessoas mais diziam sobre Chuck era que ele era um cabra macho. Teve mais mulheres do que a maioria das pessoas *pensaram* em ter e, de quebra, ainda tinha cumprido pena na cadeia.

Jerry Lee não ligava muito para nada disso. Adorava a música de Berry e o respeitava, mas também tinha saído do nada. Ficavam cara a cara nos bastidores, e uma só palavra mais exaltada poderia desencadear uma briga ali mesmo, com repórteres de jornais e revistas por todo lado e câmeras fotográficas e de vídeo apontadas para eles de todas as direções. Desta vez, o pai de Jerry Lee estava lá e, quando viu Berry encarando feio o filho, já foi se aproximando. Elmo partia do princípio que nenhum homem deveria ameaçar outro mais de uma vez antes de nocauteá-lo, e acreditava, também, que um homem estar caído não era motivo para chutá-lo.

"Papai não fugia de ninguém... e nem eu", diz Jerry Lee.

Era uma época ruim para incutir qualquer tipo de violência no rock and roll. O público estava cada vez mais fora de controle e usando a música como desculpa para roubar, brigar, esfaquear e até provocar tumultos; todo adolescente numa jaqueta de couro se transformara, de repente, num fora da lei, num encrenqueiro ou numa prostituta. Freed, pressentindo o desastre em potencial, chamou Jerry Lee de lado e implorou para que ele deixasse Berry fechar o show, quase como um ato humanitário. Jerry Lee não se importou muito com a ansiedade de Freed, mas, de certa maneira, sabia que seria divertido mostrar a Chuck o mesmo que mostrara a Johnny Cash, ao pobre Fats Domino e a todo mundo. Chuck *pensava* que ninguém subia no palco depois dele. Jerry Lee *sabia* que ninguém na face da Terra seria capaz de tocar depois dele. Planejava ser o último pensamento na mente do público quando fossem embora, não importava a ordem dos shows.

Depois de Frankie Lymon, depois das Chantels e depois de Buddy Holly tocar seu set roqueiro, Jerry Lee subiu no palco do Paramount Theater, no Brooklyn, num blazer costurado com a pele falsa de algum felino selvagem e já caiu com tudo no *boogie*. Tocou "Breathless" e "Whole Lotta Shakin' Goin' On" e, quando chegou em "Great Balls of Fire", a plateia já estava descontrolada e a polícia já estava a postos para conter a inevitável investida para cima do palco. Chutou o banquinho do piano com tanta força que ele voou para fora do palco, chegando às coxias de modo que as pessoas precisaram se desviar.

Ele então fez algo que já foi relatado, discutido, celebrado e negado desde então: pôs a mão dentro do piano, sacou uma pequena garrafa de Coca-Cola contendo gasolina, que despejou sobre o tampo do instrumento, e, por fim, acendeu um fósforo e ateou fogo. "Só salpiquei um pouquinho", diz ele, mas as chamas subiram alto. Ao invés de sair do palco, continuou tocando enquanto o piano queimava e o público berrava. Tocou debruçado sobre as chamas, com fumaça no rosto e no cabelo, até acabar a música, e então saiu do palco caminhando matreiro em direção a Chuck Berry.

"Foi a primeira vez que vi um negro ficar branco", diz. Deixou o piano em chamas no palco. "Tiveram de chamar os bombeiros e tudo".

"Quero ver você tocar depois disso, Chuck", disse ao passar por Berry.

Alguns relatos – e há vários diferentes – afirmam que ele disse: "Toque depois disso, crioulo", mas Jerry Lee nega. Naquela época, não haveria espaço para tal grosseria num estilo que mesclava cores e estilos para criar a música em si. Mas é fato que ele destruiu o piano, mandou-o diretamente para seus ancestrais, embora até mesmo essa história tenha mudado ao longo dos anos. Em muitas entrevistas, negou terminantemente tê-lo feito, a ponto de ficar agressivo para com o entrevistador.

Diz, ainda, que era capaz de jurar que isso aconteceu nos arredores de Cincinatti. Mas, hoje, pouco importa. "Sei que gosto de me meter em muita encrenca por aquilo... por ter queimado aquele piano. A história só aumentava. Insistiam nela".

A batalha entre os dois continuou por anos. Em outro show, depois de encerrar seu set de costume com "Great Balls of Fire", ao invés de ceder o palco a Chuck, sacou uma guitarra.

Tocava desde criança, quando dedilhava o velho violão de Elmo, bem como bateria, violino, baixo e praticamente qualquer instrumento de cordas ou percussão já usado num palco. Pendurou a correia do instrumento no ombro, deu uma boa encarada em Chuck e soltou a voz:

Deep down in Louisiana close to New Orleans
Way back up in the woods among the evergreens...[9]

Pelo olhar de Chuck, ele parecia que ia matar alguém.

Jerry Lee continuou a tocar.

"Por fim, Chuck caminhou até o outro lado do palco e sentou-se ao piano".

A plateia urrou ainda mais, gostando da brincadeira, mas Chuck não estava sorrindo.

"Ele não tocava piano muito bem", disse Jerry Lee.

Mais tarde, num lobby de hotel, os dois se enfrentaram novamente.

"Chuck ficava me provocando", diz Jerry Lee. "Tínhamos bebido".

"Nós vamos acertar as contas", disse Chuck. "Acertar agora mesmo".

Elmo, que tinha bebido consideravelmente, que bebia da mesma forma como martelava pregos e colhia milho, incansavelmente, sacou sua faca Barlow do bolso e a pressionou contra a garganta de Chuck.

"Sabe o que fazemos com sujeitos como você lá de onde viemos?", perguntou, mantendo a ponta da lâmina pressionada na jugular de Chuck. "Cortamos a cabeça deles e jogamos no Buraco Azul".

Jerry Lee ainda consegue ver Elmo lá e pensa que cena seria, ter visto seu pai assassinar Chuck Berry.

Não sabia muito bem como explicaria isso para sua mãe, que adorava a música de Chuck – talvez dissesse que Chuck foi cruel com ele. Ela então não só entenderia, como também estaria de acordo.

Chuck era um homem de dar medo, mas Elmo, mesmo do alto da meia-idade, não tinha decaído muito; sua aparência ainda dava a entender que ele seria capaz de fazer o que estava dizendo, e ainda gostar. "Bem, Chuck saiu correndo, e papai foi atrás dele".

Alan Freed, que estava a poucos passos de distância, perguntou a Jerry Lee: "Você acha que ele vai pegá-lo?".

"Não sei".

Saíram correndo atrás deles.

"Mas desistimos e nos sentamos na beira da calçada", recorda-se.

---

9 "No coração da Louisiana, perto de New Orleans/ Bem lá no meio do mato, entre as árvores perenes...". Primeiros versos de "Johnny B. Goode".

Não viu mais o pai naquela noite – "como eu disse, tínhamos bebido" – e, depois de um tempo, quando a probabilidade de Elmo ter tirado a vida de Chuck Berry ficou menos séria, foi dormir.

"Na manhã seguinte, Chuck e papai estavam sentados na mesma mesa no restaurante do hotel, tomando café da manhã".

A turnê seguiu em sentido nordeste até finalmente chegar a Boston em maio.

"Boston tinha banido o rock and roll", diz Jerry Lee.

O público entrou na Boston Arena como se na intenção de dar aos líderes da cidade precisamente a encrenca e violência que eles avisaram que ocorreria se deixassem o paganismo do rock and roll florescer. Jerry Lee foi capaz de pressentir o clima que ia além da histeria do bem que vinha depois de um grande show. Mas a plateia tinha pagado os ingressos e esperava ouvir sua música. "Você dá a eles o que merecem, sempre", disse ele. Porém, mal começara a tocar quando o público veio todo para frente apressadamente e começou a empurrar e se apertar contra o cordão policial, se amontoando em direção ao palco como uma espécie de bolha de filme de ficção científica. "Os policiais tentavam segurar o público e eu pensava: *Por favor, não soltem essas pessoas em cima de mim*. Mas elas invadiram o palco e começaram a brigar". Tumultos irromperam por toda a cidade; os adolescentes vestiram suas jaquetas de couro, para serem perigosos, e saquearam lojas e ameaçaram com facas velhos e outras pessoas indefesas, e os inimigos do rock and roll disseram: "Viram? Viram o que acontece?".

"Eu meio que escapei", disse Jerry Lee. Promotores de Boston tentaram incriminar Alan Freed por anarquia, por uma suposta tentativa de derrubar o governo atual, mas foi difícil sustentar essas acusações, já que um bando de imbecis atirando tijolos e bradando canivetes não se configura em uma revolta armada de verdade. Jerry Lee não estava tentando derrubar o governo; estava cantando rock and roll e realmente não entendia como aquilo poderia incitar alguém a querer fazer alguma coisa maliciosa, além de fornicação no calor do momento.

No Haney's, quando uma briga começava, os seguranças apareciam, quebravam algumas cabeças e arrastavam os baderneiros para fora, e a música nunca parava. Mas o que você faz quando o palco é, na verdade, o próprio mundo e não há um leão de chácara grande o bastante para endireitar os tolos que usam a música como desculpa para se rebaixar e atacar o próximo? Jerry Lee não acreditava que estava tornando pessoas boas más, ou pessoas más piores. Acreditava que esse ímpeto estava ou não em uma pessoa antes mesmo dela comprar o ingresso. Assim, continuava a tocar e, no palco, seus shows ficaram mais selvagens, mas era sempre apenas um show. "As pessoas passam a criar certas expectativas e ficam desapontadas se você faz algo diferente disso", diz. Portanto, ele chutava o banquinho do piano, batia nas teclas com o corpo todo e ia à loucura – todas as vezes.

Afirma veementemente que foram raras as vezes em que abusou de um bom piano, mas os produtores já o tinham visto manipular o teclado como louco e martelar as teclas com os pés e outras partes do corpo tantas vezes que alguns providenciavam instrumentos inferiores. Era capaz de aproveitar um piano mediano melhor do que a maioria dos músicos, mas não conseguiria tirar um grande som se o instrumento fosse um trambolho, uma porcaria, e, certa noite, na Flórida, perdeu a paciência e empurrou o piano do palco, passando por uma rampa e uma porta. "É mais difícil do que você pensa". Empurrou o instrumento pela calçada, com metade da plateia correndo atrás dele.

"O que você tá fazendo, Jerry Lee?", gritaram.

"Estou levando isso aqui pra nadar", ele gritou de volta.

Não tinha certeza se conseguiria chegar até a água, mas a topografia estava a seu favor, e ele empurrou e empurrou até que, de repente, ouviu-se um grande mergulho e o povo comemorou. "É um insulto dar um piano ruim a um pianista como eu".

Naquela primavera, mesmo enquanto Jimmy Lee dirigia por aí condenando o mal e a imoralidade como se tivesse acabado de descobrir a existência deles, a música de seu primo se tornou trilha sonora de um filme sobre fumar maconha e loiras atrevidas em calças apertadas fazendo sabe lá Deus o quê numa tela de cinema *drive-in* do tamanho do Banco Central da Louisiana.

High School Confidential (no Brasil, *Escola do Vício*), dirigido por Jack Arnold, o mesmo homem responsável pelo clássico do horror *O Monstro da Lagoa Negra*, contava a história de um agente infiltrado, interpretado por Russ Tamblyn, que se embrenha na selva escura de uma escola de ensino médio para confrontar a praga da maconha demoníaca. Feito para capitalizar sobre o apetite que os adolescentes americanos tinham na época por se rebelar contra alguma coisa, qualquer coisa, *High School Confidential* era sobre rachas de carro e delinquentes, mas se apoiava principalmente nas medidas de Mamie Van Doren, a garota do vilão. Embora fosse difícil roubar esse show, Jerry Lee conseguiu, berrando a canção-título de cima de uma velha caminhonete dos anos 1940, martelando um piano mudo assim como Gene Autry cantava para seu cavalo Champion, de forma que ninguém seria capaz de dizer que a versão real da música fora gravada na Sun e aquilo ali era de mentira.

Honey, get your boppin' shoes, before the jukebox blows a fuse[10]

A canção, escrita por Ronald Hargrave, foi feita para mais um filme B de baixo orçamento e filmado às pressas, mas seu intérprete era, então, um Rei Midas, e "High School Confidential" cativou o público nos shows e deu sinais de que seria outro sucesso certeiro, uma vez que a Sun lançasse o compacto. Jud e Sam comemoraram mais um punhado de propaganda gratuita quando o filme estreou por todo o país, levando a voz e o rosto de seu astro às telonas.

Com tamanho furacão soprando às suas costas, como isso não duraria para sempre?

A amizade com Elvis desbotava à medida que a fama de Jerry Lee subia, à medida que Elvis se escondia cada vez mais em Graceland, na companhia da família, de amigos e empregados – quando era possível fazer a diferença –, até que finalmente partiu para a Europa. Foi surpreendente o quão diferente se tornaram as vidas desses dois meninos nascidos no Sul da Grande Depressão, de mães a quem amavam mais do que tudo e pais que bebiam e cumpriram penas na cadeia, com irmãos que morreram e levaram os pais a despejar todo amor e esperança de uma vida melhor nos filhos sobreviventes. Os pais de Elvis lhe deram seu primeiro instrumento, e ele aprendeu música observando as pessoas a seu redor, estudando, absorvendo tudo o que pôde dos negros nos campos e dos brancos na igreja, e, aos finais de semana, se reunia com a família em torno do rádio para ouvir o Grand Ole Opry e o Louisiana Hayride e

---

10 "Docinho, pegue seus sapatos de dança antes que a jukebox queime um fusível".

escapulia para ouvir blues *hillbilly* na WELO, de Tupelo, no programa apresentado por um cantor chamado Mississippi Slim. O garoto loiro e o garoto moreno eram irmãos separados apenas por quase 500 quilômetros de campos de algodão. Ambos tomaram a música do Sul, branca e negra, country e blues, e a sacudiram. Esses meninos eram parecidos, mas não iguais.

Alguns meses antes, como se num momento louco de *déjà vu*, Jerry Lee estava matando tempo na Sun quando viu Sam vindo em sua direção acompanhado do grupo costumeiro de aspirantes e bajuladores.

"Vai ficar aqui por mais um tempo?", perguntou Sam.

"Claro", disse Jerry Lee. "Por quê?".

"Elvis ligou e disse que quer vê-lo".

Foi como se alguém tivesse rebobinado o tempo até o dia em que ele conheceu Elvis, há não muito mais do que um ano. A diferença estava no próprio Sam. Era um homem sorridente por natureza, de aperto de mão firme e caloroso. Era sorrindo assim que se fazia contatos e se ganhava dinheiro. Porém, naquele momento ele não␣sorria.

Jerry Lee acredita que Elvis usava uma máscara no verão de 1958, naqueles últimos meses antes de viajar. Fazia-se parecer estoico, corajoso, patriota, o rosto que o coronel Tom Parker decidiu que ele mostraria aos repórteres e fãs chorosas enquanto sua convocação se aproximava. Elvis falava sobre cumprir seu dever. Não pediria por tratamento especial, não se tornaria um soldado cantor, mas esperaria ser selecionado, iria para onde a burocracia do Exército decidisse, e viveria com o salário de setenta e oito dólares por mês ao invés da soma inacreditável que ganhava nos EUA. Se o Exército decidisse que ele deveria descascar batatas e empunhar um rifle na Guerra Fria, era isso o que faria, porque o coronel decidira que este era o melhor dos desfechos para aquele descarrilamento de sonhos. Mas aquele não era o rosto que o encarava do espelho em sua mansão, nem o que era pressionado contra o telefone quando chorava falando com a mãe, dizendo a ela que ele simplesmente desapareceria naqueles dois longos anos; o mundo seguiria em frente com outros rapazes talentosos.

Esse rosto, o atormentado, foi o que Jerry Lee viu encarando-o do outro lado do vidro da Sun Records, quando Elvis abriu a porta e foi até ele. Cumprimentaram-se, mas Elvis só ficou lá parado em pé, como se estivesse um pouco perdido.

"É sua. Pode levar", disse ele a Jerry Lee. "Pode levar a coisa toda".

E então, Jerry Lee se recorda, Elvis começou a chorar.

"Aconteceu. De verdade", diz. Ficou sem reação, desconfortável e paralisado. Homens adultos só choravam quando suas mães faleciam, ou talvez seus filhos, e quando estavam envoltos pelo Espírito Santo. Não choravam na frente de outros homens, numa sala cheia de gente no meio da tarde. Lembra-se de como a sala ficou em silêncio. "Aquelas pessoas não disseram uma palavra. Nem se mexeram". Lembra-se de tentar não olhar para Elvis, de tentar olhar para qualquer outra coisa, para as paredes verdes sem graça cobertas daquela tinta feia. Lembra-se do pó nos azulejos e da secretária Sally Wilbourn observando de sua mesa, o rosto desconsolado. Lembra-se de Sam vindo dos fundos do estúdio para lidar com a situação, de como ele foi para o lado de Elvis, meneando a cabeça, conversando suavemente e dizendo a ele que estava tudo bem, filho, vai ficar tudo bem. Por fim, não havia mais para onde olhar e Jerry Lee nunca se esquecerá das lágrimas escorrendo pelo rosto de Elvis.

"Pode levar", Elvis disse a ele.

"Eu não sabia que significava tanto para você", disse Jerry Lee.

Hoje, ele explica que o que quis dizer com isso era que sabia que Elvis já tinha passado para Hollywood e se afastava da música que o tornara quem era. Parecia rumar para uma vida de baladas suaves e música pop, diz Jerry Lee, porque o que Elvis realmente queria ser, e o que dizia às pessoas que queria ser, era "um bom ator", e, tendo falhado nesse objetivo, talvez tivesse de se contentar em ser apenas um astro do cinema. Porém, em 1958, ele ainda era o rei e, com sua convocação a apenas alguns dias de distância e a ascensão constante do rapaz loiro, acreditava que seu tempo já se fora.

"Não tem por que chorar", disse Jerry Lee, como se fossem garotinhos num playground.

Elvis desabou, soluçando.

"Só me pergunto...", disse, mas não conseguiu terminar.

"O quê?", perguntou Jerry Lee.

"Só me pergunto por que você não teve de ir", disse Elvis. "Por que eu tenho de ir e servir dezoito meses e você não?".

"Porque não sou tão maluco assim".

Depois que jogou aquele primeiro aviso no rio Negro, ninguém foi atrás dele. Além disso, diz, já tinha sido rejeitado anos antes. "Tentei me alistar, na época, com Arnell Tipton, para lutar na Guerra da Coreia. 'Você é um 4F[11]', me disseram. Disseram que havia algo errado comigo, do ponto de vista clínico. Realmente não sei o que pensaram. Queria ir. Disseram: 'Vamos convocar Arnell'. E assim que ele chegou lá, um sniper o matou".

Elvis parecia bravo quando chegou – Jerry Lee sabia como lidar com raiva, sabia como se equiparar à raiva de outro homem tal qual um galo de briga –, mas agora apenas parecia estar muito triste. "Ele não estava só chorando, estava soluçando... Eu não soube como lidar".

Sentiu a mão de Sam pressionar seu braço.

"Ele ficará bem", disse Sam suavemente. "Elvis é emotivo. Ele ficará bem, apenas ignore. Não dê atenção a ele. Irá embora logo".

Assim, Jerry Lee se afastou.

Isso não era o que ele imaginara, não era o que queria.

"Não estava gostando daquilo", diz ao lembrar.

Queria ser considerado o melhor roqueiro que havia, mas queria tomar esse posto um sucesso de cada vez.

Por fim, Elvis secou os olhos e foi embora.

"Sally Wilbourn e os demais abaixaram a cabeça. Não queriam nem olhar para mim".

"Foi... algo triste, uma cena triste. Não é algo pelo qual eu gostaria de ter de passar de novo". Ambos estavam prestes a embarcar em grandes e incertas jornadas, Elvis para a Alemanha e Jerry Lee para uma viagem à Inglaterra que mudaria sua vida. Foi ideia de seu empresário, Oscar Davis, e da William Morris Agency, com o intuito de expandir sua base de fãs no exterior por meio de trinta e seis shows em teatros ao longo de seis semanas. A turnê encheria os bolsos de Jerry Lee – dizia-se que seus cachês chegavam a 30 mil dólares por show – e Sam e Jud tinham a esperança de que ele se tornasse um verdadeiro astro internacional bem no momento em que a Sun lançava seu primeiro LP nos EUA. "Whole Lotta Shakin'" e "Great Balls of Fire" já tinham feito sucesso

---

11 Classificação utilizada pelas Forças Armadas dos EUA para designar candidatos inaptos ao serviço militar.

na Inglaterra, "Breathless" subia com vigor pelo Top 10 por lá e "High School Confidential" acabara de chegar. O *timing* parecia perfeito.

A única complicação previsível era a nova esposa de Jerry Lee, Myra – se os ingleses a aceitariam. Sam e Jud pediram a ele que não a levasse na viagem, que a mantivesse em segredo por pelo menos mais um pouco de tempo. Mas ele disse que não, não faria aquilo; Myra merecia a viagem e nem ele, nem ela tinham do que se envergonhar. Além disso, sua fama estava crescendo de forma tão rápida e segura que, se houvesse algum tipo de má publicidade, ele seria capaz de absorvê-la. Acreditava realmente que havia coisas na vida que diziam respeito ao mundo e outras que diziam respeito apenas a ele, como as coisas que aconteciam entre um homem e sua esposa. Acreditava nisso.

Afinal de contas, era o rei do rock and roll. Elvis dissera isso. E uma coisa era certa: ele nunca desistiria desse título, nunca simplesmente o entregaria aos prantos. Teriam de tirá-lo dele.

8

INGLATERRA

Londres
1958

Tamanha foi a despedida que aquele mês de maio proporcionou a ele. Centenas de pessoas o seguiram em comemoração pelas ruas da cidade natal, o que era muita gente, numa cidade como Ferriday. A câmara municipal decretou o dia 17 de maio de 1958 o Jerry Lee Lewis Day, e, ao invés da cerimônia contida e dos aplausos educados que normalmente acontecem nessas ocasiões, houve grande comoção naquelas terras baixas e planas. O povo veio a pé em seus macacões, calças cáqui manchadas de óleo de motor e vestidos desbotados de estampa de flores para participar daquela celebração do garoto destemido, que pegou a música daquela terra e a transformou em algo que os ricos e até os ianques pagavam para ouvir, e, por Deus, se aquilo não era uma proeza, eles não sabiam o que seria. Saíram das casas de estrutura de madeira e se apressaram pelo chão de terra batida, que já absorvera mil anos de enchentes, e as filas chegavam a um quarteirão. O regente então deu a ordem à banda marcial e a marcha começou, passando pelos bons aromas do Brocato's Restaurant, pela igrejinha onde ele esquecera qual música deveria tocar e pelas ruas por onde ele andara voltando do cinema para casa tarde da noite, atento aos lobisomens. Passaram pelos compradores de algodão, com suas gravatas borboleta, e pelos meninos que despejavam gelo nos bagres, peixes-búfalo e peixes-agulha na peixaria, marchando atrás do preto e dourado dos Ferriday High School Marching Trojans, a banda marcial, que mandava ver "When the Saints Go Marching In". Em lugar de destaque, reclinado em sua carruagem, ia o iluminado, com os cabelos dourados despenteados e brilhantes. Ia em seu novo Cadillac 1959 conversível, de barbatanas tão afiadas que poderiam machucar. "O último carro bonito de verdade", diz ele. "Não se fazem mais carros bonitos desde os anos cinquenta".

Poucos dias antes, em 13 de maio, Jane Mitcham Lewis e Jerry Lee Lewis se divorciaram final e oficialmente. Logo depois disso, Jane, na escadaria do Tribunal do Condado de Shelby, em Memphis, disse a um repórter do *Press-Scimitar* que não só ela ainda estava apaixonada por Jerry Lee, como também planejava fazer tudo o que pudesse para se reconciliar com ele e reavivar o romance. Tal declaração não era incomum; há algo nos divórcios que faz as pessoas pensarem em romance. Jerry Lee só sabia que agora tinha apenas uma esposa de novo e não pensou mais no assunto. Não via como aquilo teria muita importância naquele dia ou nos dias perfeitos que estavam por vir.

Depois da parada e de os parentes voltarem para casa, iria para a nova casa que comprara para os pais em Ferriday, a que tinha a garagem repleta do melhor do aço de Detroit, desfrutaria da excelente culinária da mãe, preparada num forno novíssimo, e então dirigiria de volta até a escola para tocar num baile no ginásio, por bondade no coração. Depois, voltaria correndo para Memphis para embarcar primeiro para as luzes intensas e o serviço de quarto ilimitado de Nova York, e então para as Ilhas Britânicas para a turnê de seis semanas que o tornaria um astro internacional. E caso encontrasse o primo Jimmy enquanto estivesse em casa, diria a ele que também decidira lhe presentear com um carro novo, um Oldsmobile 1958 zero quilômetro, para que dirigisse no circuito dos cultos de avivamento de modo a melhor exercer o trabalho de Deus, mesmo que pregasse contra o rock and roll. Mas, por ora e só por mais algumas quadras, dirigia naquele couro novo, com o sol no rosto, o futuro sem limites e a consciência limpa.

Jud se encontrou com Jerry Lee em Nova York para tentar mais uma vez convencê-lo a manter Myra em segredo pelo menos até a turnê acabar, a apenas não mencionar o casamento, já que não estava disposto a deixá-la nos EUA. De algum modo, o casamento de Jerry Lee e Myra praticamente não fora descoberto muito além da Dianne Drive, mas ele estava orgulhoso e animado com a viagem à Inglaterra e disse que os dois não andariam escondidos por lá. "Ela é minha esposa", disse. Não iria escondê-la, nem deixá-la para trás. "Não era certo. Não era nada certo", diz hoje. "Eu estava *contente* por estar prestes a revelar. Não estava escondendo nada", é o que ele frisa repetidamente. "Era um livro aberto em relação a *tudo*".

"Se você fizer isso, vai mandar por água abaixo o maior talento que esse país já conheceu", Jud disse a ele.

Não conseguia se imaginar indo até Myra, no último minuto, e dizendo a ela que, por medo do que poderia acontecer, ele, Jerry Lee Lewis, ia embarcar sozinho para a Inglaterra. Myra e sua cunhada Frankie Jean Lewis estavam empolgadas com a viagem e planejavam fazer compras e passear enquanto ele fizesse os shows. Ele diz hoje que deixar Myra para trás seria admitir que tinha vergonha dela e de ter se casado com ela, o que ele não tinha, e foi tomado por essa convicção. Todos foram. Jud voltou para Memphis para se abrigar com Sam, se preocupar e – isso seria revelado depois – começar a se preparar para o desastre que eles sabiam que estava por vir. Podiam senti-lo, da mesma forma que é possível sentir um relâmpago arrepiar os pelos do braço antes dele chegar.

Um prenúncio do que estava para acontecer esperava por eles em Nova York. Dick Clark, cuja carreira tinha sido bem servida pela ascensão de Jerry Lee Lewis, cujo programa de sábado à noite tinha sido resgatado do fogo pela combinação do chiclete Beech-Nut com "Breathless", agendou Jerry Lee para o sábado antes de ele partir para a Inglaterra. Mas então, do nada, depois de um misterioso telefonema no meio da noite alertando-o que Jerry Lee estava prestes a se envolver num escândalo, Clark cancelou a participação. "Depois que o levamos à rede nacional", diz Jerry Lee.

Para ele, foi uma histeria por nada.

"Foi estúpido", diz.

Começou em 21 de maio de 1958. Jerry Lee, Myra, Frankie Jean, o baterista Russ Smith, J. W., Lois e o pequeno Rusty chegaram a Nova York, onde o velho Oscar Davis, o homem que foi empresário de Hank Williams, se juntou a eles. Jud estava lá para lhes desejar boa viagem. Jerry Lee queria que seus pais também fossem, mas eles nunca tinham andado de avião. Elmo e Mamie já tinham viajado para assistir o filho, e adoravam os hotéis chiques – Elmo achava que o serviço de quarto significava que ele tinha seu próprio mordomo –, mas o voo de Nova York a Londres, de dez horas de duração, passaria o caminho todo por cima de água, e Mamie achou que seus nervos não aguentariam.

Quase não chegaram à Inglaterra. O segundo motor do avião que os transportava pegou fogo e pequenos pedaços dele caíram sobre o Atlântico, e o piloto fez um pouso de emergência na Irlanda. O grupo embarcou em outra aeronave e enfim pousou em Heathrow na noite do dia 22. Lá, um agente de imigração olhou para Myra, para seu passaporte, para o cartão de embarque e novamente para seu rosto. "Notou-se que a data de nascimento mostrada no passaporte era 11 de julho de 1944", escreveu A. R. Thomas no registro de chegada da sra. Lewis. "Parecia uma idade tenra, pouco comum a uma mulher casada, mas já que ambos os cônjuges vinham do Sul dos Estados Unidos, onde a idade legal para o matrimônio é inferior à usual em outras partes do mundo, não pareceu necessária intervenção de minha parte. A aparência da sra. Lewis era bem condizente com sua idade, embora ela pudesse ter se passado por dois anos mais velha. Era alta como uma mulher adulta média...".

Havia esperança de que Myra passasse despercebida pelo aeroporto até a relativa privacidade de um hotel com o restante do grupo, e de que Jerry Lee, pelo poder de sua música, pudesse, de algum modo, prevenir qualquer possível desastre, ou pelo menos fazer todos os shows e retornar em segurança aos EUA, onde a história poderia ser, se não contida, ao menos mais vaga, à maneira como uma bombinha faz menos estrago na calçada do que dentro de uma lata. Não havia esperança de que os britânicos compreenderiam ou aceitariam. Não era do feitio deles, e sua própria revolução rock and roll ainda estava, à época, na infância. Embora os jovens britânicos ansiassem e clamassem por rock and roll americano, os políticos e a classe dominante estavam, na melhor das hipóteses, bem desconfiados do rapaz selvagem do Sul dos EUA e já o demonstravam com vigor.

A Inglaterra se levava muito a sério em 1958, e com todo o direito. Parecia que ontem mesmo um alemão louco enviou bombardeiros para atravessar o Canal da Mancha e devastar quarteirões inteiros de Londres. Mísseis V-1 e V-2 caíram do céu, e os ingleses enterraram seus mortos e seguiram em frente bravamente, como se todo aquele sofrimento tivesse apenas lascado um pouco de louça e atrasado o chá da tarde.

Mas os repórteres de lá eram de uma estirpe diferente da que Jerry Lee encontrara nas estações de rádio e nas publicações sobre música nos EUA, onde um empresário ou executivo de estúdio ainda pode dar uns tapinhas nas costas de um jovem jornalista musical e pagar-lhe uma ou seis doses de uísque para que um boato se mantenha guardado só mais um pouco. Na Inglaterra, os repórteres brincavam que não havia uma história boa de verdade desde a rendição, e os pioneiros do rock and roll de lá eram, em sua maioria, tão leite com pera que nunca foram considerados uma ameaça muito grande. Porém, os jornais adoravam um escândalo arrasador e, se não houvesse ultraje, então ultraje forjado funcionaria.

Depois da alfândega, Jerry Lee e Myra deram de cara com uma bateria de flashes e perguntas berradas por um pequeno bando de repórteres. Um deles se separou desse bando para perseguir Jerry Lee e perguntou a Myra quem era ela, e é claro que ela respondeu. "Esposa do Jerry", disse, e embora Oscar Davis a tenha afastado, já era tarde demais.

Os repórteres, que são pagos para investigar, a princípio investigaram pouco, e Jerry Lee, sentindo que o que Jud temia estava se tornando real, disse a eles que Myra tinha quinze anos, mas, quando o perguntaram se aquele era seu primeiro casamento, respondeu que não, senhor, era o terceiro. Só isso já era o suficiente para um escândalo e, quanto mais Jerry Lee e Myra respondiam às perguntas dos repórteres, mais atiravam nos próprios pés.

Quando perguntaram a Myra se ela não se achava um pouco nova demais para se casar, ela respondeu que, no Tennessee, a idade não importava. "Você pode se casar com dez anos, se achar um marido".

Quando perguntaram a Jerry Lee se Myra não era jovem demais, ele respondeu: "Olhem para ela".

Na manhã seguinte, os jornaleiros exibiam as manchetes para os carros que passavam.

JERRY LEE TRAZ A ESPOSA Nº 3, BELA E DE 15 ANOS
(Como uma Colegial Bem Bonitinha!)

Ao se olhar as manchetes daqueles dias de maio de 1958, seria possível pensar que Jerry Lee Lewis não era nenhum cantor de rock and roll, mas um invasor que desembarcou no meio de um casamento real sem ser convidado, deixando um rastro de lama pela Igreja da Inglaterra. Ele ainda tem dificuldade em encontrar o sentido disso, mesmo depois desse tempo todo. Não concorda com a maioria do que já foi escrito sobre o assunto ao longo desses anos todos, não concorda que o povo britânico – ou pelo menos os fãs que clamaram por sua visita – de repente se voltou contra ele em massa, pois se lembra mais de cantos de adoração do que de gritos de escárnio. Suas lembranças não são como a história conta, então para ele é ridículo perder muito tempo pensando sobre isso. Não está simplesmente sendo beligerante; sabe que, no final das contas, foi ruim para ele. Mas ainda não consegue enxergar que grande pecado foi esse, usado pela imprensa londrina para crucificá-lo, nem calcular que negócio foi esse que deixou as pessoas tão aborrecidas, à medida que um frenesi crescente de indignação hipócrita e condenação exagerada veio de encontro ao seu casamento e sua carreira, num jornal de cada vez.

"Não era nada de mais", diz.

Balança a cabeça, incrédulo.

"Quer dizer, não era *nada* de mais".

Foi algo esquisito para um escândalo. Houve certo subterfúgio ali, e mentiras consideráveis da parte do empresário e mesmo um pouco do próprio Jerry Lee, mas não foram mentiras muito boas. Porém, o ponto fundamental é que tudo aconteceu porque Jerry Lee não estava tentando esconder Myra – mesmo que tenha tentado disfarçar a idade dela – e, quando a notícia se tornou um escândalo, as pessoas ao redor dele passaram a agir como se nem conhecessem a garota, a se fingir de ultrajados ou a sumir do mapa. Ao invés de controlar os danos, quem teria de estar ao lado dele ficou a esmo pelo Westbury Hotel, enquanto Jerry Lee dava entrevistas sozinho, nas quais tinha a intenção de se explicar, mas só atiçava mais o fogo.

"Caíram matando em cima de nós", diz ele. Nem ele, nem Myra compreendiam que o que dissessem à imprensa seria usado contra eles com um desdém sarcástico, e isso parecia piorar a cada hora. Os jornais pintavam a imagem de uma cultura caipira enlouquecida, e parecia que cada passo dado por Jerry Lee e seu *entourage* só reforçava essa imagem na mente dos leitores. Um repórter escreveu que entrevistara a mãe de Myra, Lois, de camisola, agarrada a um lençol e falando sobre como eles todos teriam de ir de imediato até o fim dessas acusações. Cada matéria parecia mencionar que um membro do grupo estava em algum nível de seminudez – até o elegante Oscar Davis, que, aparentemente, veio até a porta de samba-canção. Publicaram que Myra disse que Jerry Lee lhe dera um Cadillac vermelho de Natal, mas que o que ela queria mesmo era uma aliança. "Caramba, casar é divertido", disse ela. "As garotas da escola ficaram bem enciumadas quando me casei [com Jerry Lee]". O próprio Jerry Lee disse aos repórteres: "Estou bem feliz com minha terceira esposa". E tudo isso foi dito *antes* da primeira coletiva de imprensa. Oscar Davis, aparentemente vivendo em algum universo paralelo no qual repórteres não reconhecem uma mina de diamantes quando tropeçam nela, apenas puxou um repórter de lado e lhe disse para não publicar nada daquilo, para respeitar a privacidade do casal.

Jerry Lee nunca duvidou, mesmo enquanto se encaminhava para o primeiro dos shows numa limousine, que mandaria tudo isso para o espaço assim que subisse no palco, que transformaria as matérias condenatórias e as manchetes acusadoras em sucata pelas ruas de Londres. Os repórteres tinham pegado as tentativas dos entrevistados de serem educados e as tornado algo feioso, mas ele não estava na Inglaterra pelos repórteres. "Fui para tocar rock and roll", diz.

O primeiro show foi num teatro em Edmonton, ao norte de Londres, e teve todos os ingressos vendidos. Duas mil pessoas aguardaram silenciosa e educadamente por um gostinho de rock and roll americano. Quem abriu para Jerry Lee foram os Treniers, os gêmeos idênticos Claude e Cliff Trenier, de Mobile, Alabama, uma dupla dinâmica que foi bem sucedida na passagem do *jump blues* para o rock and roll, e os dois eram considerados pioneiros do estilo. Tinham uma canção safada chamada "Poontang", mas decidiram não tocá-la em Edmonton e optaram por músicas mais palatáveis, que receberam aplausos educados e amigáveis antes da atração principal entrar. Ao contrário dos fãs nos EUA, aqueles que esperavam por Jerry Lee não batiam os pés nem berravam, apenas esperavam numa antecipação educada e reservada. Para ele, foi um pouco decepcionante. Acredita que teria sido uma outra história, uma outra Inglaterra, caso tivesse tocado antes dos jornais o pisotearem, se a música fosse o que correu o país nos primeiros dias de sua visita.

Ele poderia ter agido de forma contrita ou até suavizado a extravagância dos trajes, para aliviar pelo menos discretamente o que acontecia a seu redor naquela terra estrangeira e hostil, mas, para Jerry Lee, isso teria sido um sinal de reverência. Subiu no palco do Regal Theatre no traje que talvez tenha sido o mais comentado da história britânica, com exceção dos usados nos casamentos reais: um terno rosa choque com lapelas cintilantes. Enquanto caminhava malemolente pelo palco, os presentes aplaudiram com um vigor reservado, menos do que ele estava acostumado, mas nem de longe algo hostil. Tocou algumas canções, começando devagar, e a plateia estava inexpressiva e indiferente. Fez uma pausa, enquanto algum idiota na plateia cantava um ou dois versos de "God Save the Queen", então voltou para o palco e fez a coisa certa, deu a eles um golpe duro e certeiro de rock and roll, e se lembra que o público então aplaudiu mais alto, da maneira como se deve fazer quando Jerry Lee Lewis toca piano. Não se lembra de nenhuma encrenca, nenhuma zombaria ou maldade, e, quando acabou, imaginou que tudo ficaria bem na Inglaterra.

Mas a imprensa estava apenas começando, e agora os repórteres de Londres e Memphis estavam fuçando no passado recente. Alguns pareciam satisfeitos em tripudiar Jerry Lee com matérias polêmicas e notícias velhas, mas o *Daily Mirror* foi mais fundo e, por meio dos registros públicos nos Estados Unidos, descobriu que Myra não tinha quinze anos coisa nenhuma, mas apenas treze, que Jerry Lee ainda não tinha se divorciado de Jane quando se casou com Myra e que ela era sua prima, e a soma disso tudo era que o astro do rock and roll mais badalado do mundo estava em Londres dividindo um quarto com uma parente de treze anos que, legalmente, não era sua esposa.

A notícia levou a imprensa britânica quase à histeria. Jerry Lee, depois de tentar suavizar a questão embromando quanto à idade de Myra e a data do casamento, sem sucesso, agora basicamente contava tudo aos repórteres, que mal acreditaram na sorte. Contou-lhes sobre Dorothy e sobre o casamento à mão armada com Jane, grávida – contou tudo –, acreditando que eles certamente compreenderiam que ele ter se casado com Myra antes de se divorciar de Jane não importava, porque, de certa forma, ele não estava realmente casado com Jane, pois na ocasião ainda estava casado com Dorothy. Recorreu ao lado humano dos repórteres, contando a eles como o pai e os irmãos de Jane vieram até ele "com chicotes de couro".

"Eu era um jovem tolo quando me casei aos quatorze e dezesseis anos", disse a eles. "Meu pai deveria é ter me dado uma surra".

Para ele, parecia uma conversa corriqueira, do tipo que homens têm com outros homens. Eles decerto entenderiam.

Não entenderam. Quase riram à toa quando Jerry Lee lhes contou que se casara bígamo. As manchetes ficaram mais feias, e ele se tornou não só um cantor que tinha alguns segredos, mas um incidente internacional. O segundo show foi em Londres propriamente dita, e ele tocou num teatro de quatro mil lugares, mas não vendeu nem metade dos ingressos. Do lado de fora, os jornaleiros exibiam a edição da noite.

MANDEM ESSA GANGUE EMBORA!

No relato de Jerry Lee, os fãs se enfileiravam na calçada diante do Westbury Hotel, em Mayfair, só esperando conseguir vê-lo. Não acredita que tenham virado as costas a ele.

"Os jornais fizeram tudo o que podiam para nos destruir", disse. "Escreveram cada coisa...".

Neles, Jerry Lee era apresentado como um tipo de ameaça séria, um exemplo de americano sulista iletrado da pior e mais virulenta espécie. Oscar Davis, aparentemente acreditando que a reputação a qual deveria cuidar era a sua e não a de seu astro, abandonou Jerry Lee por completo, anunciando que estava tão surpreso quanto qualquer outra pessoa com as notícias dos rolos matrimoniais dele e que não sabia nada de casamento nenhum, nem da idade de Myra, fazendo-se de talvez o empresário e agente publicitário menos informado da história do rock and roll. Até o governo britânico se envolveu na questão, enviando oficiais para inspecionar os passaportes e o status de imigração de Jerry Lee e Myra. As manchetes berravam:

PAPA-ANJO!
"VÁ EMBORA",
GRITA PÚBLICO AO CANTOR
"ODIAMOS JERRY",
BERRAM EX-FÃS

Porta-vozes dos contratantes de Jerry Lee disseram que, se soubessem do passado dele, nunca o teriam contratado. Jornalistas clamavam por sua prisão e deportação e por uma investigação do departamento de bem-estar infantil. Até o Parlamento deu seu pitaco. Sir Frank Medlicott, do distrito eleitoral de Norfolk Central na Câmara dos Comuns, questionou o porquê de um homem tão nefasto ter recebido permissão para trabalhar, o que levou a este diálogo entre o lorde e o Ministro do Trabalho, Iain MacLeod:

MEDLICOTT: "Está o meu honrado amigo ciente da grande ofensa que a chegada deste homem, com sua esposa de treze anos, causou em muita gente? Lembrar-se-á ele de que nós também temos artistas de 'rock and roll' o bastante sem ter de importá-los?".

MacLEOD: "Este foi, é claro, um caso completamente desagradável".

Moças que outrora professaram amá-lo agora anunciavam que iriam para casa quebrar os discos. Num show em Tooting, no Sul de Londres, fãs entoaram vaias de "Odiamos Jerry!" e gritaram "Papa-anjo!" da plateia. Fora do palco, Jerry Lee continuava falando com repórteres, que só apertavam ainda mais a coleira; a essa altura, vários teatros já tinham cancelado os shows e a turnê estava em perigo. Jerry Lee se recusava a desistir. Estava convencido de que a má publicidade iria se exaurir e ele poderia voltar aos palcos para públicos imaculados. Mas as máculas eram esmagadoras. Críticos o descreviam como um bronco que fazia mais barulho do que música. Até os críticos mais eruditos dos Estados Unidos, até mesmo os que desprezavam seu estilo, foram muitas vezes forçados a admitir que, independentemente do tipo de perigo que ele poderia apresentar à sociedade, havia música ali, e era boa. Mas a apreciação da música americana ainda não estava incutida muito profundamente nos britânicos, e tais questões eram facilmente desprezadas.

Oscar Davis, talvez crente de que a imprensa poderia ser distraída por algum ás na manga, foi até a Embaixada dos Estados Unidos para perguntar se Jerry Lee e Myra poderiam se casar ali – em solo americano, por assim dizer –, mas os oficiais lhe disseram que isso seria impossível. Ele então prometeu à imprensa que Jerry Lee e Myra se casariam de novo, legalmente, assim que estivessem de volta a Memphis, mas nada aplacava os jornais; as matérias eram cada vez mais estridentes, e o clamor pela expulsão de Jerry Lee, até mesmo por sua prisão, ficou mais alto. Quatro dias depois de começada a turnê, os donos dos teatros cederam à pressão dos jornais e à grande hostilidade da parte do próprio governo e cancelaram todos os shows restantes devido a "reações desfavoráveis do público e outras razões".

Jerry Lee e os demais fizeram as malas. Oscar Davis ficou na Inglaterra para tentar receber parte do dinheiro que lhes era devido. "Ficarei aqui até que esse acordo seja feito", disse aos repórteres. "Acho que deixarei Jerry em casa, nos Estados Unidos, por algum tempo".

Jerry Lee se lembra de olhar pela janela do hotel e ver multidões de pessoas, mas não um bando enfurecido. Não se lembra de nenhum cartaz com dizeres maldosos, nem de nenhuma provocação ou coisa do tipo, só de muita gente reunida, como das outras vezes, para celebrar ou conseguir dar uma olhada no homem que as revistas já tinham chamado de rei do rock and roll. Quando ele, Myra e os demais saíram por uma porta lateral e entraram numa limousine que os esperava, as pessoas se atiraram em direção ao carro, não xingando nem tentando machucar ninguém, mas apenas se comportando como outros fãs meio loucos já tinham se comportado. Jerry Lee nunca entenderá como aquilo que viu e aquilo em que os jornais insistiam eram coisas tão diferentes.

"Eu voltarei", disse a eles através da janela do carro.

Teria sido melhor simplesmente decolar de imediato. Mas, ao invés disso, ele e os outros ficaram presos no aeroporto por oito longas horas, enquanto os repórteres, incansáveis, tentavam cutucar seus medos e fazer com que ele admitisse que os acontecimentos dos últimos quatro dias tinham sido apenas o começo de uma espécie de avalanche terrível para sua carreira. Jerry Lee, também incansável, só insistia em falar sobre a boa vida que esperava por eles quando chegassem em casa, onde as pessoas apreciavam e compreendiam gente como ele. "Olha, eu ganho dinheiro, não perco, veja bem", disse aos repórteres. "Há trabalho de sobra em casa. Estou bem servido, sabe, e não preciso me preocupar com dinheiro... Vou ficar contente em chegar em casa. Acabei de comprar um cortador de grama de seiscentos dólares e quero dar umas voltas com ele".

Os repórteres observaram com grande remorso enquanto Jerry Lee fazia o check-in e se preparava para deixar a ilha. Ao folhear um jornal com Jerry Lee, Myra exclamou, como se desapontada, que não havia fotos dele na primeira página. Uma das últimas tinha sido uma foto dele como num cartaz de procurado pela polícia, com a legenda: "Lewis: Bígamo".

"Quem é esse tal de DeGaulle, afinal?", brincou Jerry Lee, vendo o jornal. "Parece que ele está maior que nós".

De vez em quando, algum adolescente chegava perto e pedia um autógrafo.

"Não perdi nada", disse ele aos repórteres que ficaram até último minuto.

Embarcou com Myra abraçada a ele e com o governo britânico crente de que tinha expulsado alguém indesejado e uma ameaça à própria constituição da Inglaterra. O Ministro do Trabalho reassegurou a Sir Medlicott: "O caso completamente desagradável terminou com o cancelamento do contrato e o desaparecimento do homem".

Ele jamais admitiria que ficou magoado com isso tudo, nem enquanto esperava para embarcar, nem quando chegou a Nova York, e nem hoje. O efeito sobre sua vida e carreira seria inegável, mas um homem só é machucado, diz Jerry Lee, quando se submete, "e eu não me submeto".

Em Nova York, com Myra a seu lado, confrontou a falange de câmeras de TV que o aguardava não como olhos espiões, mas como uma festa de boas vindas. "Desci do avião em Nova York e algum jornalista disse que eu tinha mais fãs do que Clark Gable", diz.

Quando o perguntaram maliciosamente sobre Londres, pareceu completamente inabalado. "Foi uma ótima estadia", respondeu. "As pessoas nos trataram muito bem".

"Por que você veio embora?".

"Bom... Não respondo a essas perguntas, senhor", disse, e então brincou: "Meu empresário é capaz de arrancar minha cabeça ou coisa do tipo".

"Quando vocês se casaram?", pressionaram.

"Perdão?".

"Quando vocês se casaram?".

Ele colocou o braço sobre o ombro de Myra, de maneira protetora, e sorriu novamente. "Por que não deixamos as questões pessoais fora disso, senhor?".

"Quando chegamos a Memphis, fui falar com meu advogado, que me disse que eu poderia me casar, se quisesse", diz Jerry Lee. Ele então levou Myra até Ferriday e, com seus parentes como testemunhas, se casou com ela de novo, com uma certidão fornecida pelo Tribunal da Paróquia de Concordia. Mas a encrenca os seguira através do oceano antes mesmo que pudessem trocar os votos na casa dos pais de Jerry Lee, quando as revistas e jornais americanos remontaram a agonia daquele suplício em Londres. Não foi algo tão intenso nos EUA, mas houve certa repercussão e logo algumas estações de rádio cederam à pressão de patrocinadores para que não tocassem a música de Jerry Lee. Outras ameaças apareceriam, de gente que já odiava sua música desde sempre e de dentro de seu círculo de amigos e parceiros de negócios. Dick Clark já o dispensara. E era apenas o começo.

Sam e Jud Phillips pareciam não saber como reagir, pelo menos publicamente falando, aos ataques a seu principal astro. Sabiam que era uma ameaça séria, com potencial para acabar com uma carreira, mas pareciam não saber se decidir entre ignorar a questão ou tratá-la como um assunto sério que pedia um gesto austero. Oscar Davis já não estava mais na equação – e nem no país, aliás. Depois de ficar para trás, aparentemente para cobrar o dinheiro que era devido a Jerry Lee, a última vez que se ouviu falar dele foi que estaria em algum lugar na França ou na Itália, ou algum fim de mundo, e assistiu o desenrolar da saga de Jerry Lee Lewis do outro lado do Atlântico. Teóricos da conspiração diriam que foi tudo um estratagema, que Oscar estava conluiado com seu velho amigo coronel Tom Parker para sabotar a carreira de Jerry Lee, mas Sam Phillips diria posteriormente que o sujeito simplesmente recebera um trabalho impossível. "É impossível empresariar Jerry Lee".

Por fim, Jud e Sam decidiram tratar o escândalo tanto como ameaça quanto como farsa. Primeiro, Jerry Lee assinou uma longa carta que parecia indicar a intenção de arrependimento, mas que, na versão final, não era nem um pedido de desculpas, nem uma explicação, nem uma contestação, mas uma mistura incoerente e confusa dessas três coisas. Publicada num anúncio de página inteira na *Billboard*, a carta meramente rearranjava partes do escândalo para o público americano, ao mesmo tempo em que fazia Jerry Lee soar como qualquer um, menos como Jerry Lee.

Caros amigos,

Nas últimas semanas, venho sendo o centro aparente de uma quantidade inacreditável de notícias, nenhuma das quais é boa.

Mas deve haver pelo menos um pouco de bem até mesmo nas piores pessoas e, segundo a imprensa de Londres, eu sou a pior delas e não mereço uma matéria decente sequer.

Ora, essa coisa toda começou porque tentei dizer e disse a verdade. Contei a história de minha vida, no intuito de esclarecer tudo e crente de que não iria magoar ninguém ao ser homem o bastante para dizer a verdade.

Confesso que minha vida foi turbulenta. Confesso, ainda, que desde que me tornei uma figura pública quero sinceramente ser merecedor da admiração decente de todas as pessoas, de todas as idades, que admirem ou gostem de qualquer talento (se algum) que eu tenha. Afinal, isso é tudo que tenho para oferecer de maneira profissional.

Se vocês não acreditam que a exatidão das coisas pode se embaralhar quando se está visível ao grande público, espero que nunca tenham de passar pelo que estou passando.

Houve alguns mal-entendidos legais quanto a esse assunto que inadvertidamente me fizeram parecer o inventor da palavra "indecência". Se mais nada, sinto que a mim deveria ser dado crédito pelo fato de ter pelo menos um pouco de bom senso e, se eu não pensasse que os aspectos legais dessa questão não estivessem completamente corretos, certamente não teria tomado atitude até que o estivessem.

Não quis magoar Jane Mitcham, nem minha família e filhos. Fui ao tribunal e não contestei as ações de divórcio de Jane, e ela ganhou o direito de US$ 750 mensais como apoio financeiro e pensão alimentícia. Jane e eu saímos do tribunal como amigos e inclusive conversamos antes, durante e depois do julgamento sem animosidade alguma.

Acreditando que, pelo menos desta vez, minha vida estava acertada, convidei meus pais e irmã para a viagem à Inglaterra. Infelizmente, meus pais acharam que a viagem seria longa demais e dificultosa para eles e não foram, mas minha irmã foi, juntamente ao irmãozinho e à mãe de Myra.

Se minha carreira de artista estiver acabada, espero que não seja por causa dessa má propaganda, pois posso chorar e desejar o quanto quiser, mas não posso controlar a imprensa ou o sensacionalismo a que essas pessoas recorrem para conseguir lançar um escândalo para vender jornais. Caso vocês não acreditem em mim, por favor, consultem qualquer outra pessoa que já foi vítima da mesma coisa.

Atenciosamente,

Jerry Lee Lewis

E então, como se trocando a máscara da tragédia pela da comédia, Sam pediu a Jack Clement e o radialista George Klein que elaborassem um disco de humor usando trechos das músicas de Jerry Lee para fazer piada com a situação:

KLEIN: "Como é estar de volta?"
Oooohhh, it feels good![1]

O disco foi batizado de "The Return of Jerry Lee", e tampouco funcionou.
O próprio Jerry Lee sempre teve fé em sua música, mas a maré estava baixando e nem mesmo grandes performances conseguiam revigorá-la. Charlie Rich, um novo artista da Sun, deu a ele "Break Up"; a música disparou para a 50ª posição na parada Hot 100, mas rapidamente foi caindo. O lado B, uma balada chamada "I'll Make It All Up to You", entrou nas paradas country pelo tempo de um piscar de olhos. Jerry Lee então relembrou Moon Mullican e gravou uma versão de "I'll Sail My Ship Alone" – a essa altura, todos os títulos pareciam um autorretrato –, mas não chegou a lugar algum.
Para Jerry Lee, parecia que Sam Phillips tinha perdido a confiança nele quase da noite para o dia. Era o artista em quem Sam tinha depositado as esperanças, tocava e cantava dando o máximo de si e, por um momento, foi recompensado com atenção publicitária quase exclusiva da Sun, enquanto outros artistas ficavam na geladeira. Agora, apenas quinhentos dias depois de seu primeiro

---

1 "Ah, é bom!", trecho de "Great Balls of Fire".

grande sucesso, estava em queda livre. A essa altura, Sam estava milionário, ou quase isso, e investia o dinheiro que ganhara com a Sun e com sua editora musical em outras coisas, como estações de rádio, minas de zinco e outros empreendimentos. Jerry Lee continuava a gravar compactos e a Sun continuava a prensá-los, mas poucas e preciosas rádios os tocavam; ele imaginava se Sam sequer ainda enviava os compactos aos disc jockeys. Sam nunca mais arriscaria uma quantia significativa de dinheiro com seu filho pródigo.

"Me perguntam qual foi o efeito da Inglaterra sobre mim, e o efeito foi principalmente sobre Sam Phillips e a distribuição", diz Jerry Lee hoje. "Ele simplesmente não estava distribuindo meus discos".

Sam estava encurralado. Aos olhos de seus críticos mais severos, o garoto tinha cometido não uma, mas duas ofensas ao mesmo tempo: bigamia e corrupção de menores. O fato de o casamento ser com uma prima tampouco foi visto com bons olhos pela maioria, mesmo a prima sendo de terceiro grau e o casamento, culturalmente aceito. É claro que Phillips poderia simplesmente tê-lo despedido, cortado o prejuízo e seguido em frente. Ao invés disso, continuou a gravá-lo. Em 1960, a Sun já tinha mais de cem gravações de Jerry em seus arquivos, e nos anos seguintes ele gravaria quase uma centena mais. Porém, a maioria delas permaneceria anos sem ser lançada. Jerry Lee há muito tempo suspeitava que havia algum motivo oculto para o desinteresse gradual de Sam, nutrido, talvez, por velhas alianças.

"Não sou louco nem de longe", diz, mas imagina, às vezes, se Sam não estava, em parte, contente com a situação, uma vez que Jerry Lee não representava mais uma ameaça ao trono de Elvis. "Acho que... tem um boi na linha, em algum lugar".

Posteriormente, o próprio Sam tentou explicar a Martin Hawkins, pesquisador da história da Sun, por que manteve tanto material de Jerry Lee guardado. "Sempre fui muito cauteloso quanto a lançar muito material dos meus artistas, só para garantir um certo nível de rendimento. Acho que essa oportunidade foi abusada, sempre foi, pelas grandes gravadoras... Basta ver o lixo que lançaram de Elvis Presley, só porque ele estava em algum filme ou algo assim. Acho que cada lançamento deve visar ao benefício em longo prazo da carreira do artista, não ao lucro em curto prazo, e não quis desgastar Jerry com uma superabundância de material no mercado".

Sam reconheceu – como não poderia reconhecer? – que o escândalo envolvendo Jerry Lee o levou a segurar a mão. "Quando Jerry apanhou da imprensa, teria sido estúpido tentar empurrar material dele pela goela das pessoas. Pode acreditar, logo antes daquilo acontecer, Jerry era o artista mais badalado dos Estados Unidos. A imprensa acabou com ele na Inglaterra por conta do casamento com Myra e isso repercutiu por aqui. Foi algo devastador, desnecessário e estúpido, mas o que poderíamos ter feito? Acho que a inocência de Jerry, na época... saiu pela culatra. Acabaram com ele. Acabou como algo pavoroso e mortal. Tinha tanta gente querendo acabar com... o rock and roll, e era exatamente o tipo de coisa que eles procuravam".

"Nunca deveria ter exercido tanta importância na vida de Jerry".

Por fim, Jerry Lee ficou tão frustrado com a relutância de Sam em lançar e promover seus discos que entrou no escritório à força. O que aconteceu em seguida foi contado inúmeras vezes por inúmeras pessoas que não estavam lá, mas aquele que *estava* lá e ainda está vivo para contar, conta desta forma:

"Disseram que dei um soco em Sam. Nunca dei um soco nele. O agarrei pelo colarinho do outro lado da mesa e disse a ele: 'Você vai lançar meus discos. Vai acontecer, ou vou quebrar sua cara'. Ele disse a Sally para chamar a polícia, e ela chamou. Ele disse: 'Espera aí, eu tenho tanto direito de decidir isso quanto...', e aí acho que dei um tapa nele. Mas ele lançou os compactos", ou pelo menos alguns deles.

Pouco depois de voltar da Inglaterra, gravou uma sessão de performances solo na Sun, incluindo uma música que Elvis adorava, "Come What May", o *standard* de Hank Williams "Settin' the Woods on Fire" e vários *takes* emocionantes da balada country "Crazy Heart".

> We lived on promises we knew would fall apart
> Go on and break, you crazy heart[2]

Sobre essa época, ele diz apenas: "Fizemos algumas boas gravações". Até a *Billboard* publicou que seus lançamentos poderiam fazer sucesso se tivessem algum tipo de promoção. Jud deixou a Sun para começar seu próprio selo, e

---

2 "Vivemos confiando em promessas que sabíamos que se quebrariam/ Vá e se parta, coração louco".

embora no futuro voltasse a trabalhar com Jerry Lee e continuasse seu amigo, jamais seria capaz de restaurar a magia daqueles momentos iniciais.

Os shows de Jerry Lee esgotavam em algumas noites e eram amargas decepções em outras – não por causa da música, pois ela estava lá, mas por conta das casas, e isso continuaria por anos. Numa noite, ele poderia lotar um estádio, mas, na outra, poderia se ver num restaurante, tocando para gente que nunca gostou dele, que preferia música de big bands e esperava ouvir exatamente isso. Era uma época de *one-hit wonders*, todos os quais já sumidos há muito tempo exceto por alguma execução ocasional nas estações de rádio nostálgicas, mas Jerry Lee nunca foi um deles. Foi um astro legítimo desde o princípio, com uma sucessão de grandes e duradouros hits construída sobre uma base de audácia e talento. E, quando caiu, rosnou, rugiu e arranhou no caminho para baixo, numa ascensão e queda inigualáveis na música americana.

"Não culpo Myra. Ela não teve nada a ver com isso... Bem, teve depois, com livros e outras coisas, mas não na época", diz, se recusando, como sempre, a aceitar que seu casamento tenha sido, de algum modo, algo do qual se envergonhar, que tenha feito algo errado ao se casar com ela. "Não nos damos muito bem, hoje em dia, mas não é por causa de ressentimentos. Ela foi minha esposa".

E quanto aos que o perseguiram? "Eles foram apenas incapazes de compreender, na verdade", diz. "Acho que estavam dizendo a si mesmos: *Por que eu não posso fazer isso? Por que não posso ter isso? Por que não posso ser eu ali?*".

Elvis estava lendo um livro de poesia no Terminal do Exército do Brooklyn, à espera de seu voo para a Alemanha e de sua designação para a Terceira Divisão Armada, quando lhe perguntaram o que ele achava do casamento de Jerry Lee com uma garota de treze anos. "Ele é um grande artista", disse. "Prefiro não falar sobre o casamento, exceto que, se ele realmente a ama, acho que não tem problema algum".

Durante a estadia na Alemanha, Elvis conheceu uma bela garota de quatorze anos chamada Priscilla Beaulieu numa festa na cidade de Bad Nauheim. Ela era enteada de um oficial da Força Aérea aquartelado ali. Namoraram até ele retornar aos EUA. Posteriormente, quando ela estava no ensino médio, Elvis conseguiu a permissão dos pais dela para trazê-la para morar com sua família, prometendo que teriam a companhia de seu pai e sua madrasta. Foi até acertado que ela frequentaria uma escola só para garotas, a Immaculate Conception High School of Memphis. Os pais dela consentiram, contanto que Elvis mantivesse Priscilla casta e se casasse com ela quando mais velha. Pouco depois de chegar, Priscilla se mudou para Graceland propriamente dita para viver com Elvis; ela negaria que teve relações sexuais com ele, embora admita que faziam tudo menos isso. Elvis continuou a se relacionar com Nancy Sinatra, Ann-Margret e outras, mas manteve a promessa aos pais de Priscilla e, quando ela completou 21 anos, os dois se casaram em 1º de maio de 1967 no Aladdin Hotel, em Las Vegas. O coronel Tom Parker temeu que Elvis estivesse se colocando em risco ao esconder a garota em Graceland, mas a estratégia funcionou e sua carreira nunca foi ameaçada de fato.

É uma das coisas que Jerry Lee tem dificuldade em compreender. Casou-se com Myra e vivia abertamente com ela, e foi crucificado. Elvis, com ajuda de Tom Parker, a quem Jerry Lee e muitos outros viam como titereiro de Elvis, construiu uma fachada, um esconderijo, e vivia em pecado dentro dele.

"Ele a escondia em casa", disse Jerry Lee. "Não foi honesto de forma alguma. Escondia a menina lá e então agia como se não estivesse fazendo nada. Mentiu descaradamente. Eu não menti sobre *nada*. Quando me casei com minha prima de treze anos, *espalhei*. Contei ao mundo *todo*".

"Sabe aquele filme The Man Who Shot Liberty Valance (no Brasil, *O Homem Que Matou o Facínora*)? É um grande filme". Conta a história de um homem educado e bem intencionado que leva o crédito por algo que não fez, algo que o faz parecer heroico. O homem, interpretado por James Stewart, escondeu a verdade por toda a vida.

"Eu... não... escondi... *nada*. Elvis escondeu. Eu não queria isso, jamais quis. Nunca tive desejo algum de fazer o tipo de música que ele fez ou os tipos de filme que ele fez. Eu queria chegar às pessoas. Só queria estar lá onde elas estivessem...".

Às vezes, pensava nas multidões aos berros que outrora alcançara, e uma tristeza obscura o acometia, mas a verdade é que essa mesma nuvem pousava sobre ele até mesmo nos tempos mais prósperos, algo que não vinha do mundo exterior, mas que estava no sangue, transmitido por gerações. Porém, sua mãe sabia que isso sempre iria embora, como fumaça preta num redemoinho, e que era preciso apenas seguir em frente e tocar a vida apesar disso, como ele tinha de fazer naquele momento. Mamie disse a ele que, se ele quisesse desistir, se render, ela se renderia e morreria com ele. Mesmo que ele tivesse a *mínima* intenção de desistir, aquilo ardeu nele, à maneira como os antigos costumavam acender uma fogueira embaixo de uma mula semimorta caída numa plantação com o trabalho ainda pela metade. "Não foi assim que fui criado", diz mais uma vez, repetindo o único código para o qual deu muita importância. "Minha família ainda me apoiava, mamãe, papai e os demais".

Carregou o porta-malas de seu Cadillac e partiu para o desconhecido dos *honky-tonks*, preenchendo os espaços entre os raros shows em arenas grandes com shows de US$ 250. Não queria que sua carreira tomasse esse rumo – não vai fingir nem quando está com o humor mais adverso –, mas se o que Elvis tinha era o melhor de tudo, então conseguiria mantê-la.

"Saía para tocar piano e cantar, e fazer as mulheres gritarem", diz. Assim, seguiu dirigindo, em busca do neon das placas à beira da estrada, com os dizeres: JERRY LEE LEWIS, SÓ ESTA NOITE. "E então eu abria aqueles pianos velhos e mandava brasa...".

9

"QUEM QUER UM POUCO DISSO AQUI?"

Des Moines
1959

Ele pode ter bebido um pouco além da conta, tomado alguns comprimidos para acordar e ficar ligado, mas isso não significa que não havia beleza no que fazia. Seus dedos sabiam muito bem aonde ir nas teclas e sua voz estava embebida em tristeza, enquanto ele cantava com o coração partido de um velho preso no corpo de um jovem, afinal, já não tinha vivido uma vida inteira, rugindo e pisoteando até que finalmente fosse lançado ao ponto mais alto, com dezenas de milhares entoando seu nome e agarrando suas pernas, antes de cair fumegando até lugares como este?

Seus olhos estavam fechados, em sinal de grande respeito à música que tocava, mas ele conhecia cada centímetro dessa espelunca nos arredores de Des Moines, cada hálito de uísque Early Times e de Evening in Paris[1], cada riso e xingamento de bêbados, e cada choque de garrafas *long neck* no chão de concreto, porque não fazia muito tempo desde que estivera aqui – aqui ou em mil outros lugares como este – no caminho para o topo. Começou do nada, da lama incolor, e superou a todos no toque e no canto, até que Elvis, que era fraco, veio a ele e lhe entregou sua coroa, simples assim, como se ele já não fosse tomá-la por força de vontade, de qualquer forma. Mas agora aqueles que mandavam na música lhe deram as costas, assim como até mesmo algumas das pessoas para quem tocou, e aqui estava ele, numa espelunca em Iowa, tocando num palco da altura dos joelhos, mas, pelo amor de Deus, ainda tocando, revidando, retornando, tocando em lugares grandes por um

---

1 Drink preparado com vodka de pêssego, suco de abacaxi, suco de laranja, refrigerante de limão e açúcar.

bom dinheiro, quando conseguia, mas quem o visse pela janela suja do lugar pensaria que ele estava bem longe de Memphis.

Depois de tanto tempo, hoje ele não tem certeza do que estava cantando, mas provavelmente era Hank Williams.

> *This heart of mine could never see*
> *What everybody knew but me*[2]

Estava próximo do final da música, nos últimos versos, belos e desconsolados, quando um bêbado estragou a canção e tentou colocar os pés sujos e indignos no palco.

"Seu filho da puta!", o bêbado rugiu da plateia.

Foi alto o bastante para ser ouvido acima da música e de todo o barulho do próprio bar, e o homem riu do fundo de seu barrigão, cheio de si. Jerry Lee parou de tocar – ele detestava parar de tocar – e observou a fumaça azulada e o aperto dos corpos, em busca do falastrão que arruinara a bela canção. "Eu ainda lotava aqueles clubes", diz ele, mas, desde Londres na primavera de 1958, os engraçadinhos tinham ficado um pouco mais corajosos e, às vezes, o mais corajoso ou mais bêbado deles berrava da plateia alguma coisa sobre ele ou sobre sua jovem esposa, ou alguma outra coisa colérica, e ele tinha de encontrar o cretino para desafiá-lo no ato.

Localizou o homem, um sujeito grande, mas de aparência molenga, um garotão do interior... não, um garotão da cidade. Vestia camiseta. Moleques do interior se vestiam melhor quando iam à cidade. Garotão da cidade, com certeza. Seria fácil.

"Eu te ouvi", disse Jerry Lee. Viu seu gerente de turnê e amigo de infância Cecil Harrelson se endireitar, olhando para o homem, e então de volta para ele. Naquela época, Cecil estava disposto até demais a sacar uma faca, e Jerry Lee fez um sinal com a cabeça. A música parou e o lugar ficou em silêncio, ou o mais próximo disso o possível para um lugar cheio de bêbados.

Jerry Lee se levantou do banquinho do piano. Tinha vinte e três anos.

"Por que você não traz sua bunda mole pra cá e diz isso na minha cara?", disse no microfone.

---

2 "Esse meu coração nunca pôde ver/ O que todos sabiam, menos eu"; "You Win Again".

"Eu *vou*!", gritou o homem, que abriu caminho entre o público e foi direto até Jerry Lee, colocou um pé na beira do palco baixo e começou a subir.

Jerry Lee, ainda empunhando com as duas mãos o pedestal de microfone, longo e cromado, levantou-o e, com um golpe rápido e preciso, golpeou o homem no rosto com a peça de metal. A pesada base do suporte o acertou bem na testa, e ele cambaleou para trás, perdeu o equilíbrio e escorregou, caindo no chão de costas sobre a cerveja derramada. Um galo do tamanho de uma bola de beisebol surgiu em sua testa, e um ou dois bêbados gritaram: "Ele o matou!", mas bêbados sempre dizem esse tipo de coisa.

Então Jerry Lee, com os cabelos loiros desgrenhados, saltou do palco e, ainda segurando o pedestal de microfone como se fosse uma lança, gritou para todos ali presentes: "Alguém mais quer um pouco disso aqui? Quer? Vou dar um pouco para *todos* vocês!".

"Mas não, ninguém queria", diz ele, da escuridão distante de seu quarto.

O dono do bar chamou uma ambulância e, depois, a polícia. Nos filmes, Jerry Lee teria voltado ao piano e terminado de tocar a música, mas o público estava com raiva, não do cretino, mas de Jerry Lee; em 1959, ele era um para-raios desse tipo de coisa, e estava surrado o bastante para fazer as pessoas pensarem que podiam dizer qualquer coisa que quisessem e cair matando. Observou os paramédicos lutarem para colocar o homem na ambulância. É, um garotão da cidade, pensou ele. *Caiu fácil demais para um garotão do interior.*

"Sabe, eu ainda consigo ver o rosto daquele rapaz", diz hoje.

Parecia que o homem ia sobreviver, mas provavelmente carregaria a marca da base do suporte no rosto por algumas semanas. No entanto, no futuro isso daria uma boa história para uma mesa de bar, sobre como ele disse àquele criminoso, àquele papa-anjo, ao homem que se casou com a *prima*, exatamente o que pensava sobre gente desse tipo, e sobre como Jerry Lee o nocauteou em cheio, pra valer, enquanto ele não estava olhando. Jerry Lee, ao contar sua própria versão da história, para sempre se perguntaria o que o homem esperava que acontecesse depois de ofender Jerry Lee Lewis e Hank Williams numa só cusparada, para então tentar profanar a santidade do palco – seu palco. Para dizer a verdade, o palco poderia nem ser lá grande coisa, poderia ser um arremedo patético de palco, mas era mais um degrau na subida de volta ao lugar onde pagavam aos milhares e não às centenas e onde havia seguranças pagos nos bares e não seria necessário esmurrar sozinho esses arruaceiros grandalhões.

O delegado apareceu, já que o caso envolvia uma celebridade e tudo mais, mas não havia muito o que ele pudesse fazer. Jerry Lee estava claramente se defendendo; o fato de ele ter provocado o homem a vir até o palco com a intenção de lhe dar um galo na cabeça era um dos pontos delicados da lei que não podiam ser realmente discutidos à meia-noite numa espelunca lotada de gente sob o efeito de alguns galões de Pabst Blue Ribbon. Mas o público fervilhava, zumbindo de raiva como uma gangue de figurantes em algum filme antigo, um grupo de bandidos criando coragem logo antes do xerife Dillon, de *Gunsmoke*, chegar a cavalo e encará-los.

O delegado disse a Jerry Lee e à banda que talvez fosse melhor que eles já se preparassem para ir embora.

"Jerry Lee, acho que você não deveria ficar aqui".

"Já estávamos de saída, mesmo", Jerry Lee disse a ele.

"Digo, acho que você deveria sair da cidade", disse o delegado.

"Foi exatamente como num filme de faroeste", diz Jerry Lee. Alguns dos presentes no bar correram para os carros e os seguiram até o hotel – já tinha acontecido antes –, mas nenhum deles queria nada daquilo, só queriam agir daquela forma por mais um pouco de tempo, só queriam uma parte levemente maior dessa história.

Jerry Lee foi para o quarto no hotel de beira de estrada – há um ano, se hospedara nos hotéis mais finos – e esperou mais um pouco, até que chegou a batida na porta, mas suave, não martelada e raivosa. Abriu a porta e lá estava ela. Ela estava lá com frequência, mas com um rosto e um nome diferentes em quase toda cidade. Não se lembra dos nomes, depois desse tempo todo; é improvável que se lembrasse assim que estivesse a cinco quilômetros de distância, na estrada. "Foram tantas... demais, eu acho". Mas se lembra das brigas. Alguns homens simplesmente se lembram melhor da fúria, se lembram melhor disso do que das coisas mais suaves, como se a raiva fosse a única emoção que realmente importava a eles, afinal. É por isso que os homens ricos do Sul, de sotaque leve, os que sabem a origem de seus tataravôs, penduram sabres de uma velha guerra sobre a cornija, ao invés de fotos dos netos ou pedaços de madeira desaguados na praia por onde caminharam com suas falecidas esposas.

"Briguei para escapar de muitas espeluncas", diz. "Cecil estava comigo, então. Cheguei num ponto em que era capaz de ler uma plateia, ler a maldade neles. De vez em quando nos deparávamos com algum grupo que precisávamos endireitar... que me ofendia do meio da plateia".

"Eu gostava de uma boa briga, naquela época. Tivemos umas boas brigas em Iowa".

No dia seguinte, ele e a banda carregaram o equipamento em dois Cadillacs envoltos em sessenta mil quilômetros de poeira e rodaram por mais oitocentos ou novecentos, o quanto fosse necessário para chegar ao próximo destino. Cinquenta e dois anos depois, com o chihuahua mal-humorado entre os pés, ele se recosta e viaja novamente.

"Nunca fugi de um show. Se tivesse de baixar o cachê para quase nada, aceitava. Só para continuar trabalhando... Era preciso uma força brutal. Tocava um show por noite. Na época, não existiam rodovias expressas. Raramente viajávamos por uma estrada de duas pistas. Akron... Cincinnati... Louisville. Tocávamos em cidadezinhas e cidades grandes. Fazíamos um show em Ohio, íamos para Nova York, e então Ohio de novo... Desgastamos mais Cadillacs... Mas não havia escolha. Chegávamos para os shows. Não havia como me parar. Estacionávamos em cima da hora, entrávamos e tocávamos, então voltávamos para o carro e seguíamos pela estrada. Mas cumpríamos o calendário. Algum espertalhão me golpeou de surpresa aqui em Memphis... outro, no Alabama. Era um cara grandão, também. Acho que o mandei uns quinze metros longe. Aconteceu de novo em... onde foi? Não consegui pegar o cara, mas Cecil conseguiu. Brigávamos para entrar, brigávamos para sair. Voltei para casa uma vez, estava com a Gripe de Hong Kong[3]. Levantei, fui para Dallas. Levantei, fiz um show. Disseram que não achavam que eu ia conseguir. Consegui... Texas. Toquei por todo o Texas. Birmingham... as garotas mais bonitas que já vi. A banda segurou a bronca comigo. Não sei o que teria feito se eles tivessem desistido... Chegávamos naqueles velhos clubes e botávamos a casa abaixo. Houve um ponto em que foi preciso reforçar nossa bateria. Mas *nunca* paramos. Nunca parei de lotar os clubes e auditórios... Foram oito ou nove anos assim, eu viajava por meses a fio. Acho que é duro para uma família. Mas eu seguia em frente. Na

---

3 Nome dado à pandemia de gripe ocorrida em 1968.

época, era possível conseguir uns comprimidos muito bons... Eu dormia quando podia. Víamos um hotel na beira da estrada e eu dizia: 'Rapazes, encostem ali e me arranjem um quarto', e eu acordava e mal chegava ao show. Às vezes, éramos cinco, seis de nós num carro... Por fim, comprei um Ford 1963 para os rapazes usarem na estrada. Forçaram tanto que derreteram o motor... Toquei uma vez num clube e meus pais foram ver. Eis que me aparece uma mulher praticamente nua, e eu disse apenas: 'Mãe, ela só está trabalhando, assim como eu'. Mas construí um público de novo, reconstruí toda a minha base. Entrava nos bares e nas casas noturnas e seguia *em frente*... Tinha de seguir, pois se você desiste, está morto, e não fui criado para desistir".

"Era brutal, pode acreditar. Era de matar... Era lindo".

Tocara no Paramount, na Forty-Third Street, em Nova York. No Apollo, na Boston Arena, e em estádios em todo lugar. No *Steve Allen Show*, no *American Bandstand* e praticamente todos os outros lugares onde uma jovem lenda tocaria, e nunca fez playback, a não ser nos filmes. Era quase como se fazer isso fosse trazer má sorte. E pouco depois disso veio Londres e o escândalo, e então a longa estrada, que muita gente acreditava ser o único futuro que restava a ele, a estrada que ele acreditava – não, que ele *sabia* – que o levaria de volta ao topo, à riqueza e à fama novamente. Essa estrada não o abateria, mas, de vez em quando, partiria seu coração. Em Newport, Arkansas, entrou num clube e viu, mais uma vez, aquela grade ao redor do palco, instalada ali para proteger a banda de uma plateia que respeitava tão pouco a música que se sentia no direito de arremessar e espirrar seu desprezo contra os músicos. Já tinha visto isso antes, no caminho para o topo, mas fazia realmente só pouco mais de um ano?

"Tirem a grade!", berrou Jerry Lee.

O dono do lugar disse a ele que era para sua própria proteção. Ia precisar dela quando as garrafas começassem a voar.

"*Tire... a... grade*", sibilou, "ou não vou tocar".

Tiraram.

"Será o seu funeral", disse algum espertalhão.

Naquela noite, tocou Hank Williams, Jimmie Rodgers, um pouco de Moon Mullican e até músicas mais antigas, canções bonitas, canções remotas, canções que soavam quase como a igreja, e desafiou o público a fazer alguma coisa, qualquer coisa, para atacar o palco ou tentar diminuir sua música ou ele próprio. E então tocou um pouco de country, para fazê-los pensar nas mulheres e nos homens que lhes tinham magoado, pensar nas mães e talvez chorar só um pouco pelos pais. Quando estavam na metade do caminho para o Paraíso caipira, acertou-os em cheio com blues visceral e sujo, à maneira como ouvira fervilhar no Haney's Big House quando ainda era só um garotinho, o que os fez berrar por blues sem saber nem de longe do que se tratava. Por fim, quando achou que estavam prontos, chutou o banquinho surrado do piano para trás com tanta força que atingiu a parede com um estalido glorioso. Tocou sem parar, a noite toda até virar o dia, tocou até o suor escorrer por seu rosto e cegá-lo, e quando balançou os cabelos loiros para longe dos olhos, as garotas morderam os lábios e perderam a compostura. Martelou as teclas até os dedos doerem, até transcender aquele boteco num fim de mundo no Arkansas, até que mais esta parada desolada numa estrada erma e sem fim se transformasse na noite de uma vida inteira, não para ele, mas para aqueles lenhadores, vendedores de seguros, garçonetes e tabeliães que dançaram, berraram e imploraram por mais, até a música enfim acabar e os berros preencherem o salão e vazarem para a escuridão da noite, chegando aos ouvidos dos pescadores do turno da madrugada no rio Branco e dos motoristas que passavam pela Highway 67, emanando como os reflexos de uma grande explosão, até Jerry Lee desabar, esgotado, no assento do passageiro de um Cadillac empoeirado e seguir em frente. Enquanto o vento se lançava sobre seu rosto nas primeiras horas da manhã, enquanto os comprimidos e a bebida finalmente o colocavam para dormir, não sabia exatamente para onde ia e, às vezes, nem mesmo onde estivera. Tinha certeza de uma coisa, apenas.

"Jerry Lee Lewis não desaparece".

"Parecia que as pessoas iam ao meu show com uma pulga atrás da orelha".

Os dias eram duros e barulhentos. "Parecia que tínhamos de brigar todas as noites". Estava mais uma vez no Meio-Oeste, acredita que ainda em 1959, ou talvez 1960, tocando uma daquelas músicas que costumava tocar enquanto equilibrava um sanduíche entre os joelhos, em Black River, mas o público estava barulhento esta noite – uma daquelas plateias que podem até adorar a música, mas não entendiam ainda que ela deveria preceder bebedeiras, brigas, trapaças e conversas altas demais sobre quem estava fazendo o que com o marido de quem e sobre a injustiça nojenta da conta de água.

Deixava um drink e, às vezes, uma garrafa sobre o tampo do piano de vez em quando, para relaxar, e dissolvia um ou dois comprimidos no copo, para se manter de pé. Mas não era nada de mais. Era só parte do cair da noite.

"Iowa, de novo, num bar num lago", é tudo o que consegue se lembrar do lugar onde aconteceu. "A plateia era indócil".

Chegava a tocar por até quatro horas, em algumas noites, tocava até que a banda começasse a se perguntar se ele iria parar. Naquela noite, no intervalo depois de um longo set, caminhou por entre os apertos de mão e tapinhas nas costas costumeiros e pelas mulheres que queriam um beijo e um abraço, passando por aqueles que só o encaravam com fogo nos olhos. Em toda plateia havia alguns poucos que só queriam vê-lo para baixo, para escarnecê-lo e desfrutar disso. "Recebi uns olhares bem feios naquela época", diz. Quanto tempo fazia desde que multidões caíam sobre ele, desde que não conseguia sair do palco sem marcas de unhas nos braços e as roupas rasgadas? Em alguns dias, parecia que tinha sido ontem, em outros, parecia um tempo tão distante. Mas tinha certeza, então, de que aquilo ali era temporário, um soluço...

"Ei!".

Aquilo soou como um trovão no fundo de um poço.

Jerry Lee levantou os olhos e nunca tinha visto um homem maior do que aquele.

"Aparece esse cara", diz ele, relembrando, "aparece esse cara que devia ter uns dois metros e dez. Usava uma regata, com braços mais ou menos deste tamanho", faz um gesto circular mais ou menos da largura de um poste. Não sabia se era um garotão da cidade ou do interior, ou mesmo se era deste planeta.

"Era o Gigante", disse Cecil Harrelson.

Jerry Lee e Cecil relembram a história da mesma forma.

"Quem de vocês é Jerry Lee Lewis?", rugiu o gigante.

Jerry Lee pensou que aquilo estava óbvio. Até quem não gostava dele sabia quem diabos era ele.

O gigante, impaciente, retumbou mais uma vez. "*EU QUERO JERRY LEE LEWIS!*".

Isso calou até o bêbado mais disperso. Um bar como aquele nunca fica silencioso, mas, desta vez, chegou bem perto disso.

"Bom, estou aqui", disse Jerry Lee.

O homem deu um passo em direção à luz. Iluminado, era ainda maior.

"Vou quebrar sua cara", rugiu.

Jerry Lee vasculhou a mente em busca de que ofensa teria feito a esse homem da altura e largura de um guarda-roupa, e chegou à conclusão de que deveria ser algo relacionado a uma mulher, com uma chance remota de que, desta vez, ele poderia ser inocente.

Raramente dava um passo para trás quando confrontado, exceto se fosse pelo pai. Porém, à medida que o homem se aproximava, parecia bloquear a própria luz, até que Jerry Lee estivesse de cara com seu pomo de Adão. O homem o empurrou não com os braços, mas com sua presença absoluta, "e me lembro de ele me empurrar até a porta e para fora do bar, e depois até o carro".

Por fim, com as costas pressionadas contra uma maçaneta, não havia mais para onde ir.

"Então", diz ele, com certa dose de fatalidade, "dei-lhe um soco na boca". Não desferiu o soco apenas com o braço direito, mas também com o ombro e todo o peso do corpo, usou os quadris para dar arranque ao golpe, à maneira como Elmo e como todos os Lewis antes dele desferiam um soco, à maneira como os pais ensinavam seus filhos: para machucar. Mas todos os Lewis que já se envolveram em pelejas desde a Guerra Civil não teriam conseguido derrubar aquele armário ambulante com um só golpe. "Ele caiu no chão e imediatamente se levantou", diz Jerry Lee.

O homem recuou o punho e mirou na cabeça de Jerry Lee.

"Lá veio Cecil", diz ele. Cecil saltou nas costas do homem, deu-lhe um mata-leão e tentou seu melhor para sufocá-lo até a morte, mas não fez nem cócegas. Porém, Cecil travou os braços do homem com os seus, só o suficiente para impedi-lo de golpear Jerry Lee livremente, e isso já era bom o bastante. Jerry Lee, ao desistir de acertar o homem na região da cabeça, começou a bater os punhos no corpo do homem com todas as forças. Cecil pôde ouvir ossos se quebrando.

O homem enfim começou a ceder, e caiu de joelhos. Ajoelhado no estacionamento, passou os dedos sobre as costelas. "Quebrei sete costelas", disse, com a voz densa.

Jerry Lee e Cecil, de pé e exaustos, só recuperavam o fôlego.

O homem passou os dedos pelo tronco, contando com a outra mão.

"Sete", disse.

"Bem, isso não precisava ter acontecido", disse Jerry Lee.

O homem assentiu. "De onde cês são?", perguntou.

"Louisiana".

Assentiu novamente.

"Bem", disse, depois de um tempo. "Acho que por hoje é só".

Mas continuava ali ajoelhado.

"Foi embora numa grande ambulância branca", relembra Jerry Lee.

Esqueceu-se de perguntar ao homem o motivo da briga. Com o tempo, ficaria claro. Não em toda cidade, mas em muitas delas, homens esperavam a chance de golpear o Matador, na suspeita de que ele seria mortal o suficiente para cair.

"Eles só queriam dar uma sova em Jerry Lee Lewis. Só queriam quebrar minha cara, como aquele camarada".

O homem parecia quase amigável quando os paramédicos o levaram embora.

"Era um cabra macho", diz Jerry Lee.

"Um gigante", diz Cecil.

"Não voltei mais a Iowa desde então", diz Jerry Lee.

Na época, era só parte da vida. Ele não gostava das interrupções dos shows, não gostava da reputação que o antecedia naquele tempo. Mas, uma vez que ela se tornou inevitável, abraçou-a, zombeteiro. Teria sido mais fácil se fossem apenas um bando de jovens baderneiros fazendo barulho, mas ali havia uma lenda em xeque, e era música de verdade, boa música, "e a música sempre vinha primeiro; fazíamos um bom show, e então era hora de seguir em frente". Tocou no Le Coq d'Or, em Toronto, e no Peppermint Lounge, em Pittsburgh. No Café de Paris, em Nova York, num drive-in em Fayeteville, Georgia, e no auditório de uma escola em Adel, Georgia. Tocou num show produzido por Alan Freed no Hollywood Bowl, no Gator Bowl, na Flórida, e num clube em Coney Island. Dirigiu de Los Angeles a Memphis, e então de volta até Montgomery, e preenchia os espaços entre essas paradas com qualquer show que conseguisse. Tocou numa série de clubes só de negros pelo norte do país, mais uma vez em parceria com o grande Jackie Wilson, naquilo que os produtores promoveram como uma espécie de batalha entre as raças pela alma do rock and roll. Tocou em ginásios no Tennessee e no Mississippi e em festivais no Arkansas, onde velhos talhavam cabos de machado e vendiam por cinquenta centavos a peça.

A má sorte praticamente se atirava sobre ele. "Estava voltando para casa do Wagon Wheel com Doc Herron", conta. "Eu tinha um bom e velho Buick

Limited. Um trambolho. Estava a 120, 130 quilômetros por hora. E ia que ia. Às vezes, fica enevoado na Louisiana – saindo de Natchez, passando o morro, vem a neblina. E Doc diz: 'Cuidado com o cavalo!'". O animal foi lançado para cima do capô do Buick, atravessou o para-brisa até os bancos dianteiros. "E eu caí bem no colo [de Herron]. Foi a única coisa que me salvou. O cavalo ficou preso no carro".

"Por fim, o carro parou e o cavalo tombou na estrada. Ele não deveria estar solto. Era contra a lei deixar um cavalo solto. Mas também, o que você vai fazer?". Alguns teriam processado, mandado consertar o carro. "Não processo ninguém", diz ele, e teria se sentido bobo, de qualquer forma, de criar toda uma comoção por causa de um Buick. Além disso, "o dono do cavalo era um pobre coitado negro. Ninguém ia defender aquele cara".

Balança a cabeça ao lembrar. "Eu tinha muito cabelo – cabelos longos e loiros, sabe? Saí do carro e sacudi a cabeça por... umas três horas, e não parava de cair vidro do meu cabelo. Estilhaços de vidro".

Em 27 de fevereiro de 1959, Myra Gayle deu à luz um bebê de 3 kg, Steve Allen Lewis. O pequeno Stevie veio ao mundo com uma bela cabeleira, como a do pai. Jerry Lee lhe deu o nome em homenagem ao homem que foi bondoso e direto com ele e apostou nele quando ninguém o teria feito, alguém de quem ele nunca diria uma palavra negativa, não importa o quão feias as coisas estivessem. Fotógrafos se amontoavam para entrar no quarto de hospital de Myra para registrar mãe e filho. Jerry Lee não recebia mais cheques de US$ 40 mil, mas trabalhava quase toda noite e ainda conseguia um raro cachê gordo de vez em quando, com alguns shows grandes, então comprou uma casa nova em Coro Lake para Myra e Steve Allen, com carpete branco, uma pequena cachoeira no foyer, um piano de cauda branco e uma piscina nos fundos. Ele raramente via a casa. Acreditava veementemente que, se algum dia diminuísse o ritmo, apenas desapareceria, então seguia em frente, viagem atrás de viagem, pequeno clube atrás de pequeno clube.

Gravava quase sempre que estava de volta a Memphis, e gravou muitas canções boas, mas era como se estivesse cantando para o vento. Fez vinte e uma sessões de gravação na Sun entre 1959 e 1963, o que resultou em oitenta e cinco músicas, mas poucas delas tinham potencial para um compacto de sucesso. Gravou "Lovin' Up a Storm", compacto ao estilo de "Breathless", uma canção de brincadeira chamada "Big Blon' Baby" e mais uma composição de Otis Blackwell, "Let's Talk About Us". Até gravou a música que era a marca registrada de seu pai, "Mexicali Rose".

Era só o início do que o autor Colin Escott chamaria de "os anos da praga", um atoleiro que o puxava para baixo não importava por quantos quilômetros viajasse ou quantos shows fizesse. Como numa piada cruel, a popularidade de sua música cresceu na Inglaterra e no resto da Europa, onde os jovens continuavam a ir à loucura a cada novo disco lançado. Porém, nos EUA, a mancha do escândalo demorava a se dissipar, e embora alguns shows lotassem, em outros ele tocava diante de assentos vazios. "Certa vez, no Kansas, toquei para duas velhinhas", diz. "Disse a elas: 'Vocês duas podem assistir ao show por minha conta'".

Mas ele também estava diante de um problema maior: as mudanças estilísticas no rock and roll. A verdade é que a cena da música americana estava se metamorfoseando a seu redor, transformando-se em algo que ele não reconhecia e mal podia suportar. Estava perdendo a audácia, a fundação; a era dos *country boogies* e dos roqueiros estava se esvaindo pouco depois de começar. Era possível escutar o Top 40 o dia inteiro e não ouvir uma nota sequer ali inspirada por Hank Williams, Junior Parker, Moon Mullican ou Arthur "Big Boy" Crudup. À medida que a década de 1950 chegava ao fim, o grande rugido do rock and roll baixou para uma espécie de suspiro afetado. No final de 1957, depois do motor de um avião virar uma bola de fogo em uma de suas turnês, Little Richard anunciou que tinha sido salvo, tornou-se sacerdote e agora pregava sobre o fim do mundo. Elvis estava no estrangeiro desde o outono de 1958. Em 1959, Richie Valens, J. P. Richardson (conhecido como Big Bopper) e o bom amigo de Jerry Lee, Buddy Holly, morreram num acidente de avião. E, em dezembro daquele mesmo ano, o grande Chuck Berry foi sentenciado pela Lei Mann[4] a três anos de prisão por transportar uma garota de quatorze anos entre fronteiras interestaduais.

Essas brechas foram inundadas por uma vasta gama de música para garotas de doze anos. Foi a era de Ricky Nelson, Fabian, Frankie Avalon, a época em que Chubby Checker substituiu Fats Domino em cada lanchonete do

---

[4] Também conhecida como Lei do Tráfico de Escravas Brancas, instituída nos EUA em 1910 pelo Congresso.

país. Foi o nascimento da surf music, que começou com "Walk – Don't Run", dos Ventures, e culminou dois anos depois com a chegada dos Beach Boys e canções como "Surfin' Safari". Foi a época em que gravadoras independentes, como a Sun Records, foram eclipsadas por novas gravadoras: a Tamla/Motown, de Berry Gordy, com as Marvelettes, os Miracles e as Supremes; a Philles, de Phil Spector, com as Crystals, as Ronettes e os Righteous Brothers. Era tudo muito cativante e bonito, mas a uma distância enorme do Haney's Big House.

Como se enojados, grandes músicos negros, com coração e audácia, seguiram seu próprio caminho com um estilo chamado apenas de "soul" ("alma"), e Sam Cooke, Solomon Burke, James Brown e Ben E. King criaram sem se importar em nada com o outrora grande experimento do rock and roll. Não é que não havia música boa no ar – Roy Orbison finalmente estourou com "Only the Lonely" e provou que o rock suave ainda podia ser rock –, mas estava claro que grandes mudanças estavam acontecendo na indústria. Quando a relativamente crua "Runaway", de Del Shannon, estourou, em 1961, foi tratada como um raro retorno ao rock and roll. Carl Perkins já tinha há muito sumido. Johnny Cash tinha passado totalmente para o country. Elvis retornou do exército com o que os críticos chamaram de "menos periculosidade" e "mais maturidade"; gravou um álbum decente pela RCA, fez um programa de TV com Frank Sinatra, e então fez um último show em 1961 e não se apresentou ao vivo de novo por oito anos. Em algum lugar por aí, no final de alguma estrada de cascalho num clube de consumação mínima de dois drinks, Jerry Lee Lewis mandava boogie-woogie, blues sofredor e, quando chegava a hora de acalmar um pouco as coisas e cantar algo bonito, cantava Ray Price ou Gene Autry, e isso era o mais "mocinha" que ele estava disposto a chegar.

"Parece que deixaram o rock and roll padecer um pouco", diz.

Jerry Lee ainda escolhia ele mesmo as músicas e, com o poço de novas composições secando, recorreu ao repertório interminável de clássicos americanos. No outono de 1959, gravou "Little Queenie", de Chuck Berry, e "I Could Never Be Ashamed of You", de Hank Williams, e lançou ambas num compacto, que teve pouco efeito comercial. Seis meses depois, emparelhou uma música nova e descartável – "Baby Baby Bye Bye" – com uma velha canção de Stephen Foster, "Old Black Joe", que tinha mais de cem anos. As estações que não mais boicotavam de cara suas músicas simplesmente não executavam os novos compactos. Houve rumores de que ele estrelaria um filme em Hollywood, o que não aconteceu. Depois, os rumores disseram que ele estava confirmado em outro filme, algo chamado *Rally 'Round the Flag, Boys* (no Brasil, *A Delícia de um Dilema*), mas o papel foi para um tal de Paul Newman, que nem sabia cantar. Na Sun, sua estrela se apagava. Sam Phillips estava construindo um novo estúdio de 400 mil dólares e promovendo discos de Charlie Rich e outros, mas não de Jerry Lee. Sam tinha começado a se referir a ele como uma figura trágica, dizendo que ele não desperdiçaria bom dinheiro depois de ter investido mal. O sindicato dos músicos o estava boicotando por transgressões ocorridas com músicos de apoio antes de Oscar Davis sumir do mapa com a folha de pagamento.

Não que a Sun não tenha tentado resgatar sua carreira; essas tentativas só não tinham quase nada a ver com Jerry Lee Lewis. Seu compacto para o outono de 1960, "When I Get Paid" com "Love Made a Fool of Me" como lado B, combinava uma canção pop de andamento moderado com uma balada genérica, e tinha um trecho de piano que soava misteriosamente como Charlie Rich. Na esperança de contornar qualquer desconforto que ainda houvesse em torno de seu nome, a Sun até fez Jerry Lee gravar uma versão instrumental de "In the Mood", antigo sucesso de Glenn Miller, sob o pseudônimo The Hawk, acreditando que um grande talento encontraria público mesmo desvinculado do nome, mas já que ninguém no universo tocava piano como Jerry Lee Lewis, estava ridiculamente claro de quem se tratava, como uma bola de futebol embrulhada para presente.

Um dilema parecia se interligar com outro até que tudo se juntasse numa bolha sufocante. As rádios não tocavam suas músicas, então os compositores não lhe enviavam material bom. Sem as canções, os discos sofriam. Ainda fazia o show mais selvagem – explosivo, dinâmico, ainda era o endiabrado potente e bonitão de 1957, quando parecia que pelotões inteiros da polícia eram incapazes de conter as pessoas que queriam amá-lo até a morte. Ainda saíam dos shows embasbacadas, algumas desnorteadas, outras encantadas – e quase todas, absolutamente entretidas. "O dia em que eu não vir mais essa expressão em seus rostos, me aposentarei. Não antes disso".

Em meio a tudo isso, uma de suas pedras fundamentais se partiu. Seus pais sempre estiveram silenciosamente em guerra, um contra o outro e ambos contra o mundo. Mamie e Elmo, se apoiando e se equilibrando um no outro, sobreviveram à Grande Depressão, ao suplício da prisão de dentro e de fora dos muros e à morte de um filho; um deles era forte como ferro por dentro, o outro, como aço por fora. A fé de Mamie nunca enfraqueceu, mas a de Elmo nunca foi forte o bastante para se adequar a ela. Quando ele chegou à meia-idade bebendo e farreando, ela finalmente o mandou seguir sozinho naquele estado lamentável, embora o amasse de qualquer forma e sempre amaria. Separaram-se em 1961 e divorciaram-se posteriormente, e aquilo com o que Jerry Lee contava mais do que qualquer outra coisa no mundo se desfez sob seus pés.

"Tentei fazer os dois felizes", diz hoje. "Nunca fiquei de um só lado. Imagino que tenha sido muito difícil para mamãe. Papai? Papai estava firme e forte".

Elmo continuaria a acompanhá-lo na estrada sempre que possível, e então os dois abriam e matavam uma garrafa de uísque e falavam de dias melhores. "Às vezes, tudo o que você precisa é beber um pouquinho de uísque com seu pai", diz Jerry Lee. Elmo até entrou em estúdio na Sun e gravou sua própria versão de "Mexicali Rose".

"Ele finalmente conseguiu ser eu", diz o filho.

Então, em fevereiro de 1961, Jerry Lee voltou ao estúdio para mais uma tentativa. Para a primeira sessão no novo estúdio de Sam, em Nashville, escolheu o hit de Ray Charles "What'd I Say" e, quando terminou, sabia que enfim tinha um sucesso, depois desse tempo todo. A original tinha menos de dois anos; foi a música que levou Ray Charles para as paradas pop, para além das paradas de R&B, e faria o mesmo para Jerry Lee. Seu respeito por Ray era tanto que já se sentiu honrado só de tentar, mas sabia que era o tipo de música perfeito para ele tocar. "É uma grande canção", diz, e não tentou copiar a original, mas criar uma versão própria, incorporando todas aquelas noites no Haney's nesta gravação em particular. E sabia que Ray Charles – "*Senhor* Charles" – não se incomodaria; era cavalheiro demais. Jerry Lee e os rapazes da banda já tinham tentado gravá-la várias vezes na Sun, quase sempre que ele ia ao estúdio, mas ainda não tinham conseguido capturar o espírito que Jerry Lee buscava. Nesta sessão, porém, ele foi capaz de conjurar toda a alma da versão de Ray e de dar, ainda, um toque diferente – um ímpeto extra de rock and roll –, e as pessoas gostaram, de ambos os lados da fronteira pop/country.

Não era ainda a salvação ou uma luz na escuridão, mas poderia ser um apoio com o qual se levantar até o próximo sucesso, para então talvez fazer mais um, e assim por diante. "Gostei daquela gravação", diz hoje. A *Billboard* também gostou, e falou sobre ele da maneira como tinha falado quando ele apareceu. "Foi um período grande de baixa... [mas essa] música é capaz de trazê-lo de volta, com o devido empurrão". Ao final da primavera, a faixa chegou ao 30º lugar na parada Hot 100, e Jerry Lee foi convidado a voltar a Nova York, ao Paramount, onde tocou com Jackie Wilson.

As decepções e o tempo não tinham deixado suas marcas sobre ele, não ainda. Seu rosto estava mais cheio e havia rugas que não estavam ali antes, mas ele ainda estava em grande forma e ainda parecia perigoso nos cartazes nas paredes dos auditórios.

Nos primeiros meses de 1962, com "What'd I Say" ainda soando em seus ouvidos, produtores ingleses contataram Jerry Lee para ver se ele até consideraria retornar ao país onde fora açoitado e praticamente arruinado. "Insistiram para que eu voltasse, disseram que as pessoas clamavam pela minha volta, e eu disse: 'Bem, posso voltar à Inglaterra, se o dinheiro valer a pena'". A turnê foi marcada para abril, com alguns shows agendados em alguns dos lugares que haviam cancelado da primeira vez, como se o desastre de 1958 tivesse sido apenas um sonho ruim. Para alguém do caráter de Jerry Lee, era uma chance não de se redimir aos olhos dos britânicos – ele não dava a mínima se o aprovavam ou não, e chegaria à ilha sem a mínima intenção de se desculpar –, mas de, mais uma vez, tocar um bom rock and roll para eles, e, talvez, desta vez isso seria o importante de verdade.

Levaria Myra com ele novamente. Só iria se pudesse levá-la.

Retomou o circuito de clubes para se sustentar enquanto aguardava a volta à Inglaterra. "Não era tão ruim assim", diz a respeito das turnês constantes e da sequência interminável de shows pequenos e apresentações em bares. "Às vezes, sim, quando vinha um telefonema triste de casa", da esposa que imaginava o que estaria acontecendo no grande desconhecido da estrada. Mas ambos acreditavam que o talento venceria, que ele seria um astro novamente e, se o impensável acontecesse e ele não conseguisse, ninguém poderia dizer que ele não buscou o que queria até o último suspiro. "Não nos demos mais muito bem, depois de um tempo", mas houve uma época em que concordavam em pelo menos o seguinte: as coisas iriam melhorar. Entretanto, ele detestava os telefonemas tristes, por vezes suplicantes, por outras, acusadores. "Mulher nenhuma manda em mim", diz ele.

A Sun certamente queria outro hit potente para suceder "What'd I Say", mas os compactos seguintes de Jerry Lee combinaram uma variedade incongruente de versões – um *take* de destaque de "Cold, Cold Heart", de Hank Williams, um dos primeiros covers de "Money", de Barrett Strong – com canções engraçadinhas, como "It Won't Happen with Me" e "I've Been Twistin'", atualização de "Feelin' Good", o velho sucesso de R&B de Junior Parker pela Sun. Numa tentativa de acalmar Jerry Lee, Sam até contratou sua irmã adolescente, Linda Gail, e gravou várias sessões com ela, além de colocar um dueto dos dois, "Seasons of My Heart", no lado B da versão de Jerry Lee para "Teenage Letter", de Joe Turner. Nada disso o acalmou.

Ele estava em Minnesota no Domingo de Páscoa de 1962 quando o telefone começou a tremer no criado mudo. Desta vez, não era Myra, mas Cecil, dizendo-lhe que ele precisava ligar para casa, para o hospital em Memphis.

A casa em Coro Lake ainda estava em obras. Chovera forte naquele Domingo de Páscoa e a piscina tinha se enchido parcialmente de água. Dentro da casa, Myra, com dezessete anos, preparava o jantar, uma grande panela de espaguete, e pensava em comprar mantimentos. Elmo e o tio George Herron estavam lá. Steve Allen estava ao lado de Myra, saboreando jujubas. Fora um bom dia. Myra tinha vestido o menino como um homenzinho e o levara à igreja pela primeira vez. Agora ele tinha doce nas mãos e no rosto e estava feliz.

Alguns minutos depois, Myra percebeu que o garoto não estava mais a seu lado. Chamou por ele, e então entrou em pânico e correu para fora, procurando-o. Ninguém tinha o visto sair da casa. Chamou cada vez mais alto, até que um vizinho ouviu e veio ver qual era o problema. Encontrou a criança no fundo da piscina e, apesar da suspeita de batimentos cardíacos, só o suficiente para dar falsas esperanças a Myra, Steve Allen estava morto.

Enterraram o menino no cemitério em Clayton, sob árvores que tinham acabado de florescer e sob as vozes crescentes da grande tribo que se casava entre si. O rosto de Jerry Lee estava seco e sua espinha, ereta. Já tinha chorado a portas fechadas, e até hoje não deixa ninguém entrar. Diz apenas que questionou o acontecido, questionou por que aquilo acontecera com ele, com seu menino, mas apenas brevemente. "Por que aquilo aconteceu comigo? Não compreendo. Mas compreenderei, um dia. Aquilo me derrubou, mas você não me vê chorando, me arrastando para seguir em frente. Eu aceitei. O que mais se pode fazer se não aceitar? E viver com isso. Não questionei a Deus. 'O Senhor o deu, o Senhor o levou; louvado seja o nome do Senhor'. Mas não se esquece. Ele está sempre, sempre no meu pensamento". O mais abominável foi o quão pouco tempo ele teve com o menino para guardar algum tipo de lembrança, algum tipo de retrato o qual levar. Seu próprio irmão morreu numa estrada de terra antes de Jerry Lee ter idade o suficiente para armazenar as memórias que precisava para construir algo belo e duradouro para apaziguar aquele momento horrível da morte, e agora seu filho se fora, tomado enquanto ele viajava por milhares de quilômetros de estradas, acreditando ainda ter uma vida inteira para ver o garoto crescer, para ouvir os primeiros sinais de talento musical, essa coisa transmitida no sangue.

Alguns dias depois, deveria partir para a Inglaterra. A família e os amigos presumiram que ele cancelaria, que se resguardaria com Myra em luto, o que era a coisa certa. Mas ele não poderia fazer isso. Não suportaria ser deixado às próprias dúvidas quanto a suas escolhas e ambições e à necessidade ardente de êxito que o fizera cruzar o país repetidas vezes na tentativa de reivindicar o que um dia fora seu por pouco tempo. Tinha bebido, brigado e pecado por todo canto, sempre em busca, e seria nobre dizer que, com a morte do filho, seu desejo por isso tudo tinha sido reduzido à insignificância, mas seria uma mentira. Ao invés disso, enquanto se postava diante daquela pequena sepultura, sabia que esse ímpeto era a única coisa capaz de salvá-lo. "Meu desejo nunca foi embora", disse. "Eu tinha de ir para a Inglaterra. Não foi fácil, mas eu tinha de ir. Quando se tem uma família, é horrível fazê-la passar por isso, todas as brigas e resignações que acompanham uma vida como a minha, mas eu não conhecia outra coisa". Desistir e ficar em casa sofrendo tornaria tudo inútil e sem sentido.

Contudo, havia outra razão. Aqueles que às vezes habitam nas trevas, que vivem no que alguns chamam apenas de *depressão*, mas sabem que é algo muito pior, sabem que há momentos em que o silêncio é terrível demais para suportar e a pior coisa que há é ficar sozinho com seus pensamentos. É possível suportar no palco, ou na plateia, onde se pode bater os pés, uivar, arder e delirar, onde a luz chamusca os olhos tensos e a bateria encobre os gritos de dentro da cabeça. "O show encobre tudo", diz ele novamente. Acredita nisso de todo coração.

Myra ficou em casa, planejando talvez se juntar a ele depois, se as coisas corressem bem. Jerry Lee desembarcou em Heathrow num terno preto e uma camisa branca, e deu de cara com o mesmo paredão de repórteres e fotógrafos que o recebera na Inglaterra poucos anos antes. Perguntaram sobre Myra, sobre onde ela estava e, quando ele respondeu que ela estava de luto e incapaz de viajar, perguntaram por que ele não estava de luto e pôde viajar. Por apenas alguns minutos, com os flashes explodindo diante dele, parecia que seria como antes. Perguntaram se ele não achava que era cedo demais para tocar rock and roll, apenas oito dias depois do afogamento de seu filho, e ele falou sobre "os mistérios do Senhor" e sobre como tinha de seguir em frente, como continuar cantando e tocando e trabalhando era a melhor coisa a se fazer naquele momento.

"Desta vez, gritavam por mim". Jerry Lee abriu a turnê num teatro na cidade industrial de Newcastle, onde britânicos da classe trabalhadora, gente com as mãos sujas de graxa, foram desprezados pelas classes dominantes por gerações. Foram duas apresentações numa noite, ambas com a casa quase cheia. Ele aguardava nas coxias num elegante terno preto, camisa branca e gravata preta, observando o público. Aplaudiam, batiam os pés, gritavam e agitavam faixas e cartazes com os dizeres BEM-VINDO DE VOLTA, JERRY LEE, como se tudo o que aconteceu antes tivesse sido apenas um sonho ruim.

Admitir qualquer tipo de medo é algo que o irrita, mas ele sentiu uma pontinha disso ao subir no palco até a beirada da cortina e dar aquela primeira olhada. "Estava um pouco nervoso", diz. Porém, antes mesmo de tocar a primeira tecla e cantar o primeiro verso, soube que desta vez seria diferente, desta vez conseguiria mostrar do que era capaz. Sempre acreditou que o queriam ali antes de tudo ser envenenado pelos jornais e o ultraje dissimulado, que agora ele sabia ter sido falso desde o início, como algum tipo de brincadeira de mau gosto. Agora, olhando para a plateia, todos aqueles longos quilômetros no Cadillac empoeirado se esfacelavam e ele ansiava para que os artistas de abertura se apressassem e abrissem caminho.

Entrou no palco correndo, deslizou por alguns metros como se estivesse sobre o gelo e pousou de joelhos diante do piano, entrando com tudo em "Down the Line". Disse ao público que ia afogar as mágoas na música e então, insatisfeito com o andamento da banda, mostrou ao jovem baterista como segurar a batida. Martelou "Whole Lotta Shakin'" e saltou para cima do piano. Fez um bis selvagem de quinze minutos enquanto os fãs tentavam invadir o palco; mais tarde, alguns tentaram arrombar a porta do camarim. Futuramente, ele diria que foi um dos maiores momentos de sua vida, prova de que ele ainda era Jerry Lee Lewis, ainda o roqueiro que um dia fora. Ligou para Myra e disse a ela que viesse para a Inglaterra. Ela chegou com um laço preto no cabelo e uma Bíblia debaixo do braço. Um repórter a parou no aeroporto e perguntou se ela tinha algum arrependimento.

"Amo Jerry. Jerry me ama. Essa é a história da minha vida, de verdade".

Ainda havia certo esnobismo, certo ultraje por ter sido permitido a ele trazer a safadeza de volta à velha e grandiosa Inglaterra, e houve críticas quanto a sua decisão de viajar e tocar pouco mais de uma semana depois do enterro do filho. Mas, em geral, foi poupado. Os repórteres já tinham caído matando em cima dele antes, e muito avidamente, e nada aborrece mais um jornalista do que notícias velhas. Um gato persegue um rato vivo por um bom tempo, mas só brinca com um rato morto até perder o interesse. A única novidade na vida de Jerry Lee era a tragédia quanto a seu filho, o que era o oposto de um escândalo; a imprensa não conseguiria tratar disso por muito tempo sem parecer perniciosa e insensível. E, desta vez, Jud Phillips, que não era nada bobo, o acompanhou na viagem como assessor de imprensa, empurrando tanto uísque do bom, quantidades tão abundantes de bebida de graça, que alguns dos repórteres encarregados de cobrir Jerry Lee Lewis nem chegaram a escrever nada.

Isso deixou Jerry Lee livre para cantar e tocar, e ele o fez com a fúria e a desforra de um jovem e o coração partido de um homem mais velho, e o público ainda gritava mesmo depois de ele deixar o palco; conseguia ouvir até mesmo através das paredes do camarim, e se sentiu jovem novamente, lembrou-se da primeira vez em que abordou alguém para conseguir cantar por trocados num clube, e o quão simples aquilo tinha sido. "Julio May era o dono do Hilltop, em Natchez", recorda-se. "'O que tá fazendo aqui, moleque?', ele me perguntou, e eu respondi: 'Toco piano e canto, senhor', e ele olhou para mim por um tempo e disse: 'Bem, suba lá e toque, então'". As batidas estrondosas na porta – os fãs tinham passado pela segurança e o encontrado – o levaram de volta àquele momento. Os seguranças disseram que não conseguiriam garantir sua segurança se ele permanecesse por lá, e mais uma vez foi forçado a fugir de uma multidão que se amontoava sobre seu carro e pressionava rostos e lábios contra a janela, só que, desta vez, não havia dúvida: "Eu era adorado na Inglaterra".

A turnê continuou a correr bem. Alguns jornalistas diriam que nem todo show estava lotado, mas Jerry Lee recorda-se da viagem como um triunfo, com aplausos de pé noite após noite. Em Glasgow, a plateia disparou para o palco, Jerry Lee subiu no piano e alguns fãs o seguiram, de forma que a tampa quebrou. O instrumento ficou num estado tão deplorável que os produtores tiveram de cancelar um concerto de música erudita que aconteceria em breve.

Foi convidado para mais uma turnê no ano seguinte e no próximo.

Na primeira noite da turnê de maio de 1963, entrou no palco em Birmingham aplaudido de pé, e saiu do palco correndo, perseguido por fãs que arrancaram seu paletó, sua gravata e rasgaram metade de sua camisa. "Não importa o que você tenha lido ou ouvido, ver Jerry Lee Lewis no palco sempre causa um choque profundo aos ouvidos, aos olhos e à própria alma", escreveu Alan Stinton no periódico *Record Mirror*. "O que Jerry faz no palco está tão além dos domínios da imaginação humana que ninguém é capaz de prever completamente a aura de pura excitação mágica que ele cria". E o público entoava:

Queremos Jerry!
Queremos Jerry!
Queremos Jerry!

Em Ferriday, a estação de plantio ia e vinha para a colheita da primavera, a recompensa da mesa sulista. Velhos caminhavam por campos de tomate, quiabo e abóbora, em busca de pragas, na esperança de chuva, mas não tanta, chutando e pisoteando as lagartas comedoras de folhas. Nas fileiras de abóboras amarelas, os velhos colhiam os primeiros frutos, à maneira como seus pais lhes ensinaram. Eram velhos sábios e compreendiam que, às vezes, um fruto não é de fato um fruto, mas apenas uma flor, algo bonito de se olhar, mas de onde nada cresceria. Chamam-se de falsos frutos.

10

O LADO SELVAGEM DA AMÉRICA

A Estrada
1963

Ele deveria estar acabado novamente, mas era simplesmente cabeça dura demais para se render. Tinha acabado de se reerguer, desta vez em neon a dois andares de altura, brilhando sobre as ruas de Memphis. Fazia apresentações regulares no Oriental, clube noturno cujo dono era seu mais recente empresário, Frank Casone, gato escaldado de Vegas, que instalou um Jerry Lee elétrico gigante sobre a casa para receber os turistas. Contava com cabelos amarelos resplandecentes, dedos de neon que piscavam e era exatamente como ele, diziam, um Jerry Lee que era possível enxergar do espaço. Entrou em cena como se estivesse contra o vento, pendendo um pouco para um lado, e ao se aproximar do piano observou uma loira pequenina acompanhada das amigas perto do palco.

"Ele simplesmente me pegou — eu não pesava mais do que uns 45 kg — e me sentou no piano", disse Gail Francis, que tinha se aventurado bravamente pelo centro de Memphis a altas horas para ver o famigerado Jerry Lee Lewis tocar rock and roll de verdade. Suas amigas ficaram com inveja.

"Eu era muito bonita, na época".

Recorda-se de que ele parecia muito bêbado ou um pouco chapado ou, talvez, as duas coisas, mas assim que chegou ao piano e alongou os dedos antes de pousá-los sobre as teclas, bem, havia algo ali, algo difícil de explicar depois desse tempo todo, algo doce e triste, mas igualmente mágico.

"Ele estava lá em espírito".

Lembra-se de que o lugar estava abarrotado, "principalmente de garotas, e ele com certeza tinha algumas admiradoras ali". Não se lembra de tudo o que ele tocou e cantou, mas sim de cantar junto "Great Balls of Fire".

"Foi empolgante e divertido ficar sentada lá no piano. Sei que nunca vou me esquecer daquilo".

Mas, mais do que isso, ela nunca vai se esquecer do rosto dele. "A expressão que ele tinha... valeu tudo", disse, valeu as brincadeiras que fariam com ela, e valeria o pequeno escândalo que haveria se sua família descobrisse. "Ele estava feliz. Dava para ver. Dava para perceber que ele simplesmente adorava estar no palco".

Ainda era famoso em Memphis, sempre seria famoso em Memphis, e os fãs de lá sabiam o que ele havia enfrentado e o que havia perdido. Pensavam que ele talvez estivesse enfadado, a essa altura, cansado dos velhos sucessos que eram apenas uma lembrança de sua grandeza de outrora. Que talvez estivesse enjoado da estrada sem fim e das recorrentes matérias nos jornais tratando de escândalos e excessos, enjoado do eterno retorno, de cada mazela do caminho. Mas o homem que Gail Francis viu no Oriental naquela noite voava acima disso tudo, ainda desesperadamente apaixonado pela música. Depois do show, ele convidou Gail e algumas das garotas para uma festa com a banda, e ela recusou, mas algumas delas disseram que sim, poderiam ir.

"Ela me contou essa história um milhão de vezes", disse sua filha, Alicia. "Ela me dizia: 'Jerry Lee Lewis me colocou no piano, e eu só pesava uns 45 kg'. *Um milhão* de vezes".

Porém, até mesmo aquele brilho de neon um dia se apagaria. O homem impossível de se lidar teve um desentendimento com Frank Casone, bem como com todos os empresários que já teve, e é claro que advogados foram envolvidos, e aqueles dias no Oriental se misturaram e desapareceram numa espécie de década perdida. Não que ele não tenha cantado e gravado boas canções, ou que tenha sumido de vista; simplesmente sumiu, de novo, da fama.

Às vezes, parecia que ele era o único a se lembrar, e ainda nem estava perto dos trinta anos. Parecia que as boas canções estavam presas em correntes grossas e cadeados. O berço, o Sun Studio original, estava parado. Tecnicamente ultrapassado, tornou-se um depósito de pastilhas de freio, correias de ventilador e anticongelante. Sam Phillips manteve-se nos negócios com um novo estúdio em Nashville e outro na Madison Avenue, em Memphis, mas nunca teria tamanho desejo de novo. Também, como um dos investidores iniciais em uma cadeia de hotéis originada em Memphis chamada Holiday

Inn, ele não precisava; e, de qualquer forma, já tinha extraído o melhor do ramo. Haveria outra noite em que homens beberiam grandes goles de uísque e discutiriam sobre Deus?

Estava tocando em Hot Springs, Arkansas, no final de agosto de 1963, quando Myra entrou em trabalho de parto mais uma vez, agora grávida de uma menina. Jerry Lee pulou no Cadillac e rumou para o sul – não ao encontro da esposa e da nova filha, mas para casa, para Ferriday, onde outro membro da família precisava de ajuda. "Ficam bravos comigo porque não fui de Hot Springs para Memphis quando ela nasceu... Mas meu tio Lee estava morrendo de câncer de estômago".

Lee Calhoun sempre foi bom para ele, mesmo se o deixou esperando e um pouco preocupado naquela cadeia em St. Francisville; deixou-lhe um cheque sobre a mesa quando Jerry Lee precisou de um carro, e cuidou de sua mãe nas duas vezes em que seu pai foi preso por fabricar bebida alcoólica ilegal. Deu a seus pais um lugar para morar quando ficaram à deriva durante a Grande Depressão, quando o país todo praticamente capotou e morreu. Precisava ir para casa e prestar suas honras; a vida nova teria de esperar até que uma vida antiga estivesse terminada e colocada respeitosamente em repouso.

Phoebe Allen Lewis nasceu em 30 de agosto de 1963. Sempre diria que seu pai teria estado lá, caso tivesse sido um menino. "Fiquei contente com a chegada dela", diz Jerry Lee. "Eu a chamava de Meu Coração. Era linda. Quando a peguei no colo, ela gostou de mim".

A garotinha engatinhou por alguns dos dias mais negros da lenda de seu pai. A princípio, era pequena demais para saber. Ter Jerry Lee Lewis como pai tinha, em alguns momentos, grandes benefícios.

"Tive uma infância encantada", disse Phoebe. Ela escapulia do berço e, mais tarde, da cama e se esgueirava para o quarto dos pais.

"Saia daqui, Phoebe", sempre rugia o pai, "feche a porta e vá para a cama". Mas ele sempre cedia e ela se acomodava entre ele e a mãe.

"Dormia toda noite entre mamãe e papai", disse ela, entre uma mãe que tentava criá-la dentro das regras e um pai que nunca reconhecera, e muito menos seguira, uma regra sequer na vida.

"Eu tentava beber na mamadeira e mamãe dizia: 'Phoebe, você está grande demais para essa mamadeira', e a tomava de mim, e então papai a enchia com Coca-Cola ou leite achocolatado".

Lembra-se de comer muitos sanduíches de mortadela com mostarda no pão de forma, mas seus pais sempre ficavam de olho nela em volta da piscina e a mantinham fora dela por pelo menos trinta minutos depois de comer, "para não ter congestão". A casa nos arredores de Memphis ficava repleta de músicos famosos e quase famosos, a maioria deles em estágios variados de embriaguez ou dependência química, pessoas que Phoebe só veio a conhecer como "amigos de bebida do papai". O que era constante era a música; sempre havia música transbordando do piano ou dos toca-discos espalhados pela casa. Homens meio ou completamente bêbados tocavam violão descalços nos sofás, no jardim, cada um deles à procura de um sucesso.

No final daquele verão, Jerry Lee foi ao novo estúdio de Sam na Madison Avenue para gravar oito músicas, desta vez resgatando "Hong Kong Blues", de Hoagy Carmichael, de 1939, e, ainda mais para trás, "Carry Me Back to Ol' Virginia", balada do menestrel afro-americano James A. Bland, da era da Reconstrução. Foram as últimas canções que ele gravou para a Sun Records. Estava farto da incapacidade da gravadora de fazer seus discos circularem e precisava de uma mudança. Àquela altura, a sessão na Sun era apenas uma obrigação; já tinha assinado um contrato de cinco anos com a Smash Records, subsidiária da Mercury, que queria gravá-lo em Nashville, no coração do *establishment* da música country, que ele desprezava desde quando foi tratado com condescendência quando jovem. Memphis, o coração pulsante do rock and roll, dera tudo a ele, e agora ele se afastava dali rumo ao leste, ao sol nascente, a um lugar onde as pessoas realmente colocavam chifres de boi nos Cadillacs.

Sempre culparia Sam Phillips por não conseguir promover sua música, nem lhe pagar o que sente que lhe era devido – um milhão de dólares ou mais, acredita ele, embora seja quase impossível provar tal coisa hoje em dia. "A Sun Records me deve muito dinheiro", diz ele, mesmo hoje, muito depois de o catálogo da Sun ter sido vendido. "Digo, *montes* de dinheiro. Eles me pagavam até que bem por uma época, mas... pararam há muito tempo". Porém, esse ressentimento em particular tornou-se apagado com a idade, e não mais machuca muito. "Passei uns bons momentos com o velho Sam, com o *senhor* Phillips. Com ele e Jud". A maior parte de suas gravações para a Sun foi enfim lançada depois que a companhia foi vendida, numa sequência aparentemente interminável de *box sets* e coletâneas. Phillips teria seu próprio lugar nos halls da fama do rock and roll – por ter mergulhado de cabeça assim que Elvis entrou no estúdio e garantido ao contratar Jerry Lee.

Quando questionado sobre seu lugar nisso tudo – no desenvolvimento de Jerry Lee Lewis –, não hesitava. "Apenas acredito que eu era o único capaz disso", disse.

Jerry Lee discorda. Mas, de certa forma, Phillips cumpriu o que prometera – tornou Jerry Lee rico por um tempo, o suficiente para que ele pudesse encher a garagem de Cadillacs e cumprir a promessa aos pais de que um dia seria um astro – e, por isso, seu antigo contratado é grato. Sam fez dele um astro, sim, mas um astro cadente, e Jerry Lee acredita que ele não fez tudo o que podia para mantê-lo no alto, onde deveria estar. "Eu teria tido mais discos de sucesso. Tenho certeza". Pode-se questionar se Jerry Lee fez o que *ele* tinha de fazer, mas são a estrela e o céu de Jerry Lee, e é ele quem vai decidir seu lugar ali. "Sempre soube que seria um astro, mas nunca parei para pensar no resto". E nunca quis entender o negócio para além dos palcos. "O dinheiro nunca foi meu Deus, por assim dizer. Mas, rapaz, vou lhe dizer, essa gente, quando se trata dos dólares, esse é o seu objetivo na vida – ganhar dinheiro... Nunca me interessei desse jeito. Simplesmente não. Decidi que, se me devessem dinheiro, me pagariam".

Em um dos constantes estribilhos de sua vida rock and roll, no ano seguinte tocaria num pequeno clube na Alemanha, e sua apresentação ali – chamada de um dos maiores discos ao vivo de todos os tempos – também ficaria sem pagamento. Mas, para aqueles que amam verdadeiramente o rock and roll dos primórdios, é algo sem preço, de qualquer forma.

Retornou à Inglaterra em março de 1964, para um programa especial da Granada Television chamado *Don't Knock the Rock*, no qual tocaria seus maiores sucessos e "I'm on Fire", seu primeiro compacto pela Smash. Os cabelos dourados agora estavam mais escuros e longos, e ele talvez tivesse ganhado um pouco de peso, à medida que o garoto magrelo deu lugar a um homem crescido, num terno escuro e sisudo. Porém, no primeiro verso da primeira música, na primeira nota estridente e vibrante do piano que seria martelado até a morte com uma euforia absoluta, ficou claro que Jerry Lee Lewis estava em seu habitat. Sentado diante do piano sobre um pedestal de aparência frágil, entrou em "Great Balls of Fire" enquanto o assento descia; quando chegou ao chão, foi engolido por um enxame de fãs histéricas. Em certo momento, cercaram o piano e tentavam tocar seu cabelo e suas roupas. Subiu no piano, tirou o paletó ao som dos gritos, e então arrancou a gravata. "Eu a lançaria para vocês", disse a elas, "mas vocês são muitas e eu só tenho uma". As câmeras de TV se embaralharam durante todo o show, registrando a apresentação – e a reação da plateia – como se para um noticiário.

"O que aconteceu com Myra não impediu as mulheres de berrar. Elas ainda vinham, e berravam *mais*", diz ele.

Mas essa apresentação para a TV não foi nada em comparação com o que aconteceu numa casa noturna em Hamburgo, na Alemanha, algumas semanas depois. O cenário foi o Star Club, que posteriormente ganhou fama como chão de provação para um quarteto de Liverpool que naquele exato momento estava tomando os EUA de assalto. "Cheguei no rastro dos Beatles", diz ele a respeito do show que fez ali em 5 de abril. Mas os Beatles não abalaram as estruturas do lugar como ele. *Live at the Star Club*, o álbum ao vivo resultante, foi um dos registros musicais mais viscerais e mais espetacularmente genuínos já feitos. "Ah, rapaz, aquele foi um disco monstruoso", diz Jerry Lee hoje.

Após as boas vindas trovejantes da plateia, abriu o show com um rosnado e um floreio:

Mmmmmmmmm, I got a woman mean as she can be[1]

É quase impossível descrever o que se seguiu sem ter a própria música como trilha sonora. Alguns críticos apontaram *Live at the Star Club* como gravado de forma tosca, mas a maioria diria que isso não importava em absolutamente nada. A música e a voz decerto têm autoridade, mas ainda são selvagens. O piano soa, às vezes, como se estivesse de fato prestes a se quebrar, como se ele estivesse tocando com um martelo mais do que com as mãos. O blues é visceral e consistente, é pura safadeza, e a única canção country é cantada por alguém que claramente a viveu. A versão de "Your Cheatin' Heart" foi chamada de talvez a mais emotiva e passional interpretação de

---

[1] "Tenho uma mulher das mais cruéis"; primeiro verso de "Mean Woman Blues".

Hank Williams de todos os tempos, e o solo de piano concede uma emoção ainda maior, mais Haney's Big House do que Grand Ole Opry – algo que ele vinha fazendo nas músicas country desde que sua mãe lhe trazia chocolate quente e wafers de baunilha. Em apenas quatorze músicas – ele tocou mais, mas pelo menos duas não foram captadas devidamente na gravação –, cobriu quilômetros de chão, das tórridas "Long Tall Sally" e "Good Golly Miss Molly" a "Hound Dog" e "Down the Line". Tocou todos os grandes sucessos de antes da queda, exceto "Breathless", e fechou com uma "Whole Lotta Shakin'" que soa imponente e quase definitiva. Há toda uma *sensação* de um show ao vivo, como se você mesmo tivesse cruzado o oceano e as ruas de Hamburgo para transpirar, beber e ser nocauteado por Jerry Lee Lewis.

Por mais que tenha ficado orgulhoso do disco – foi acompanhado por uma banda britânica, os Nashville Teens, que não eram nem de Nashville, nem adolescentes –, ele diz que a música ali não foi muito diferente daquilo que fazia na estrada todas as noites, nos Estados Unidos, nem daquilo que faria até a última noite de sua vida, a última nota. Tratou a gravação como o show que de fato era, sem dar uma pista sequer antes da hora aos engenheiros de som ou à banda, e tocando o que sentia vontade, soltando um *riff* ou uma canção e esperando que o resto do mundo o alcançasse.

Quando questionado hoje sobre o álbum, reconhece seu impacto, mas não se estende muito nisso – porque, como em outras grandes performances, ficou marcado para ele pelas negociações que o cercaram. A princípio e por décadas, o álbum só estava disponível na Europa, preso por empecilhos legais; do lado de cá do Atlântico, onde ele precisava de verdade de um álbum forte, mal foi ouvido.

Mas talvez ainda pior do que isso seja o fato de ele crer que nunca foi pago devidamente por *Live at the Star Club*. "Nunca me pagaram um centavo", diz, seguro de que deveria ter recebido o dinheiro diretamente. A gravadora responsável pelo lançamento lhe disse certa vez que queria fazer isso, mas ele acredita que tentaram embromá-lo. "Vieram ao meu quarto, certa vez. Eu estava em turnê, e eles tinham um cheque de, sei lá, 33 ou 34 mil dólares, o que era uma boa quantia, na época". Mas não era tudo o que lhe deviam, apenas uma quantia simbólica. "Nem deixei eles entrarem. Não estavam honrando o negócio. E eles ainda me devem dinheiro, a Mercury foi vendida para a Universal, e agora é a Universal quem me deve o dinheiro. Quero que eles ponham a mão no bolso e me deem aquele dinheiro". A verdade oficial dos fatos talvez nunca venha à tona. Mas é assim que ele se sente e é isso o que acredita, crença essa que é compartilhada pela maioria dos roqueiros daquela geração a respeito de suas próprias finanças e que permeia a visão de mundo deles até hoje.

Reforça que não adora ao dinheiro, mas também detesta ser enganado.

"É o que me é devido. É meu".

No verão de 1964, deu continuidade ao fenômeno do Star Club com um show em Birmingham, Alabama, que resultou num álbum intitulado *The Greatest Live Show on Earth*. O show provou ao público americano, num local grande, que, mesmo em meio a um período de baixa de lançamentos, Jerry Lee Lewis ainda era uma força da natureza no palco. Tocou no grande Boutwell Auditorium, aonde os lutadores de luta livre de Memphis iam quando diziam aos fãs que sairiam em "turnê mundial". Todos os assentos estavam ocupados; havia até pessoas em pé junto às paredes para ouvi-lo arrasar em clássicos como "Mean Woman Blues" e "Hound Dog" e em algumas músicas novas, como "No Particular Place to Go", de Chuck Berry, e "Who Will the Next Fool Be", de Charlie Rich. "Um bom show", diz ele, embora alguns fãs tenham achado quase contido em comparação ao de Hamburgo. Porém, os grandes shows – e as centenas de shows pequenos que continuava a fazer para ganhar a vida – não conseguiam levá-lo de volta ao estrelato do qual desfrutara antes de alguma maneira significante sem as músicas novas e a execução em rádio das quais ele precisava. Ao invés disso, aparecia e desaparecia da esfera pública como um fantasma, do tipo que fazia tremer as paredes e uivava pela noite, mas sumia pela manhã.

Na Inglaterra, ele estava sendo lentamente deixado de lado em favor da banda que o antecedera no Star Club, os Beatles. "Rapaz, quando eles estouraram, eles estouraram, não?". Nos EUA, aonde haviam chegado com muita força em fevereiro de 1964, era impossível ligar o rádio sem ouvi-los:

She loves you, yeah, yeah, yeah

"Nunca liguei muito para os Beatles, para dizer a verdade".

Às vezes, parecia a ele que os verdadeiros trovadores estavam tombando – até Patsy Cline tinha morrido num acidente de avião no Tennessee – e ele estava forçado a aguardar no purgatório enquanto Johnny Cash não parava de lançar sucessos country na primeira posição, como se estivesse cantando direto para ele:

> I fell into a burning ring of fire
> I went down, down, down, and the flames were higher[2]

Enquanto a obscuridade o envolvia, continuava a gravar, em busca de um sucesso, e a fazer turnês, aceitando shows que teriam acabado com seu amor próprio se não adorasse tanto o simples ato de tocar. "Para mim, nenhum lugar era longe demais, nem rústico demais para cantar minhas músicas". Quando não tinha um show, tocava mesmo assim, aparecendo nos clubes ao redor de Memphis para assumir o piano. Ninguém recusaria o Matador. "Toquei no Bad Bob's, no Hernando's Hideaway. Tocava por amor, pela alegria de tocar".

Em dezembro de 1964, ele finalmente retornou à TV americana, no que se tornaria uma série de apresentações no novo programa musical da ABC, *Shindig!*. Porém, ainda era muito pouco, o retorno de um fantasma que tocava o rock and roll que dera início a tudo. A própria música popular da nação continuava a se enfraquecer e se tornar afetada e indistinta. Houve dias em que, ao girar o dial do rádio do carro a caminho de mais um show sabe lá Deus onde, parecia que ele estava preso num *loop* perpétuo de Herman's Hermits e "Puff the Magic Dragon".

A princípio, o pessoal da Smash teve um pouco mais de sorte do que Sam Phillips com os discos de Jerry Lee. Lançaram uma compilação de seus sucessos da Sun, *The Golden Hits of Jerry Lee Lewis*, que entrou brevemente nas paradas, antes de desaparecer. Quando "I'm on Fire" não emplacou, Jerry Lee arriscou uma versão do hit de Ray Charles "Hit the Road, Jack", uma balada country de Eddie Kilroy, "Pen and Paper", e uma canção chamada "She Was My Baby (He Was My Friend)". "Hi-Heel Sneakers", compacto tirado do álbum ao vivo em Birmingham, era da pesada, mas mal chegou às paradas.

Passaram a lhe perguntar, com uma regularidade irritante, se a antiga magia da Sun se fora. Em 1965, a resposta veio com aquele que já foi descrito como

---

[2] "Caí num círculo de fogo/ Caí fundo, fundo, fundo, e as chamas subiam"; "Ring of Fire", sucesso de Johnny Cash de autoria de June Carter e Merle Kilgore.

seu primeiro grande álbum, *The Return of Rock* – disco que remetia à bravata e à precisão, à acuidade da apresentação no Star Club, acrescidas de um swing de dedos ágeis. Fez "Flip, Flop and Fly", de Joe Turner, o antiquíssimo blues "Corrine, Corrina", e "Don't Let Go", a canção com a qual Roy Hamilton o deixou boquiaberto. Fez três canções de Chuck Berry, "Maybellene", "Roll Over Beethoven" e "Johnny B. Goode", e provou que ainda era capaz de fazer as pessoas transpirarem e corarem, com sua versão de "Sexy Ways", de Hank Ballard, que entregava aquilo que "Whole Lotta Shakin' Goin' On" apenas insinuava:

> *Come on darlin' now, I want you to get down on your knees one time*
> *And shake for Jerry Lee Lewis, honey – yeah!*[3]

O álbum entrou no Top 200, mas não passou da 121ª posição, e ainda não contava com a música forte da qual ele precisava para um grande retorno.

O problema, como sempre, estava no repertório, não na técnica. Ele acredita hoje que, de certa forma, foi o melhor som que já conseguiu. O produtor que gravou *The Return of Rock* e a maioria dos trabalhos de Jerry Lee na Smash foi Jerry Kennedy, que entendia da ciência da música e da mecânica do som, a forma como ele rebatia, voava e se estabelecia nos ouvidos e até na mente de alguém. Kennedy se apaixonou pela música quando ainda estava aprendendo a andar, e quando criança esteve na primeira fileira de um dos últimos shows de Hank Williams, no Shreveport Municipal Auditorium. Foi backing vocal ainda quando criança e sabia tocar guitarra e dobro, trabalhou com Elvis na RCA e com Jerry Lee na Sun e, como produtor na Smash, estava determinado a tirar o melhor som possível do piano de Jerry Lee. Na Sun, o piano às vezes se perdia na mixagem – mesmo quando Jerry Lee surrava o instrumento –, mas Kennedy sabia como trazer o instrumento bem à frente. "Jerry Kennedy conseguia o som de piano que quisesse", diz Jerry Lee. "Era extraordinário. Ele pegava uma colcha, uma colcha grande e grossa que ele tinha, e cobria o piano todo – um grande piano de cauda – de forma que nada podia escapar dali", aprisionando o som para que os engenheiros pudessem destacá-lo na mixagem. Hoje, Jerry Lee acredita que os engenheiros de som da equipe da

---

3 "Vamos lá, gracinha, agora quero você de joelhos/ Balançando para Jerry Lee Lewis, docinho".

Mercury tenham sido, talvez, os mais inteligentes que já conheceu; o título de "produtor" pode soar importante, mas, para ele, Kennedy era como um grande mecânico que fazia o carro rodar mais suave, mais docemente. Seus detratores diriam que ele nem sempre fazia o carro rodar mais forte, que uma vez que ele acertava uma fórmula, insistia nela, e que às vezes exauria a alma de uma gravação com um excesso de arranjos de cordas e backing vocals piegas. De uma forma ou de outra, por uma década, talvez mais, sua marca na música e na carreira de Jerry Lee seria evidente.

Entre outras coisas, Kennedy reconhecia que era no palco que seu artista chegava à melhor forma. Jerry Lee recorda-se de uma vez em que estavam gravando no Monument Studios, na "via principal" em Nashville. "Jerry disse: 'Você se importa se eu parar algumas pessoas ali na rua e convidá-las para vir ouvir você gravar essa música?'. Eu disse: 'Que nada, seria ótimo!'. E eles arrumaram umas doze cadeiras. As pessoas entraram, se sentaram e foram muito legais, nem deram um pio. Só se sentaram lá e ficaram simplesmente... atônitos".

Mas ele ainda estava tentando fazer aquele ouro oxidado brilhar novamente, ainda estava preso numa sequência de músicas recicladas. Refazer velhas canções era trabalho rotineiro, mas sucessos como "Great Balls of Fire" e "Breathless" tinham vindo de compositores consagrados que sabiam como unir um refrão com frescor a um *riff* contagiante e obter um hit. Ao longo dos anos 1960, Jerry Lee gravou álbum atrás de álbum cheio de músicas de terceiros: *Country Songs for City Folks*, em 65, *Memphis Beat*, em 66, *Soul My Way*, em 67. Gravou números country durões, como "Skid Row", e blues durões, como "Big Boss Man"; leu a letra de "Funny How Time Slips Away", de Willie Nelson, como se estivesse pensando em voz alta. Mas nada disso era realmente novo.

"Tentar fazer uma canção que já tinha vendido vários milhões, para mim, foi um vacilo. Não é algo a se fazer. E não foi culpa de Jerry Kennedy, foi culpa minha. Eu dizia: 'Quero tocar "Detroit City", porque sou capaz de superar a original'", diz ele, e depois admite: "Rapaz, nessa com certeza eu errei!".

Uma dessas *quase* foi um hit: a agonizante balada de cadeia de Porter Wagoner, "Green, Green Grass of Home", que gravou em *Country Songs for City Folks*. "Deveria ter vendido cinquenta milhões de discos", diz ele, mas a Smash não fez nenhuma divulgação do compacto. "Não fizeram nada a respeito. Foi número um em todas as rádios do Alabama, mas nada alcançou em Memphis e em nenhum outro lugar. Nada. E isso não faz sentido... Você tem um compacto na primeira posição e vendendo como água no Alabama", ri, "mas, fora do Alabama, ninguém nunca ouviu falar da música". Seu pressentimento se justificou quando o bonitão galês Tom Jones, que adorava Jerry Lee desde menino, ouviu o álbum e regravou a canção, tornando-a um sucesso internacional no ano seguinte. Para Jerry Lee, parecia que a Smash estava esperando por algo garantido para promover com o devido suporte, e ele perdeu a fé na gravadora – na parte dos negócios, não na equipe de estúdio – ainda no início de seu período nela.

Sua dependência em comprimidos e uísque novamente disparou. Antes, engolia os comprimidos aos punhados e eles não o abalavam, talvez só lhe dessem um empurrãozinho nas madrugadas ou um cafuné na cabeça febril quando ele precisasse dormir. Ainda conseguia beber doses de três dedos e de seis dedos, até que não pudesse mais medir as doses mesmo com os dedos dos pés, e, embora insista, hoje, que nunca bebeu tanto assim, as histórias sobre sua tolerância ao álcool são lendárias.

Porém, ao entrar nos trinta anos, as madrugadas, comprimidos e bebidas começaram a mostrar sinais, não no corpo ainda esbelto, mas no rosto. Tinha agora a face de um homem adulto, com uma ou duas rugas, mas, mais do que isso – parecia que tinha vivido algumas mágoas. O mundo o tinha finalmente marcado. "Ainda conseguia dar conta das minhas mulheres", diz ele, e esse era o verdadeiro barômetro de um homem. No entanto, às vezes ia longe demais e tomava tantos comprimidos e bebia tanto que ficava mais louco do que já era propenso a ser, e quando o estado de espírito obscuro que corria em seu sangue lhe acometia, as substâncias nutriam a fúria e tornavam a escuridão ainda mais negra, se tal coisa era possível. Bradava contra o mundo, pisoteando e berrando furioso, e parecia que sempre havia um repórter por perto, incrédulo com tanta sorte, para registrar a loucura de Jerry Lee Lewis.

"Era a época dos azuis e amarelos... Vou lhe dizer que foram os melhores comprimidos já feitos", diz ele. "Diziam que me deixavam doido, mas eu já era doido antes deles. Eles me faziam é seguir em frente. Desbutal. Rapaz, o Desbutal era insuperável. Viajava por centenas de quilômetros num dia sob o efeito deles... bifetaminas ["belezas negras"], Placidyls, estimulantes e depressores. Eu tomava de tudo".

Parecia que todo mundo naquele meio tomava.

"Naquela época, as pessoas ficavam desesperadas para conseguir um comprimido. Rapaz, achávamos que as anfetaminas eram a resposta para tudo. Pensávamos que era algo que ajudava fisiologicamente, sabe? Mas não ajuda. É um milagre que qualquer artista que viveu isso ainda esteja por aí. Só pela graça de Deus. E é bem por aí, sabe?".

Mas amigos e fãs antigos ficavam maravilhados com como tudo aquilo – as drogas, o uísque puro e a falta de sono – pareciam, em grande parte, algo que ele poderia dispensar quando quisesse; ele diz que os rumores eram exagerados, para começo de conversa. Em fotos de família e de divulgação, e até em entrevistas na televisão e imagens de shows, ele está sempre firme e forte, de fato como se tudo aquilo fosse algo do qual ele pudesse se desligar se quisesse, para voltar a ser um homem normal, o homem que fora outrora. Alguns teorizariam que ele usou tanto desde tão cedo – desde quando os caminhoneiros no Wagon Wheel lhe davam grandes sacos de anfetaminas como gorjeta – que seu corpo foi capaz, de algum modo, de metabolizá-las, e talvez isso tenha sido verdade, por um tempo. Ainda era o homem mais bonito do salão, e embora pudesse estar meio bêbado, de vez em quando, raramente estava num estado deplorável. Desde adolescente sabia do que os comprimidos eram capazes de fazer por muito, muito tempo o que comida e descanso fariam, então abria um frasco e se fortalecia, com o intuito de perseverar. Era Jerry Lee Lewis, o Matador, e não era vítima de ninguém.

"Vou lhe dizer o seguinte, nunca desperdicei uma bebida. Calvert Extra. Nunca desperdicei bebida alguma".

Mas sob as substâncias havia uma camada clara de uma personalidade geniosa, com lampejos ofuscantes de pura loucura. Começou a colecionar armas de fogo, .357s banhadas a níquel e até metralhadoras, as carregava consigo nos carros de turnê, em aviões particulares e até levava armas de bolso para o palco, hábito que continuaria por anos a fio. "Subia no palco, sacava minha pistola e a colocava sobre o piano", diz. Houve ameaças e rumores de ameaças, ainda era preciso brigar para escapar das espeluncas onde tocava e ele usou o golpe do pedestal de microfone repetidas vezes, do Meio-Oeste a Atlanta. Teve de aprender a retirar o microfone do suporte e lançá-lo como uma pedra amarrada na ponta de uma corda em algum bêbado ou fã mal educado, segurando a outra ponta do cabo para poder puxá-lo de volta caso errasse ou quisesse acertar de novo o alvo que o ofendia.

Seus companheiros de banda, tocando com o grande Jerry Lee Lewis, na viagem de suas vidas, absorviam a loucura e a lançavam de volta para o mundo.

"Meu guitarrista então era Buck Hutcheson. Sabia tocar, mas não sabia dirigir. Tarp Tarrant era o baterista. Tarp lutou muitas das minhas brigas no meu lugar. Herman 'Hawk' Hawkins era o baixista. Danny Daniels tocava órgão. Briguei com ele uma vez, por causa de uma mulher. Dei uma surra nele, mas de repente fiquei fraco, perdi a força… Não sei o que aconteceu. Nunca me cansei".

Em Grand Prairie, Texas, em 1965, alguns membros da banda – Tarp Tarrant, Charlie Freeman e Hawk Hawkins – foram presos, juntamente a uma adolescente que só estava seguindo o bonde, pela posse de uma quantidade enorme de comprimidos controlados. Mas a atmosfera rica em pílulas e uísque de meados dos anos 1960 os tornava invencíveis e irrefreáveis – contanto que houvesse dinheiro para pagar a fiança. Não só tocavam música, mas a tocavam com potência, fúria, precisão e um pouco de loucura, cidade após cidade, e então seguiam para algum lugar para além do horizonte embaçado, onde se tornavam problema de outro xerife.

"As mulheres?", diz Jerry Lee. "Bom, elas sempre foram simpáticas comigo".

Todas queriam curar o artista ferido. Ele as deixava tentar.

"Eu as convencia a ir para a cama comigo e, quando acordavam na manhã seguinte, tinha me mandado. Mas me lembro de uma vez… Aconteceu em El Paso. Lembro que estivemos em Juárez e assistimos a uns filmes de sacanagem… Enfim, havia essa garota, uma garota linda. Loira. Conheci nos bastidores. Ela nunca nem mencionou seu nome. Na manhã seguinte, acordei e estiquei o braço para abraçá-la, e ela tinha se mandado. Sempre me perguntei o que aconteceu com aquela garota. Meio que detestei ela ter ido embora. Aposto que era casada".

Não havia muito romance na estrada.

"Eu só dizia: 'Acorda, gata, é hora de *rock* de novo', e elas estavam prontas para o *rock*. Quando viajávamos de avião, eu sempre reservava um assento vazio, caso houvesse alguém". Os rostos geralmente mudavam de acordo com o CEP. "Mas eu dava a elas passagens de avião de volta para casa".

Se isso era exílio, ele poderia suportar por mais um pouco.

"Sério, rapaz, vivi tudo isso", diz. "Acho que minha reputação por tudo isso chegava antes de mim, também, e eu tinha de viver à altura, viajar por centenas e milhares de quilômetros por dia, tocar música boa e ainda dar conta das mulheres", e abria um sorriso largo diante desse fardo.

Mas Jerry Lee não queria a compaixão de ninguém, muito menos de uma bela mulher tentando, como diz a canção country, pegar uma estrela cadente. Ansiava estar no topo novamente, no topo de tudo.

Dava conta do recado, uma pequena estação de rádio por vez. Confrontava disc jockeys que tinham banido seus discos e cumprimentava efusivamente aqueles que tinham se mantido do seu lado, e às vezes o fazia com uma nota de cem dólares na mão.

"Aprendi com Jud a molhar os bolsos deles. E comecei a ter meus álbuns na programação... Trezentos, quinhentos, quanto quer que fosse. 'Dinheiro faz a égua trotar', dizia mamãe. Tinha de ser uma música boa, mas o dinheiro não fazia mal, também. Nunca falhava para dar corda", e concedia a ele um pouco mais de tempo para gravar e procurar por aquele grande sucesso.

No entanto, por ora, ainda era algo menor. Às vezes viajavam com trailers engatados aos Cadillacs para terem onde dormir, numa espécie de caravana cigana trepidando pelo país. Certa vez, viajava com o compositor Bill Taylor, cuja esposa, Margaret, dormia em outro veículo. Os dois bebiam quando de repente um dos trailers se soltou do engate e os ultrapassou pela pista do lado, zunindo e descontrolado.

"Aquele trailer é igual ao meu", disse Bill.

"Aquele é o seu trailer", disse Jerry Lee.

Observaram o trailer seguir pela rodovia.

"Imagino se Margaret está lá", disse Bill.

O trailer enfim parou.

"Acho melhor dar uma olhada", disse ele.

Foi uma época incomum, mas um estilo de vida que se tornaria menos incomum com o passar dos anos. Jerry Lee ainda vagava, tocando música que ainda deixava as pessoas contentes por estarem vivas. Num show no Arkansas, "meu camarim foi um desses trailers, nos fundos de algum lugar", diz. Ali, deu alguns autógrafos, incluindo um para um rapaz em idade universitária que ele reconheceria na televisão, cerca de três décadas depois. "Estava concorrendo à Presidência. Bill Clinton. E estava na fila para pegar autógrafo... Eu *sabia* que o conhecia".

Para os músicos, parecia que Jerry Lee estava determinado a tocar e farrear ininterruptamente até se acabar, e mesmo quando viam a placa do limite de município de Memphis, isso não garantia que ele os liberaria e que estariam livres para voltar para casa, para suas próprias vidas. Ele insistira em tocar e tocar até a manhã seguinte, em sua casa nos arredores da cidade, bebendo e ligadão, enquanto as famílias dos músicos imaginavam se eles voltariam para casa, um dia. Não era tanto a necessidade de farra o que o impelia, mas aquela ânsia por um sucesso, a chave para seu retorno, e ele acreditava que a melhor maneira de realizar isso era dentro da loucura, cantando e bebendo uísque e buscando acordes e tomando comprimidos e ouvindo atenta e quase desesperadamente pela canção que mudaria tudo. É dessa forma que Phoebe, então uma garotinha, se lembra.

"Ele ficava na estrada sem parar... e então voltava para casa e ia para seu escritório, e eu ouvia discos tocando".

Em Ferriday, a velha ordem racial de ódio começara a fumegar e a se espalhar. Incendiários e atiradores de bombas, tomando o cuidado de esconderem os rostos e de não tocar fogo nos próprios trajes, tornariam partes das áreas negras de Ferriday uma fogueira – o que era estranho, pois nunca houvera muito tumulto na cidade. Em 1964, um amigo de Will Haney, Frank Morris, foi queimado até a morte em sua sapataria. O FBI desceu até Ferriday, mas seus assassinos nunca foram a julgamento. Três anos depois, o Haney's Big House, o histórico clube de blues que ajudou a transformar Jerry Lee de talentoso pianista de igreja em algo mais, foi incendiado. Nunca seria reconstruído; Haney logo sucumbiria à velhice, e os bons tempos do blues e do R&B desapareceriam feito fumaça. Foi como se o chão sobre o qual Jerry Lee construíra sua vida musical estivesse virando fuligem e cinzas.

O selo Smash desapareceu, incorporado à Mercury. Porém, independentemente do nome, nem a gravadora, nem o próprio Jerry Lee conseguiam encontrar um sucesso para ele. Ao final dos anos 1960, se referia à gravadora principalmente com desdém. Os Beatles levaram mais de cinquenta mil pessoas ao Shea Stadium, ao passo que ele tocava para centenas, em auditórios, e menos do que isso, em bares. O produtor de televisão Jack Good continuou a contratá-lo para mais episódios de *Shindig!* e ele os convenceu a incluir também Linda Gail, para ajudá-la no início da própria carreira. Mas o que havia para ele tocar no programa? Certo vez, viu-se tocando "Rockin' Pneumonia", de Huey "Piano" Smith, num cravo.

Os comprimidos se fundiam ao uísque, o uísque infundia o sangue, até que a estrada, seu lar e o restante das coisas fossem indistinguíveis. Uma fumaça azulada e turva envolvia tudo isso. Sempre gostou de um bom charuto, mas agora fumava cubanos dos grandes, os maiores e mais fortes que conseguia encontrar, providenciados por seus contatos britânicos, agora que Castro estava fazendo amizade com os russos. De vez em quando, saía do escritório com uma garrafa de uísque numa mão, um grande cubano entre os dentes e uma .357 ou uma .45 na outra mão. Mirava nas estrelas e atirava e atirava até ouvir apenas o clique do gatilho.

O casamento com Myra e a vida doméstica em geral estavam, na melhor das hipóteses, tensos. "Myra tinha o péssimo hábito de me surpreender. Eu olhava e, de repente, ela estava no show", diz ele. "Em Atlanta, em 67, depois de um show, alguém me disse: 'Jerry Lee, Myra está na sala ao lado'. E eu disse: 'Bom, então ela vai ter que esperar a vez dela'. Na época, eu estava tomando muitos comprimidos. Numa outra vez, disseram: 'Cuidado – Myra está escondida atrás das cortinas, com um vestido de bolinhas'".

Entretanto, como em relação a tudo que se trata de amor, se faz de cego quanto à própria infidelidade. Não finge que não aconteceu, mas, de alguma forma, acredita que é algo que deveria ser perdoado apenas por partir dele. "Nunca vi uma mulher que não fosse ciumenta. Eu costumava ser, mas deixei isso de lado. Mas aquele velho monstro de olhos verdes pode causar muitos danos".

Myra ameaçaria deixá-lo e até consultaria um advogado, alegando infidelidade e crueldade física e psicológica. O pior de tudo é que ela sentia que Jerry Lee a culpava pela morte do filho e que nunca a perdoara, nem perdoaria. Havia amor ali, apesar de tudo isso, mas não havia esperança, sem chance alguma, já que ele fazia shows em algum lugar quase todas as noites.

Em meio a esses tempos ruins, dessa seca terrível, o destino faria uma única bondade a ele: lhe enviaria um guitarrista que ficaria a seu lado até ir e voltar do inferno.

Era 1967 e Jerry Lee tinha aberto uma vaga para guitarrista.

"Eu o conheci em Monroe, Louisiana. Minha mãe e Linda Gail, minha irmã, queriam ir lá ouvir um garoto chamado Kenneth Lovelace", e disseram que Jerry Lee deveria ir com elas.

"Eu disse: 'Vocês sabem que já ouvi muitos músicos antes, não?'. E elas disseram: 'Você nunca ouviu ninguém tocar exatamente como ele'. Perguntei: 'O que ele toca?'".

"Toca de tudo", disse Linda Gail. "De bandolim a rabeca e violino, de piano a guitarra...".

"Sei", disse Jerry Lee. "Mas ele realmente domina esses instrumentos?".

"Sim, ele os domina", disse ela.

Jerry Lee viu o garoto – alto e magérrimo, com um ar modesto e os cabelos encaracolados bem assentados. Parecia um pouco solitário no palco.

Então começou a tocar.

"Contratei-o no ato".

Foram direto para Waco, para um show em algum *honky-tonk* da cidade. Kenneth estava em pé logo atrás de Jerry Lee, concentrado nas cordas da guitarra enquanto incendiavam "Whole Lotta Shakin'", quando teve uma surpresa bruta.

"Jerry Lee chutou o banquinho para trás e eu estava bem no caminho. O banquinho me acertou logo abaixo dos joelhos", diz ele. *Bem, essa será a última vez...*, pensou. Quando via que Jerry Lee estava ficando empolgado, se certificava de dar um passo para trás e sair da linha de fogo.

Kenny cresceu em meio à música em Cloverdale, Alabama, nos arredores de Florence, não muito longe do efervescente estúdio Muscle Shoals. Começou a tocar violão aos sete anos, depois passou para a rabeca, e então para o que sua família chamava de "bandolim percevejo", porque parecia um percevejo. Aos oito, tocava em festas de quadrilha e competia em encontros de violinistas pelo Sul; pouco tempo depois, era capaz de tocar qualquer coisa, qualquer estilo e quase qualquer instrumento. Mas, mais do que isso, viria a se tornar uma das raras pessoas no planeta que possuíam a enorme e profunda paciência para sobreviver noite após noite sem fim com alguém como Jerry Lee, e uma das poucas capazes de compreender e até antecipar – e, portanto, sobreviver – seu temperamento. Os dois se tornariam verdadeiros amigos, unidos por um respeito mútuo e por um amor à música acima de tudo. Ele seria uma das pessoas das quais Jerry Lee não poderia se livrar, pois onde mais Kenneth encontraria tal gama de música de novo para tocar, e onde mais Jerry Lee encontraria um homem com um radar musical tão esplêndido?

Era quase sobrenatural o quão bom ele era. Mais do que se juntar à banda, tornou-se o líder de fato. Jerry Lee ainda era e sempre seria o gênio no comando, mas era um gênio louco. Tranquilo, porém preciso e eficiente, Lovelace tornou-se o elemento adulto numa banda e num ofício aos quais faltava isso, e sabia que os acessos de fúria de Jerry Lee não eram o fim do mundo. Acompanhava-o com uma Fender Stratocaster de 1956, que tocava como se fosse uma extensão de seus ossos e mesclava com o piano selvagem de Jerry Lee de forma quase assustadora, e parecia nunca ser pego de surpresa, feito respeitável para um guitarrista que acompanhava um homem que podia mudar de direção feito um touro mecânico.

Na última noite de alguma turnê bagunçada e exaustiva, Kenny conta que "Jerry e eu íamos no banco traseiro, e ele pegava o violão e eu, a rabeca, e tocávamos por todo o caminho até Memphis".

"Ele é como um irmão para mim", diz Jerry. "Compartilhamos tantas coisas". E não importava o quão feias as coisas ficassem, "ele sempre se afastava da confusão". Entrou na banda numa época ruim; de alguma forma, sabia que era temporário. "É o melhor guitarrista que já ouvi. É capaz de tocar a *melodia* de uma música na guitarra. Digo, muito pouca gente consegue fazer isso. Ele se aprofunda na música", diz Jerry Lee, e não consegue se lembrar de alguma vez que Kenny tenha errado.

Passou anos imaginando se teria de demitir um baterista no meio de um show, ou dizer a um guitarrista para alcançar o andamento ou algo do tipo. "É daí que vem o Matador", sorri, mas não de verdade. Mas, com Kenny a postos, montou uma banda de estrada "que era absolutamente impecável".

Durante um show em algum lugar, levantou os olhos para se deparar com uma jovem cantora chamada Janis Joplin sentada ao seu lado no banco do piano. "Talvez tenha sido em Port Arthur", cidade natal dela, diz ele. Nunca gostou muito de visitas no palco, a menos que fossem convidados. Depois, no camarim, Janis lhe perguntou se ele achava sua irmã atraente. Jerry Lee respondeu com sinceridade. "Ela seria OK, se arrumasse o cabelo". Janis lhe deu um tapa, e ele devolveu. "Ela pulou a mesa pra cima de mim e eu estava pronto para nocauteá-la". Mas era assim que funcionava. O palco era para a música – na qual havia uma pureza, então – e o camarim era para as tolices, as brigas e todo o resto.

Lovelace, que tocaria com ele por quase meio século, sempre se lembrará das noites daqueles primeiros e cruéis anos e dos camarins minúsculos antes dos shows. Jerry Lee sempre se estendia até o último minuto, até que os membros da banda começassem a se perguntar se ele entraria no palco. "A banda ia buscá-lo. 'Está na hora, Jerry Lee', dizíamos", conta Lovelace. E Jerry Lee respondia:

"OK, Matadores. Vamos nessa comigo".

Matador: este era o maior elogio que ele sabia dar, dizem aqueles que o conhecem há mais tempo, mas é complicado. Traz as pessoas para sua órbita mais imediata, como forma de dizer que ele as considera dignas de estarem ali. É também apreço genuíno, sua maneira de compartilhar um pouco daquilo que o destaca em relação aos outros homens. Mas é também uma maneira de vincular as pessoas a ele, uma espécie de marca, que ele confere até a uma sala cheia de gente, se for preciso. E, às vezes, é apenas sua forma de ser amigável com um jovem ou uma criança que chega tropeçando diante dele, meio com medo e com um velho álbum nas mãos. Com o tempo, o apelido quase viria a assombrá-lo, à medida que passaram a usá-lo para descrever certa perversidade, um rótulo para um homem suspeito de ser capaz de qualquer coisa, até de matar. Porém, quando Jerry Lee lhe encara e lhe chama por esse apelido, está tirando uma parte de si mesmo e a entregando de presente. Faz as pessoas sorrirem feito bobas e sentirem vontade de agradecê-lo, ou pelo menos de saírem correndo para contar para alguém rapidamente, como se o momento fosse sumir.

Na estrada, tinha a banda dos sonhos. No estúdio, um dos mais talentosos engenheiros de som em atividade e os melhores músicos que Nashville tinha para oferecer. Tudo o que precisava era de um pouco de poesia.

Jerry Lee estava farto da Mercury, e os executivos da gravadora estavam basicamente fartos dele, esperando silenciosamente que seu contrato acabasse.

Entre um show e outro, sem intenção nenhuma de gravar mais um álbum para aqueles CDFs sem ouvido, voltava para casa em Ferriday, para talvez ir pescar com Cecil Harrelson, a quem tornara seu novo empresário. Quando estivesse descansado e revigorado pela terra baixa e a comida da mãe, voltava para a estrada e cantava aquelas velhas canções mais uma vez. Era janeiro de 1968, uma década desde a queda. "Melhorou", diz ele. "Tinha de melhorar".

O que aconteceu em seguida varia em grande medida de um relato a outro, mas foi algo mais ou menos assim: em Nashville, um ex-peão de rodeio chamado Eddie Kilroy foi trabalhar na Mercury como gerente de promoções. Kilroy, que tocara numa banda country com Mickey Gilley, tinha tomado uns goles de uísque com Jerry Lee alguns anos antes e acreditava que ele era country de coração, country verdadeiro, não um daqueles caras que eram só pose e nenhuma substância. Ligou para Jerry Lee e perguntou se ele consideraria ir até o Columbia Studio, em Nashville, para gravar uma canção country original, ao que Jerry Lee respondeu que pensaria no caso. Perdera todo o amor que tinha por Nashville, mas decidiu que ouvir uma música nova não seria má ideia. Retornou a ligação de Kilroy e disse que faria uma tentativa, em nome dos velhos tempos.

Os chefões da Mercury tinham pouca fé de que isso funcionaria, embora Jerry Kennedy já viesse tentando levar Jerry Lee para o country. Porém, quando Kilroy começou a contatar compositores e a pedir material, poucos aceitaram; o pessoal de Nashville gosta de fazer as coisas seguindo uma fórmula e achou que um roqueiro como Jerry Lee não seria vendável como artista country.

A música que Kilroy tinha em mente era de autoria de Jerry Chesnut e cantada por Del Reeves. Reeves não cantou bem, e a música não foi lançada. Mas era uma boa canção, com uísque e amor perdido permeando as entrelinhas.

Jerry Lee deu uma olhada na letra – uma letra de verdade, o tipo de letra que um homem sentia quando abraçava uma mulher que não podia realmente ter, apenas abraçar até a jukebox parar de tocar. Mas conseguiria ele cantá-la de uma forma que faria o público senti-la?

Atravessou a madrugada aprendendo a música, bebericando uísque, e, na manhã seguinte, cantou aquela canção que toda mulher e todo homem já conhecia. Quem diria que o som de um coração se partindo poderia ser tão bonito?

> *I just put in my last dime*
> *Heard you whisper we'd meet again*
> *Another place, another time*[4]

"Lembro que gravamos em dois *takes*, e eu escolhi o primeiro. 'É esse o compacto', eu disse a eles na hora".

A princípio, não tinha certeza se apostava muito na canção. Frequentemente, levava um tempo até uma música cair no seu agrado. "Isso é ridículo", pensou. "Sei que já fiz gravações melhores do que esta". No entanto, quanto mais a ouvia, mais verdadeira, mais humana ela se tornava. Ouviu a letra. Num vasto mundo de música fajuta e anêmica, aquilo era algo diferente.

"Era uma música de verdade".

Jerry Lee pensou que *pudesse* fazer dela um sucesso, mas já tivera tantas decepções. Teria de esperar para ver, à medida que os disc jockeys ao redor do país apresentassem a música à classe trabalhadora, que compunha a maior parte do público de country. Enquanto isso, precisava ganhar a vida. Porém, com poucas gravações em vista, o contrato com a Mercury capengando até o fim e os executivos aparentemente satisfeitos com isso, ele tinha uma escolha.

Poderia voltar para a estrada, onde as contratações estavam se tornando escassas.

Ou poderia fazer outra coisa, algo que nunca havia considerado.

Naquele ano, recebeu uma proposta diferente para tocar sua música num palco, mas não como Jerry Lee Lewis, nem mesmo como o Matador, mas como um vilão de outra época. Jack Good, o produtor formado em Oxford que recebera Jerry Lee em *Shindig!*, há muito sonhava em dirigir uma ópera rock baseada em *Otelo*, a sombria peça de Shakespeare, e há mais de uma década decidira que o vilão tinha de se parecer, soar, se empertigar e ter o mesmo olhar malicioso de Jerry Lee Lewis.

Jerry Lee, que gostava e confiava em Good, recebeu dele um roteiro de setenta páginas e a garantia de um pagamento de 900 dólares por semana enquanto a peça estivesse em cartaz.

E foi assim que, aos trinta e cinco anos, Jerry Lee Lewis começou a treinar para se tornar um ator shakespeariano.

---

4 "Acabei de colocar minha última moeda/ Ouvi você sussurrar que vamos nos encontrar de novo/ Num outro lugar, num outro momento"; "Another Place, Another Time".

11

"AQUELE QUE ROUBA MEU NOME"

Los Angeles
1968

Iago atrai a escuridão para si. Envolto em vestes de veludo verde e vermelho-sangue e exibindo uma fina barba preta, lança um olhar lascivo, com um grande charuto se sobressaindo entre os dentes brancos. É um bafo fétido de pura maldade, algo além da consciência, que acredita ter sido maltratado e, em troca, irá destruir o mundo todo. Controla e trapaceia todos a seu redor, levando-os a agir por ciúme e fúria. Se o próprio Mefistófeles tivesse subido das profundezas para caminhar sobre o palco, não teria sido capaz de conjurar crueldade mais perfeita e fascinante do que este vilão, esse Iago de sotaque sulista estranhamente lírico. Espalha suas sementes do mal, plantando-as nos cantos fracos e escuros dos homens fortes, e se deleita à medida que elas se firmam e crescem.

Na penumbra medieval, Otelo, o Mouro de Veneza, observa sua nova e bela esposa Desdêmona deixar o palco. Diz a Iago, seu soldado de confiança:

"Adorável criatura! Que minha alma apanhe a perdição, se eu não te amar; e se não te amo, que este mundo volte de novo para o caos".

"Meu nobre senhor—", diz Iago.

Iago lança o verme da dúvida: "Acaso Miguel Cássio estava a par de vossos sentimentos, quando a corte fizestes à senhora?".

Uma tempestade recai sobre o rosto de Otelo. Iago acendeu o pavio. Depois, com o charuto a queimar, caminha até um extravagante piano de cauda verde e dourado, decorado com vinhas esculpidas, e começa a tocar, numa cadência de blues:

> Cassio loves her, I do believe it
> She loves him, 'tis of great credit
> I hate the Moor! Yet I am sure
> He'll satisfy his wife, every day of her life
> With lust of the blood, permission of the will
> Oh, that's what you call love, she's going to have her fill
> I love her, too, you know I do—
> Not out of lust, but 'cause I must
> For I suspect the lusty Moor
> Between my sheets has done my office more than once before
> With lust of the blood, permission of the will
> That's what you call love, he's already had his fill[1]

O piano destila sua malícia.

> I'll even with him, wife for a wife
> Make him jealous, plague his life
> The thought of that gnaws my inside
> And never will—no, never shall my soul be satisfied
> By lust of the blood, permission of the will
> I'll have my revenge, and I'm gonna have my fill[2]

Ele para de tocar.
"Vejamos, como, como, como, como? Vejamos...".
Estapeia fortemente as teclas.
"Oh! *Já sei*...".

---

[1] "Cássio a ama, eu acredito/ Há de muito se crer que ela o ama/ Odeio o Mouro! Porém, tenho certeza/ De que ele satisfará sua esposa todos os dias da vida dela/ Com a luxúria do sangue e a permissão da vontade/ Oh, isso é o que se chama amor, ela terá sua dose/ Eu a amo também, sabes que sim—/ Não por luxúria, mas porque devo/ Pois suspeito que o Mouro luxurioso/ Entre os lençóis, já exerceu meu ofício mais de uma vez/ Com a luxúria do sangue e a permissão da vontade/ É isso que se chama amor, ele já teve a sua dose".

[2] "Acertarei as contas com ele, esposa por esposa/ Torná-lo-ei ciumento, amaldiçoarei sua vida/ Os pensamentos que me corroem por dentro/ E nunca – não, nunca minha alma há de se satisfazer/ Pela luxúria do sangue e a permissão da vontade/ Terei minha vingança, terei minha dose".

> *The Moor is noble, the Moor is free*
> *He thinks men honest—ha!—that seem to be*
> *I'll plague him with flies, poison with lies*
> *And everywhere he goes I'll lead him gently by the nose...*[3]

Entra, então, num solo de piano jubiloso. Antes de terminar, levanta uma das botas douradas e toca com o salto, caso ainda houvesse alguma dúvida de quem estava de fato incorporando os estratagemas malignos de Iago.

Mais tarde, quando bastante gente já tinha morrido, Iago foi levado para apodrecer nos calabouços e a cortina se fechou, Mamie Lewis se levantou da primeira fila do Ahmanson Theater, em Los Angeles, para aplaudir, e toda a plateia se levantou com ela. Os outros atores agradeceram, mas Mamie, usando o vestido de noite comprado a ela pelo filho, sabia para quem era aquela aclamação. A antiga ideia de Jack Good de uma ópera rock baseada no vilão mais complexo de Shakespeare finalmente se tornara realidade nessa peça chamada *Catch My Soul*, estrelando o veterano ator de teatro William Marshall como Otelo, Julienne Maris como a malfadada Desdêmona, e o filho de Mamie como Iago. Por que haveria de ser surpresa ele ter roubado o show?

"Nunca pensei que faria algo como isso", diria Jerry Lee. Ele não sabia que existiam tantas palavras, se entrelaçando feito leguminosas, penetrando fundo no coração das pessoas assim como as ervas daninhas traçavam seu caminho sobre um carro enferrujado, em sua terra natal. "Aquele Shakespeare era uma coisa de louco", diz ele.

As canções não foram um problema – embora ele admita que nem sempre sabia o que significavam algumas palavras –, mas, às vezes, achava as partes faladas, em inglês moderno antigo, quase sem sentido. Comprou um gravador portátil e registrou os diálogos de todos os outros atores, deixando lacunas sobre as quais recitaria suas falas. Passou meses nesse trabalho, até que recebeu um telefonema de Good, que lhe disse que o teatro que tinha agendado a peça, em Detroit, cancelara. Então, no Natal de 1967, Good o telefonou mais uma vez, para dizer que a peça estava retomada, no Ahmanson Theater, em Los Angeles, e que os ensaios começariam em janeiro.

---

[3] "O Mouro é nobre, o Mouro é livre/ Pensa serem honestos – ha! – os homens que o aparentam/ Infestá-lo-ei de moscas, envenená-lo-ei com mentiras/ E, para onde ele for, conduzi-lo-ei facilmente pelo nariz...".

Partiu para L.A. em sua limousine Lincoln, com Myra e Phoebe a tiracolo e o destino de "Another Place, Another Time" pairando no ar. No apartamento mobiliado que alugaram na Sunset Boulevard, tocava o novo compacto insistentemente, certo de que seria um sucesso.

"É melhor que seja, ou a gravadora vai te dispensar", disse Cecil, que arrumou um apartamento do outro lado da quadra.

Mas não havia mais nada que ele pudesse fazer a respeito disso, a essa altura. Tinha uma peça a decorar.

Alguns se perguntaram se ele levaria a sério. "Eu levei", diz ele hoje. Trabalhava doze horas por dia nos ensaios.

Num dos ensaios, intrigado, recitou a fala:

"Arrebentado tendes o coração, metade da alma já vos foi alienada; agora mesmo, neste momento, um velho bode negro está cobrindo vossa ovelha branca".

Perguntou a Jack Good o que aquilo significava exatamente.

Good lhe explicou.

"Ah, oras, conheço bem isso", disse Jerry Lee.

Outras falas eram tão verdadeiras que não necessitavam de explicação.

> *Quem da bolsa me priva, rouba-me uma ninharia, é qualquer coisa, é nada*
> *Pertenceu-me, é dele, escravo foi de mil pessoas*
> *Mas quem do nome honrado me espolia*
> *Me priva de algo que não o enriquece*
> *Mas me deixa paupérrimo*

A maior preocupação de Good era que Jerry Lee, por ser um astro do rock and roll, não chegasse a tempo para a abertura das cortinas, já que se atrasar era uma das certezas do rock and roll. Assim – não querendo irritar Jerry Lee insistindo para que ele chegasse na hora –, fez todo o elenco chegar ao teatro às duas da tarde para a apresentação da noite. Mas nem precisava ter se preocupado. Jerry Lee levou a sério também este aspecto da produção. Estava honrado em fazer parte dela. Era – pelo menos a princípio – uma diversão perversa.

"Eu gostava dos figurinos. Gostava do cavanhaque que eu usava. A maquiagem era formidável e meu cabelo, perfeito", diz, e, por um momento, parece que seu corpo foi invadido por alguma espécie alienígena.

Graham Knight, um vendedor de computadores de Aberdeen, na Escócia, é um dos maiores e mais fiéis fãs de Jerry Lee. Já viu centenas de shows dele desde que se conheceram em 1962, quando foi seu chofer na Grã-Bretanha. Assim, é claro que ele estava na plateia do Ahmanson na noite de estreia. Knight conta que foi surreal ver Jerry Lee interpretando um papel e ainda ser inconfundivelmente ele mesmo. *Não era calculista como* Iago – quando era cruel, o era abertamente –, mas a periculosidade do soldado, o rancor por aqueles que suspeitava lhe terem feito mal, caía bem a ele. Mas Knight "esperava que ele começasse 'Great Balls of Fire' a qualquer momento".

Ele conta que foi a primeira vez que não viu Jerry Lee fazer um bis. "Jerry sempre voltava para mais uma música", contanto que as pessoas estivessem aplaudindo, conta Knight. "Neste caso, ele se ateve ao formato e agradeceu junto aos outros atores", quase humilde, no encerramento.

Os aplausos não eram tão descontrolados quanto Jerry Lee estava acostumado, mas continuaram por um bom tempo.

"Foi de primeira", diz ele. "Olhei para a plateia e vi todas aquelas grandes estrelas olhando para mim".

Naquela noite de estreia, boa parte de Hollywood compareceu ao espetáculo tão incomum. Angie Dickinson estava lá, estonteante. Steve Allen estava lá, aplaudindo intensamente, ao lado do renomado compositor Burt Bacharach e do fã devoto de Jerry Lee, Tom Jones, naquela época um dos maiores sex symbols do mundo. Sammy Davis Jr., o atemporal cantor e dançarino, aplaudiu da primeira fila. Zsa Zsa Gabor estava lá, repleta de diamantes e com os cabelos platinados num penteado bem alto. Todos fizeram fila com os repórteres para ir aos bastidores.

Andy Williams cumprimentou Mamie. Ela sempre gostou dele.

"Eu nunca soube se era melhor entrar no palco antes ou depois do seu filho", disse a ela. "Se eu entrasse antes, berrariam por Jerry, se eu entrasse depois, seria vaiado".

Jerry Lee se lembra especialmente de Angie Dickinson. "Quer dizer, ela estava em sua melhor forma".

A Mercury mandou uma garrafa de champagne. Sam Phillips mandou uma caixa.

A produção não era exatamente o *Otelo* de Laurence Olivier, mas era um grande show. "Jerry Lee Lewis, gênio nascido na Louisiana, acompanhado de rabeca, bateria e um piano, interpretou um Iago singular", escreveu o *Christian Science Monitor*. "Recitou suas falas extremamente bem. Mas a cereja do bolo era quando ele tocava o piano psicodélico verde e dourado para pontuar seus ataques às suscetibilidades de Otelo".

O *Los Angeles Times* escreveu: "Quando Lewis diz a uma corista espevitada, '*Shake it and break it and wrap it up and take it*', combina mais com a peça do que 'Ó, senhora, a vilania há zombado do amor!'".

A *Variety* escreveu que a estreia de Jerry Lee no teatro "faz de Iago um conspirador contemporâneo não raro arrepiante, apesar do jogral das falas".

Várias resenhas apontaram que Jerry Lee nem tentou disfarçar seu sotaque sulista e, às vezes, "deturpava as falas", segundo o *Los Angeles Times*, "o que era exatamente a intenção".

As reações foram tão positivas que Jerry Lee trouxe Mamie e Linda Gail para morar em Los Angeles por toda a temporada da peça, que ficou cinco semanas em cartaz e lucrou cerca de 500 mil dólares. Havia rumores de levá-la para a Broadway.

"Só que eu não tinha interesse nenhum nisso", diz Jerry Lee, e essa foi uma das poucas vezes em que tomou uma decisão quanto à carreira da qual se arrependeu genuinamente, mais tarde. "Quer dizer, eu sabia ser capaz de dar conta, mas nunca fiquei tão satisfeito quando algo acabou. [Jack] queria levar a peça para a Broadway, mas eu disse a ele: 'Não posso, Jack. Desculpe'. Poderia ter sido uma das maiores peças já feitas, se eu tivesse me mantido nela. Mas eu e minha cabeça dura... Hoje, gostaria de ter ido em frente e feito a peça, por Jack. Eu o deixei na mão". Ele conta que a peça rendeu outros convites para atuar. "Um pessoal em Hollywood chegou a implorar. Imploraram que eu fosse para a França e fizesse um filme com Kim Novak. Tive minha chance em Hollywood, mas fazer aquela peça me mostrou o quão difícil era. Era trabalho *duro*".

A verdade é que ele sentia falta de ser o genuíno Jerry Lee Lewis.

"Eles não entenderam... Eu toco piano e canto músicas. Era isso o que eu amava".

Provara ser capaz de interpretar e ganhar algum dinheiro fazendo isso, e nada lhe dava mais prazer do que mostrar às pessoas que era capaz de fazer algo o qual pensavam estar acima dele ou ser complicado demais para o garoto do interior. Porém, como Elvis tanto temia, sempre é um risco para um artista desaparecer por muito tempo de *seu* palco, de sua verdadeira vocação. Mas Shakespeare e Iago permaneceriam em sua mente. Deixou Los Angeles com um respeito saudável pelas palavras e, meses mais tarde, durante a gravação de um especial de TV chamado *Innocence, Anarchy, and Soul*, em Londres – o próprio quintal de Shakespeare –, conseguiu interromper uma versão fervente de "Whole Lotta Shakin'" para estapear o público com um pouco do bardo:

> *Divindades dos infernos!*
> *Quando os diabos querem dar corpo aos mais nefandos crimes*
> *Celestial aparência lhes emprestam*
> *Tal como agora faço*

A plateia, a princípio boquiaberta, começou a vibrar enquanto ele continuava, verso atrás de verso.

Das coxias, alguém recitava o papel de Rodrigo:

> *Dito me havias que lhe tinhas ódio*

Iago:

> *Despreza-me*
> *Se não for assim mesmo! Já te disse muitas vezes*
> *E tomo a dizê-lo pela centésima vez*
> *Odeio o Mouro! Três pessoas de grande influência*
> *Aqui vieram falar-lhe, chapéu na mão, com humildade*
> *Para que fizesse de mim o seu tenente*
> *E por minha fé de homem*
> *Tenho plena consciência do que valho; não mereço posto menor do que esse*
> *Ele, no entanto...*
> *"Pois já escolhi meu oficial"*
> *E quem é ele?*
> *Um tal Miguel Cássio*
> *Que nunca comandou nenhum soldado em campo de batalha*
> *E que conhece tanto de guerra*

Como uma fiandeira...
No entanto, meu senhor, foi o escolhido – ele!

Então assumiu seu lugar ao piano, com a plateia rumo à loucura completa, e voltou a cantar sobre um celeiro; celeiro de quem, qual celeiro, meu celeiro.

Sempre se perguntou por que a peça inteira não foi gravada, talvez para a televisão – e não foi –, pois gostaria de revê-la. E se perguntou com frequência sobre o próprio Shakespeare, que tipo de homem terá sido, como seria conversar com ele. Não eram ambos, de certa maneira, estilistas? Shakespeare pegou a história, Roma e Veneza, e as refez de acordo com as próprias ideias e para entreter o povo.

"Imagino o que Shakespeare teria achado da minha música", ainda hoje.

Depois de encerrado seu período com o bardo, retornou ao Sul, um lugar onde, de vez em quando, a história de fato se repete. Retornou para descobrir que a inércia que o mantivera prisioneiro por anos havia sido quebrada, mais uma vez obliterada, pela força de uma única canção.

Chairs are stacked all over tables
And it's closing time, they say[4]

Teve de voltar ao passado para encontrar o futuro.

I could wait here forever
If they'd only let me stay[5]

"É o tipo de coisa que Hank Williams teria escrito", diz ele, então era natural que as pessoas se sentissem tocadas no coração. "Another Place, Another Time" foi tão potente quanto ele esperava. O compactou escalou as paradas country mesmo enquanto ele estava levando a cabo a traição de Iago nas sombras das Hollywood Hills. Em pouco tempo, "Another Place" estaria brigando pela primeira posição e a introdução de Jerry Lee na música country mainstream já tinha começado antes mesmo dele cruzar a fronteira do Tennessee.

---

4 "Cadeiras estão empilhadas sobre as mesas/ E dizem que é hora de fechar".
5 "Eu poderia esperar aqui para sempre/ Se apenas me deixassem ficar".

Era inegavelmente uma canção country emotiva, mas tinha uma audácia ali, e seu piano marcando a batida lenta e firme da música. Não havia pirotecnia musical, nada que fizesse um pianista virtuoso dar a mínima – tampouco havia algo açucarado, apenas o contraponto da rabeca solitária de Kenny. Era o tipo de canção que se espera ouvir na mesma jukebox sobre a qual ele cantava tão pesarosamente, o tipo de música que nasce num honky-tonk cujo ar cheira a Winstons e Juicy Fruit. "Soava verdadeira", diz Jerry Lee.

Os produtores da Mercury estavam ansiosos para colocá-lo para gravar mais daquilo. Mal tinha chegado ao Tennessee, foi conduzido às pressas de volta ao estúdio com as letras de três novas canções compostas por Glenn Sutton. As três eram de um estilo que começava a ser chamado de "hard country", não por ter uma batida de rock ou por se intercambiar com o rock de alguma maneira de fato, mas por serem mais substanciosas do que os excessos superproduzidos que se ouvia nas rádios country.

Para o compacto seguinte, gravou "What's Made Milwaukee Famous (Has Made a Loser Out of Me)", outro comovente hino de bar. Sua voz é *tão pesarosa* que não há como não acreditar nele, e mesmo depois de milhares de músicas sobre um homem trancafiado numa prisão de neon enquanto uma mulher espera em casa, de alguma forma esta soava nova.

> *Well it's late, and she's waiting, and I know I should go home*
> *But every time I start to leave, they play another song*[6]

A voz clama não tanto por simpatia, mas por algum tipo de companhia ou até de segunda chance, talvez. Estas não eram canções chorosas; é difícil sentir pena de Jerry Lee em qualquer contexto, em qualquer época, e ele não quer que sintam pena dele. Uma nova geração para o repertório de Jerry Lee, eram baladas simples sobre perdas, anseios e jornadas adiante. Jerry Lee cantava sobre tristeza compartilhada, sobre uma dor familiar, e saber que não se estava sozinho tornava mais fácil para o público acordar na manhã seguinte, sair para o mundo e fazer tudo de novo. Assim como Hank Williams cantara mais de duas décadas antes, Jerry Lee lembrava que um coração partido era

---

6 "Bem, é tarde, e ela está esperando, e eu sei que devia ir embora/ Mas sempre que começo a sair, eles tocam mais uma música".

tão comum quanto terra batida, e os dois até poderiam se avizinhar e ter algo de bonito, se a melodia fosse doce e todas as palavras rimassem.

Era música para aqueles que trabalhavam em oficinas, fábricas e tecelagens, que vendiam seguros e apertavam chaves inglesas, que dirigiam táxis e caminhões e que limpavam mesas na Waffle House. Muitas dessas pessoas eram os mesmos roqueiros que tinham dançado até não poder mais quando essa música ainda era nova e perigosa, na época dos sapatos de dois tons, mas agora estavam um pouco mais velhas e mais sãs. Agora, tinham de acordar cedo; tinham hipotecas e casas de tijolos de dois quartos e garagens de cascalho, e prestações de novos Buick Rivieras trocados a cada cinco anos. O rock and roll as tinha desertado, com as seleções do Top 40 e aquelas bobagens de dragões mágicos. Assim, simplesmente debandaram para o country, a música e as rádios com as quais cresceram; Jerry Lee apenas se juntou a elas, graças a seu próprio ouvido e ao trabalho de alguns bons engenheiros de som.

"Eles escrevem o que as pessoas sentem", disse ele sobre os compositores daquelas canções e das que viriam. "Eu canto como as pessoas se sentem".

Fez isso novamente em "She Still Comes Around (To Love What's Left of Me)":

> *I know I'm not a perfect husband, although I'd like to be*
> *But payday nights and painted women, they do strange things to me*[7]

Ao final do verão de 1968, era o maior artista country do país.

Pode até ter usado alguns ternos com imitações de diamantes naqueles primeiros momentos, diz ele, "mas não como Porter Wagoner". Tudo estava se encaixando. "As canções eram ótimas. As letras eram perfeitas, as melodias eram perfeitas, as músicas eram perfeitas. Tudo o que eu tinha que fazer era tocar, cantar, e pronto. Próxima. Número um. Número um. Número um. Foram uns 33 compactos na primeira posição em sequência".

Gravou músicas de muito romantismo, como "To Make Love Sweeter for You":

> *You've cleared the windows of my life, and now that I see through*

---

[7] "Sei que não sou um marido perfeito, embora gostaria de ser/ Mas as noites do dia do pagamento e as mulheres maquiadas têm um efeito estranho sobre mim".

> *I'll do my best in every way to make love sweeter for you*[8]

Foi talvez a coisa mais próxima de uma pura canção de amor que ele já gravou, e seria seu primeiro número um em qualquer parada desde "Whole Lotta Shakin' Goin' On", há longínquos dez anos.

Porém, se havia uma música feita para ele cantar, o mais provável é que fosse a tristemente bela "She Even Woke Me Up to Say Goodbye":

> *Once again, the whole town will be talking (yes they will)*
> *Lord, I've seen the pity that's in their eyes*[9]

Não é sobre um homem que foi maltratado injustamente; é sobre um homem que merece cada coração partido e sabe disso.

> *Baby's packed her soft things and she's left me, she's left me, she's left me*[10]

Algumas canções fazem as pessoas pensarem que foram compostas para elas. Esta era o oposto: nela, é como se Jerry Lee estivesse vivendo naquela letra. "Poucos anos depois", diz, ele percebeu que "estavam escrevendo canções para mim a minha vida toda. Era como se estivessem me dizendo alguma coisa".

No rastro de "Another Place, Another Time", Jerry enfim voltou ao topo da lista de desejos dos compositores – e eles o agraciaram com uma porção de material novo que se adequava perfeitamente à sua voz e sua personalidade surrada. Algumas das músicas foram de fato criadas para ele – como "Think About It, Darlin'", composta para capitalizar sobre um de seus bordões ("pense a respeito, querida"). "Canções como aquelas são obras-primas", diz Jerry Lee. "Como 'Help Me Make It Through the Night', de Kris Kristofferson", que também foi gravada por todo mundo, de Elvis a Joan Baez. Jerry Lee deu a ela um toque de blues. Tomava o cuidado de se ater às palavras dos autores nessas grandes canções country, em especial nas de Kristofferson, que se tornaria um de seus amigos mais

---

[8] "Você lustrou as janelas da minha vida, e agora que posso ver bem/ Farei o meu melhor, em todos os sentidos, para tornar o amor mais doce para você".
[9] "Mais uma vez a cidade toda vai falar (sim, vai)/ Meu Deus, vi a pena nos olhos deles".
[10] "Ela guardou suas miudezas e me deixou, me deixou, me deixou".

queridos. "Com Kristofferson não se brinca", diz. E seu novo estilo country era o complemento perfeito a essas músicas simples, de linguagem comum: familiar o bastante para entrar com facilidade na seleção das rádios country, porém com mais sentimentos e mais intimistas, com um quê a mais de honky-tonk.

Essa nova leva de canções mudou tudo para Jerry Lee. "Fui colocado de volta no topo", pela primeira vez desde 1958. E o tornou ainda mais rico do que quando era o grande incendiário do rock and roll. Os dias em que ele viajava com a banda em dois Cadillacs empoeirados e espalhava cascalho pelos Estados Unidos e Canadá estavam no passado. Depois que os primeiros hits novos chegaram às rádios, logo vieram outros em cascata, mais de trinta, até que a voz de Jerry Lee, cantando músicas originais novas e versões, como "Before the Next Teardrop Falls", vazasse da janela de cada *station wagon*, caminhão de lenha e trailer Airstream no Sul e no Meio-Oeste, em Bakersfield e em Detroit e, é claro, em Nashville.

"Eu tocava o country do bom, não o outro tipo", diz ele, e bastava ouvir o Top 40 de country por cinco minutos no rádio, em praticamente qualquer lugar, para entender precisamente do que ele estava falando. Nos shows, misturava os sucessos country com o rock and roll, o blues, as músicas antiquíssimas e as canções de sua infância, como sempre fez. Nunca se considerou um artista country – rótulos eram freios para ele –, mas um roqueiro que voltava às raízes. Nashville poderia tê-lo salvo, mas seu coração ainda estava em Memphis.

Viveu entre as duas cidades por um tempo e, em abril de 1969, participou, com Little Richard e Fats Domino, de um show nostálgico de rock and roll para a TV, chamado $33^{1/3}$ *Revolutions per Monkee*, provando que com talento é possível sobreviver a qualquer coisa, até mesmo aos Monkees. E então voltou a Nashville mais quatro vezes naquele ano: para uma sessão de duetos com Linda Gail, que abrangia de hard country a rock a soul, e para uma sessão solo, na qual gravou "Waitin' for a Train", de Jimmie Rodgers, uma de suas melhores interpretações do blues contador de histórias do homem branco:

> I walked up to a brakeman, just to give him a line of talk
> He said, "If you've got money, son, I'll see that you don't walk"[11]

---

[11] "Fui até um maquinista, só para ter uma palavrinha com ele/ Ele disse, 'Se você tiver dinheiro, filho, vou me certificar que você não precise caminhar".

A sessão com Linda Gail se tornou um álbum (*Together*), e ele continuaria a colocar a irmã no palco e em diversos especiais de televisão. Ela era um belo talento por si própria, diz ele – "Está no sangue" –, embora alguns diriam que isso é prova de sua generosidade, que ele faria qualquer coisa pela família.

Kenny Lovelace pôde testemunhar o mais de perto possível a ascensão de Jerry Lee do limbo ao estrelato country. Elvis deve ter visto também, e, no verão de 1969, fez seu próprio retorno histórico.

"Estávamos na estrada, na época", diz Lovelace. "Foi ótimo, cara. Estávamos em Columbus, Ohio, e tínhamos três ou quatro dias livres. Elvis descobriu onde estávamos hospedados e ligou para o hotel, mas Jerry estava dormindo. Quando acordou, tentou ligar para Elvis, mas ele estava na sauna. Elvis retornou a ligação e disse: 'Se você tiver um tempo livre, vou me apresentar no International Hotel e começar a fazer turnês de novo. Adoraria que você viesse e visse o que acha do show'. Ele simplesmente gostava da opinião de Jerry. Então eu, Jerry Lee, Cecil Harrelson e Dick West pegamos um voo até lá. Tinha reservado um bom lugar para nós. No meio do show, Elvis disse: 'Estou muito agradecido que meu bom amigo veio hoje. Gostaria de apresentá-los ao meu camarada, Jerry Lee Lewis'. Todos no salão se levantaram e o aplaudiram de pé. Depois do show, visitamos os bastidores. Havia um piano no camarim. Elvis disse a Jerry Lee: 'Você se importaria em tocar algumas notas?'. Jerry tocou um pouco; estava só brincando... Elvis se apoiou no piano, observando. 'Que pianista'".

Naquele outono, haveria provas em vídeo de quanta maestria ele alcançou. Primeiro, tocou no Toronto Peace Festival diante de 25 mil pessoas, o mesmo evento onde, segundo rumores, Alice Cooper teria mordido e arrancado a cabeça de uma galinha viva. De volta à cena com Chuck Berry, Bo Diddley e Little Richard, tocou de forma tranquila, descontraída e fascinante, como se estivesse no porão de uma igreja ao invés de uma arena cheia de hippies histéricos. Apenas alguns dias depois, gravou uma série de shows curtos num pequeno palco no Holiday Inn de Memphis, para um programa de TV que se chamaria *The Many Sounds of Jerry Lee*. Em uma de suas performances mais diversificadas e impressionantes já registradas em vídeo, remontou longe à época da Sun com "Ubangi Stomp" e "Lewis Boogie", tocou seus grandes sucessos rock and roll e a maioria de seus sucessos country e surpreendeu o público com uma demonstração quase casual de versatilidade, tocando bateria em "Turn On Your Love Light", de Bobby Bland, e violão em "He'll Have to Go" e "Green, Green Grass of Home". Até cantou "Danny Boy" apenas ao microfone, sem instrumento, como um verdadeiro *crooner* pop. Mas o mais impressionante dos shows no Holiday Inn foi o fato de aquela ser talvez a primeira vez em que uma câmera capturou de verdade seu talento absoluto ao piano, suas mãos supervelozes em "What'd I Say", mostrando a quem não tivesse visto um show dele do que se tratava aquela sensação toda e reassegurando aos fãs antigos que a partida para o country não o tinha enfraquecido.

Com uma pilha de hits country saindo do forno, se descontraiu no estúdio e se divertiu a valer em "Workin' Man Blues", de Merle Haggard, na antiga balada R&B "Since I Met You, Baby", e num novo lado A, "Once More with Feeling", tudo parte de uma metamorfose contínua. Insiste até hoje que nunca houve uma evolução de fato em sua arte – "Aos quinze anos eu já era um mestre do piano", diz ele, cortando qualquer assunto desse tipo –, mas, ainda assim, havia uma diferença nas gravações da Mercury que nada tinha a ver com gênero musical. Ele estava mais maduro – menos alterado, talvez, mas mais seguro ao provar que não tinha feito a mesma coisa repetidamente ao longo daquelas turnês infindas, mas que elas tinham sido um grande ensaio itinerante. Também estava mais velho, simplesmente. Seu espírito não tinha se suavizado nem um pouco, mas sua voz, sim, e a interpretação mais sutil fazia jus ao repertório bem mais maduro. Se antes berrava ao longo de "Whole Lotta Shakin'" – e ainda era capaz disso, é claro –, agora abordava as baladas quase que com elegância, embora com aquela constante nuance mundana. Podia cantar uma canção de amor e ainda era possível saber, ao observá-lo, que ele não tinha injustiçado ou desapontado uma única mulher, mas centenas, e que se você estragasse a canção ele desceria do palco e quebraria sua cara. Ao piano, tinha ainda mais finesse e precisão, apesar de ainda adorar surrar o instrumento por pura diversão.

Ele não estava só no topo do mundo de novo; em alguns aspectos, estava olhando o mundo do alto. Em 15 de novembro de 1969, o astronauta Charles Conrad Jr. levou consigo uma seleção de músicas de Jerry Lee para a lua, a bordo da Apollo 12. "Whole Lotta Shakin' Goin' On" não só foi até a lua, como ele sempre disse que aconteceria, como também pousou nela – e, às vezes, foi o único som naquela pequena espaçonave sobre o frio e remoto satélite. Jerry Lee passaria a olhar para a lua, em especial nas noites em que estivesse grande e cheia, e abrir um sorriso largo ao se lembrar disso. Alguns dos mais antigos da Louisiana diriam que nunca fomos à lua, que foi tudo inventado, mas Jerry Lee sabe que fomos, e que os astronautas ouviram um pouco de boogie quando chegaram lá.

No início de 1970, participou do *The Johnny Cash Show*; foi simpático com o anfitrião, e Johnny o tratou como um companheiro que não via há muito tempo. Agora ele era aceito no mundo da música country, e no mundo em geral. Tudo parecia perdoado. O que outrora parecera uma queima lenta e inglória até o fim do pavio, agora era um retorno genuíno: era possível perceber devido aos Cadillacs que novamente preenchiam as garagens de seus pais – embora Mamie ainda roubasse o dele quando lhe dava na telha.

"Eu deixava as chaves no carro, assim ela não precisava pedir", diz ele hoje.

"Mãe, você pegou meu carro novo?", perguntou ao ver um espaço vazio na garagem, mais ou menos do tamanho de um Fleetwood.

"Fui até Ferriday", respondeu ela.

"E eu tinha de dar a ela um exatamente igual, só para ter o carro de volta. Eu ligava para o vendedor e ele dizia: 'Por acaso tenho *um* sobrando'. Um vendedor sempre tem *um* sobrando".

As propostas para shows não paravam de chegar. Tocou até em Vegas, numa temporada extensa no International Hotel. Elvis tocava no salão principal.

"Eu tocava no lounge. Quer dizer, o lounge era do tamanho..." – ele ri – "Era do tamanho dessa casa inteira. Só o *lounge*. Quer dizer, o salão principal comportava umas três mil pessoas. E o lugar onde eu tocava, umas duas mil e quinhentas. Acertei [Elvis] em cheio com isso". Com um clima mais casual, o lounge combinava mais com Jerry Lee. "Dá para descontrair bem, ali, sabe? Eu fazia uns seis shows por noite. Não me importava. Eu adorava!".

Tinha assistido a Elvis no salão maior, mas, para Jerry Lee, era como se ele tivesse perdido o que o tornava grande – a boa forma, não no corpo, mas na performance. "Particularmente, não me importei muito com aquilo", recorda-se. "Ele tinha aumentado a banda, com metais e violinos, esse tipo de coisa, e não acho que tenha ficado muito bom. Estava tentando provar algo que não precisava ser provado. Estava exaurindo seu antigo estilo".

Em seus próprios shows, só precisava da força básica e visceral de seu piano e sua voz. Queria o menos possível de fanfarra. "Nem dava a eles a chance de me apresentarem", e frequentemente entrava no palco durante a passagem de som e começava a tocar. Diz que bastava a ele olhar para os rostos ali presentes e já sabia o que tocar e como tocar. Setlists prévios eram para os tímidos. "Sou capaz de ler meu público desse jeito. De dizer o que eles querem e o que não querem. Se estiver ali, se eles realmente quiserem, se estiverem viciados nisso, por assim dizer" – ri – "sou capaz de dar isso a eles". Tocava os grandes sucessos, é claro, mas, às vezes, escolhia o que estivesse a fim no momento – um pouco de Bob Wills ou Tom T. Hall, ou até uma pitada ou duas de Al Jolson. Parecia, então, que ele podia cantar qualquer coisa, até uma conta telefônica, que seria aplaudido de pé. As mulheres ficavam em trio na porta do camarim, e os maridos deixavam balas de revólver sobre a tampa do piano, se achando muito espertos, pensando que tal coisa nunca tinha sido feita.

Só faltava um herdeiro musical. Seu filho, Junior, que teve com Jane quando ainda tocava nos clubes de Natchez, estava então com quinze anos. Tinha aprendido bateria – ainda estava aprendendo – e saiu da casa da mãe para se juntar ao pai na estrada e, logo, no palco. Já era bonito desde mais novo e tinha idade o bastante para dirigir, como o pai no *The Steve Allen Show*. Era bem arrumado, no início, e usava um topete alto, assim como o pai fazia. Tinha um sorriso largo cheio de dentes brancos e parecia que estava se safando de alguma coisa só de ficar sentado sem fazer nada. Nascido treze meses depois do casamento com Jane, Junior era o filho de Jerry Lee nos mínimos detalhes.

"Eu o amava... Amava meu garoto".

A princípio, só tocava pandeiro, pela diversão, enquanto aprendia bateria. Depois, Jerry Lee decidiu que não havia razão para uma banda não ter dois bateristas, e Junior assumiu o posto atrás do pai, marcando o tempo. Viajou pelo país e pelo mundo, vendo e fazendo coisas que a maioria dos adolescentes só imagina. Fazia refeições com estrelas do rock e ouvia o pai trocar histórias dos velhos tempos com outras lendas. Provaria ser um baterista talentoso, com o ouvido da família para a música. Jerry Lee sabia que o estilo de vida do rock and roll poderia ser sedutor e perigoso, mas negar ao garoto uma chance de experimentá-lo, sendo ele um Lewis, seria como dizer a um equilibrista para não se arriscar. "Ele foi bem" na estrada e no palco, e os excessos da estrada, o consumo de bebidas e drogas, não eram predeterminados, embora isso significasse que o garoto teria de superar não só a tentação, como também a inclinação natural ao vício que corria no sangue dos homens da família Lewis desde a Guerra Civil. Os Lewis faziam música e tocavam o terror no caminho.

Mas Junior não era seu pai, dizem aqueles que tocaram com ele. Não era um Matador, mas uma alma mais gentil, e parecia despertar um lado mais afetuoso no pai. Kenny Lovelace se recorda que Jerry Lee se virava no banquinho do piano para observar o garoto tocar e, quando ele mandava uma passagem especialmente certeira, abria um sorriso largo. "Meu garoto...", diz Jerry Lee, e seus olhos correm para um canto escuro do quarto, como se ele quase pudesse ver Junior ali. Seu outro filho, Steve Allen, tinha deixado o mundo tão cedo, tão prematuramente, e havia tão poucas lembranças. Mas nesse garoto, nesse jovem, Jerry Lee via seu próprio rosto. "Meu garoto... Senhor...". Não fala sobre ele por muito tempo, e já falou por tempo demais.

O álbum seguinte, *There Must Be More to Love Than This*, estava cheio de canções de adultério, "Home Away From Home", "Woman, Woman (Get Out of Our Way)" e a música-título. Foi, mais uma vez, profético. Myra, que ficava a maior parte do tempo em casa enquanto ele corria atrás do estrelato recém-recuperado, contratou detetives para seguir o marido na estrada e, em 1970, já tinha provas suficientes para embasar suas suspeitas de infidelidade bruta e prolongada. Entrou com o pedido de divórcio enquanto Jerry Lee estava em turnê na Austrália. Alegava inúmeros maus tratos, surras e ameaças contra sua vida. Jerry Lee negou a pior parte – "Nunca bati em nenhuma mulher" –, mas as amantes, como ele mesmo disse certa vez, eram "difíceis de esconder", mais ainda quando não se tenta fazê-lo. Estavam casados havia treze anos, e embora houvesse amor no início, a essa altura já tinha sido bem pisoteado. "O casamento atolou", diz ele. "Mas ela tentou voltar comigo várias vezes. Sabia que tinha cometido um erro" (quatro meses depois de finalizado o divórcio, Myra se casou com Peter Malito, um dos detetives particulares que contratou para recolher provas da infidelidade de Jerry Lee). O novo álbum trazia, ainda, uma música chamada "Life's Little Ups and Downs", ode de Charlie Rich ao casamento e ao perdão. Mas esse perdão era só mais uma ficção agradável, cantada em rimas agradáveis.

Muito foi escrito sobre como o divórcio de Myra o puxou para um lugar escuro e se tornou o catalisador de uma espécie de declínio, de uma intensificação de suas bebedeiras e uso de drogas que, de algum modo, quebrou o equilíbrio que ele havia encontrado para gravar, se apresentar e farrear. Ele diz que quem acha isso não prestou atenção por cerca de duas décadas. O divórcio não o incapacitou nem estagnou sua criatividade ou esgotou suas energias. O casamento com Myra já estava problemático há tanto tempo que esse fim era inevitável; seu comportamento escancarado nos dias depois do matrimônio em pouco diferia daquele nos dias que antecederam a morte lenta do casamento. Poderia parecer correto dizer que o divórcio o derrubou de joelhos, mas não foi o que aconteceu, não foi o que exauriu suas forças nos anos seguintes. Fica impaciente quando alguém lhe diz que deveria ter sentido algo o qual não sentiu. "Nenhuma mulher manda em mim", repete, e é o que sempre diz quando não quer mais falar sobre uma mulher ou sobre o domínio que ela teve sobre ele. Não está dizendo que não sente falta dela, às vezes – foram casados por um bom tempo –, apenas que seguiu em frente. Na narrativa do rompimento com Myra, não está disposto a tomar o papel de cônjuge torturado e rejeitado.

Buscou a felicidade, como sempre, na música – numa versão roqueira da desgastada "Sweet Georgia Brown", gravada, desde sua composição, em 1925, por todo mundo, de Bing Crosby aos Beatles. Ainda é uma de suas gravações prediletas – "uma das melhores coisas que já fizemos" – e, neste caso, dá muito crédito a Kenny Lovelace. "Ele tocou aquele solo de rabeca naquele negócio – é *uma coisa de louco*, não? Quero dizer, não há como capturar aquilo de novo, daquela forma. Ah, *rapaz*! Que *disco*! Está tão acima – tão à frente do pensamento de qualquer um na indústria musical, que nunca foram capazes de compreender o significado dele. Tinha todo tipo de sabor". No palco, transformou a canção numa celebração, com as mãos voando e os dedos faiscantes sobre o piano e o rosto, pelo menos naquela época, alegre. Quem não gosta, ele gosta de dizer ao público, "deveria se consultar", pois talvez já esteja morto.

Parecia capaz de fazer qualquer coisa, menos de viver da forma como diziam que ele deveria, mas, apesar de suas fraquezas, voou alto. Pearry Lee Green, que quase foi expulso da faculdade bíblica quando Jerry Lee abalou as estruturas de Waxahachie, nunca abandonou a convicção de que seu amigo pianista tinha nascido para levar as pessoas ao Senhor. Em 1970, estava numa conferência de pastores chamada Full Gospel Businessmen's International, em Sydney, na Austrália, quando ficou sabendo que Jerry Lee estava na cidade. Jerry Lee andou bebendo naquela noite, mas convidou Pearry Lee a sentar-se no banquinho do piano com ele, diante de uma plateia bem calibrada e barulhenta, num auditório cheio, com capacidade para três mil pessoas. "Vocês vão se surpreender", disse ele ao público, "mas eu ia ser pregador". Falou sobre a "inspiração no canto" e sobre como a igreja organizada se recusara a aceitar seu dom. E então cantou um hino, um velho hino de sua infância. A plateia barulhenta ficou em silêncio.

"Vou te dizer uma coisa, ele fez cada jovem naquele lugar chorar", disse Pearry Lee. "Nunca na minha vida vi tantos jovens com lágrimas nos olhos. A voz de Jerry Lee simplesmente derreteu o coração deles. Se eu estivesse pregando, teria feito um convite à salvação".

12

AVIÕES A JATO E CARROS FUNERÁRIOS

Ao redor do mundo
1970

Os anos da praga estavam terminados. Ele os dissipou no final da década anterior, junto a qualquer outra coisa que cheirasse a tempos de vacas magras. "Eu *ainda* era aquilo que as pessoas esperavam, elas *ainda* adoravam isso e *ainda* sabiam que eu adorava fazer isso". Ainda lutava contra o velho demônio, aquele que rodopiava na bebida e crepitava nos frascos de comprimidos, o Satanás que vivia nos lábios pintados de vermelho e nadava nos olhos maquiados. Ainda temia a recompensa disso, mas não o bastante para diminuir a música e tudo que ela lhe dera – e, de certa forma, tudo o que ela exigia em troca. Mamie, sempre com vestidos modestos, o cabelo preso firmemente para trás, sem maquiagem ou batom ou adereços que pudessem ofender seu Deus, lhe dissera para não desistir quando as coisas estivessem ruins. Foi assim que, segurando a grande bolsa preta diante de si como um escudo, também lhe disse que usasse seus dons para animar o coração das pessoas. Se ela tinha preocupações ou dúvidas, as enterrava profundamente, como um grampo de cabelo perdido no fundo de uma bolsa há muito tempo.

Em meio ao retorno de Jerry Lee, Mamie Lewis ficou doente. Os médicos disseram que era câncer, e Jerry Lee não suportou. É o tipo de coisa que as pessoas dizem com frequência, na tristeza, mas neste caso era verdade. Não chorou nem se encolheu em posição fetal e se recusou a encarar o mundo, mas dava cada passo e cada respiro ciente da morte iminente de Mamie. "Eu a idolatrava", diz ele hoje. "Nem sabia que algo podia *ser* como aquilo". Os familiares disseram que ele não conseguia suportar nem mesmo vê-la enfraquecida e com dor, então ia para casa cada vez menos, à medida que a condição de Mamie piorava. "Não se questiona Deus. O que quer que aconteça. Eu não questionei".

Mas se alguém já teve o direito de acreditar que está sendo punido, que um preço terrível lhe está sendo cobrado, esse alguém foi Jerry Lee em 1970. Conquistara o mundo mais uma vez, apenas para ver aquilo que lhe era mais precioso ameaçado por algo o qual ele não podia barganhar ou mudar. Já tinha visto a desolação trazida pela doença no rosto e no corpo de seu tio Lee Calhoun. Viu o grande homem ser reduzido a pele, osso e dor, e agora a mesma maldição tinha acometido sua mãe, cuja força carregara a família por tempos terríveis, até mesmo pela morte. Outrora, acreditara que o pai, Elmo, era quem tinha a espinha de aço, porém, ao ficar mais velho, passou a ver que era a força de Mamie, mais do que qualquer outra coisa, que mantinha a família unida, mesmo depois de o Estado da Louisiana, por meio do divórcio, a declarar legalmente dissolvida. Conhecia a Bíblia – era o único livro que tinha lido de verdade – e sabia que aquela era a Palavra de Deus, portanto, a palavra final. Passara a vida numa proximidade assustadora a ela, em especial aos versículos que alertavam para o salário do pecado, às partes que questionavam qual o lucro de um homem que ganha o mundo todo, mas perde a alma. É mais fácil viver na ignorância do que em tal proximidade; os pregadores dizem que Deus será mais misericordioso com os ignorantes.

"Nunca parei de orar por ela", diz. "Nunca houve um tempo em que não orei por ela". Chegou a se perguntar se as orações tinham o peso que teriam caso ele vivesse como um homem melhor, mas seguiu orando, mesmo assim. Jesus lavou os pés de um mendigo e perdoou todo um mundo de pecados; certamente ouviria Jerry Lee orando pela mãe.

O primo Jimmy continuava a lembrá-lo do salário de seus pecados, diante de milhares de anônimos. Seu ministério crescia. Passara de pregador itinerante que viajava num Oldsmobile 1958 a um homem cujas palavras desafiavam e condenavam o pecado por todo canto, enquanto sua voz trovejava num programa de rádio sindicalizado chamado *The Camp Meeting Hour*. Dizia aos fiéis e aos que buscavam a fé, com as mãos pressionadas sobre o plástico quente de seus televisores Philco, que eles poderiam ser curados, se orassem e cressem, e eles acreditavam, não só na Palavra e na Lei, mas no homem que chegava até eles através da eletricidade no ar, e o recompensavam com uma audiência que só aumentava e lhe enviavam dinheiro para que seu ministério pudesse crescer. Agora, rodava sobre bancos de couro novos e seus guarda-roupas estavam repletos de ternos finos. *The Camp Meeting Hour* se expandira para mais de 550 estações de rádio e era o maior programa gospel diário do planeta. Seu destino era a televisão, a chave para o mundo todo, onde seu carisma ressoaria como um sino.

Os fatos de Jimmy Lee ser alto e bonitão, com uma voz que parecia saída das páginas do próprio Deuteronômio, e de que ele tocava um piano endiabrado não atrapalhavam. Na década de 1970, ele já era uma força entre as autoridades da Assembleia de Deus, que antes se recusara a ordená-lo por, acredita ele, ser primo daquele patife, Jerry Lee Lewis. Era também um astro da música, com uma série de álbuns gospel de sucesso, muitos deles compostos de canções que tocava com o primo na época em que era possível ouvir os pianos soando do outro lado da cidade. Dizia aos ouvintes que Deus falava diretamente com ele, de forma que seu rebanho sabia que ele era um profeta, já que Deus não falava com eles desse jeito com frequência. Jimmy pregava para e contra Jerry Lee, alertava sobre o salário do pecado e chorava.

Jerry Lee sempre pensara que pelo menos parte desse antagonismo de Jimmy vinha de uma antiga e persistente inveja. Mas agora ambos viviam abastadamente, então não podia ser só isso. Todo o pecado ainda estava nas músicas e no estilo de vida.

Era difícil para Jerry Lee ficar com raiva do primo, mesmo quando parecia que sua vida e seus pecados eram os pilares sobre os quais os sermões de Jimmy se erguiam. "Sempre fomos como irmãos", diz ele hoje. "E ele era um *ótimo* pregador e uma ótima pessoa. Mas havia pecadores o bastante por aí sobre quem ele poderia pregar sem se preocupar com a própria família, sobre o velho Jerry Lee. Ele provavelmente diz que fazia isso *por* mim e, bem, provavelmente fazia".

Contudo, com o tempo, Jerry Lee começou a se sentir usado.

"Ele nunca se desculpou. Não acho que faria mal ele se desculpar. Mas ele não vai".

Porém, também sabia que seu primo não pregava do nada, mas a partir da Bíblia, a qual ambos conheciam e na qual ambos acreditavam.

"Acontece que eu o perdoei".

Mais tarde, Jimmy escreveria que a fama de Jerry Lee era construída sobre "brilho e glamour", e o alfinetaria com Provérbios 14:12: "Há caminho que ao homem parece direito, mas ao cabo dá em caminhos de morte".

Sabia que a mãe abria exceções para ele, por amor. Sabia que ela nunca aprovara o estilo de vida rock and roll, mas percebia isso mais na maneira como ela reagia aos outros. "Waylon Jennings levou uma mulher com ele até o aeroporto, e entrou com outra no avião", recorda-se Jerry Lee. "Minha mãe nunca aceitou isso. Waylon disse a ela: 'Sinto muito, Dona Mamie, que a senhora teve de ver isso'". Mas ela nunca repreendeu o comportamento do filho. Era e sempre seria seu menino.

Não suportava pensar nela no leito do hospital, definhando e sentindo dor. Tentava pensar nela como era na época de sua infância, quando estava sempre fugindo para Natchez ou Vicksburg ou lugares mais distantes, e no quão aliviada ela ficava ao vê-lo no jardim, chegando com um sorvete de cinco centavos. "Eu ganhei", dizia, quando ela perguntava onde ele conseguiu o dinheiro para tal extravagância. Percebia que ela estava sempre em guerra consigo mesma em momentos como esse, querendo beliscar seu braço até formar um hematoma ou dar a ele um galo na cabeça, mas antes mesmo de ele dar o último passo para entrar na velha casa de madeira, ela o abraçava e apertava até que ele mal conseguisse respirar. "Meu bebê", ela sempre dizia.

"Família", diz ele, balançando a cabeça. "Se você não tem família...". Era aonde se podia ir, e se resguardar, quando ninguém mais o acolheria. Havia dias em que ele se perguntava se, quando sua mãe o deixasse, restaria alguma coisa sequer.

Enquanto a mãe se enfraquecia, ele via seu próprio filho, Junior, sucumbir aos mesmos apetites, às mesmas tentações contra as quais seu primo pregava há muito tempo no ministério em Baton Rouge.

Era uma época em que comprimidos de todo tipo eram tão fáceis de conseguir quanto um hambúrguer de fast food, mais fáceis, até, pois viajavam em estojos de guitarra, kits de barbear e compartimentos de bagagens, tamborilando, sempre tamborilando. As drogas, então, eram uma espécie de moeda cultural – não só para músicos em turnê, mas até mesmo para o mais protegido filho de classe média suburbana. Jerry Lee, ele próprio assombrado e sobredosado, assistiu ao filho escorregar para uma série de hábitos que eram igualmente parte da música quanto cordas de guitarra ou peles de bateria. Parecia que era preciso tê-los para se fazer música, e, aos dezesseis anos, Junior também os tinha. Jerry Lee tentou dizer ao garoto para parar com aquilo, segundo os membros da banda, para poupá-lo dos demônios com os quais vivia. Não é qualquer um que consegue trazer os demônios para o corpo e sobreviver, como Jerry Lee. Nem todo mundo seria capaz de simplesmente absorvê-los, com as pupilas dilatadas escondidas sob os óculos escuros, e caminhar de espinha ereta. Tarp Tarrant, o baterista, diria mais tarde que Jerry Lee o culpou por isso, por dar os comprimidos a Junior, e colocou uma faca em sua garganta como aviso. Jerry Lee teria matado qualquer um que ameaçasse seu filho de alguma forma, e só depois se preocuparia com a equidade ou a legalidade do ato. Talvez ele nunca nem tenha considerado seu próprio papel ao trazer um filho ao mundo. Mas era a vida pela qual seu filho ansiava, e a única que Jerry Lee tinha para compartilhar.

Com a mãe doente e sofrendo e seu único filho vivo em risco, Jerry Lee decidiu mudar. Não renunciou ao rock and roll, como muitos disseram. Nunca renunciou à música. Renunciou ao estilo de vida e a seus ambientes mais comuns, os bares e clubes onde a música era tocada ao lado de uma fonte inesgotável de uísque, cerveja e outras substâncias. No início de dezembro de 1970, disse à imprensa que não tocaria mais em locais onde se servisse bebidas alcoólicas e só tocaria em arenas, teatros e feiras, terminaria os shows com música gospel e até daria testemunhos. Desprezou a bebida, a blasfêmia e as festas loucas e rejeitou as atenções de mulheres à solta. Faria um show limpo e levaria uma vida limpa, e perguntaria a Deus como ajudar as pessoas que amava. Disse ao *Tennesseean*, de Nashville, que tinha tomado o lado de Deus. "Só quero que as pessoas saibam... Voltei para a igreja e me tornei salvo, e o Senhor perdoou meus pecados e os limpou".

Orou pela mãe.

Orou pelo filho.

Fez uma promessa em oração e disse que faria qualquer coisa se Deus poupasse sua mãe.

Mais tarde, naquele dezembro, Jerry Lee e sua banda tocaram num culto de domingo numa igreja na Highway 61, ao sul de Memphis. Numa gravação ao vivo do show, ele soa feliz, tranquilo, como se estivesse livre de um grande fardo, e talvez fosse isso mesmo.

"A primeira música que cantei na igreja, meus vizinhos, foi uma velha, muito velha canção que minha mãe me ensinou quando eu era só uma criança de uns oito anos", disse à congregação. "Já faz um tempo, mas ainda sei cantá-la".

What will my answer be? What can I say
When Jesus beckons me home?[1]

"Uma canção muito verdadeira", diz ele.

Cantou "I'll Fly Away", "Amazing Grace", "Old Rugged Cross" e "Peace in the Valley", sempre pregando: "Aleluia, glória a Deus, haverá paz no vale, também, irmão. Busco esse dia, eu garanto". E então apresentou a banda: Edward DeBruhl ("É um bom rapaz, de pensamento cristão. Sentei-me com ele muitas noites nos quartos de hotel para ouvir discos religiosos e chorar"), Kenneth Lovelace na guitarra elétrica e na rabeca ("Um dos mais excelentes músicos dos Estados Unidos... Um músico completo e um grande cara") "e Jerry Lee Lewis Jr. na bateria, esta noite", disse o pai orgulhoso. "Junior é de Ferriday, Louisiana, e, vocês sabem, ele meio que gosta de usar o cabelo comprido, e eu disse a ele ontem à noite: 'Filho, você tem que cortar o cabelo', sabe como é, e ele não quer. Já está crescido demais para que eu tente fazê-lo cortar o cabelo – está maior do que eu –, mas não me preocupo tanto assim com o cabelo dele. É um bom menino. Só estou preocupado com a alma dele, com a salvação dele. Aprecio demais Junior, e o amo de todo coração. É meu *único filho*". E o menino olhou para o pai com um sorriso largo no rosto e manteve a batida com perfeição.

Foi o dia mais roqueiro da história da igreja do Irmão E. J. Davis, embora ele tenha se escandalizado um pouco quando Jerry Lee ficou tão repleto do espírito santo que tocou parte de "I'm in the Glory-Land Way" com o pé.

A congregação balançou as estruturas. Jerry Lee riu de alegria. "Achei melhor fazer isso só para mostrar a vocês que ainda consigo", disse. "Não machuquei o piano, Irmão Davis. O Irmão Davis está de olho nesse piano, esta noite. Não vou pular sobre ele, Irmão. Eu garanto. Não esta noite".

Na sequência do show, gravou um álbum gospel de estúdio, intitulado *In Loving Memories*, e até trouxe Mamie para cantar no refrão da faixa-título.

Well, I stand here so solemn, with a blank look on my face
As you lay there dressed in pure white lace[2]

---

[1] "Qual será minha resposta, o que posso dizer / Quando Jesus me convocar para casa?".

[2] "Bem, cá estou eu tão solene, com uma expressão desolada no rosto/ Enquanto repousas vestindo renda de um branco puro".

Para quem o viu sofrer no inverno de 1970 e na primavera de 1971, era claro que a doença da mãe o estava consumindo também. Além disso, parecia que, de alguma forma, ele se culpava, como se a morte dela fosse o preço que tinha de pagar pelo sucesso e pelos pecados. Quando ela começou a perder as forças, Jerry Lee gravou "Mother, the Queen of My Heart", de Jimmie Rodgers, parábola de um filho pródigo que promete à mãe no leito de morte que vai sempre "andar direito", promessa que é incapaz de cumprir.

> *Ten years have passed since that parting*
> *That promise I broke, I must say*
> *I started in drinkin' for pastime*
> *Till at last, Lord, I was just like 'em all*[3]

Mamie faleceu duas semanas depois, na meia-noite de 21 de abril, no hospital de Ferriday. Assim como quando seu filho morreu, ele não chorou na frente da família, nem na igreja, quando o pastor se postou sobre o espectro da morte e alertou que a hora chegava, nem no pequeno cemitério em Clayton. Manteve a postura e manteve-se em silêncio, como a mãe fazia, e observou-a retornar à terra. "Aprendi a fazer isso", diz. O pastor pregou novamente, e então, com aquelas vozes encantadoras, a família cantou os hinos favoritos dela. Chamam isso de "conduzir ao Paraíso com cânticos", mas Mamie *não precisava de ajuda nenhuma*.

"Ela foi a melhor mãe do mundo", diz ele. "Cuidei dela. Ela cuidou de mim".

Mamie carregava um saco de algodão o dia inteiro, em meio à poeira que subia, para comprar uma camisa para Jerry Lee usar para cantar.

"Sinto falta dela".

Os familiares diriam que ele nunca se recuperou. Alguns diriam que ele queria morrer, que tentou se matar com todos os excessos da fama, com todas as armas de autodestruição que o dinheiro podia comprar, mas não havia sido sempre assim? Outros diriam que ele se culpava por ter se recusado a abandonar o rock and roll e só tocar música religiosa, só gospel, ou pelo menos

---

3 "Dez anos se passaram desde que nos despedimos/ Quebrei aquela promessa, devo dizer/ Comecei a beber por passatempo/ Até que por fim, meu Deus, fosse como todos os outros".

algo mais contido, mais tranquilo. Contudo, para tanto, ele teria de ser outra pessoa por completo, e não acredita que a mãe quereria isso. "Minha mãe estava *sempre* do meu lado", diz repetidas vezes. Seria dramático dizer que ela condenava o filho por causa da música, mas também seria simplesmente uma mentira. "Meu talento foi um dom de Deus, *não* de Satanás". Sua mãe foi a primeira a lhe dizer isso e reforçaria isso a ele nos momentos de dúvida, diz ele intensamente. "Se minha mãe não me apoiasse, nunca teria aceitado nenhuma das coisas que consegui para ela graças à música". Teria recusado as casas e os carros e dispensado os outros presentes. Ele se atém a essa crença junto às dúvidas persistentes.

"Um homem não deve ficar sozinho". Dizem ele e a Bíblia.
    Em 1971, pela primeira vez de fato divorciado legalmente antes de um novo casamento, se casou com uma mulher de vinte e nove anos, também divorciada, chamada Jaren Elizabeth Gunn Pate, secretária do departamento de polícia em Memphis. Separaram-se duas semanas depois e não viveriam sob o mesmo teto de novo. Posteriormente, ele diria que, pelo menos em parte, se casou pelo fato de ela estar grávida, mas não dele. Cinco meses depois do casamento, Jaren deu à luz Lori Leigh Lewis, e registrou Jerry Lee como o pai, na certidão de nascimento. Ele refutou, mas discretamente. Há muito se recusa a tratar do assunto em público, escolha que a família vê como bondade. Mas aqueles próximos a ele, incluindo alguns familiares, dizem que uma das razões pelo casamento ter sido só de aparência foi que a filha não era sua.
    Não foi um casamento feliz, mas pelo menos foi longo; ela saiu da casa dele e foi morar numa casa paga por ele em Collierville, Tennessee, e viveriam assim indefinidamente, separados, mas ainda legalmente casados, encontrando-se de vez em quando. Parecia um acordo estranho, mas Jerry Lee não queria viver com ela, nem o fardo de um divórcio, e não havia ninguém com quem ele quisesse se casar no lugar dela. Então deixou o casamento se arrastar por oito anos. Foi um matrimônio praticamente invisível, que só vinha à tona em documentos quando ela acusava falta de pensão para si mesma e para a criança; a maioria presumia que a união simplesmente se dissolvera anos atrás, e os mais espertos o acusavam de abandono. Quando o casamento terminou de fato, não foi num tribunal, mas em mais uma tragédia.

Nesse meio tempo, não mais renunciou ao rock and roll e tudo o que o estilo implicava, incluindo as tentações. Agora, ao invés de gravar mais músicas country novas, voltou no tempo com uma canção que parecia ter pouco ou nenhum espaço na história para uma regravação – e, nela, encontrou um sucesso, na verdade seu maior sucesso em anos. Era "Chantilly Lace", música que era a marca registrada de Big Bopper, gravada para a Mercury em 1958, uma canção jocosa que, na época, percorreu o Top 40 e marcou de vez o bordão *"Oh, baby you know what I like!"* ("Ah, baby, você *sabe* do que eu gosto!") na consciência do público. A versão original era tão marcante que Jerry Lee não tinha certeza se havia lugar no rádio para uma nova versão. Teve de ser convencido a fazê-la por alguém de confiança.

Jud Phillips voltara a conviver com Jerry Lee como uma espécie de conselheiro pontual, pois era uma das poucas pessoas no planeta capazes de acompanhá-lo numa bebedeira de uma noite inteira ou três dias. Jud não se abstinha de nada e tinha algumas de suas melhores ideias quando estava jogado no carpete. "Era ele quem dava as direções naqueles discos", recorda-se Jerry Lee. Certo dia, diz ele, estavam reunidos na tentativa de encontrar um hit, "e ele estava tão bêbado que não conseguia se levantar. Ficou lá, no chão". E Jud disse: "É hora de fazermos 'Chantilly Lace'".

Jerry Lee diz que estava cético, mas que "Jud nunca errava".

"Jud, não sei a música", disse ele. "Não sei nem a letra".

Mas já sabia o que Jud diria: "Então invente".

Jerry Kennedy se recorda do que se seguiu como uma sessão tresloucada, com Jerry Lee martelando refrão atrás de refrão. O que Jerry Lee se lembra é do que foi preciso para começar.

"Eu nunca tinha tocado a música antes". Sabia que teria de trazer algo diferente a ela: "Peguei a canção e coloquei meu estilo nela. E a reescrevi, palavra por palavra", à sua maneira:

Hellllloooooo, you good-lookin' thing, you
Yeah—uh? This is the Killer speaking...[4]

Mas o problema de verdade não era o que ele faria com a música – e sim se certificar de que um estúdio enorme, cheio de músicos contratados, incluindo uma

---

4 "Ooolllllááááá, coisinha linda, você/ Sim—oi? Aqui é o Matador falando...".

seção de cordas completa, não mataria a espontaneidade com doçura demais. "Entrei e disse a Jerry Kennedy para acender a luz vermelha, como se não estivéssemos sendo gravados". Assim como Sam Phillips, ele acreditava que, às vezes, as melhores performances aconteciam quando todos estavam relaxados. "Mas estávamos sendo gravados. Disse a ele para apenas deixar a fita rodar e registrar o primeiro *take*. Eu disse: 'Não se preocupe quanto à banda tocar uma nota errada ou algo assim, porque eles conhecem a música'. E acertamos em cheio. Um *take*".

Depois, o maestro da seção de cordas veio até Jerry Lee, contente com o que acreditara ser um ensaio.

"Acho que podemos fazer de novo. Ficou bom".

"A gravação está feita", disse Jerry Lee.

"Ah, não é possível!".

"Ah, é, sim. E temos um sucesso".

Jerry Lee estava certo. "Chantilly Lace" ficou três semanas na primeira posição da parada Hot Country Singles da *Billboard*; entrou no Top 50 pop nos EUA e no Top 40 do Reino Unido. Para muitos fãs fiéis, a música capturava tudo o que eles mais gostavam em Jerry Lee. Quando ele cantava o velho rock and roll, os fazia lembrar de um tempo em que não havia esse tipo de música sem um toque *hillbilly*; portanto, lembravam da juventude. Mas enquanto o jovial e inofensivo Bopper soava apenas levemente libertino ao cantar sobre aquele "rabo de cavalo", Jerry Lee incutia um outro tipo de atitude à canção.

> *Do I like what?*
> *I sure do like it, baby...*[5]

"Chantilly Lace" foi um dos destaques de um novo álbum, *The Killer Rocks On*, juntamente com uma versão da música de Kris Kristofferson que Janis Joplin tornara famosa não havia muito tempo, "Me and Bobby McGee". O ar melancólico e nostálgico de "Bobby McGee" era perfeito para Jerry Lee, e desde então é uma das mais pedidas em seus shows. "*Aquela é uma canção*", diz hoje.

A amizade de Jerry Lee com Kristofferson era uma espécie de sociedade de admiração mútua. Jerry Lee sempre correspondia à força e confiança de ho-

---

5 "Eu gosto do quê?/ Certamente gosto, baby...".

mens verdadeiros, e via tudo isso em Kristofferson. Este era um homem que concluíra a Ranger School do Exército, pilotara helicópteros e lutara boxe em Oxford, e ainda assim compusera canções gentis, como "For the Good Times". Mais do que isso, parecia não dar a mínima para o que o *establishment* musical – ou o que qualquer um, na verdade – pensava sobre ele. E, assim como Jerry Lee, fizera isso funcionar a seu favor. Acadêmico de Rhodes University, sempre se ateria aos ensinamentos de William Blake, que acreditava que o homem com um talento dado por Deus deve usá-lo, ou então colher mágoa e desespero. Jerry Lee apenas sabia que o cara escrevia canções – palavras – que fisgavam os corações das pessoas como um anzol.

Mesmo com os arranjos de cordas de Jerry Kennedy adocicando a sonoridade, *The Killer Rocks On* era seu álbum mais audaz desde *The Return of Rock*. Aproveitou a ocasião para arrebentar em "Don't Be Cruel", de Elvis, "Lonely Weekends", sucesso de Charlie Rich pela Sun, e "I'm Walkin'", de Fats, em andamento dobrado, mas também incluiu uma releitura emotiva do velho blues "C. C. Rider", e duas canções recentes de Joe South, "Games People Play" e "Walk a Mile in My Shoes", que combinavam perfeitamente com sua voz – e com as rádios country. Os velhacos de macacão chamavam isso de "country de cabeludos", mas Jerry Lee dava o toque de rock.

> *If you could see you through my eyes, instead of your ego*
> *I believe that you'd be surprised to see that you'd been blind*[6]

The Killer Rocks On seria mais um álbum que os fãs ouviriam do início ao fim até gastar. Marcaria sua reemergência do casulo do country, seu renascimento como um roqueiro legítimo.

Depois de ganhar milhões cantando música country, gastou todo esse dinheiro farreando como um astro do rock. Definhou por muito tempo, viajando, trabalhando feito um escravo e esperando por esse renascimento, para não desfrutar da jornada quando ela chegasse. "Não havia tempo a perder", diz ele. "Numa certa época, houve mais histórias de Jerry Lee Lewis nos arredores de Nashville do que se pode imaginar. E sim, algumas delas eram verdadeiras".

---

6 "Se você pudesse se ver pelos meus olhos, e não pelo seu ego/ Acredito que se surpreenderia ao ver que foi cega"; "Walk a Mile in My Shoes".

Foi um tempo de excessos épicos, mas até os astros do rock mais loucos dos anos 1970 aprenderam que, quando se tratava de tocar música boa e depois farrear como se realmente não houvesse amanhã, eram amadores leite com pera em comparação a Jerry Lee. Até seu visual começava a parecer diferente: sempre considerou afeminado o cabelo comprido, mas gostara da barba que cultivou para *Catch My Soul*, e agora a deixou crescer de novo, e os cachos chegarem ao pescoço. Trocou os paletós e os sapatos de dois tons por botas e trajes mais estilosos. Quando foi à Inglaterra para fazer um show histórico no Wembley Stadium, o primeiro a acontecer naquela arena, seu estilo era totalmente casual, com uma camisa alaranjada de mangas curtas e calças apertadas combinando, ao lado de Little Richard e Chuck Berry. Nos bastidores, notou um rapaz magricela e de lábios grandes no palco, animado como um adolescente hiperestimulado, brandindo uma câmera de vídeo. Era Mick Jagger.

"Ele estava rolando no chão com a câmera", diz Jerry Lee. "Tinha cada um dos meus álbuns – *ali, em mãos*. Eu disse a ele que não ia autografar tudo aquilo".

Numa turnê pela Europa na primavera daquele ano, foi selvagem no palco, talvez mais do que nunca; as plateias o adoravam por isso, porque era a *persona* ganhando vida diante delas – não Jerry Lee Lewis, mas o Matador. Voltou a subir no piano em todos os shows, rugindo ameaçadoramente e despejando fúria para a plateia. Em Paris, deu socos no ar e subiu no piano para deitar e rolar, e os berros encobriram a música. Nos bastidores, nas entrevistas, estava exausto e contemplativo. Aparentava o que era: um homem de alma atormentada perdendo o controle.

Ou talvez, diz ele hoje, apenas soubesse que tinha um papel a fazer.

"Dou ao meu público o que ele quer", disse, nos bastidores, enquanto um repórter francês traduzia. No vídeo em preto e branco, sua pele parece branca como a neve, embora talvez seja apenas um truque de iluminação.

Pode ter sido o papel de toda uma vida, mas havia um preço.

"Eles *querem* assim", diz hoje. "Querem alguém malvado. Que vire pianos de ponta-cabeça. Que capote Rolls-Royces. Que se case quando estiver pronto".

"Esse é o Matador, sabe? O *Matador*! Matador! Matador!".

Num piscar de olhos, Jerry Lee e companhia retornaram a Londres em janeiro de 1973, para gravar um álbum com um time de talentosos músicos britânicos que incluía os guitarristas Peter Frampton e Albert Lee. Lançado como *The Sessions... Recorded in London with Great Guest Artists*, foi um encontro controverso e casca grossa, sobre o qual os britânicos disseram que foram tratados como burros de carga e receberam muitas ameaças de um Jerry Lee impaciente e bem calibrado. Mas o disco foi mais um sucesso e subiu pelas paradas de ambos os lados do Atlântico. O compacto foi "Drinkin' Wine Spo-Dee-O-Dee" e provou que Jerry Lee poderia voltar ao passado o quanto quisesse, a essa altura, nesse novo ápice, e encontrar um hit. Gravou ainda uma música que se tornaria uma espécie de hino para ele, "No Headstone on My Grave", canção de Charlie Rich sobre um homem que desafia a morte, mas promete encontrar a mãe na outra vida.

Jerry Lee depois diria que os britânicos cabeludos de calças boca de sino engraçadas eram ótimos músicos e bons rapazes; só precisavam de um pouco de disciplina, como toda banda. Durante a sessão, ele até tentou educá-los um pouco sobre o compositor e pianista americano Stephen Foster, falecido há muito, muito, muito tempo, conduzindo-os por "My Old Kentucky Home" e "Swanee River" em andamento de rock and roll. "Muita gente pensa que ele era um tipo meio... *sossegado*", disse a eles. "Mas o Stephen Foster era um filho da mãe bem roqueiro".

O cachê dos shows em salas de espetáculo voltou aos 10 mil dólares. Elmo viajava o mundo com ele, agora feliz feito uma criança com a boca cheia de balas quebra-queixo, que pedia ao serviço de quarto e então dava risada dos marmanjos que as traziam usando chapéus coco engraçados. Phoebe podia ir para as melhores escolas, colégios internos, para ficar longe da loucura por um tempo, e então retornar para o olho do furacão para ver o pai fazer a festa. Agora voava bem acima das espeluncas, *honky tonks* e *juke joints* onde fora forçado ganhar a vida. Com o dinheiro que ganhou com o estrelato country, comprou seu primeiro avião, um DC-3, com espaço para todo tipo de interesseiros, bêbados amigáveis e mulheres bonitas sem lugar para ir. Contratou pilotos particulares para levá-lo com estilo aos grandes shows e especiais de TV, embora diga que nunca gostou de andar de avião. Passou a vida toda de um quase desastre a outro, sobrevivendo a crise atrás de crise, brigando para se safar ou pensando em como se safar, e às vezes encarando como um homem, mas, num avião, não se tem poder sobre nada, a menos que se seja o piloto e olhe lá. O vento poderia derrubá-lo do céu ou ele poderia se perder nas nuvens ou numa tempestade e nunca mais ser visto com vida. "Não sobram muitos aleijados num acidente de avião", diz ele.

Recorda-se de uma viagem de Las Vegas a Knoxville, nos anos 1970. Os voos longos quase sempre se tornavam bebedeiras nas alturas, e naquele dia foi isso o que aconteceu. Naquele voo, estava quase dormindo quando espiou pela janela e notou "que parecia que estávamos chegando muito perto do chão".

Viu um passageiro vir meio apressado da cabine.

"Jerry Lee, não sei se você sabe, mas os dois pilotos estão dormindo".

"Bem, então é melhor eu acordá-los", disse Jerry Lee.

Abriu a porta da cabine e viu os dois homens dormindo, e, a essa altura, as pontas das árvores estavam quase tocando os trens de pouso.

"Não estavam bêbados, só dormindo", diz ele. "Nunca mais voei com eles".

Era uma liberdade que ele nunca tivera, nem mesmo no auge de seus dias de rock and roll. Poderia simplesmente ir aonde lhe desse na telha. Desligava o telefone na casa em Memphis e dizia para quem quer que estivesse por ali: "Ei, vocês estão a fim de ir para a Europa?".

"Acho que sim", respondiam, e lá iam todos.

"Era o DC-3 mais perfeito do país. Era lindo por dentro. E tinha tudo o que se pode desejar num avião". Só havia um problema: "Era lento que só".

Hoje, dá risada disso. "Me lembro de uma vez que estávamos passando por San Antonio, Texas. Olhei para a estrada abaixo de nós e *os carros* estavam nos ultrapassando". Perguntou ao piloto, que se chamava Les, se aquilo era normal. "Les, parece que aqueles automóveis lá embaixo estão ultrapassando a gente".

"Ah, sim, é mesmo", disse o piloto. "O vento contra nós está *bem feio*".

"Eu disse: 'Quero um avião mais rápido do que esse'. Então comprei um Convair 640. Feito por um pessoal na Suíça... Bom bar, bom toalete... Tinha vinte e cinco assentos – e digo assentos como estes", os de sua sala de estar. "Tudo o que você quisesse, sabe? Motores Rolls-Royce... E toda vez que eu saía da cidade, meu pai – ele não fazia por mal, mas teria vinte e cinco pessoas naquele avião! Gente que eu nem conhecia".

Certa vez, estavam programados para ir a Londres. "Pedi a Les que nos levasse a Kansas City, para embarcarmos de lá. E um velho que estava no avião diz: 'Jerry Lee... Quero que saiba o quanto agradecido estou por isso. Nunca estive no exterior. Isso vai fazer meu ano'".

"Eu disse: 'Bem, aproveite, senhor'. Ele pensou que estávamos voando para Inglaterra. E só estávamos indo para Kansas City".

A insanidade dos tempos de vacas magras continuara, agora com brinquedos melhores e mais barulhentos. Carregavam armas no avião. Carregavam comprimidos. Depois de uma viagem intercontinental – ele não se lembra exatamente para onde iam ou de onde partiram –, Elmo, que já vinha bebendo há vários estados, disparou subitamente do assento, pulou ao volante da limousine que os aguardava e saiu cantando pneu na pista de pouso, para todos os efeitos roubando o carro até batê-lo depois de uns dois quilômetros. A polícia chegou e se deparou com um velhinho dócil e esgotado no banco traseiro, contando como ele esteve o tempo todo sentado ali. Disse que era o pai de Jerry Lee Lewis e só estava esperando na limousine, quando um cara roubou o carro com ele dentro e caiu na vala. O mais impressionante era que Elmo ainda foi flexível e rápido o suficiente para passar para o banco traseiro antes que a polícia chegasse.

Tiros eram lugar-comum. Jerry Lee tinha um amigo chamado Arthur, que, numa festa, foi até ele bêbado.

"Jerry Lee, acho que acabei comigo mesmo", disse ele.

"Como assim, acabou com você mesmo?", perguntou Jerry Lee.

"Coloquei a arma na frente da minha calça e ela disparou".

"É, acho que você acabou com você mesmo", disse Jerry Lee.

Cansado de lidar com terceiros e seguro de que saberia conduzir seus próprios negócios tão bem quanto qualquer aventureiro político, Jerry Lee formou a Jerry Lee Lewis Enterprises, Inc., sediada num conjunto na Airways Boulevard, mantendo seu homem de confiança Cecil Harrelson, que o apoiara em dez mil *honky tonks*, como empresário e contratando Eddie Kilroy, que lhe trouxera a canção de Jerry Chesnut que o colocou de volta no topo, como diretor de criação. Cecil agora era oficialmente da família, depois de ter se casado com Linda Gail, que se divorciaria dele e se casaria com Kenny Lovelace, para então se divorciar de Kenny e se casar novamente com Cecil, no caminho para um total de oito casamentos, um recorde na família Lewis.

A época dos Cadillacs tinha terminado. Comprou um Rolls-Royce; todos os astros do rock de verdade tinham um Rolls. Tinha um motor de doze cilindros e era mais rápido do que qualquer carro de polícia do Mississippi e do

Tennessee. Os dias e noites eram loucos e fartos, e ele aguentava e era capaz até de se nutrir disso, rapaz, porque ele era Jerry Lee Lewis. Estava tomando comprimidos de novo, nunca parara, na verdade. Contava com um suprimento inesgotável deles, alguns eram até legais, por meio de George Nichopoulos, o homem que medicava Elvis e a quem chamavam de Dr. Nick. Mas Jerry Lee não era capaz de se medicar o suficiente para dissipar a dor da morte da mãe; mesmo depois de tanto tempo, havia dias em que essa dor ainda o encontrava. Sofrendo, causou muitos danos a si mesmo naquela época, mas, ao invés de capotar, seguiu cambaleante. Ajudava parentes quando estavam em tempos difíceis e até quando não estavam, e se havia alguém monitorando o dinheiro que ele gastava, o dinheiro que ele devia e o dinheiro que lhe era devido, essa pessoa dormiu no serviço. Houve pouco ou nenhum registro, e isso viria a assombrá-lo, um dia. As regras, as leis, ainda pareciam bobagem. Seguia para a próxima etapa, o próximo disco, o próximo pagamento gordo. Como a maioria dos episódios de sua vida, cantou sua história no palco, interpretando Creedence Clearwater Revival com toda convicção:

> *Don't go around tonight*
> *Well, it's bound to take your life*[7]

Seu sempre famigerado temperamento piorou. Graham Knight conta sobre um show na Inglaterra, em 1973, em que Jerry Lee ficou furioso com um baterista que não conseguia acompanhá-lo ou não conseguia manter o tempo. "Ele disse ao baterista para sair do palco, e se ele mandava alguém sair, a pessoa tinha de sair. Depois que o baterista foi embora, Jerry seguiu com o show, tocando a melodia no piano com a mão direita e a batida com a esquerda".

Knight relembra que ainda era a música, mais do que qualquer substância química, o que mantinha Jerry Lee de pé. Até na Inglaterra, o fim de um show não significava que a música tinha acabado. "Eu gostava quando ele entrava no meu Mini, no banco do passageiro, e Kenny Lovelace atrás. Kenny tocava violão e Jerry cantava. Viajávamos assim por uns trezentos quilômetros de volta a Londres. Parávamos num posto e Jerry pedia uma porção de feijão.

---

[7] "Não saia por aí hoje à noite/ Ou poderá perder a vida"; "Bad Moon Rising".

'Você é Jerry Lee Lewis?', perguntavam. 'O primeiro e único', ele respondia".

Mas os demônios excediam até a música, e ele descobriu que não era capaz de correr o bastante para ultrapassá-los e ainda se manter na estrada. Jerry Lee se recorda de cantar poeira com o Rolls-Royce na rodovia de mão dupla em algum lugar nos arredores de Bolivar, Tennessee, com luzes azuis e vermelhas piscando no retrovisor. "Eu pisava bem", disse. "Fundi o motor de mais duas viaturas que tentaram me pegar. Olhei para a estrada adiante e estava completamente bloqueada por carros da polícia. *Ora*, pensei, *eles devem estar me esperando*".

Outra vez, disparava pelo asfalto do Tennessee com o toca-fitas rugindo por alto-falantes customizados num carro que custava mais do que a maioria das casas pelas quais ele passava. Tentou fazer uma curva numa velocidade da qual não se lembra mais, mas que estava além da mecânica até mesmo de um carro como aquele. "Capotei um Rolls-Royce, que ficou de cabeça para baixo. E estava tocando uma música, uma das minhas favoritas, 'One Rose', de Jimmie Rodgers. Eu estava ouvindo a fita e, rapaz, eu estava meio alto, também, para ser sincero. E eu estava sentado lá, com os policiais me ameaçando e tal, para que eu saísse do carro. Eu disse: 'Só vou sair daqui depois que a fita terminar de tocar 'One Rose That's Left in My Heart!'. E eles só recuaram e esperaram a fita acabar. Quando o carro capotou, distorceu a fita ou algo assim. '*Ooonnne rooossse, that's left innnn, my heart, deeear...*'".

Na delegacia, "eu não parava de falar, empolgado e agitado", ri. "Eles se divertiram comigo. Me colocaram numa cela, e o xerife disse: 'Quando você se acalmar, Jerry Lee, e parar de xingar e tagarelar e nos ameaçar e tal, quando sossegar, vamos soltá-lo e você poderá ir para casa'. Eu disse: 'Caaaaara, cê vai me soltar agora...'. Ele disse: 'Não vai acontecer'. Então eu enchi o saco por mais ou menos uma hora e finalmente me acalmei, meio que deitei na cela e tirei um cochilo, acho".

"O xerife voltou e disse: 'Parou com aquela enchação?'. E eu respondi: 'Sim, estou pronto para ir para casa'".

Ele era o astro country mais rentável do mundo já havia cerca de quatro anos. Vivia a tristeza de suas músicas todos os dias, mas não pedia a compaixão daqueles que compravam seus discos. Como seria possível exigir isso de homens e mulheres que contavam cada centavo, que rezavam para poder pagar as contas? Ainda assim, eles lhe concediam isso, e as cartas de fãs chegavam aos montes. Nelas, diziam que oravam por ele e lhe agradeciam pela felicidade que sua música proporcionava. "Espero que tenha animado os corações das pessoas", diz ele, e acredita que sim. Até tocava ainda em auditórios municipais e palcos de escolas de vez em quando, para se manter próximo dessas pessoas; três dias depois do enorme show no Wembley Stadium, tocou numa escola em Indiana. Mas o amor que recebia das pessoas dos chãos das fábricas, das tecelagens, das mesas de secretárias e das rodovias e estradas de terra, não alcançava o Ryman, a instituição só para membros exclusivos que rejeitou Hank Williams e foi, na melhor das hipóteses, indiferente quando Elvis subiu no palco. Há muito tempo, quando sua mãe era viva, gostaria de ter tocado lá, pois isso teria significado muito para ela. Ele parecera uma escolha natural para isso na época em que gravou "Crazy Arms" e "You Win Again", mas ninguém o convidou, e então o Opry o baniu descaradamente devido a sua reputação rock and roll, proibindo-o de participar do programa pelo qual sua mãe preservava uma bateria a semana toda para ouvir no rádio de transistor.

Então, para provar como o destino brinca com um homem, em meio à tristeza, à loucura e à autodestruição, foi convidado para tocar no Ryman, com tudo o que isso implicava.

"Me chamaram para tocar no Ryman, e eu só fui porque, desta vez, imploraram".

Era janeiro de 1973. Ainda era o mesmo Opry, com os mesmos velhos austeros a observar dos bastidores como se esculpidos em madeira e pregados nas paredes do Ryman. Ernest Tubb, Hank Snow e Roy Acuff, os homens atemporais que o ignoraram quando ele era um garoto de olhos arregalados nos bastidores, lá estavam com os mesmos ternos sobre os corpos esqueléticos, como se estivessem pendurados em cabos de vassoura cruzados. Algumas das atrações tinham mudado, mas *a* atração continuava a mesma: Minnie Pearl, com a etiqueta ainda pendurada daquele chapéu engraçado, ainda berrava *"Howdeeeeee!"* e contava histórias que retratavam as pessoas do interior como atrasadas, mas, de certa forma, ao mesmo tempo sábias; os habitués do Opry tocavam bluegrass e country antigo, muito antigo, e os convidados novos e mais jovens tocavam músicas que se encaixavam seguramente nos moldes. Little Jimmy Dickens ainda usava aquele enorme chapéu Stetson branco, como se tivesse uma banheira sobre a cabeça.

Enquanto esperava nas coxias, Jerry Lee os cumprimentou e foi educado, mas não tinha esquecido. Lembrava-se da última vez que esteve lá, invisível, exceto quando estava no caminho de alguém. E então uma voz suave perguntou: "Filho, você está perdido...?", e ele ouviu seu nome ser anunciado e caminhou até o piano sobre aquelas tábuas marcadas, porém históricas, para ser recebido com muitos aplausos.

Os velhos magricelos em ternos finos e brilhantes e chapéus Stetson observavam detrás das cortinas, incertos. Que tipo de heresia ele cometeria?

Ao invés disso, tocou "Another Place, Another Time", canção escrita para ser tocada ali, que se esperava que fosse tocada ali, e, quando terminou, a plateia aplaudiu calorosamente em alto e bom som. Antes disso, tocou uma faiscante "What'd I Say", de Ray Charles, um medley de "Break My Mind" e "Mean Woman Blues", seguido de "I Can't Seem to Say Goodbye", "Once More with Feeling" e de "Waiting for a Train", de Jimmie Rodgers, ao que a plateia educada assobiou e berrou.

"Toquei durante os comerciais", diz ele, ignorando a programação da transmissão e qualquer outra programação. Teriam de se virar. E então olhou para as coxias e fez um gesto para Del Wood, a única pessoa do Opry a ser simpática com ele quando era um adolescente vagando pela Music Row.

"Senhoras e senhores, muitos anos atrás, tive o privilégio de conhecer uma grande mulher. Seu nome é Del Wood... Eu era só um garoto, na época, devia ter uns dezenove anos. Cheguei aos bastidores – não sei como consegui entrar, simplesmente me infiltrei – e ela me tratou com o maior... Não sei, ela foi tão cordial. Nunca vou me esquecer disso enquanto... eu viver. Isso significou muito para mim. E gostaria de convidar Del Wood para vir aqui... Ninguém me pediu para fazer isso de maneira alguma, de jeito nenhum... Só conversei com ela nos bastidores, e disse: 'Querida, quero que você suba no palco para cantarmos, só eu e você, 'Down Yonder', sentados ao piano'".

A plateia assobiou e comemorou quando ela entrou.

"Este é um privilégio para Jerry Lee Lewis", disse o próprio.

"Tirou as palavras da minha boca", disse ela. "É um privilégio para mim".

E o piano começou a tocar. A mulher era capaz de tocar qualquer coisa, de ragtime a gospel a country. Foi chamada de a Rainha dos Pianistas de Ragtime quando viajou com o Opry para tocar para os soldados no Vietnã, mas agora só era uma estrela na memória. E então lá estava com o ainda jovem Jerry Lee, e tocaram juntos, às vezes rindo alto.

"Vou lhes contar uma coisa sobre essa mulher", disse Jerry Lee, enquanto ela saía do palco ao som de aplausos estrondosos. "Se ela não entende, esqueça, pois é algo que não pode ser entendido".

E então alguém da plateia berrou "Johnny B. Goode", ao que ele atendeu no ato. "Sim, sim", disse, e tocou a música, e então outro medley, de "Whole Lotta Shakin' Goin' On", "Workin' Man Blues" e "Rock Around the Clock", para terminar com um segundo round de "Shakin'". Pisou um pouco no freio para "Me and Bobby McGee", tocou "Chantilly Lace" e ainda mais um medley, com "Good Golly Miss Molly" e "Tutti Frutti". A plateia gritou e assobiou e balançou as estruturas antiquíssimas. Não se comportavam assim desde a última vez que o velho lugar viu um rapaz inadequado subir no palco, aquele que disse que poderia jogar seu chapéu no palco depois de cantar "Lovesick Blues" e o chapéu seria aplaudido por três bis. Berraram e bateram os pés como nunca, nem mesmo para Elvis.

"Elvis *não* estava pronto", diz ele hoje.

Observou o velho e gasto auditório ao seu redor, tão surrado por carregar tanta história preciosa.

"É um celeiro", diz hoje.

E então olhou para a plateia e tocou...

Hear that lonesome whip-poor-will
He sounds too blue to fly[8]

Dois meses depois do show no Opry, fez uma apresentação estrondosa no Brooklyn, acompanhado por um naipe completo de metais, que foi transmitida nacionalmente na série *In Concert*, da ABC. Depois, em setembro, retornou a Memphis para gravar um novo álbum, *Southern Roots*. Durante essas sessões, insultou o produtor, ameaçou matar um fotógrafo e bebeu e tomou compri-

---

[8] "Ouça aquele curiango solitário/ Ele soa triste demais para voar"; "I'm So Lonesome I Could Cry", de Hank Williams.

midos não para escapar, mas para mergulhar na nebulosidade. Em meio a essa brisa, gravou o clássico sem vergonha "Meat Man", de autoria de seu amigo Mack Vickery, canção que dispensa explicações:

> *I got jaws like a bear trap, teeth like a razor*
> *A Maytag tongue with a sensitive taster*[9]

Parecia ainda irrefreável, com repetidas participações no agora clássico programa de TV *The Midnight Special*. O programa o levou para um número ainda maior de salas de estar, conduzindo-o àquele lugar ainda mais alto onde as lendas e as estrelas do aqui e agora respiram o mesmo ar rarefeito.

Em outubro daquele ano, estava em Los Angeles para tocar no Roxy, quando um jovem desgrenhado e míope apareceu nos bastidores, quase sem fôlego.
Seu filho começou a lhe cutucar, animado.
"Pai, aquele não é o John Lennon?", disse Junior.
"Sim, filho, é o John Lennon".
Lennon correu até Jerry Lee e se ajoelhou.
Fez uma reverência e beijou os pés dele.
"Obrigado", disse Jerry Lee, sem saber o que mais dizer.
"Só queria que você soubesse o que significa para mim", disse Lennon. "Você tornou possível que eu virasse um cantor de rock and roll".
"Ele foi muito sincero", recorda-se Jerry Lee. "Disse: 'Só quero lhe mostrar e dizer o quanto eu agradeço o que você fez pelo rock and roll'".
Jerry Lee não se importava muito com a música dos Beatles, mas eles se mostraram bons rapazes – pelo menos este, de óculos, com costeletas desgrenhadas e corte de cabelo afetado.
"Ele foi muito simpático", disse Jerry Lee. "Estava sério. Eu não sabia o que pensar. Acho que é lisonjeiro, quando alguém beija seus pés".
Ele não sabe se algum dos outros Beatles estava na turma de Lennon naquela noite. "Eles estavam num camarote e estavam curtindo o show. Disso eu sei. Não sei o que estavam fumando, mas tinha muita fumaça saindo daquele camarote".

---

[9] "Minha mandíbula é como uma armadilha para ursos, meus dentes, como uma navalha/ Minha língua tem o paladar sensível".

Naquele ano, comprou uma grande casa de campo de tijolos aparentes, no Condado de Hernando, Mississippi, cercada por um belo lago, com estábulos, pastos verdes e árvores escuras e vistosas. Ali, a cerca de quinze minutos de viagem ao sul de Memphis, nos limites campestres do lugarejo de Nesbit, era possível nadar na piscina em forma de piano ou fazer um churrasco de porco no quintal sem ser incomodado por cobras, sob a lua e as estrelas e sem ninguém que viesse importunar. Via ali como um lugar onde ele, seu pai e seus filhos, talvez até netos, para levar seu nome adiante, viveriam – talvez não em serenidade, não era exatamente a Montanha Walton[10], mas era, ainda assim, um bom lugar, o lugar deles. Era uma âncora, um lugar para onde voltar.

Porém, raramente estava lá. Só em 1973, viajou para oitenta cidades para tocar e cantar, quase sempre fazendo mais de um show em cada localidade. No outono, cruzou o país de oeste a leste e de norte a sul. Começou em Syracuse, depois Nashville, então partiu para a Europa para alguns shows-relâmpagos, depois uma semana em Los Angeles para gravar um episódio da série de TV *Police Story* (no Brasil, *Os Novos Centuriões*), depois Memphis, para as gravações de *Southern Roots*, depois Oklahoma City, Kentucky, Florida, Nebraska, Minnesota, Wisconsin, L. A. novamente, Indiana. Fechou o ano de maneira relativamente sã, tocando cinco noites por cidade em clubes em Birmingham, Atlanta e Fort Lauderdale, encerrando no Dia de Natal.

Em meados de outubro, entre o Texas e o Kentucky, fez mais uma participação no *The Midnight Special*, e desta vez escolheu oferecer ao público a centenária "Silver Threads Among the Gold", que acabara de gravar para *Southern Roots*.

> *Plant a kiss upon my brow today*
> *Life is fading fast away*[11]

Com o tempo, Junior tinha se endireitado, ou pelo menos o máximo permitido a um baterista de rock and roll naqueles anos loucos, e estava se tornando um homem autêntico, sem maldade verdadeira dentro de si; nesse sentido, era como Elmo. Jerry Lee via no filho um bom músico e, cada vez mais, um

---

10 Da série de TV *The Waltons* (no Brasil, *Os Waltons*).
11 "Plante um beijo sobre meu cenho hoje/ A vida está se esvaindo rápido".

homem independente, ao invés de um garoto mimado. Não seria só mais um a ir no seu rastro, algo que Jerry Lee nunca ressentia e sempre encorajava às pessoas a quem amava. Mantinha aqueles de seu sangue próximos, porque sangue era tudo; qualquer outra coisa era apenas papelada. Mas ficava orgulhoso de ver o filho assumir o controle da própria vida, se tornar um homem capaz. Junior não tinha medo de por a mão na massa, sabia como usar um macaco e como operar uma barra de reboque. Não seria um daqueles sulistas que ficam desamparados na beira da estrada ao lado de um carro quebrado; abriria o capô e começaria a mexer com as ferramentas.

Em 13 de novembro de 1973, numa pausa da turnê constante, Junior dirigiu até Cockrum, Mississippi, em seu Jeep, presente do pai, para buscar um Ford e transportá-lo a reboque até a casa de Jerry Lee. Investigadores de polícia acreditam que ele estava fazendo uma curva na Holy Springs Highway quando o carro que levava engatado bateu no remate de uma ponte e fez com que ele perdesse o controle do Jeep. O veículo capotou, matando-o. Tinha acabado de fazer dezenove anos.

O funeral aconteceu dois dias depois, na Igreja de Deus em Ferriday, mais uma das construídas por Lee Calhoun. O caixão ficou aberto, mas o agente funerário cobriu o rosto do rapaz com um pano de cetim. Seu pai se manteve à frente da congregação e olhou para seu segundo filho morto.

"Eu tirei aquele pano do rosto dele, dei-lhe um beijo na testa e falei com ele", diz seu pai.

Enterraram o rapaz no cemitério em Clayton, que era tão menor quando ele era menino. Ouviu mais uma vez as mesmas músicas. Nunca, jamais derramou uma lágrima que alguém pudesse ver. Porém, por muito tempo, tudo o que via quando fechava os olhos eram caixões a passar. "Parecia que eu estava sempre a caminho do cemitério. Houve um momento em que parecia que eu enterrava alguém toda semana. Se não era minha mãe, eram meus filhos... numa constante, que simplesmente seguia e seguia, e eu vestia meu terno e gravata e fazia o que tinha de fazer. Enterrei minha família e ainda não desabei, ainda não chorei na igreja".

"Porque é preciso ser forte, não? É preciso ser forte".

Pediu ao lapidário que esculpisse uma lápide em formato de coração e, mais tarde, sozinho com os mortos, caminhou pelo verde daquele lugar bonito e sereno e leu a inscrição.

SUA VIDA FOI GENTIL, E OS ELEMENTOS TANTO
SE MISTURAVAM NELE, QUE A NATUREZA TALVEZ SE LEVANTE
E DIGA AO MUNDO TODO, ESTE É UM HOMEM!

"Perdi meus dois meninos. E segui em frente. Continuei a vida". Ainda viajava, mas a passagem dos caixões deixara um vazio dentro dele que só conseguia suportar quando estava completamente anestesiado. É a única desculpa que já deu, e não se importa muito se ela é ou não aceita. Contudo, enquanto no passado parecia que ele *não se importava* se iria viver ou morrer, agora parecia zombar a morte, desafiando a tudo e a todos que o abatessem, até mesmo a plateia, às vezes. Uma briga num bar em Memphis, em 1973, foi só uma das que ele recebeu de braços abertos, embora esta tenha lhe rendido um nariz quebrado que nunca ficou devidamente curado e que afetaria sua voz nos anos seguintes. Não se lembra muito do episódio, é claro, apenas que bateu tanto quanto apanhou. Sempre adorou o público, sempre foi rápido para calar a boca de um bêbado ou para perceber o blefe de um provocador, em respeito ao palco e às pessoas que iam ouvir a música, "que pagavam com dinheiro suado". Mas agora parecia pronto para elevar as apostas, provocando qualquer um para que o desafiasse.

Detesta admitir qualquer sinal de fraqueza quando está no topo; quase sempre o está. No entanto, diz que a morte do filho, tão perto da de Mamie, "realmente me deixou no chão. Não sabia que algo era capaz de *machucar tanto* assim. Parecia que tudo o que eu fazia era enterrar minha família. Que tudo o que eu fazia era ver essas pessoas que eu amava...". Havia desesperança ali, porque, se as pessoas que ele mais amava tinham partido, qual era a razão daquilo tudo? A morte de sua mãe foi algo absolutamente terrível, que o desgastou, mas a do filho, na rodovia, o atingiu com tanta e inesperada força que ele ainda a sente, como algo físico, no peito. Seus amigos e companheiros de banda se perguntaram se ele viria a se recuperar. Não era um homem que se importava com muitas coisas, e agora muito do pouco com o que ele se importava simplesmente lhe fora arrancado.

Sob o holofote, às vezes parava no meio de uma música e fitava funestamente a escuridão, como se convidando o público, cujos rostos nem conseguia ver, a insurgir contra ele.

"Naquela época, eu andava pela plateia", diz sua filha Phoebe, "à procura de armas".

13

O ANO DA PISTOLA

Memphis
1974

Era um carro que deveria ser uma grande máquina automobilística americana, mas Jerry Lee nunca conseguiu encontrar um Corvette que se mantivesse na estrada, naquela época. "Arrebentei uma dúzia deles", diz. "Um dia, estava voltando para casa – talvez tivesse bebido – e entrei com um deles sob a varanda de uma casa. Aparece uma garotinha, com os olhos bem arregalados, e, não sei por que, só digo: 'Uma ótima manhã pra você', e ela corre para dentro. Uma mulher põe a cabeça para fora da porta e diz: 'Ah, meu Deus, é o Jerry Lee Lewis'".

Muita gente tinha essa reação ao se deparar com ele, então. Ainda não tinha quarenta anos, mas as pessoas já ficavam surpresas ao vê-lo, ou talvez ao vê-lo com vida, depois de ouvir todas aquelas histórias a seu respeito. Em outra gravação do programa *In Concert*, o locutor o apresentou como "um homem tão surreal, que é difícil acreditar que ele está aqui de verdade". Entrou no palco num smoking preto, esbelto, alto e de espinha ereta, mais velho, mas, à parte disso, sem sinal algum do tempo. A barba se fora e o cabelo estava longo, mas perfeito. "*Oh, yeah*", disse ele ao microfone, sob os gritos da plateia, e mandou "Haunted House", a música boba, mas pegajosa do *one-hit Wonder* Jumpin' Gene Simmons, que conta a história de um homem que se muda para uma casa nova e se depara com o imóvel ocupado por um monstro alienígena de pele verde, que come um naco de carne crua "direto da minha mão... e bebe óleo fervente direto da frigideira". É sem dúvida uma canção pastelão, mas trata também de resistência, de se recusar a ser expulso de algo que lhe pertence, e Jerry Lee a transformou em mais um retalho autobiográfico:

> *Jerry Lee Lewis'll be here when the morning come*
> *Be right here, ain't gonna run*[1]

Mandou ver mais um pouco.

> *I bought this house and I am boss*[2]

A música para.

> *If God's wi' me, they ain't gonna run me off* [3]

Depois de golpear as teclas com dedos ágeis, se levantou, tirou o paletó, jogou a gravata longe e abriu as mangas da camisa, para que pudesse surrar o piano sem impedimentos. Ficou de pé para cantar, se sentou para tocar e, quando tocou, colocou o microfone na cintura, como uma pistola.

Deveria estar arrasado pelo luto, desgastado pelos comprimidos. "Torturado?", diz hoje, e sorri. "Eu?".

Parecia o Jerry Lee de antigamente, direto como um tiro e à prova de balas por fora, porém, por dentro, uma corrosão horrível estava começando em seu estômago, onde todos os excessos de sua vida tinham se acumulado. No entanto, enquanto cantava aquela música boba, era como se soubesse que a próxima queda, a próxima grande avalanche estava para começar e, de algum modo, ele quisesse dizer a todos, em rede nacional, que não iria cair em silêncio.

A essa altura, Jaren tinha pedido divórcio, mas ninguém parecia estar com muita pressa para fazer algo a respeito. Jerry Lee a via ocasionalmente; em geral, havia algum tipo de narcótico ou álcool envolvido. Fez algumas sessões de gravação, em sua maioria, mornas; tampouco renderam muita coisa. Tocava por dinheiro em algum lugar todas as noites, então ia para casa e, depois, aos bares, para tocar mais. Sempre se refugiara nos shows; agora mergulhava ainda mais profundamente na música, até que fosse a única coisa que importava, mas mesmo isso foi afetado. Ainda era um grande astro e agia

---

1 "Jerry Lee Lewis estará aqui quando a manhã chegar/ Bem aqui, não vai fugir".
2 "Comprei essa casa e sou eu quem manda".
3 "Se Deus tá comigo, eles não vão me expulsar".

impunemente em público; a beleza de Jerry Lee é que ele teria agido assim de qualquer forma. Fazia ameaças e ladrava, e bolinava o piano nos grandes palcos. Em Memphis, nos bares fumacentos e com um mínimo de duas doses, ainda tocava pelo prazer de tocar, e punia quem quer que interferisse.

Em março de 1975, uma garçonete do Bob's Lounge, em Memphis, disse que ele a atacou com um arco de rabeca. Foi condenado a pagar uma multa de US$ 25 pela agressão; ela recebeu uma multa de US$ 15 por ter quebrado o arco depois de tomá-lo de Jerry Lee. Ela o processou em US$ 100 mil, alegando que ele a "atacou brutal e selvagemente", porém, como a maioria dos processos envolvendo Jerry Lee, ele apenas ignorou, até que se cansassem de importuná-lo. Não se recorda de atacar ninguém, mas se de fato deu em alguém com um arco de rabeca, tem certeza de que foi porque estavam interrompendo uma música ou lhe irritaram ou mereciam uma sova por algum motivo assim. Foi um incidente ignóbil, num ano péssimo e ignóbil, e, para ele, tanto faz.

Na época, andava com seu amigo Mack Vickery, que, com um comediante chamado Elmer Fudpucker, se tornou a atração de abertura de alguns dos shows de Jerry Lee. Fudpucker, cujo nome verdadeiro era Hollis Champion, contava algumas piadas, com muito do mesmo humor rural que tornara Minnie Pearl uma das marcas registradas do Grand Ole Opry, e então Vickery, compositor talentoso e capaz de fazer uma imitação perfeita de Elvis, tocava um pouco de country e de rock and roll antigo. Natural de Town Creek, Alabama, foi para Memphis em 1957, também para ser cantor de rock, mas descobriu que sua melhor chance de ser famoso era colocar palavras e rimas na boca alheia. Compôs para Faron Young, Johnny Cash, George Jones, Waylon Jennings, Lefty Frizzell, entre outros. Tinha a mesma irreverência de Jerry Lee para com as convenções e o mundo direito – gravou um álbum chamado *Live at the Alabama Women's Prison* e, às vezes, usava o pseudônimo Atlanta James. Articulado tanto nas canções quanto na vida, passaria a ser visto como o "redator de discursos" de Jerry Lee, que via nele não só um parceiro de bebida, mas um verdadeiro poeta da classe trabalhadora, e muitas das coisas que ele dizia no palco tinham primeiro sido ditas a Vickery, ou ouvidas dele.

"Foi um dos meus melhores amigos", diz Jerry Lee, que raramente se refere assim a alguém, mesmo gente que conheceu por toda a vida. "Era bondoso, simpático, gentil... alguém com quem eu podia contar. Nos reuníamos e ríamos e tocávamos música. Éramos como irmãos".

Segundo Jerry Lee, os shows que fizeram juntos eram lendários, não menos por conta da duração. Só Jerry Lee tocava bis atrás de bis, não só nos shows com cachê, mas também nos improvisos que fazia de graça nos clubes de Memphis.

"Às vezes, eu tocava por quatro horas", diz. "As pessoas se lembram desse tipo de coisa".

Começou a frequentar um lugar nos arredores de Memphis, chamado Hernando's Hideaway, que alguns passariam, na brincadeira, a chamar de seu escritório.

"A situação ficou tão absurda que Kenny Rogers, o dono – nós o chamávamos de Red – chegou a ponto em que estava ganhando dinheiro em cima de mim. Ele dizia: 'Fiquem por aí, senhoras e senhores! Jerry Lee pousou seu Learjet no aeroporto e estará aqui em meia hora!'. E o lugar estava *completamente* lotado, sabe? Não havia onde sentar. Nem um lugar! Não dava nem para ficar em pé do lado de fora!". Não importava o quão tarde já era, o público não ia embora. "Eles sabiam que eu ia aparecer, mais cedo ou mais tarde. E eu dizia: 'Rapaz, o velho Kenny está enchendo o bolso'. Eu não ligava".

Os clientes do Hernando's Hideaway se lembram dele atravessando a porta com sua trupe, às vezes ainda usando as roupas de rock and roll do show. Corriam para lhe oferecer algo para lubrificar as cordas vocais; ele então assumia o piano por direito divino e tocava até o amanhecer.

"Nunca me cansei".

Ele confessa o abuso de comprimidos, mas o de álcool, jura que foram rumores exagerados. Sempre foram.

"Achavam que eu bebia uma garrafa de uísque por noite", diz. "Eu comprava uma garrafa de Calvert Extra. E guardava – escondia no meu kit de barbear, sabe? E bebia aquela garrafa ao longo de uma semana, uma semana e meia. E todo mundo pensava que eu bebia a garrafa numa noite. É algo que foi espalhado. Ainda acham isso".

Houve, é claro, muitas, muitas exceções; era natural as pessoas simplesmente adorarem pagar um drink para Jerry Lee Lewis. Falariam sobre isso pelo resto da vida, sobre como compraram uísque para o Matador.

Em julho de 1975, voltou ao estúdio da Mercury para gravar uma música escrita para e sobre ele. "A Damn Good Country Song" era de autoria de Donnie Fritts, membro da banda de Kris Kristofferson:

> *Well I've took enough pills for the whole damn town*
> *Old Jerry Lee's drank enough whiskey to lift any ship off the ground*
> *I'll be the first to admit it, sure do wish these people would quit it*
> *'Cause it's tough enough to straighten up, when they won't leave you alone*
> *My life would make a damn good country song*[4]

Talvez seja da natureza da música country que um homem cante sua vida alto e bom som. Cantam sobre corações partidos e amor de mãe, cerveja, bebês, trens e, é claro, vinho de melancia. Porém, às vezes, se canta das entranhas, de forma tão real quanto um acidente de carro ou um desmoronamento.

O ano da pistola, para Jerry Lee, foi na verdade uma avalanche de anos e várias pistolas, porém, já que ele e quase todos aqueles que deveriam ter estado de olho nele não estavam com a cabeça no lugar, é difícil precisar as datas. Jerry Lee, como sulista, nunca se manteve muito longe de algum tipo de arma de fogo e precisava de uma à maneira como outros homens precisam de um relógio de bolso ou de suspensórios. Assim como a maioria dos homens sulistas, desde a infância foi testemunha do mistério terrível das armas, até que um dia sua família colocou uma em suas mãos e o ensinou sobre o poder e a responsabilidade, ao que ele assentiu, prometeu e se lembrou, por algum tempo – pois também crescera com o mistério terrível do álcool, e há muito sucumbira à tentação de portar uma arma enquanto o álcool nadava em seu sangue.

Nunca precisou de desculpa para farrear, mas agora havia uma loucura tamanha e uma imprudência deslavada que estabeleciam níveis ainda maiores até mesmo para ele e, misturado aos outros odores de bar, havia um fedor de pólvora quase constante. Comprimidos perdidos e frascos vazios se misturavam no carpete. A essa altura, ele carregava uma pistola portátil praticamente o tempo todo – automáticas com cabo de madrepérola, confiáveis .38 de cano curto, Derringers .22 repetidora. Sulistas dirão que só há duas coisas a fazer com armas de fogo, dispará-las ou olhar para elas, e Jerry Lee não gostava de ficar olhando muito para as dele.

---

4 "Bem, tomei comprimidos o bastante para uma cidade inteira/ O velho Jerry Lee bebeu uísque o bastante para levantar qualquer navio do chão/ Serei o primeiro a admitir, com certeza gostaria que essas pessoas parassem/ Pois já é bem difícil se manter na linha quando não te deixam em paz/ Minha vida daria uma canção country danada de boa".

No excesso ébrio que era a Jerry Lee Lewis Enterprises, Inc., na Airport Road, certa noite, Jerry Lee ficou entediado de olhar para seu .38 e disparou contra a parede. Recarregou e atirou mais um pouco.

"Eu arrancava os chapéus das cabeças das pessoas a bala", diz.

É questionado quanto ao porquê.

Apenas fita o nada com o olhar vazio.

É porque queria.

"De qualquer forma, eu não sabia que as balas estavam atravessando a parede. Passavam direto", diz.

No dia seguinte, o vizinho da sala ao lado, um protético que ajustava e fabricava dentaduras, chegou para trabalhar e se deparou com vinte e cinco buracos na parede. Pior do que isso, um mostruário de dentaduras, algumas delas antiguidades, foi atingido, espalhando dentes falsos e estilhaços de gengivas cor-de-rosa de porcelana.

"Ele ficou bem chateado", diz Jerry Lee.

O homem foi furioso até Jerry Lee, dizendo-lhe que tinha atirado nos dentes da parede.

Jerry Lee, que estava de ressaca, demorou um pouco para processar a informação.

"Como assim, atirei nos dentes da parede?".

Ficou aliviado ao perceber que os dentes não estavam de fato na boca de alguém.

"Eu tinha esses dentes há *quarenta anos*", disse o homem.

Houve muita gritaria e ameaças e a polícia foi chamada.

"Só entrei no meu carro e fui embora", diz Jerry Lee.

A polícia precisava prender alguém. Esperaram alguém, qualquer um, se aproximar da porta da Jerry Lee Lewis Enterprises. "Elmer Fudpucker apareceu, então levaram ele para a cadeia", disse Jerry Lee.

Elvis também tinha a tendência de atirar em coisas quando recluso. Atirou em pelo menos uma televisão, que está exposta em Graceland. Há rumores que atirou em mais de uma, mas isso faria dele um serial killer, portanto, dado o tratamento mais cuidadoso de sua imagem, evidências palpáveis disso são raras. Se Jerry Lee tivesse atirado em um punhado de televisores, eles teriam sido empilhados e decorados com uma placa com os dizeres O MATADOR ESTEVE AQUI!

Jerry Lee diz hoje que Elvis só o estava imitando.
"Comecei a atirar nas coisas, então Elvis sacou sua arma e começou a atirar em coisas também".

> Well I know I've earned my reputation
> Can't they see I've found my salvation?
> I guess they'd rather prove me wrong
> My life would make a damn good country song⁵

Mais uma vez, à medida que sua vida ficava mais louca, seu trabalho em estúdio secou. A velha fórmula de country tinha se esgotado, as rádios dedicadas ao estilo estava mais adocicadas, e mesmo quando ele conseguia uma canção country danada de boa, era um sucesso apenas mediano.

"Há um limite para quantos discos de sucesso se pode ter, e para fazê-los de formas diferentes, sabe?", diz. Mas ele ainda era Jerry Lee Lewis e ainda fazia o que queria. O eufemismo *filho da mãe* começara a aparecer nas letras de suas músicas – uma concessão rara para o homem mais perigoso do rock and roll. Suas apresentações e até gravações eram marcadas por um repertório variável de bordões e maneirismos:

> Think about it
> God almighty knows
> I guarantee it
> This is J-L-L, and I'm hell when I'm well⁶

E ele sempre, sempre inseria seu nome, Jerry Lee, quando a letra pedia um "eu", e até mesmo quando não pedia.

Fez o que pôde para personalizar um sem número de canções country. Certo dia, decidiu tocar o piano *por dentro*. "Tive uma gravação em que eu disse: 'Quero tentar um negócio aqui'. Coloquei a mão dentro do piano e meio

---

5 "Bem, sei que ganhei minha reputação/ Eles não veem que encontrei salvação?/ Acho que preferem provar que estou errado/ Minha vida daria uma canção country danada de boa".
6 Pense a respeito; Deus todo-poderosos sabe; Eu garanto; Aqui fala J-L-L, e sou endiabrado quando estou bem.

que movimentei um pouco" – ele ri – "e disse: 'Vamos fazer um *take*, quero ouvir isso. Quero começar com a unha direto nas cordas'". Isso não entrou para a história da música. Outra vez, como fanfarronice, gravou uma paródia *bluesy* de "Great Balls of Fire", cantando lentamente com uma voz grave. "Eu só estava tirando onda. Jerry Kennedy... nunca disse nada. Só gravou. Eu estava achando *o máximo*! Mas até os músicos estavam olhando para mim de um jeito esquisito".

Quanto mais tentavam achar um sucesso, parecia que mais complicada – e menos a cara dele – se tornava a música. Seu novo estilo tinha uma sonoridade sofisticada, quase Hollywood, algo chamado *countrypolitan*, que colocara Charlie Rich de volta nas paradas. Hard country como o de Jerry Lee estava desaparecendo sob um mar de arranjos de cordas açucarados, ou pelo menos assim parecia; a espontaneidade de suas gravações, a imperfeição perfeita buscada por Sam Phillips, estava sendo polida pelas gravações multipista e pelo *overdubbing*. Ele detestava cantar numa cabine, em cima de suas próprias faixas-guia pré-gravadas, mas isso estava se tornando rotina.

Em fevereiro de 1976, fez uma cirurgia para corrigir lesões nas fossas nasais, o resultado daquele nariz quebrado. Acredita que sua voz nunca foi afetada pelos danos, que seu corpo estava bem e que as mãos ainda estavam "perfeitas". Não era um homem qualquer. A essa altura, já vinha gravando há quase duas décadas e ainda era viável continuar, ainda estava gastando o dinheiro que conquistara de seu sonho; poucos seriam capazes de dizer isso, e menos ainda poderiam dizer que estavam lá desde o absoluto início de algo e ainda estavam gravando e tocando duas décadas depois em algo que não fossem shows de nostalgia.

Encontrou uma espécie de segunda residência no nº 6907 da Lankershim Boulevard: o Palomino Club, no San Fernando Valley. Tocou no Palomino desde os primeiros dias de abertura do clube, testemunhando o crescimento de bar local, de bairro, em um caldeirão para música country, country rock e música boa em geral, na Costa Oeste e no país como um todo. Passaram por lá Johnny Cash, Merle Haggard, Willie Nelson; Patsy Cline cantou "Crazy" lá, Buck Owens tocou "Love's Gonna Live Here" e Jerry Jeff Walker, "Up Against the Wall, Redneck Mother". Linda Ronstadt e Emmylou Harris conquistaram corações e George Harrison participou de uma *jam session* com Bob Dylan e

Taj Mahal. Era um lugar onde os clientes podiam se refugiar do sol forte da Califórnia e bebericar uma cerveja na escuridão fresca enquanto os músicos – famosos ou mais obscuros – tocavam, ensaiavam ou só improvisavam. Os frequentadores perambulavam pelos bastidores em busca de autógrafos. Em sua disposição do início dos anos 1970, comportava mais de quatrocentas pessoas. Jerry Lee lotava o lugar e tocaria no Palomino pelo menos uma vez por ano durante três décadas. Adorava o lugar.

"Saíamos de lá com mais dinheiro do que podíamos carregar. E fazíamos valer cada centavo do público".

Tocava o que queria, quando queria, porém, em 1976, quase nunca tocou sóbrio. Seus shows atingiram um nível de loucura talvez inigualado ao longo de sua carreira – ao ponto de quase interferir na música.

Um dos shows do Palomino foi registrado em *All You Need Is Love: The Story of Popular Music*, um documentário televisivo de dezessete partes que retrata artistas diversos, de Bing Crosby a Bo Diddley. Os diretores pegaram Jerry Lee numa espécie de frenesi ébrio, de pé sobre o teclado, de sapatos brancos, marcando o tempo batendo a tampa do piano contra o instrumento. Isso não é exatamente nada de novo, mas parece fora de controle e lamentável em comparação a alguns de seus shows mais selvagens do passado recente e distante. Perambula pelo palco, de camisa desabotoada e gravata na cintura, capotando ao longo de uma versão de "Shakin'" na qual é difícil entender o que ele diz; fita o espaço brevemente, e então coloca o rosto bem perto da câmera, com o nariz ainda inchado, e anuncia:

Vocês sabem o que eu quero dizer...

E estou olhando para cada coisinha bonita na América nesse momento...

Meat Man! Vocês sabem o que eu sou...

Ele parece não notar o público. Alguns a consideraram uma de suas performances mais loucas; para outros, pareceu sombria, um presságio de tempos mais negros.

Naquela época, celebridades ainda frequentavam o Palomino todas as noites. Numa dessas, Phoebe foi aos bastidores para ver o pai. "Ela era bem nova, na época. E voltou chorando, sabe? E eu perguntei: 'O que aconteceu, menina?'".

"Você sabe quem está na fila lá fora para pegar o seu autógrafo?", perguntou ela.

"Não faço ideia, filha. Sempre tem gente na fila para isso".

"Keith... Ronnie...", disse ela, e foi dando os nomes.

"Ah, sim", disse ele. "Os Rolling Stones. Eles vêm me ver bastante, até".

"Isso foi quando eles eram a banda mais badalada no país", diz ele hoje.

Os Stones viam em Jerry Lee o mesmo pioneiro que John Lennon via. Mas Jerry Lee, de algum modo, se conectava com os Stones, que viviam o estilo de vida rock and roll a todo vapor – mas que sempre, antes de tudo, *tocavam a música*. Pegaram o velho blues e o apresentaram para toda uma nova geração, assim como Jerry Lee tinha feito com tantos estilos.

"Nós nos divertimos muito", diz ele. "Eu costuma rodopiar uma garrafa de Crown Royal no ar. Jogava para cima e pegava. Bom, Keith começou a fazer isso também. Eles devem ter derrubado umas quinze garrafas de Crown Royal – o melhor uísque – e perdiam tudo! A garrafa se estilhaçava, sabe? E eles iam e pegavam outra. Era uma viagem! Eu ria e dizia: 'Não façam mais isso, vocês estão desperdiçando uísque'".

Mais uma vez ele falava para as pessoas fazerem o que ele dizia, mas não o que ele fazia.

"Eu me preocupava com eles. Dei-lhes um alerta. Falei com eles. Assim como fiz com John Belushi".

Belushi era outro habitué, um fã de Jerry Lee e já bem avançado rumo aos vícios que o matariam.

"Eu percebia que ele não estava prestando muita atenção ao que eu considerava certo e errado. Era como eu: ninguém mandava nele. Era obstinado em suas escolhas de vida... Gostava do que estava fazendo e ninguém ia impedi-lo de fazê-lo".

Em setembro de 1976, provavelmente não muito depois daquela apresentação no Palomino, Jerry Lee celebrava seus 41 anos na casa que comprara para Jaren em Collierville. Ainda estavam casados, embora Jaren já tivesse entrado com um pedido de manutenção de separação por duas vezes, de modo que pudesse permanecer casada com Jerry Lee sem de fato morar com ele.

Butch Owens, seu baixista, chegou com um amigo, Dagwood Mann.

"Se havia bebida?", diz Jerry Lee. "Uma bebedeira *inconsolável*".

Dagwood Mann sacou uma grande .357 e a deu na mão de Jerry Lee.

"Cuidado", disse. "Ela tem um gatilho fio de cabelo".

"Como assim, gatilho fio de cabelo?", riu Jerry Lee, fingindo procurar um fio de cabelo de verdade no gatilho.

"E a arma disparou", diz ele. "Acertou uma garrafa de Coca, que explodiu em mil pedaços".

"E-e-e-eu levei um tiro", berrou Butch Owens.

"Parece que sim, Butch", disse Jerry Lee, bêbado demais para se preocupar em demasia.

"Por quê?", perguntou Butch.

"Porque parece que você está sentado no lugar errado", disse Jerry Lee.

Por razões que só os muito bêbados são capazes de compreender, o revólver estava engatilhado quando Dagwood Mann o entregou a Jerry Lee, que ainda não sabe exatamente como aconteceu.

Não admite nem que atirou no sujeito, pelo menos não com uma bala. "Acredito que foi um estilhaço da garrafa de Coca que atingiu Butch. Ele gaguejou muito para contar o que aconteceu, o que quer que tenha sido".

Jerry Lee foi acusado de disparar uma arma de fogo dentro dos limites municipais, mas, em termos criminais, o disparo foi julgado acidental. Porém, Butch Owens processou Jerry Lee em 50 mil dólares e ganhou, alegando que, pouco antes de levar o tiro, Jerry Lee disse a ele: "Butch, olhe pelo cano disso aqui", e então mirou na garrafa de Coca-Cola ao lado dele. Enquanto sangrava caído no chão, Jaren gritava com ele por ter estragado o carpete branco.

"Sei que demorou uns dois dias para ele voltar a falar direito", diz Jerry Lee.

Estava sendo processado por todo mundo, devido a quebras de contrato e afins. Jaren tinha colocado advogados atrás dele, para fazê-lo pagar a ela por não ser sua esposa, nem se divorciar dele, o que configurava todo um novo nível de inferno matrimonial, que ele nem sabia que existia. Em Memphis, se falava mal dele e se fala até hoje, sobre como ele relegou a mulher e a filha a viverem de assistência social e ignorava as necessidades delas enquanto farreava a noite toda no Hernando's e no Bad Bob's. Nos clubes, parecia que até as garçonetes esperavam arrumar briga com ele, para então mandar os advogados cobrarem. Os aeroportos não vendiam combustível para seus aviões a menos que ele pagasse com notas de cem dólares. Membros da banda o abandonavam e o processavam por salários atrasados. Myra acionou advogados por ele não estar cumprindo os termos do divórcio. Ele tinha de ficar de olho em Elmo, que arrumou um jeito de se casar no meio disso tudo. No aeroporto de Denver, agentes de narcóticos vestindo preto como ninjas fizeram uma busca em seu avião e os cães farejadores encontraram cada comprimido perdido na fuselagem. Foi interrogado a respeito de um cartel internacional de drogas, o que era absurdo, posto que tentar esconder drogas no avião de Jerry Lee seria como tentar esconder um frango num galinheiro; as drogas transbordavam do assento das poltronas.

Certa noite, voltando para a casa em Nesbit em seu Rolls-Royce branco, sem dor nenhuma, sentiu a bebida aquecer o sangue. Nunca tinha achado nada de errado em sair dirigindo bêbado. As saídas passavam zunindo por ele como se fossem apenas varas de uma cerca, e, quando ele pegou a saída que precisava, notou uma longa fila de caminhões à sua frente. "Eu tinha entrado no posto de pesagem", disse. "Os motoristas daqueles caminhões olhavam para mim como se eu fosse louco". Parou sobre as balanças e acenou.

Sua saúde física continuava a se deteriorar, mas ainda não dava muitos sinais exteriores disso. O uísque e as substâncias químicas tinham aberto um buraco em seu estômago, que queimava noite e dia, mas ele se automedicava e seguia adiante. No outono de 1976, parecia que a única pessoa que mais ou menos o entendia era seu velho amigo Elvis. Tinham se encontrado aqui e ali ao longo dos anos, mas, ultimamente, Elvis tinha se afastado de todos. Seu peso tinha disparado. "Ele ficou enorme, rapaz, enorme", disse Jerry Lee, e Elvis tinha vergonha disso. Ao invés de sair, como Jerry Lee fazia, se escondeu em sua mansão, consumindo comprimidos. A música tinha salvo a ambos, e agora a fama estava fazendo o máximo para matar a ambos. O Elvis gordo e acabado de comprimidos devorava lentamente o garoto bonito e esbelto e, em 1976, observava o mundo passar da tela em preto e branco de seu circuito fechado de câmeras. Não se viam muito naquela época, mas conversavam por telefone, principalmente sobre tempos diferentes daqueles.

Jerry Lee estava um pouco fatigado da maneira como suas lendas tinham divergido. O legado de Elvis tinha sido preparado e manipulado cuidadosamente, e as mulheres rezavam por ele e compravam relógios com seu rosto no vidro, enquanto a lenda de Jerry Lee estava fora de controle, era uma história de acidentes de carro, comprimidos, bebida, armas de fogo, divórcios, processos e devassidão. Ambos amavam as mães.

Na segunda-feira, 22 de novembro de 1976, durante uma das muitas reconciliações – ou cessar-fogos – com Jaren, Jerry e sua ainda esposa passeavam em alta velocidade por Collierville no Rolls-Royce, quando, de algum modo, o carro capotou. Não se machucaram seriamente, mas Jerry Lee foi acusado de dirigir embriagado e imprudência, embora o bafômetro tenha mostrado que, o que quer que estivesse errado com as faculdades de Jerry Lee naquele dia, não havia álcool envolvido. Foi preso e saiu sob fiança mais tarde no mesmo dia. Quando os repórteres o abordaram, ele desabafou. Queria saber por que a imprensa sempre o espreitava nos piores momentos, ao passo que faziam vista grossa a Elvis. "Vocês me odeiam ou o quê?", disse ao *Commercial Appeal*. "É claro que não sou santo, mas sou um cara bem legal".

O Rolls-Royce teve basicamente perda total. Jerry Lee comprou um Lincoln Continental branco novíssimo. Sempre gostara de um bom Lincoln.

No dia seguinte, Elvis ligou para ele.

"Venha aqui em casa", disse.

Jerry Lee disse que iria, se tivesse tempo. Elmo conseguiu ser preso por dirigir bêbado em Tunica, e seria preciso resolver essa questão. Mais tarde naquela noite, Jerry Lee saiu ele próprio à procura de um drink, na segunda casa noturna mais chique de Memphis, e, por alguma razão, resolveu tomar champanhe. Nunca teve muita sorte com champanhe.

Walk on, Killer[7]

"Eu estava no Vapors naquela noite", diz. Lá, o dono do clube lhe deu de presente uma pistola portátil repetidora novíssima e, é claro, carregada. "Charles Feron, o dono do Vapors, me deu um .38 repetidor". Passou a noite bebendo champanhe, brincando com a arma, observando as mulheres bonitas e falando com velhos amigos. A meia-noite chegou e se foi num piscar de olhos.

Por fim, cambaleando, se levantou e anunciou que foi mal, rapazes, mas ele precisava ir para casa.

"Eu, muito bem bêbado, com aquela pistola – não é algo *a se estranhar*".

Ele sabia que tinha algo a fazer no caminho para casa – ah, sim. Tinha de dar um pulo em Graceland, "porque Elvis tinha ligado e *queria que eu fosse até lá*. Elvis *me* ligou. Foi ideia dele que eu fosse até lá", diz. "Eu estava indo visitá-lo em resposta ao chamado dele".

---

7 "Siga em frente, Matador".

Levou a pistola e uma garrafa de champanhe quase cheia.

Ao entrar no carro, Feron disse a ele para não guardar a pistola no porta-luvas do Continental, pois poderia ser preso se fosse parado pela polícia e estivesse levando uma arma escondida. Assim, Jerry Lee simplesmente colocou a pistola no painel, à vista de Deus e o mundo e – segurando a garrafa de champanhe pelo gargalo – saiu em direção a Graceland. Não levou a rolha; era uma garrafa sem futuro.

Pouco antes das três da manhã do dia 23 de novembro de 1976, o comprido Lincoln Continental branco passou com um estrondo pela Elvis Presley Boulevard, costurando entre as faixas.

Não estava bravo com Elvis, diz hoje. Não estava se remoendo de inveja. O que sentia, e sempre sentiu, era decepção diante do modo como Elvis, que deveria tê-lo enfrentado até a morte pela coroa, foi levado, sob a batuta do coronel Tom Parker, a um estado tão lamentável, um barrigudo semirrecluso atrás de portões fechados. "Ele não ia a lugar algum", diz. "Não via as pessoas".

Enquanto serpentava pelas faixas de trânsito na escuridão de Memphis, se lembrava de dias melhores. Certa vez, em 1957, Elvis o tinha recomendado a George Klein, um amigo e DJ de Memphis.

"Ele disse: 'Preste atenção, cara, porque aqui vai o ser humano mais talentoso a caminhar sobre a face da Terra'. Elvis só era meio esquisito".

Elvis só falou mal dele uma única vez, quando estavam os dois tocando em Vegas. Na única discussão de verdade da qual consegue se recordar, Jerry Lee o chamou de marionete do coronel Parker.

Se Jerry Lee era tão esperto, Elvis supostamente respondeu, como então era que ele, Elvis, estava tocando no salão grande e Jerry Lee, no lounge?

Mas Jerry Lee não estava pensando nisso, não naquele momento. "Éramos dois moleques quando começamos. Carros, motocicletas, mulheres...". O mundo pertencia aos dois, então, e tinham vivido como se num sonho compartilhado.

Harold Loyd, um primo que Elvis tinha contratado para operar o portão em Graceland, viu o carrão, novíssimo e brilhante, chegar à entrada da mansão com os pneus cantando e retumbar em direção ao portão. Não parecia estar diminuindo a velocidade. Para ele, parecia que o motorista – ainda não sabia quem era – estava tentando arrombar os portões de Graceland. O grande Lincoln branco não parava. O motorista enfim pisou no freio, mas já era tarde demais. O carro foi com tudo contra os portões de ferro e ricocheteou.

"Bati no portão", diz hoje, assentindo. "A dianteira do Lincoln tinha um quilômetro de comprimento". Ele mediu mal. "Porque estava bêbado". Não tinha a intenção de arrombar os famosos portões, com as notas musicais de ferro fundido.

A garrafa de champanhe estava vazia. Enjoado, lançou-a pela janela do Lincoln. Ou pelo menos é o que pretendia.

"Pensei que o vidro estivesse abaixado. Quebrei a garrafa *e* o vidro", tomando um banho de estilhaços, que lhe rendeu um corte feio no nariz.

"Não sei qual foi o problema, exceto *eu estar bêbado*".

Jerry Lee desceu do carro, vestindo um colete de caubói sem camisa por baixo.

"Estou aqui para ver Elvis", anunciou.

Lembra-se de cambalear.

"Rapaz", diz ele. "Como eu estava bêbado".

Loyd ficou tão assustado que se escondeu na guarita.

Outros relatos alegam que Jerry Lee desceu do carro empunhando a pistola, dizendo que ia se encontrar com Elvis, caso contrário... – insinuando até que pretendia feri-lo. "Isso é ridículo", diz Jerry Lee veementemente; se pretendesse arrombar os portões de Graceland e atirar em Elvis, o teria feito de forma muito melhor. Nunca empunhou "nada", diz ele. A pistola que colocara sobre o painel tinha escorregado para o chão do carro; ele diz que nunca a apontou para ninguém.

Diz, ainda, que a ideia de que ele levou a arma para atirar em Elvis nem vale a pena ser tratada. Poderia ser uma boa história, mas é uma mentira ainda maior. "Eu realmente não tinha intenção nenhuma de machucar Elvis. Ele era meu amigo. Eu era amigo dele".

Mas Elvis, assistindo do circuito fechado de câmeras, disse aos guardas, por telefone, que chamassem a polícia. A polícia de Memphis encontrou a arma no carro e levou Jerry Lee embora algemado, aos protestos, berros e ameaças *aos policiais*. Com eles, ele *estava* bravo naquela hora.

"Os policiais perguntaram a Elvis o que ele queria que eles fizessem. E Elvis disse: 'Levem-no preso'. Isso me magoou. Ter medo de mim – me conhecendo como ele conhecia – foi ridículo".

"Ele foi covarde. Aquilo me magoou".

Foi preso por estar portando uma arma e por embriaguez em público, e saiu sob fiança de US$ 250. Quando não compareceu na corte no dia seguinte, um juiz de Memphis ordenou que ele fosse preso de novo, mas rescindiu o mandato ao ficar sabendo que Jerry Lee estava no hospital. A queimação estomacal era uma úlcera péptica, a primeira prova de uma doença que quase o mataria.

Elvis nunca se pronunciou em público e a história não morreria. Tornou-se uma fábula, contada pelos guias turísticos em Graceland até hoje. O fato ainda reverbera para Jerry Lee.

"Não sei... todo mundo se exaltou com isso", diz ele. "Queriam uma história completa. Queriam saber a verdade". E, com o passar dos anos, os pedidos constantes para que recontasse a história o desgastaram – tanto que ele não conseguia contá-la direito. "Eu ia até certo ponto e então dizia: 'Ah, simplesmente não consigo contar mais nada. Só vou até aí'".

"Pensei que um dia íamos rir de tudo aquilo". Mas isso não aconteceu. "Nunca mais o vi depois daquilo".

O estúdio ainda estava em seca. Estivera desde 1973. Gravou canções que eram ruins até no papel, como "I Can Still Hear the Music in the Restroom", outras que pareciam comentários sobre sua vida cada vez mais desgostosa, como "Thanks for Nothing" e "I Hate You", e até canções de autocomiseração, como "Lord, What's Left for Me to Do?". Sua voz já não soava mais a mesma, estava um pouco mais apagada e rouca. Ainda era requisitado na televisão; ainda vestia smokings de tudo quanto é cor e subia no piano. Porém, numa participação em *The Midnight Special*, duas semanas antes do incidente em Graceland, ficou em silêncio depois do monólogo em "Whole Lotta Shakin' Goin' On" e só ficou olhando para o nada por uns bons dez segundos de transmissão, como se estivesse saboreando o momento. Era como se ele soubesse que o tempo não estava a seu favor. Diz que não consegue se lembrar de cada momento no palco, que as pessoas tentam interpretar demais as coisas, mas já fazia um tempo desde que tivera um grande sucesso.

Já estava praticamente terminado com a Mercury, de todo modo. Seu contrato terminaria em breve, mas em agosto de 1977 voltou ao estúdio mais uma vez, e desta vez se viu gravando um hit. Foi uma canção chamada "Middle Age Crazy", de um compositor veterano de Carlsbad, Novo México, chamado Sonny Throckmorton. Tratava de um homem na tentativa de permanecer jovem para sempre.

> *Today, he traded his big ninety-eight Oldsmobile*
> *He got a heck of a deal*
> *On a new Porsche car*

"Aquele foi o último grande sucesso", diz Jerry Lee. "Não tem piano nenhum ali", ou pelo menos não o piano *dele*. "Foi algo que Jerry Kennedy queria provar ser capaz de fazer". Kennedy deu a Jerry Lee um acetato com a faixa instrumental completa – cordas, seção rítmica e violões que ele mesmo tinha gravado. "As vozes e tudo, menos a minha. E eu levei para casa e ouvi repetidas vezes até aprender... Fui para Nashville, ele preparou o estúdio, fui até o microfone, gravei em um *take*, e pronto".

Não era o tipo de gravação do qual ele se lembrava.

A relação com a Mercury se tornara ingrata, com desconfiança mútua. "Parecia que eu estava fazendo a mesma coisa repetidas vezes... Tentaram me fazer parar de fazer turnês. Disseram: 'Fique em casa e você vai ganhar todo dinheiro que puder. Cuide do seu corpo'. Mas eu disse: 'Não posso. Simplesmente não posso'. Eu não suportaria não estar na estrada. Tinha de estar diante do meu público. Além disso, ninguém me diz o que fazer. Seria besteira tentar me dizer o que fazer".

No entanto, hoje ele pensa diferente sobre a coisa toda.

"Simplesmente fiquei tão cansado daquilo que deixei a Mercury. Dei-lhes adeus. Cansei, sabe?". Mas isso foi um "erro feio", diz ele hoje, rindo. "Nunca deveria ter deixado Jerry Kennedy. Nunca deveria ter deixado a Mercury Records. Porque eles foram bons demais comigo". É mais uma expressão rara de arrependimento, mas ele admite que provavelmente faria a mesma escolha se tivesse de repeti-la, porque ainda é Jerry Lee Lewis.

E ainda ansiava por gravar música de qualidade. Em dado momento, ele e Mack Vickery voltaram para Memphis para colaborar numa espécie de tributo a Stephen Foster, cuja música Jerry Lee aprendeu no velho piano preto em Black River. Foster, que morreu em 1864, é conhecido como o pai da música americana, com canções como "Camptown Races", "Oh, Susanna" e "Beautiful Dreamer". Suas músicas foram tocadas enquanto os cidadãos nova-iorquinos se rebelaram nas ruas contra o alistamento compulsório para a Guerra Civil, cantadas em *saloons* no Velho Oeste, e são cantadas hoje nas escolas primárias. Jerry Lee sentia uma afinidade por Foster: assim como ele, Foster tinha mesclado música americana branca e negra num novo tipo de som, e isso quase cem anos antes do rock and roll. Jerry Lee e Mack se encontraram com o filho de Sam Phillips, Knox, no estúdio da Madison Avenue e gravaram horas de material, incluindo uma versão de "Beautiful Dreamer" que começava com um longo monólogo sobre a importância da música de Foster.

E ninguém ouviu nada desse material, ou só algumas pessoas ouviram.

Enquanto isso, seus primos estavam conquistando as paradas. Jimmy Swaggart estava vendendo milhões de álbuns gospel enquanto pedia às pessoas que se ajoelhassem na sala de estar e orassem diante da TV, e o primo mais novo, Mickey Gilley, usava o mesmo *country boogie* para acabar com a concorrência nas paradas country. Só no ano de 1974, ele teve três sucessos country na primeira posição: "Room Full of Roses", "City Lights" e "I Overlooked an Orchid". Disseram que soava muito como Jerry Lee, mas também, como quem mais ele soaria? A música estava na terra sobre a qual todos eles andavam. Hoje, Jerry Lee diz que ficou feliz por eles. "Eram da família". Contudo, na época, parecia que eles estavam roubando sua cena. Ele tocava um *lick* de piano e gritava: "Pense nisso, Jimmy!" ou "Pense nisso, Mickey!".

"Eles não chegavam nem perto de mim", diz.

Em 16 de agosto de 1977, nove meses depois de avançar contra os portões de Graceland e três semanas depois de gravar "Middle Age Crazy", Jerry Lee acordou com a notícia de que Elvis tinha morrido. A morte, devido ao que o legista chamou de arritmia cardíaca, deixou Elvis caído no chão do banheiro, com a corrente sanguínea poluída por remédios controlados e o coração forçado pelo peso. Era tão amado que muita gente se recusou a acreditar que ele estava morto, e o público passaria a inventar aparições dele, a ponto de o Elvis morto ganhar sua própria fama.

No dia seguinte, um repórter perguntou a Jerry Lee o que ele pensou quando recebeu a notícia.

"Fiquei satisfeito", ele teria dito, supostamente. "Mais um fora do caminho. Quer dizer, é Elvis isso, Elvis aquilo. Só se ouve falar de Elvis. O que mais ele fez além de tomar drogas mais do que podia?".

Naquele momento, Jerry Lee estava bêbado, doente, magoado e raivoso. Aquelas palavras não eram sinceras.

"Eu adorava o Elvis", diz ele hoje.

Todos adoravam Elvis, não?

Ele não acredita que Elvis esteja vivo; tudo isso é conversa fiada para turistas. Mas é um pouco assombrado por ele.

"Não sei o que ele tinha em mente", disse sobre a noite em que Elvis ligou e o chamou para visitá-lo, "mas ele tinha *algo* em mente. Mas eu bati naquele portão, rapaz..." e a polícia veio, então nunca saberemos. Alguns diriam que Jerry Lee queria ser Elvis, que queria arrombar os portões e tomar o castelo, mas é um equívoco. Os dois eram diferentes demais, diz Jerry Lee, e queriam coisas diferentes na vida... Às vezes, parece que tudo o que havia entre ele e Elvis eram perguntas não respondidas.

"Penso bastante nele", diz hoje.

Mas não gosta de pensar naquela noite.

No final de 1977, fez uma participação austera e aparentemente sóbria em *Nashville Remembers Elvis*, um especial de televisão, cantando "Me and Bobby McGee" e "You Win Again", no que pareceu uma homenagem pesarosa e arrependida a Elvis de seu rival mais persistente. No ano anterior, tinha dito diante das câmeras que Elvis tinha decepcionado o rock and roll, que "deixou os Bobbys tomarem conta, Bobby Vinton, Bobby Darin, todos os Bobbys", e que estes tinham transformado o estilo numa xaropada. "Ele nos deixou na mão", diz ainda hoje, embora com menos escárnio e mais tristeza.

Houve um tempo em que, ele sabe, "Elvis era um roqueiro. *Oh, yeah*".

Um grande cantor? É claro. E "um grande astro".

Jerry Lee? Este era um músico nato melhor do que Elvis, mais verdadeiro ao espírito do rock and roll, e ambos sabiam disso.

Onde estão eles no panteão da música?

"Elvis vinha depois de mim", diz ele, e isso vai irritar algumas pessoas, aquelas que acompanharam o rock and roll e aquelas que ainda esperam que Elvis reapareça na fila do Walmart ou lendo jornal na Waffle House. Mas se você sabe como Jerry Lee Lewis enxerga o mundo e seu lugar nele, então sabe que ele, na verdade, fez um grande elogio ao velho amigo.

14

"BEBÊS NO AR"

Memphis e Nashville
1979

"Certa vez, uma mulher olhou para as minhas mãos", diz ele.
"Estou surpresa, achei que eram maiores", disse ela.
"Não", disse ele, "mas são perfeitas".
As pessoas o perdoavam pela soberba, pelos excessos, pelas indulgências e pela perversidade, por praticamente qualquer coisa, só para ouvi-lo usar aquelas mãos. Os fãs mais antigos e fiéis achavam que ele tinha conquistado aquele talento; os mais novos, ao vê-lo tocar na televisão, em shows nostálgicos ou em arenas com ingressos esgotados em terras longínquas, ficavam estupefatos. Numa era de música maquinada, de efeitos sonoros, Jerry Lee fazia música como deveria ser feita. Aficionados por guitarras disseram o mesmo quando viram Stevie Ray Vaughan tocar sua Stratocaster – era algo muito além da música. Os fãs de Jerry Lee não tinham de proclamá-lo nada; se esperassem o bastante, ele mesmo o faria. Sabiam que o resto era tudo exibicionismo, a maneira como ele tocava com os pés, os cotovelos – até com o traseiro ("É possível", diz Jerry Lee, "mas você precisa ter um traseiro perfeito").
Porém, enquanto suas mãos voavam pelas teclas em 1979, a corrosão começava a se mostrar. A manutenção que se recusara a fazer ao longo da vida – e que os meros mortais faziam no corpo, no dinheiro e no futuro –, há muito negligenciada, agora começava a alcançar o exterior indestrutível, atravessando a própria carne e a personalidade do homem.
Não estava ganhando muito dinheiro novo, e agora ele se encontrava pressionado contra a parede pelo governo dos EUA. Devia pelo menos um milhão ao leão, segundo as autoridades. A Receita Federal apareceu pela primeira

vez em janeiro de 1979, numa batida no rancho em Nesbit, como se ele fosse algum tipo de subversivo, e depois organizou um leilão em Memphis para liquidar seus bens. O Tesouro dos Estados Unidos tinha pouca necessidade de um trator que um dia fora de Jerry Lee Lewis. Em leilão naquele dia estavam um sedã Ford 1935 de duas portas, um Ford 1941 conversível, Cadillacs conversíveis, outros carros de luxo, motocicletas, televisores, anéis de ouro e diamante, moedas de ouro, pianos e outros instrumentos musicais e o que os agentes federais descreveram como um arsenal de armas de fogo modernas e antigas. Os agentes também encontraram US$ 31 mil em dinheiro num dos banheiros, num saco de papel. Jerry Lee não confiava muito em bancos e raramente mantinha uma conta corrente.

"Acho que, para tomarem os carros, devem ser pessoas muito cruéis", diz ele.

Logo de cara, ele disse que as alegações de fraude no imposto de renda eram totalmente infundadas. O controle de suas finanças foi, por décadas, não muito apurado, "mas eu pagava meus impostos", diz. E se *ficou* devendo, ao longo dos anos, acertou as dívidas. "Diziam que eu devia alguma coisa, eu pagava e acertava as contas". Mas a Receita Federal disse que ele devia muito, muito mais do que seria capaz de pagar.

"Eles iam me mandar para a cadeia".

Ele agora precisava de um grande sucesso, uma galinha dos ovos de ouro, mais do que nunca, ou pelo menos ao máximo desde o disco que o levou à fama. "E Jerry Lee Lewis não sabe o significado da palavra *derrota*", diz hoje. Depois que o período na Mercury terminou, ele assinou com outra gravadora, a Elektra, e voltou a fazer o tipo de música que queria gravar, pelo menos por um tempo, sem a profusão de violinos e uma avalanche de excessos de produção. Durante alguns dias de sessões em janeiro de 1979, gravou mais um de uma lista crescente de hinos, uma canção de Mack Vickery chamada "Rockin' My Life Away". Embora sua voz exibisse os sinais do tempo e as letras estivessem frequentemente obscuras, Jerry Lee as interpretava com comprometimento e a batida era puro boogie-woogie da Louisiana.

Seu novo produtor na Elektra, Bones Howe, trabalhara no festejado *Comeback Special* de Elvis, em 1968, e simpatizava com a forma de pensar de Jerry Lee. Juntos, reduziram a banda a algo mais próximo ao que Jerry Lee usava na estrada, e o pequeno grupo mandou ver em "Rita May", de Bob Dylan, "I Wish I Was Eighteen Again", de Sonny Throckmorton, e "Every Day I Have to Cry", de Arthur Alexander, na qual ele extrapolou a letra original e inventou sozinho versos novos sobre a vida que vivia e as mulheres que amou, algumas por mais tempo do que outras:

> *Once there was Dorothy, and then came Jane*
> *Look out Myra – you look insane*
> *Come on Jaren, you struttin' your stuff*
> *I think I'll take Punkin, 'cause I can't get enough*

(Punkin foi uma amante sua por muito tempo)

> *I wanna thank you very much for lis'nin' to me*
> *'Cause brother, let me tell you something – I really need it*
> *Come on, girls, I'm a single man again*
> *I'm really waitin', waitin', waitin' just to hang it in*[1]

Naquela primavera, pela primeira vez desde que começou a tomar os pequenos comprimidos brancos no Wagon Wheel, há um quarto de século, seu corpo se rebelou contra as substâncias químicas com as quais se nutria. Certa manhã, em março, acordou em casa sem conseguir respirar. A ambulância correu com ele para o hospital, naquilo que os médicos chamariam de angústia respiratória.

Se isso foi um aviso, ele o ignorou. Continuou a farrear intensamente, tocando durante a noite e viajando durante o dia. Dois meses depois dessa rápida passagem pelo hospital, apareceu na transmissão do Country Music Awards, estreando "Rockin' My Life Away" com o piano se sobressaindo em meio a uma orquestra de estúdio exagerada. "Eu e Elvis Presley nunca ganhamos um prêmio", disse ao público, "mas nós sabemos quem são os reis do rock and roll". Quem assistiu à apresentação disse que ele parecia bem bêbado, que tratou toda a cerimônia com o descaso ébrio de uma noite no Bad

---

[1] "Era uma vez Dorothy, depois veio Jane/ Cuidado, Myra – você parece louca/ Vamos, Jaren, sua exibida/ Acho que vou ficar com Punkin, porque não me canso/ Quero agradecê-los muito por me ouvirem/ Porque, irmão, deixe-me dizer uma coisa – eu realmente preciso/ Vamos, garotas, estou solteiro de novo/ Estou só esperando, esperando, esperando para me amarrar".

Bob's. Já ele só diz que não se pode esperar que ele se lembre de cada show ou de cada noite em que bebeu.

Na primavera de 1979, finalmente pediu divórcio de Jaren Pate, apontando que os dois não viviam como marido e mulher desde 21 de outubro de 1971. Ela o processou de volta, acusando-o de anos de crueldade e embriaguez, e ambos aguardaram uma data do tribunal para encerrar o casamento que nunca existiu.

Nos últimos dias de seu estrelato country – e da fortuna minguante colocada em risco por isso –, Jerry Lee e Elmo rodaram o país. Sua mãe e seus filhos tinham partido e os trovadores que admirava estavam praticamente silenciados, mas Elmo era para sempre. Se havia um homem nascido para viver o sonho do rock and roll, para saboreá-lo com uma colher, este homem era seu velho pai. Não era mais o homem feroz e indestrutível de antigamente; a idade o tinha encurvado um pouco, até que parecesse bastante amigável. Mas ainda era disposto a uma briga, e mais de um imbecil bêbado se arrependeu de ter falado mal de Jerry Lee para ele. Passeou por aeroportos ao redor do mundo com um copo de uísque na mão, sorrindo, sempre sorrindo. Até encantava as garotas bonitas, de um jeito amigável, ou assim parecia; o velho touro ainda tinha um bom tanto de chifre para gastar, até o final. Então ia para casa, em Ferriday, para cultivar a terra, caminhar sobre o chão que a música do filho lhe comprara e dirigir seu trator em círculos, às vezes levemente embriagado. Quando se cansava disso, ligava para o filho e logo veríamos Elmo com um copo na mão, um sorriso no rosto e um olho mal-intencionado nas mulheres. Agradava a Jerry Lee ver o pai vivendo essa vida – era uma forma de retribuir, de algum modo, pelas cobras que ele matou e pelo amor que deu ao filho.

No verão de 1979, Elmo foi tranquilamente para o hospital em Memphis, com uma queimação no estômago. Embora esperasse que fosse uma úlcera, não era, e o homem outrora magnífico definhou da mesma doença que levou sua esposa e tanta gente da região do rio, onde se dizia que as indústrias químicas e o escoamento agrícola tinham envenenado os pântanos e as águas, veneno este que se infiltrara nas pessoas, causando-lhes a doença que quase nunca tinha cura.

Morreu no dia 21 de julho de 1979. Seu obituário o descreveu como carpinteiro aposentado e membro da igreja. Foi enterrado ao lado de Mamie no cemitério em Clayton. As leis do homem, como o divórcio e afins, não contavam muito quando as orações e tudo mais estavam encerrados, então ele se juntou a ela na terra, como insistiu o filho. O primeiro filho, Elmo Kidd Lewis Jr., repousa entre eles, e o segundo filho ficou mais sozinho do que nunca. Ele sabe que a maioria das pessoas se lembra dos pais pelas coisas ditas, mas ele ama seu pai por um silêncio, um silêncio que durou décadas. Quando Jerry Lee pensa no pai hoje, pensa naquele dia longínquo em que Elmo sentou-se a seu lado no piano para lhe mostrar como tocar uma música e, inadvertidamente, partiu o coração do filho.

Dois meses depois, Jerry Lee foi preso por posse de comprimidos. Numa audiência perante o Conselho de Saúde, o Dr. Nick disse aos juízes que era melhor gerenciar profissionalmente o consumo de um viciado do que deixá-lo satisfazer o vício nas ruas. Em 1980, ele foi indiciado por receitar medicamentos em excesso para Elvis Presley, Jerry Lee Lewis e outros nove pacientes, incluindo a si mesmo. Foi absolvido, mas depois teve a licença revogada. Jerry Lee sempre acreditou ser um equívoco culpá-lo pela morte de Elvis. "Dr. Nick era um homem bom, um homem notável", diz hoje. "Se eu pensasse que poderia conseguir uns azuis e uns amarelos dele, lhe telefonaria agora mesmo". Abre então um sorriso largo, para dizer que está só brincando – ou talvez só abrindo um sorriso largo.

No início de 1980, a Receita Federal tomou a casa de Jaren. "Sou pobre e destituída", disse ela aos repórteres, quando foi ao Departamento de Serviços Humanos para se inscrever para receber vales-alimentação. "Não me lembro da última vez que fui ao salão de beleza". A ação de divórcio ainda estava pendente quando a Receita Federal leiloou a casa por US$ 102 mil. "Venderam tudo", disse ela. "Não tenho mais nada que eles possam levar".

Jerry Lee não estava no país. Encontrava-se em mais uma turnê pela Grã-Bretanha, incluindo duas aparições solo ao piano nos programas de televisão britânicos *Old Grey Whistle Test* e *Blue Peter*, mas estava muito magro e a voz soava enferrujada. Estava claro que não estava se sentindo bem, mas, mais uma vez, naquele verão ele segurou esse enfraquecimento que o espreitava com uma música nova. Em meio à agenda de turnê excruciante, voltou ao estúdio pela Elektra e gravou uma bela versão de "Over the Rainbow". A voz, mesmo enferrujada como estava, e o piano trêmulo conferiram à canção uma vulnerabilidade visceral nunca antes incutida, tornando-a quase um clássico instantâneo. "Tinha um certo sentimento ali", diz ele hoje. "Algo como uma nuance religiosa. Algo que raramente se ouve". Parecia quase impossível que aquele homem – o mesmo que deixou a vida rolar com tão pouca preocupação quanto a cautela ou consequências – tenha sido capaz de criar algo tão puramente belo. Se você perguntar a ele como isso pode ter acontecido, ele vai apenas expressar um olhar de satisfação e esperar que você mesmo deduza.

Em novembro, participou de um especial de TV chamado *Country Music: A Family Affair*, tocando um dueto ao piano com Mickey Gilley, no qual debulharam as teclas. Tocando lado a lado, os primos fizeram uma versão faiscante de "I'll Fly Away", que deu ao público um gostinho do que acontecia anos atrás, quando disputavam para surrar o velho piano da igreja. Jerry Lee assumiu o vocal principal e Mickey, sorrindo, só tentou acompanhar. "Estamos tocando no tom errado", anunciou Jerry Lee depois de alguns versos. "Vamos transpor para Sol". E cantou:

> *Just a few more weary days, and then*
> *I hope to God I'll fly away*[2]

"Mickey também é uma boa pessoa. Ele queria ser exatamente como Jerry Lee Lewis. Se deu bem, mas não dá para se manter com apenas um disco de sucesso", ou quantos quer que ele tenha tido. "Aquele rapaz vive no mundo dos sonhos, se acha que..." está no mesmo nível do primo. Mas, assim como ele, "sabe como trazer a igreja a uma música".

Com "Rockin' My Life Away" e "Over the Rainbow", parecia haver esperança para Jerry Lee e a Elektra. Em algum momento em 1980, Jerry Lee foi até o estúdio Caribou Ranch, no Colorado, para uma maratona de gravações com uma lista de mais de trinta músicas, de "Lady of Spain" a "Tennessee Waltz" a "Autumn Leaves" e "Fever". Gravou músicas que sabia desde a infância, como "I'm Throwing Rice" e "Easter Parade", e toda uma leva de canções gospel, incluindo "On the Jericho Road", "Old-Time Religion", "Blessed Jesus, Hold My Hand" e "What a Friend We Have in Jesus". Houve até algumas baladas novas comoventes, incluindo uma performance emocionada de "That Was the Way

---

2 "Só mais alguns dias duros, e então/ Espero em Deus que voarei para longe".

It Was Then". E, mais uma vez, ele gravou a troco de nada. Consideradas abaixo da média pelos executivos da Elektra, as gravações foram engavetadas por décadas, disponíveis até hoje apenas por *bootlegs*. Muitos fãs considerariam as sessões do Caribou um dos melhores álbuns que nunca existiram – embora haja material o suficiente para dois ou três álbuns e certamente um puramente gospel. Para Jerry Lee, era música boa e esse foi mais um exemplo de endinheirados se intrometendo num trabalho digno.

A relação com a Elektra azedou rapidamente. "Eu disse: 'Não está funcionando. Não estou sentindo funcionar, não está acontecendo'. Eu não queria ficar [na Elektra]. Queria é ir pra bem longe deles".

Seu único consolo era na estrada, com uma banda azeitada que incluía os guitarristas James Burton e Kenny Lovelace, o baixista Bob Moore e o baterista Buddy Harman. "E só precisávamos disso", diz. "Era uma banda absolutamente impecável, para *ninguém* botar defeito. Eles me seguiam. Eram músicos absolutamente excelentes. Só acontece uma vez. Não dá para ter tudo isso de novo".

O que aconteceu em seguida se tornou uma lenda na família, embora os primos ainda discordem entre si nos detalhes. Jerry Lee estava fazendo um show em Dayton, mas estava bêbado e doente. Tinha desafiado a plateia descontente a brigar com ele e as coisas estavam indo por água abaixo. Então, de súbito, Jimmy Swaggart, que na época estava fazendo uma cruzada em Ohio, entrou no palco e disse à plateia que levaria o primo embora e cuidaria dele – o que foi aplaudido por alguns – e disse a Jerry Lee que brigaria com ele se necessário, para salvar sua vida.

"Ele não me avisou que estaria lá", recorda-se Jerry Lee. "Não me lembro de estar tão mal assim. Só fui levando. Eu não podia chutá-lo do palco. Levantei, nos cumprimentamos e saímos".

Fora do palco, havia assuntos a serem tratados. "Você quer me levar no seu avião ou quer que eu peça para o meu vir nos buscar?", perguntou Jerry Lee ao primo.

"Não, vamos com o meu", respondeu Jimmy Lee.

Havia sido um longo caminho desde que roubavam sucata na Paróquia de Concordia.

Na saída, diz Jerry Lee, seu primo "invadiu meu camarim e jogou todos os comprimidos na privada. Isso me deixou furioso. Eu disse: 'Jimmy, você não tinha o direito de fazer isso'. Ele disse: 'Tinha, sim'".

"Fui e fiquei na casa dele por cinco ou seis dias", em Baton Rouge. Swaggart administrou-lhe uma cura que parecia consistir basicamente em camarão cozido. "Devo ter comido uma banheira daquilo", ri Jerry Lee. "Jimmy e sua família foram muito legais comigo enquanto estive lá. Não há dúvida quanto a isso".

Depois de alguns dias, Swaggart disse a ele: "Não consigo ver o que tanto há de errado com você", e o deixou ir.

Ao relembrar, Jerry Lee pouco tende a duvidar do primo. "Acho que ele estava... ele estava certo. Estava certo no que estava fazendo e no que achava e no que acha".

Porém, o que havia de errado com Jerry Lee não poderia ser curado com alguns dias de vida limpa.

No dia 28 de junho de 1981, depois de um show em Chattanooga, ele reclamou que seu estômago estava pegando fogo. Mas se sentiu bem pela manhã e no dia seguinte estava de volta a Nesbit, relaxando na piscina, que a Receita Federal não havia conseguido levar embora. Ele era Jerry Lee Lewis, não um homenzinho franzino, e uma dor de estômago não era motivo para preocupação.

Na manhã de 30 de junho, acordou com uma dor como nunca sentira antes e começou a cuspir sangue.

"Eu estava diante do espelho do banheiro. E tinha uma garota lá comigo, o nome dela era KK", diz. "Tive um caso *sério* de indigestão. Azia. E eu disse: 'Cara! Me dá um copo d'água com bicarbonato de sódio. Isso vai acabar com essa azia. E vai ficar tudo bem'. Fiz isso, e quando tomei, meu estômago imediatamente – eu o vi abrir! Aquilo simplesmente... me derrubou. Caí no chão".

"E eu... eu sei como é quando se está prestes a morrer. Posso sentir, sabe?".

"E chamei KK. Não conseguia mexer um dedo. E disse a ela: 'KK, se você conseguir chamar uma ambulância que chegue nos próximos cinco, dez minutos, acho que consigo chegar ao hospital e acho que ficarei bem. Mas se você não fizer isso, vou morrer aqui mesmo nos próximos quinze minutos'".

A ambulância chegou a tempo, mas a crise não tinha acabado. "A caminho da rodovia, a ambulância quebrou. E estava chovendo tão forte que não dava para enxergar um palmo diante do nariz. A enfermeira disse: 'Não se preocupe, nós vamos conseguir chegar lá a tempo. Não se preocupe!'. Então chamaram outra ambulância e, bem... demoramos bastante para chegar lá".

Jerry Lee foi levado para o Methodist Hospital South, em Memphis, onde foi visto pelo Dr. James Fortune.

"Ele diz: 'Vou lhe operar, Jerry Lee, mas digo que não vai adiantar. Porque, você sabe, você não tem muita chance'".

"Eu disse: 'Bom, nesse caso, você não pode só me dar uma injeção de analgésico?'", ele ri.

"Ele disse à enfermeira: 'Dê a ele o que ele quiser. A essa altura, não faz diferença".

A cirurgia para reparar o estômago rompido levou quatro horas. Algo – uma vida inteira de fármacos ou uísque, ou preocupação e raiva reprimidas, ou um coquetel disso tudo – tinha aberto um grande buraco nele.

"Eu realmente abusei da sorte", diz ele hoje.

Esteve perto da morte por uma semana. Os médicos o mantiveram na UTI até a semana seguinte. Dez dias depois, começou a ter febre alta. Um raio-x mostrou que a incisão de 20 a 25 centímetros feita na parede de seu estômago durante a cirurgia estava vazando, e os fluidos e ácidos estomacais estavam infeccionando a cavidade abdominal.

O Dr. Fortune e uma equipe de cirurgiões correram com ele para a sala de cirurgia. Os médicos disseram a alguns familiares que as chances eram meio a meio. O Dr. Fortune lhes disse que a condição de Jerry Lee era algo que podia variar de "minuto a minuto, de hora a hora".

Fãs lotaram o saguão do hospital naquele verão quente e se esgueiravam até as salas de espera para chorar, esperar e rezar por misericórdia. Alguns levaram flores. Outros davam-se as mãos e oravam por salvação, neste mundo ou no outro. Os repórteres aguardavam do lado de fora. Cinegrafistas se preparavam para o pronunciamento entristecido e inevitável quando a notícia finalmente chegasse. Os jornais revisavam o obituário; alguns já o tinham em *stand by* há anos.

Jerry Lee sobreviveu à operação de quatro horas, mas permaneceu em estado crítico. Estava internado na UTI, no terceiro andar, respirando por aparelhos. Myra apareceu, e ela e Phoebe foram autorizadas a visitar o leito por quinze minutos a cada quatro horas. Sam Phillips ligou para o hospital e falou com um primo de Jerry Lee, o velho bonitão Carl McVoy.

"O velho Jerry está bem mal", McVoy disse a ele. "Está nas mãos do Bom Senhor".

Johnny Cash e June Carter Cash foram ao hospital para se despedir, mas não contaram isso a ele.

"Eu disse a Jerry que não fui até lá para começar a orar sobre ele", disse Johnny, na esperança de estar certo. "Acredito que Jerry Lee tem muito mais canções a cantar".

Kris Kristofferson interrompeu uma turnê para lhe fazer companhia ao lado do leito. Considerava Jerry Lee um dos maiores cantores de todos os tempos, comparando-o a lendas da ópera, e lhe disse isso mais de uma vez. Até Elizabeth Taylor, sua velha amiga dos tempos de Oscar Davis, ligou para o hospital para lhe desejar melhoras.

A grande ameaça temida pelos médicos seria um quadro de pneumonia. Encheram-no de antibióticos, na tentativa de afastá-la. Jerry Lee passou a maior parte dos dias na escuridão.

Um dia, abriu os olhos e viu sua tia Stella ao lado da cama.

Piscou. Ela se aproximou.

"Você ainda não viu nada", sussurrou ele.

Aos poucos, sua condição ia melhorando.

"Estou no hospital há noventa e três dias", disse ele.

"Foi duro. As pessoas não acreditavam no tipo de dor que eu sentia. Muita dor, rapaz. Estavam me dando analgésicos que matariam um elefante".

Mas o pior de tudo era o simples fato de estar lá, impotente.

"Eu estava frustrado mais do que se pode conceber", diz, e ri de novo. "Deus me tirou dali. Se não fosse por Ele, eu não teria conseguido".

A primeira coisa que fez quando chegou em casa foi se sentar ao piano e se certificar de que não havia nada de errado com suas mãos.

O outono chegou antes de ele ter alta do hospital. Tinha participado de *Tomorrow*, da NBC, pouco antes da emergência, e em setembro voltou ao programa para mostrar aos EUA que ainda não tinha morrido. Depois, em janeiro de 1982, gravou um show chamado *25 Years of Jerry Lee Lewis*, no Tennessee Performing Arts Center, em Nashville, lotado. Foi um show-tributo, com convidados como Kris Kristofferson, Charlie Rich, Dottie West, os Oak Ridge Boys, Mickey Gilley, Carl Perkins e Johnny Cash. Perkins tocou "Blue Suede Shoes",

Cash tocou "Get Rhythm" e deu um testemunho em homenagem ao homem com quem disputara a supremacia dos auditórios no gélido norte do país, quando sobreviviam de bolachas de água e sal e carne enlatada. Estava lá, disse à plateia, quando Jerry Lee, "com os cabelos loiros esvoaçantes... apareceu com tamanho estrondo que todo o mundo Ocidental ficou sabendo dele".

Jerry Lee, primeiro usando um paletó de veludo vermelho, depois um smoking vermelho, estava pálido, acabado, abatido demais para sua idade. "Foi sério", diz sobre a recuperação e a dor insistente.

"Você nunca esteve melhor, meu chapa", Johnny Cash disse a ele.

Jerry Lee ainda chutou o banquinho para trás, mas não ia muito longe. Ainda levou a bota ao teclado, mas não mais do que uma ou duas vezes. Contudo, parecia genuinamente tocado pela plateia, que lhe ovacionou de pé, e pelas palavras dos velhos amigos. Havia um roteiro, mas ele sabia que estavam sendo sinceros. Ao som de "Precious Memories", fez um resumo de sua vida e de seu suplício recente, e disse que desejava poder retornar à infância em Ferriday, que daria "cinco milhões de dólares, se os tivesse... para passar cinco minutos com minha mãe de novo... Ela ia me endireitar". Aludiu a Jimmy Swaggart, falando sobre a meninice dos dois e a vida que viveram, "mas seguimos caminhos distintos". Parecia feliz em estar vivo naquele corpo costurado. "Minhas bênçãos", testemunhou, "em muito excedem minhas angústias".

"Vocês sabem que me chamam de o Matador", disse à plateia. "A única coisa que já matei na vida foi, possivelmente, a mim mesmo".

Shawn Stephens, uma pequena e bonita garçonete loira do Hyatt Hotel, enfurnada na inércia da cidade de Dearborn, Michigan, tinha vinte e três anos. Em fevereiro de 1981, Jerry Lee estava tocando no lounge do Hyatt como parte da agenda de shows truncada à qual estava forçado desde a cirurgia e convalescência. Não havia dinheiro de gravações entrando; ele não tinha um contrato com uma gravadora, ou pelo menos não um que estivesse rendendo músicas novas. Mas estava feliz em estar vivo, e a espevitada Shawn chamou sua atenção entre as garçonetes bonitas no lounge do hotel. Cantou uma música para ela e sorriu; as mulheres gostam de um cantor de rock and roll bonitão, em especial se ele estiver machucado.

Uma amiga de Shawn fazia companhia a J. W. Whitten, gerente de turnê de Jerry Lee, e isso levou a uma visita das duas ao rancho dele, com a piscina em formato de piano e o lago vasto. A Receita Federal tinha tomado a maioria dos carros, mas o imóvel ainda era impressionante. Jerry Lee se apaixonou por ela; isso nunca precisou de muita coisa para acontecer, de qualquer modo. "Fiquei louco para me casar", diz ele. "Mas ela era uma mulher muito boa", do tipo que iluminava os lugares onde entrava. Ele precisava disso. Shawn foi visitá-lo de novo em Nesbit, ele deu a ela um bracelete de ouro e outros presentes caros e os dois falaram em se casar depois que o divórcio de Jaren estivesse concluído. Na época, a vida de Jerry Lee ainda parecia glamorosa. Em abril, ele viajou para Londres para tocar no grande Wembley Stadium pela primeira vez desde a doença; disse ao público que "provavelmente [não estava] 100% ainda", mas foi recebido como um herói e debulhou o teclado com uma audácia quase casual.

A família de Shawn disse a ela para ficar longe dele, que ele poderia ser perigoso. Ela respondeu que ele precisava dela.

Sua vida como artista ainda era quase encantada, em alguns aspectos, suportando longos períodos de seca no estúdio e até shows cada vez mais irregulares, mas a tragédia de sua vida pessoal parecia chegar trepidando logo em seguida, como latas amarradas ao para-choque traseiro de um carro.

Em 9 de junho de 1982, Jaren Pate estava tomando sol na casa de uma amiga em Collierville, Tennessee, nos arredores de Memphis. A dona da casa, Millie Labrum, olhou pela janela e não a viu, então mandou seu filho verificar. Ele a encontrou boiando na piscina, morta. Ainda estava casada com Jerry Lee; os dois teriam de comparecer ao tribunal naquele mês. O legista determinou que a morte foi acidental. Jerry Lee nunca reconheceria a filha de Jaren como sua, e ninguém mais solicitaria procedimentos legais para comprovar a paternidade. Algumas das memórias mais longevas de Memphis ainda chamam o caso de abandono, a única coisa que não podem perdoar. Porém, amigos de Jerry Lee diriam que o casamento praticamente só existiu no papel e enfim terminou numa grande tristeza. Se houve alguma bondade aí, foi que Jerry Lee nunca condenou eloquentemente nem a mãe, nem a filha.

Dois meses depois, em meio a uma nova crise de dor no estômago costurado, postou-se enfraquecidamente no deck de um barco. A profecia de Elmo se realizava: cantou e tocou a bordo do *Mississippi Queen*, com Conway Twitty, Loretta Lynn e outros grandes da música country, para um especial de TV. Tocou seu piano e cantou suas músicas enquanto o rio corria e pessoas observavam das margens, mas não havia ninguém com ele que se lembrasse que aquela cena fora prevista por Elmo.

Sua capacidade de reagir a quase qualquer coisa estava intacta. Em abril, partiu para outra turnê europeia e, nas passagens por Londres e Bristol, na Inglaterra, fez shows que pareceram contestar ou ignorar que tudo isso tinha acontecido com ele nos últimos dois traumáticos anos. O ego fugidio e o comportamento errante haviam desaparecido, ou quase. Estava esquelético e talvez mais introspectivo no palco, mas sorria com um prazer genuíno com a precisão da banda e os *licks* de guitarra de Kenny Lovelace, enquanto seu piano ressoava pelo Hammersmith Odeon, em Londres. Pediu um drink e lhe trouxeram uma Coca-Cola; olhou com pesar para a garrafa e tocou "Mona Lisa".

Alguns dias depois, no histórico Colston Hall, em Bristol, fãs sortudos testemunharam uma apresentação solta e consistente de um autêntico homem da música, que conversou calorosamente com a plateia e com a banda. "Pensei que era quarta-feira! Achei que estávamos de folga hoje", disse ao subir no palco, usando uma simples gola olímpica. Tocou "Chantilly Lace", "Little Queenie", "Trouble in Mind", uma "I Don't Want to Be Lonely Tonight" furiosa, até mesmo "The One Rose That's Left in My Heart", de Jimmie Rodgers, e muito mais, o tempo todo concentrado no piano e em sua arte. "É bom ter uma plateia sóbria, pra variar", disse, bebericando uma garrafa de Heineken; mais tarde, depois de outro gole, a espuma da cerveja subiu e transbordou quando ele colocou a garrafa de volta sobre a tampa do piano. Ficou com a mesma garrafa a noite toda. Elogiou a banda repetidas vezes. "Esses rapazes estão ficando bons", disse, uma espécie de mantra seu nos tempos bons. "Sei tocar guitarra exatamente assim – bem, queria saber". Mas esse novo e quase modesto Jerry Lee ainda invocava o rock and roll em "Little Queenie", cantando *"I need a little lovin'—won't you get your little... self... back home? Pick it, Kenny!"*[3] Ainda sentia dores, mas não era nada que não pudesse suportar; realizou um show gratificante, esperançoso e, se aquilo foi apenas uma janela, um lampe-

---

3 "Preciso de um pouco de amor—você não vai voltar para casa? Mande ver, Kenny!".

jo de como as coisas poderiam ser, bem, aquelas pessoas tiveram muita sorte em conseguir ver.

No mês seguinte, tocou no Memphis Cotton Carnival, uma espécie de Mardi Gras[4] do Meio-Sul, e aí foi outra história. Subiu no palco de óculos escuros e uma camisa regata preta, como se fosse um punk, e parecia chapado, balbuciando algumas das letras, e não de propósito. No final do show, atropelando sem pausa "Whole Lotta Shakin' Goin' On", "Meat Man" e "(Hot Damn!) I'm a One-Woman Man", começou a apressar a banda mais e mais, até que ele próprio mal pudesse acompanhar, e só parou quando três garotas invadiram o palco e o distraíram com beijos.

Embora seja difícil apontar o momento exato em que aconteceu, já estava em tempo de uma nova queda em espiral, uma descida a um inferno completamente novo.

Ele deveria ter abrandado seu estilo de vida, diminuído o consumo de substâncias que o deixassem naquele estado. Mas não o fez. Tinha dores constantes, e os analgésicos substituíram as anfetaminas; logo vieram as agulhas.

"Quando se toma aquelas injeções e tal, aquilo vicia", diz sobre os analgésicos. "Pensava que estavam me ajudando. Pensava que estavam me deixando muito bem. E me ajudando no palco". Ri, mas sem humor. "*Não estavam* me ajudando no palco. Era tudo coisa da minha cabeça. Eu pensava que era muito necessário, mas estava errado".

Ao invés disso, parecia se recolher para dentro de si no palco, interrompendo músicas bem no meio, quase sempre buscando algum devaneio e deixando a banda para trás – a banda da qual tanto se orgulhava, pela maneira como se mesclavam, pela boa música que tocaram ao longo de milhares de quilômetros. Também era assim nos lounges de hotel e nas casas de show maiores.

"Eu estava... meio que me viciei. Gostava das injeções. Mas elas não gostavam de mim. Não há como fazer funcionar. *Não funciona. Vai te matar*".

Injetava analgésicos diretamente no estômago – em algumas noites, era a única forma de conseguir subir fisicamente no palco.

Aos quarenta e sete anos, começava a perder shows e, com isso, a ser processado pelos donos dos clubes e produtores. A Receita Federal ficava à

---

4 O Carnaval da Louisiana.

espreita nos shows, para recolher os cachês de modo que ele quitasse a dívida. "Estavam todos atrás de mim", diz Jerry Lee. "Eu não prestava atenção. Só seguia em frente".

Agora estava livre para se casar e não se preocupou com decoro. Jaren e ele já não viviam como marido e mulher há anos antes da morte dela, então, para ele, não parecia cedo demais para se casar novamente. Em 7 de junho de 1983, vestiu um smoking branco, uma camisa vermelha e uma grande gravata borboleta branca e disse "Sim" pela quinta vez, para Shawn Stephens, agora com vinte e cinco anos. O *National Enquirer* fotografou, cobrindo o evento como se fosse algum tipo de casamento da realeza, como se os editores soubessem que uma matéria dessas seria ouro para eles, naquele ou em algum momento futuro.

A vida no norte do Mississippi não foi, é claro, exemplar. Era muito menos glamorosa do que parecia no Hyatt de Dearborn. O casal discutia. A essa altura, Jerry Lee estava completamente viciado em analgésicos. Sua nova esposa logo começou a abrandar sua própria realidade com suas próprias drogas: barbitúricos. "Mas ela fez isso sozinha", diz ele hoje. Nunca pediu a ela para tomar nada, nem a forçou a tomar nada. "Nunca a machuquei".

A faxineira do rancho em Nesbit encontrou Shawn Stephens Lewis morta num quarto de hóspedes por volta do meio-dia de 24 de agosto de 1983, setenta e sete dias depois do casamento. Jerry Lee, que tinha dormido em seu próprio quarto, acordara cedo naquela manhã e presumira que ela estava dormindo em outro quarto.

O xerife do Condado de DeSoto, Denver Sowell, disse que uma autópsia preliminar determinou a causa da morte como edema pulmonar, ou acúmulo de fluidos nos pulmões, condição que frequentemente acompanha pneumonia ou problemas cardíacos. O patologista que conduziu a autópsia concluiu que Shawn Lewis não foi vítima de uma morte violenta. Porém, depois, uma autópsia completa, conduzida pelo Dr. Jerry Francisco – que foi quem realizou o procedimento também em Elvis Presley e Martin Luther King Jr. –, apontou que a dosagem de metadona, um analgésico, no organismo dela era dez vezes maior do que o normal.

"Embora você nunca se sinta como se soubesse exatamente tudo o que todos sabiam, acho que fizemos uma investigação completa deste caso e nada apontou para o homicídio", disse Bill Ballard, promotor do Condado de DeSoto.

Francisco disse ao promotor que não encontrou evidências de que a dosagem tenha sido forçada pela boca ou garganta da vítima. Um grande júri do Condado de DeSoto reviu o caso e não encontrou base para tal acusação.

No entanto, a família de Shawn, em Michigan, contratou um advogado particular para investigar a morte dela, não aceitando que tenha sido uma overdose autoadministrada. "Acham que Shawn provavelmente estaria viva hoje, se nunca tivesse conhecido Jerry Lee Lewis", disse Michael Blake, o advogado. Meses depois, a revista *Rolling Stone* publicou um artigo longo, sombrio e sinistro intitulado "The Strange and Mysterious Death of Mrs. Jerry Lee Lewis" ("A Estranha e Misteriosa Morte da Sra. Jerry Lee Lewis"), escrito pelo vencedor do Prêmio Pulitzer, Richard Ben Cramer. O artigo levantava questões sobre como a polícia lidou com o caso, sugerindo que as autoridades vinham acobertando Jerry Lee havia anos. Cramer também sugeria que os investigadores não se aprofundaram em alguns aspectos do caso, incluindo relatos de que havia sangue no local e questões sobre a integridade das provas.

Tanto Cramer quanto o repórter do programa 20/20, da ABC News, Geraldo Rivera, citaram uma discussão violenta entre o casal, na noite anterior à morte de Shawn, como uma evidência que sugeria crime. Um guarda-costas disse ao 20/20 que viu Jerry Lee dar um tapa nela "uma ou duas vezes". A *Rolling Stone* relatou que um socorrista viu hematomas no braço dela e marcas de unha nas costas da mão de Jerry Lee. A revista publicou ainda que Jerry Lee tinha batido na irmã de Shawn, Shelley, e ameaçado a esposa. Shelley foi citada como fonte. Todos usaram o próprio apelido contra ele: o Matador.

Nada disso incitou acusações contra Jerry Lee ou mudou as conclusões do promotor. As autoridades do norte do Mississippi e do Tennessee vinham respondendo a incidentes envolvendo Jerry Lee havia anos: brigas, bate-bocas, acidentes, disparos de arma de fogo, ameaças e incontáveis outras infrações. Ele fora colocado algemado em viaturas em três condados e julgado e multado, *in absentia*, regularmente. A noção de que o deixariam se safar de um assassinato não fazia sentido, diriam as autoridades. Não era um casamento exemplar, obviamente; os registros de divórcio indicavam que nenhum dos casamentos de Jerry Lee tinha sido harmonioso, mas os investigadores diriam que as evidências estavam longe de provar um assassinato.

Jerry Lee disse à imprensa que não acreditava que Shawn tinha a intenção de se matar: "Tínhamos nossas discussões de costume, mas não havia razão para isso".

Ele diz hoje que o artigo da *Rolling Stone* foi devastador.

"Eles me trataram como a um cachorro".

Chamou aquilo de uma mentira fabricada e ridícula.

"Eu era inocente e nada foi provado... Nunca foi provado que eu teria machucado alguém. Ela fez aquilo sozinha. Não apanhou, de forma alguma. Não havia um pingo sequer de provas circunstanciais de que eu teria feito aquilo. Foi um erro", diz sobre a overdose. "Mas eu não machuquei ninguém".

O pior de tudo, diz ele, é que isso deu a impressão de que ele não tinha sentimento nenhum pela jovem; as pessoas presumiram que ele não entraria em luto. "Acho que é essa coisa do 'Matador'", diz hoje. "Não se toma algo o qual não se pode dar, quando se trata da vida de alguém. Nunca se pode fazer isso".

Mas sua *persona* transformava a tragédia numa história pela qual as pessoas ansiavam, especialmente tão perto do afogamento de Jaren.

"Se eu tivesse feito tudo o que essa gente pensa que fiz, teria sido enterrado na penitenciária anos atrás", diz ele. "Nunca matei nada na vida".

Acredita que há outra razão para a história ter se espalhado.

"Nunca processei ninguém, e todo mundo sabe disso".

Shawn foi enterrada em Clayton, com a família dele.

Retirou-se atrás dos portões do rancho e os trancou com um cadeado. Mas é difícil ser um homem reservado quando se é Jerry Lee Lewis. Em outubro, dois meses depois da morte de Shawn, gravou um show para o programa *Austin City Limits*, no qual tocou com óculos escuros que ocultavam suas emoções. Magro e sério, tocou boogie-woogie apressado, mas seria mentira dizer que não tocou como *ele* e não fez um ótimo show. Quando terminou, voou para casa para esperar pelo próximo show e se medicar em reclusão.

A culpa pela morte de sua quinta esposa estava no estilo de vida que seguia, e o seguia há muito tempo. Era a rocha instável na qual seus parentes se apoiavam, e contra a qual quem o amava se despedaçava.

As gravadoras não o estavam cortejando. Como último recurso, assinou um contrato com a MCA, porém, em meados dos anos 1980, as sessões renderam poucas canções memoráveis, incluindo outra marca registrada, desta vez de autoria de Kenny Lovelace, chamada "I Am What I Am":

I am what I am, not what you want me to be[5]

Enquanto isso, o leão estava incansável. Jerry Lee tinha desenvolvido um mau hábito de ignorar documentos oficiais como se todos pudessem ser jogados no rio Negro, e tratava convocações ao tribunal e certidões de casamento como se fossem gibis descartáveis. Sua experiência dizia que a maioria deles sumia com o tempo, que os tribunais sempre ficavam cansados de esperar. Porém, em 14 de fevereiro de 1984 recebeu uma folha de papel que não poderia simplesmente descartar. Estava sendo acusado por um grande júri federal de evasão de impostos.

Os promotores o acusaram de tentar esconder bens sob o nome de outras pessoas, para evitar que fossem apreendidos para quitar mais um milhão de dólares dos impostos que devera entre 1975 e 1980. Quando não pôde mais ignorar as acusações, alegaram os promotores, foragiu-se.

Deixou o carro num hotel em Nashville, escondeu-se atrás de óculos escuros e um enorme chapéu de caubói e se esgueirou para o estúdio para gravar mais algumas músicas. Dois dias depois, como se apenas para mostrar que se entregaria de acordo com sua própria agenda, rendeu-se às autoridades federais em Memphis. Declarou-se inocente e foi solto sob uma fiança de US$ 100 mil, depois que Kenny "Red" Rogers colocou seu clube, o Hernando's Hideaway, como caução. A fiança alta refletia a opinião da corte de que Jerry Lee Lewis exibira "uma atitude provocadora perante o tribunal" desde que se tinha memória. "Fiz de bom grado", disse Red à Associated Press.

Quando compareceu para ser fotografado e ter as digitais tiradas, estava com uma nova namorada, uma cantora do Hernando's Hideaway de vinte e um anos chamada Kerrie McCarver. "Querida, isso é moleza", disse a ela enquanto era fichado.

Casaram-se em 24 de abril de 1984 e ela se tornou a esposa número seis. Disseram que estavam muito apaixonados e queriam filhos.

---

5 "Sou o que sou, não o que você quer que eu seja".

Jerry Lee foi a julgamento em outubro. Poderia pegar uma sentença máxima de cinco anos. "O trabalho do Sr. Lewis é tocar piano", disse seu advogado, Bill Clifton. "Ele não entende nada de negócios". Disse ele que Jerry Lee pensava *estar* pagando os impostos.

Quando o júri deu o veredicto, Jerry Lee estava sentado no tribunal com a nova esposa. "Vi que duas ou três jovens no júri piscaram para mim e me fizeram um sinal de 'OK', então eu soube que estava inocentado".

O júri de fato acreditou nele, que tinha a intenção de fazer o certo perante o governo, mas que tinha deixado seus negócios nas mãos de outros, de inclinação menos correta; disseram que o governo não tinha provado as alegações. O tribunal explodiu em aplausos e Jerry Lee disse que sentiu o poder de Deus.

Embora as acusações tenham sido dispensadas, ainda devia mais de US$ 600 mil ao governo, e os agentes federais pareciam satisfeitos em segui-lo a cada show, levando uma mala para recolher os impostos.

Viajou para a Europa em 1985 para mais uma turnê, mas parecia estar só o pó. Pálido e trêmulo, disse à plateia em Belfast: "Estou fazendo o melhor que posso esta noite, mas... estou passando mal. Estou sem fôlego. Parece que não consigo respirar direito, mas estou tentando". Tentou dar de ombros àquilo que todos estavam pensando: "Podem chamar do que quiserem. Não estou bebendo. Não estou usando nenhuma droga, porque não consigo achar nenhuma". Porém, esse bom humor não foi de todo sincero e ele deixou o palco pouco depois. As injeções que autoadministrara para as dores – hoje ele sabe que estava simplesmente viciado nelas – não mais o aliviavam, então ele as aplicava com mais frequência. "A droga não me fazia nada", diz. "Foram empurradas para mim", diz sobre os primeiros médicos que as receitaram a ele, mas admite que compartilha dessa culpa: "Quando um não quer, dois não brigam".

Ele sempre achou que o melhor bálsamo era simplesmente voltar ao passado. De volta a Memphis, reuniu-se a Johnny Cash, Carl Perkins e Roy Orbison para gravar um álbum chamado *Class of '55*, uma celebração das contribuições dele para um estilo completamente novo de música americana e um tributo àquele que não pôde estar ali, Elvis. Jerry Lee tocou seu indispensável boogie com "Keep My Motor Running" e uma versão de "Sixteen Candles" e se juntou aos outros em "Big Train (from Memphis)", de John Fogerty, e "Waymore's Blues", de Waylon Jennings, mas sentiu dores o tempo todo e isso transpareceu. Nas fotos das sessões de gravação, os outros estão de pé; ele está sentado. Em preto e branco, parece ainda mais perturbado.

Ele diz que gostou de rever seus velhos amigos/concorrentes, porém, a melhor parte daquela reunião pode não ter sido a música, mas as filmagens em que os velhos pioneiros do rock and roll falaram sobre o belo e visceral início de tudo.

Em novembro, foi levado de ambulância de volta ao hospital. Seu estômago estava perfurado mais uma vez. "Eu estava com sete úlceras sangrando no estômago", diz. "*Dessa* vez eu quase morri".

Não se comportou. No meio da sala de cirurgia, ficou de pé na maca como se num piano, delirando, fora de si. Não tem muitas lembranças disso. Muito do que aconteceu nos dias seguintes ocorreu entre lampejos de dor e uma nuvem de morfina. Os médicos tiveram de retirar um terço de seu estômago na tentativa de salvar sua vida.

Mas eis que havia mais danos.

"Eu usei uma seringa que não tinha sido esterilizada", diz Jerry Lee, o que resultou numa infecção séria na coxa, que não foi tratada. "O Dr. Fortune... teve de cortar tudo aquilo do meu quadril, [estava] infeccionado dos dois lados". Fortune, que já tinha salvado seu paciente desafiador mais de uma vez, foi incensado. "E pensar que eu livrei você daquilo tudo", disse ele a Jerry Lee. "Eu mandei trazer seis médicos para cá de avião, cara!".

"Rapaz, ele ficou louco com aquilo", recorda-se Jerry Lee.

Os médicos mais uma vez não tinham certeza de que ele se recuperaria.

Abriu os olhos em meio ao delírio e viu Carl Perkins.

"Ei, Carl", disse debilmente, "o que você tá fazendo aqui?".

Dois meses depois, a realeza do rock and roll se reuniu num salão opulento, em Nova York, para honrar os sobreviventes e os caídos. O Waldorf-Astoria raramente tinha visto tanto gel de cabelo, e nunca tinha recebido um evento como esse. Keith Richards, de rosto seco e olhos fundos, estava numa mesa elegante e à luz de velas com Ronnie Wood, de smoking, separados por um arranjo de tulipas cor-de-rosa. Quincy Jones, o antigo *bandleader* de Big Maybelle e agora uma lenda, jantava truta do rio Colorado defumada. John Fogerty conversava com Neil Young sobre o tempo em que a música deles fazia os políticos suarem frio e se preocuparem, em que se cantava no rádio sobre amor *e* sobre o Vietnã.

Moleques, todos eles. As verdadeiras lendas, aqueles que mostraram o caminho, já passavam da meia-idade, os que tinham sobrevivido. Os vivos e as imagens dos mortos foram recebidos nessa opulência, para serem festejados como a primeira turma de instituídos no Rock and Roll Hall of Fame. Foi em 23 de janeiro de 1986, três décadas depois do grande ano de Elvis. Entre eles, alguns dos mais influentes músicos e personalidades da história da música. À medida que os apresentadores chamavam seus nomes, se levantavam e se dirigiam ao palco, alguns com mais dificuldade do que outros: Fats Domino, que não tocaria depois de Jerry Lee em Nova York; os Everly Brothers, que tampouco o fariam; James Brown, que saiu das coxias do Apollo e lhe deu um beijo no rosto. Mas o rock and roll era um ramo difícil, e quando alguns nomes foram anunciados, houve um segundo ou dois de um silêncio triste: Buddy Holly, que fazia o chão balançar e se tornou seu amigo verdadeiro. Sam Cooke, cuja voz era mais bonita do que a de qualquer outro cantor que já ouvira e o chamava de "primo". E, principalmente, Elvis, que ouviu Jerry Lee tocar a mesma música centenas de vezes e chorou na frente dele e dos outros na Sun.

Quando os organizadores começaram a planejar a cerimônia, um ano antes do evento, se perguntaram quem aceitaria a homenagem por Jerry Lee Lewis, certos de que não haveria como ele se recuperar de novo. Os músicos presentes o tinham visto pela última vez em leitos de hospital ou doente demais para conseguir se levantar; outros tinham visto as manchetes e os alertas de morte. Parecia uma questão de tempo até que ele se juntasse aos que caíram do céu ou engoliram a própria ruína.

Keith Richards foi até o palco e tirou o paletó de seu smoking preto, revelando uma jaqueta de pele de leopardo falsa, que recebeu aplausos alucinados. Parecia um pouco surpreso, como se tivesse acabado de ser acordado de um bom cochilo. "É muito difícil, para mim, falar de Chuck Berry, porque eu copiei cada *lick* que ele já tocou... Este é o cavalheiro que começou tudo, até onde eu sei". A banda da casa – Paul Shaffer e sua banda do *Late Night with David Letterman* – lançou-se em "Johnny B. Goode" e Berry, ainda ágil, entrou em cena fazendo seu *duckwalk*. Richards, que já tinha levado um soco de Berry no olho durante um ensaio, o abraçou e entregou a estatueta.

"Dyn-o-mite!", disse Berry, e os dois saíram do palco dançando.

John Fogerty então falou eloquentemente sobre o ciclo sem fim do rock and roll e sobre como um *riff* de "That'll Be the Day", de Buddy Holly and the Crickets, seria ecoado em "I Wanna Hold Your Hand", dos Beatles, e, depois, em sua própria música. "Todos nós", disse Fogerty à plateia, "somos feitos das pessoas que amamos e admiramos. Pegamos esses reflexos e crescemos a partir deles, assim se espera. Acho que é por isso que estamos aqui hoje, nos dez casos". A homenagem a Buddy Holly foi aceita por sua viúva, Maria Elena, a quem Buddy amava tanto que, naquela noite, há muitos anos, ligou para Jerry Lee para perguntar a ele se deveria se casar com ela.

Ray Charles, cuja "What'd I Say" foi um sucesso para Jerry Lee nos anos áureos, só enxergava escuridão no salão, mas só ouviu amor. Little Richard não pôde aceitar a homenagem em pessoa, devido a um acidente de carro, mas não estava impossibilitado de mandar um grande "*whooooooooooooooo!*" por videotape. O Hall of Fame homenageou Robert Johnson, que vendeu a alma na Highway 61, a mesma estrada que levou Jerry Lee à fama, e o grande estilista Jimmie Rodgers, que cantou na mente de Elmo na prisão em New Orleans. Sam Phillips, cuja nomeação era inevitável, cujo ouvido para o talento repercutiu numa sociedade inteira, recebeu o devido crédito, assim como o falecido Alan Freed, que anos atrás, sentado no meio-fio, aguardara a notícia de que Elmo tinha cortado a garganta de Chuck Berry. Cada homenagem, cada discurso hesitante, cada grande música tocada pela banda da casa pareciam espelhar uma parte da vida turbulenta de Jerry Lee, como se ele fosse o laço frágil, apertado e trêmulo que amarrava toda aquela história numa noite fria de Nova York. Para cada história contada naquela noite, ele tinha visto outra, melhor, que era melhor as esposas não saberem.

Hank Williams Jr. aguardava nos bastidores, usando um chapéu Stetson bege. Também havia um laço grande e forte ligando Jerry Lee a ele. Anos antes, quando ouviu pela primeira vez a versão de Jerry Lee de "You Win Again", de seu pai, Hank Jr. sentiu o coração partir e ligou para ele para lhe dizer isso. "Você sabe que amo meu pai", disse, "mas essa é a melhor versão que já ouvi". Agora era o filho de Hank que ficaria sob o holofote para falar sobre Jerry Lee.

"Ele poderia acabar com uma plateia", disse. "E falo de arrasar as estruturas e jogar bebês no ar ao terminar. Quando assisti a esse cara, pensei: 'Preciso ter umas aulas de piano'. Respeito a música e os músicos pelo quão bons eles são, não pelos rótulos. Jimmie Rodgers está entrando. Imagino que Hank Williams, com seu 'Lovesick Blues' em 50 e 51, talvez esteja nesse Hall da Fama um dia". E isso aconteceu, no ano seguinte.

"Vamos, então, ao que importa. Gostaria de chamar e introduzir ao Rock and Roll Hall of Fame, em nome de vocês todos, o Matador, Jerry Lee Lewis", e a plateia aplaudiu, assobiou e rugiu enquanto um saxofone uivava "Great Balls of Fire".

Ele entrou num smoking branco com detalhes em roxo, mesma cor da camisa. Estava acabado, talvez mais do que nunca – os músculos do rosto pareciam soltos dos ossos –, mas o cabelo *ainda* estava perfeito. Parecia um homem que tinha caminhado num incêndio e tinha sido resgatado por pouco. Beijou Hank Jr. no rosto. "Não sei o que dizer, exceto agradecer a Deus por estar vivo, aqui, para receber este prêmio. Amo vocês. Preciso de vocês. Não conseguiria sem vocês... Eu não sei o que mais dizer, exceto que Deus abençoe fartamente cada um de vocês... Muito obrigado". E deixou o palco, sorrindo, ao som de mais aplausos alucinados.

Paul Shaffer disse à *Rolling Stone* que não havia planos para que Jerry Lee e outros tocassem, embora "tenhamos trazido instrumentos, só por desencargo". Porém, à meia-noite uma banda estelar estava fazendo uma *jam* no palco, conduzida por Jerry Lee, Chuck Berry, Keith Richards, Neil Young, Ron Wood, Billy Joel, Steve Winwood, entre outros. A plateia urrou quando John Fogerty tocou os primeiros acordes de "Proud Mary", surpreendendo os conhecedores de música no salão do Waldorf-Astoria. Não tocava essa música desde 1972. Mas aquela era uma noite histórica e merecia algo especial.

Fats Domino tocou um ou dois *licks* no piano, pelos velhos tempos, mas estava claro que o show era de Jerry Lee e Chuck Berry, mesmo quando estava tocando as músicas de Chuck. Tocaram "Roll Over Beethoven", "Johnny B. Goode" e "Little Queenie", e Jerry Lee desacelerou para tocar o que os críticos chamaram de uma versão "deliciosa" de "Blue Yodel", de Jimmie Rodgers. No entanto, talvez a joia da noite tenha sido "Reelin' and Rockin'", quando todos no palco lotado puderam se exibir um pouco – Billy Joel quase partiu um órgão em dois –, ninguém tanto quanto Chuck e Jerry Lee, que parecia pensar que estava em 1957 de novo. Berry, com a voz não tão clara e forte como outrora, ainda berrava a glória do rock and roll como um homem que a conhecia bem.

I looked at my watch and it was quarter to four
She said she didn't but she wanted some more[6]

"Ouvi isso", gritou Jerry Lee.
Chuck acenou para que ele assumisse.
E Jerry Lee cantou:

I looked at my watch and it was three twenty-five
I said, "Come on, Chuck, are you dead or alive?"[7]

---

6 "Olhei para o relógio e faltavam quinze para as quatro/ Ela disse que não, mas queria mais".
7 "Olhei para o relógio e eram três e vinte e cinco/ Eu disse: 'E aí, Chuck, você está morto ou vivo?'".

15

A BIFURCAÇÃO NA ESTRADA

....

New Orleans
1986

A Airline Highway, em New Orleans, não é um lugar por onde se perambula sem rumo ou a passeio. Se você não tem o que tratar por lá, então não tem o que tratar por lá. Prostitutas trabalham em alguns dos hotéis baratos e muitas coisas obscuras acontecem ali. Uma variedade de homens vinha visitar a mulher no quarto 7 do lamentável Travel Inn por mais ou menos uma hora, uma hora e meia. Um deles era familiar, um homem alto e elegante. Falava do próprio céu e vivia no ar. De um carro estacionado ali perto, seus inimigos tiraram uma foto para documentar seu pecado.

Para Jerry Lee e seu primo Jimmy, a estrada tinha bifurcado há muito tempo, ainda no cascalho, nas ambrósias e nas tampinhas de garrafa achatadas de Ferriday, enquanto o blues chamava por eles de uma janela aberta na Fifth Street. Jerry Lee já compreendia isso desde pequeno, e tentava arrastar Jimmy pela alça do macacão até o Haney's Big House, para que pudessem ouvir melhor. Diz ele que às vezes conseguia levá-lo para dentro, por um curto momento, mas em outras o primo se mantinha firme, com as mãos cerradas diante dele. Jimmy via isso como uma escolha simples entre céu e inferno, mas o pequeno Jerry Lee pensava diferente, e deixava Jimmy sozinho na grama alta, rezando por sua alma. Jimmy escorregaria quando adolescente, durante o grande roubo de sucata de 1947, mas, em geral, se manteve na linha, implorando por perdão e então marchando em frente. Jerry Lee pecava e orava por perdão também – não era muito diferente, quando se pensa bem, exceto, talvez, pela aritmética da coisa – e dançava por sua própria estrada sinuosa, sempre esperando que, numa fé fundada na redenção, os dois caminhos divergentes talvez, de algum modo, levassem ao mesmo destino.

"Acho que Jimmy me viu fazendo coisas que ele não podia fazer", diz Jerry Lee.

Nos anos 1980, Jimmy Swaggart estava numa batalha contra o diabo em muitas frentes. Liderou uma cruzada nacional contra a imoralidade sexual. Chamou o rock and roll de "a nova pornografia" e escreveu um livro chamado *Religious Rock & Roll: A Wolf in Sheep's Clothing*, para condenar até mesmo o rock de temática cristã. Expôs e pregou contra o também pastor da Assembleia de Deus Marvin Gorman, que então admitiu que cometera um ato imoral com uma mulher que não era sua esposa. Conduziu uma purificação da denominação depois que o tele-evangelista Jim Bakker teve um caso com a secretária da igreja, Jessica Hahn, e usou mais de US$ 250 mil do dinheiro do ministério para acobertar o caso. Chamou o escândalo de "um câncer que precisava ser extirpado do corpo de Cristo". Fez-se guardião da moralidade sexual, não apenas dentro daquela denominação, mas entre todos os cristãos e todo mundo. Já era um dos homens com mais visibilidade nos EUA. Sua igreja em Baton Rouge tinha capacidade para 7.500 pessoas nos cultos, mas seus sermões lacrimosos também poderiam ser assistidos na África e na Ásia Central, transmitidos via satélite para 143 países. Lotava estádios e não podia sequer atravessar um estacionamento sem ser abordado com pedidos de orações num pedaço de papel. Seu ministério vendia Bíblias com *seu* nome na capa, e seus incontáveis seguidores o defendiam contra qualquer dúvida, qualquer crítica, simplesmente apontando para as multidões que ele ajudara a trazer para Cristo.

O peixe grande ainda estava à solta. Pregara sobre os pecados do primo do capô de um Oldsmobile 1958, em tendas de reavivamento e em catedrais de cidade grande, e, por fim, dos próprios céus. Parecia, às vezes, que sua cruzada seria incompleta até que afastasse da música do diabo essa última alma e a encaminhasse para um lugar onde Deus recompensava os fiéis com vida eterna. Seu caminho de retidão levara a Learjets e a uma fortuna além até mesmo dos padrões do rock and roll, o que o permitia fazer a vontade de Deus em círculos cada vez maiores, mas ele nunca pôde alcançar longe o bastante para trazer o primo a Ele, de joelhos.

"Jimmy ligou aqui uma vez e Kerrie atendeu", diz Jerry Lee, "e ele disse a ela: 'O que é isso que ouço dizer sobre Jerry Lee ter duas, três ou mais mulheres ao mesmo tempo? Não é possível que ele dê conta disso'. E Kerrie respondeu: 'Acredite, ele consegue'".

A vida de Jerry Lee continuava a oscilar entre louvor e vício, apesar do precipício aonde o uso de drogas o levou duas, três vezes. Em junho daquele ano, ganhou seu primeiro Grammy – na categoria *spoken-word*, pelas entrevistas que deu na divulgação de *Class of '55* – por contar a história da mesma música que seu primo passou a vida inteira condenando. Em dezembro, deu entrada no Betty Ford Center para tratar um vício que não morria. Depois de uma semana, foi embora. Era preciso acordar cedo demais e fazer tarefas. "Ninguém me diz o que fazer".

Jerry Lee acredita que as escolhas que ele e Jimmy fizeram na vida não foram tão drasticamente diferentes. "Nunca parei de orar", diz frequentemente, mesmo se fosse como uma ligação interurbana. "Oro antes de dormir. Abençoo minha comida. Pago meus dízimos. Acho que Deus leva isso em conta. Acho que tenho de esperar para ver".

Em 28 de janeiro de 1987, Jerry Lee Lewis III nasceu no Baptist Hospital, em Memphis, pesando 2 quilos e 800 gramas. Sua mãe, Kerrie, tinha vinte e quatro anos. Jerry Lee tinha cinquenta e um. Ainda brigava com o governo federal e ainda era perseguido pela Receita; passou muitos dos seus cinquenta anos esperando do lado de fora de salas de tribunal ou apresentando-se a juízes e advogados para seus credores. Porém, para ele, isso ainda não parecia a vida real; parecia algo que as outras pessoas sofriam. Em julho, uma fotografia publicada no *Memphis Commercial Appeal* mostrava Jerry Lee sentado num banco junto a Kerrie e o bebê, a quem chamavam de Lee, aguardando diante de uma sala de tribunal do Condado de Shelby para prestar depoimento sobre um processo imobiliário. Jerry Lee está esquelético, apesar de animado, como se não tivesse preocupação alguma. Kerrie, num tailleur apertado de estampa de leopardo, está estonteante, com o cabelo armado e macio. Está dando uma mamadeira ao bebê rechonchudo e saudável, e Jerry, radiante, está apontando o dedo para o rosto dele para fazê-lo sorrir.

Jimmy Swaggart era rico e poderoso; Jerry Lee Lewis estava se divertindo.

"Acredito que isso simplesmente subiu à cabeça de Jimmy".

O escândalo estourou em 1988. Jimmy Swaggart confessou que foi ao Travel Inn da Airline Highway, em New Orleans, para se encontrar com uma prostituta, não para fazer sexo com ela, mas para assisti-la realizar atos pornográficos. Foi vê-la repetidas vezes. Suas visitas poderiam não ter sido descobertas se parentes do pregador Marvin Gorman não o tivessem fotografado, por revanche. O filho do pregador, Randy, e seu genro, Garland Bilbo, seguiram Swaggart pela cidade e o fotografaram entrando e saindo do quarto de hotel alugado por uma mulher chamada Deborah Murphree.

"Ele apenas enfraqueceu e caiu", diz Jerry Lee. "Acho que todos temos nossos pontos fracos".

Mais de oito mil pessoas lotaram a igreja de Jimmy Swaggart em Baton Rouge, a Family Worship Center, para o culto de domingo depois da revelação. Sua resposta, aos prantos, ficou conhecida sob o "título" de "Eu Pequei". Desculpou-se à esposa, Frances. "Pequei contra *você*", disse, sussurrando. Desculpou-se ao filho, Donny, e aos membros da Assembleia de Deus. "Principalmente, ao meu Senhor e Salvador, meu Redentor, Aquele a quem servi e amo e adoro... Pequei contra Ti, meu Senhor. E gostaria de pedir que Seu sangue precioso lave e purifique cada mancha até que estejam no mar do esquecimento divino, para nunca mais serem lembradas contra mim". Muitos na congregação choraram diante dele. "O pecado do qual falo não é um pecado presente", disse, com lágrimas escorrendo pelas faces. "É um pecado passado. Sei que muitos de vocês perguntariam por que, por quê. Eu me perguntei isso dez mil vezes por dez mil anos".

"Se fiquei surpreso?", disse Jerry Lee. "Que nada, não me surpreendi em momento algum".

Nunca foi uma questão de que um deles acreditava e o outro não, disse ele. Ambos acreditavam.

Mas sempre houve aquela diferença entre eles. "Nunca fingi ser nada", diz. Quando levantava os olhos e via uma bala de .45 repousando sobre a tampa do piano, sabia exatamente o que tinha feito, embora nem sempre com quem, exatamente. "Mas sabia".

Porém, no fim das contas, Jimmy ainda era da família, e eram ligados não no papel, mas pelo sangue.

"Jimmy é humano também, e as pessoas precisam se lembrar disso. Precisam parar e pensar nisso. Ele nunca fez sexo com aquela mulher. Nunca cruzou essa linha. Acho que era algo que ele tinha que tirar da mente. Mas não é nada que Deus não possa perdoar".

O rebanho de Jimmy Swaggart não só retornou, mas aumentou mais e mais, e ele se tornou um pastor independente e não-denominacional, pregando para incontáveis milhões. "Simplesmente formaram uma fila e o seguiram", diz Jerry Lee.

Assim como a música, o renascer das cinzas também estava no sangue.

No ano da queda e da rápida ressurreição de Jimmy, Jerry Lee sentou-se ao piano do lendário estúdio de Hank Cochran e gravou versões solo de "My Mammy", de Al Jolson, e "Beautiful Dreamer", de Stephen Foster, mas nenhuma foi lançada e ambas ficaram engavetadas por décadas. Naquele momento, isso não ajudou Jerry Lee em nada. Em 1988, declarou falência. Estava com uma dívida de mais de US$ 3 milhões, dos quais 2 milhões eram devidos ao Tesouro dos EUA, por impostos atrasados e multas. Listou vinte e dois credores diferentes, incluindo US$ 40 mil devidos a um advogado de Memphis. Devia US$ 30 mil a três hospitais diferentes em Memphis, centenas de milhares a clubes, por quebra de contrato, e mais ainda em processos. Devia prestações de um Cadillac e de um Corvette, e havia, ainda, uma conta de hotel pendente, no valor de US$ 119, do Waldorf-Astoria, em Nova York, da noite em que foi empossado no Rock and Roll Hall of Fame.

Enquanto isso, a Receita Federal continuava a tomar seus bens quase ao mesmo tempo em que ele os adquiria. Tomaram mais carros, um Jet Ski e um touro mecânico.

Em meio aos piores momentos, Jerry Lee foi a Ferriday e passou pela Assembleia de Deus na Texas Avenue. Não se ajoelhou, nem pediu por nada, mas notou que o chão onde sua mãe tinha se ajoelhado estava cedendo; a pequena igreja que tinha se mantido erguida por toda sua vida parecia prestes a tombar. Foi para casa, colocou sete mil dólares num envelope e o enviou a Gay Bradford, que também cresceu naquela igreja e, junto com o marido, usou o dinheiro para restaurá-la. Depois, Jerry Lee comprou um novo piano para o templo.

Num momento de enorme ironia, no verão de 1989, Jerry Lee, falido, ganhou uma estrela na Calçada da Fama de Hollywood. Posou no local com a esposa, Kerrie, com Jerry Lee Lewis III, então um bebê, e com o ator Dennis Quaid, que se tornaria Jerry Lee Lewis no cinema.

O filme, *Great Balls of Fire!* (no Brasil, *A Fera do Rock*), não foi uma biografia completa, mas a história de seu estouro em 1956 e 57, do namoro e casamento com Myra e do escândalo que veio em seguida, tudo baseado no livro de mesmo nome escrito por ela com coautoria de Murray Silver.

O filme tratou também de sua relação com Swaggart. Uma das cenas mais faladas é logo no início, mostrando dois garotinhos espiando a libertinagem no Haney's. O garotinho de cabelo preto, Jimmy, implora ao primo, loiro, para que saíssem daquele lugar pecaminoso.

"Jerry Lee, é a música do diabo!", choraminga.

"*Yeaaaaahhhh!*", diz o pequeno Jerry Lee.

Não aconteceu exatamente assim, mas o espírito da cena é verdadeiro.

O do restante do filme, segundo Jerry Lee, não.

Antes mesmo do início das filmagens, os produtores pediram a Jerry Lee que cedesse sua música, seu som, ao ator que o interpretaria. Quaid não gostava da ideia de dublar os vocais e queria gravar as músicas ele mesmo, com sua própria banda.

"Eu disse: 'Podem esquecer. Não vou ceder a trilha sonora. Dennis nunca vai conseguir cantar e gravar essas músicas como eu. Podem esquecer, ou não vai acontecer'".

Levou Dennis para um passeio pelas margens rio Mississippi.

"Jerry Lee me disse que se ele não gravasse as músicas, só um de nós ia voltar por aquela margem", disse Quaid ao *Austin American Statesman*.

"Aquele garoto caiu em si", disse Jerry Lee.

Os executivos insistiram que Jerry Lee fizesse um teste com suas próprias músicas para a trilha sonora da história de sua própria vida, o que o insultou. Mas os resultados provaram que ele era melhor que ninguém para interpretar a si mesmo. "O que se ouve sou eu", diz sobre o filme, e valeu a pena: nas canções da trilha sonora, Jerry Lee soou "como se décadas fossem minutos", apontou posteriormente o crítico Greil Marcus.

Mas o filme em si foi fraco, do roteiro simplista à interpretação exagerada de Quaid como Jerry Lee. Creditado como produtor executivo, Jerry Lee ficou perplexo quando visitou o set pela primeira vez. "Queriam que eu fosse até lá para ver a gravação de uma cena. Fui, observei e, no ato, lavei minhas mãos. Falei que não estava certo".

A interpretação cômica de Quaid fez Jerry Lee soar mais como Foghorn Leghorn – "um bobalhão rústico", escreveu o *Washington Post* – e até o fã ocasional perceberia o quanto ele passou do ponto. Jerry Lee Lewis, o verdadeiro, sempre foi mais complexo e mais perigoso do que o *hillbilly* pateta mostrado no filme. Ele não esperava ver sua história maquiada, limpa das falhas, tampouco esperava um resultado *daqueles*.

Em público, defendeu o filme, a contragosto. "Eu estava envolvido na coisa toda. E tinha sido pago por isso, entende? O que se pode fazer?". Mas sabia que era vergonhoso. "Eles realmente estragaram o filme, do jeito que fizeram", diz.

O filme foi um fracasso de bilheteria, mas seria exibido incessantemente na TV a cabo, apresentando sua música a novas gerações – mas apresentando, também, o retrato que não lhe cabia. Ele detesta o fato de que o primeiro contato que toda uma geração de jovens teve com sua imagem foi por um personagem tão caricato, embora desde então a internet esteja repleta de imagens do Jerry Lee jovem e perigoso, o genuíno, tocando sua música em toda sua glória afiada.

O filme também fazia Myra parecer uma criança pura, colocando as roupas na casa de bonecas ao deixar a família, relutante em se casar com o primo, aprisionada numa situação que não podia controlar muito bem. Jerry Lee se recorda de forma diferente e de muito mais do que os poucos e satíricos detalhes do filme. "Se algum dia fizerem outro filme sobre mim, quero *todas* as minhas ex-esposas nele. Seria só sobre tocar piano, cantar e mulheres... Mulheres, a única coisa que talvez eu mudasse", diz ele hoje.

Às vezes, ele se pergunta sobre suas ex-esposas, especialmente depois do filme de Myra. "É curioso. Nunca falei delas da maneira como elas falaram de mim. Eu poderia, mas não o fiz", diz, e abre um sorriso largo para deixar claro que não espera que o mundo o veja de outra forma que não o Matador, no que diz respeito a certas coisas.

"Sendo o grande humanitário que sou".

O filme, que estreou no início do verão de 1989, teve um ponto positivo: renovou o interesse no Jerry Lee da vida real. Antes do lançamento, ele fez uma turnê pela Escandinávia, depois, em agosto, pela Austrália, e então Paris e Londres. Em Melbourne, visivelmente envelhecido, mas firme e forte, num terno claro, porém sisudo, Jerry Lee se apresentou num palco giratório ao som de aplausos retumbantes e deu uma aula de piano de rock and roll. Carrancudo e concentrado, como se determinado a superar até mesmo sua perfeição costumeira, desfez as lembranças do personagem maníaco e alucinado que apareceu e reapareceu ao longo da década. Até a voz parecia mais forte, mais clara, enquanto ele berrava:

> *Well, give me a fifth of Thunderbird, and write myself a sad song*
> *Tell me, baby, why you been gone so long?*[1]

Estava perto dos cinquenta e quatro anos e não subiu no piano para avistar seu reino. Porém, no final de uma versão estendida e despretensiosa de "Great Balls of Fire", pegou o banquinho do piano, o jogou para o outro lado do palco e sorriu. "Você tem de dar a eles o que eles querem", diz, e, daquela vez, lhes deu algo duradouro e belo.

No ano seguinte, retornou ao nº 706 da Union Avenue para gravar duas versões de uma música chamada "It Was the Whiskey Talkin' (Not Me)" para a trilha sonora do novo filme de Warren Beatty, *Dick Tracy*. Muitas das canções originais do filme tinham sido compostas por Andy Paley, que, dez anos antes, escreveu "Whiskey" com Jerry Lee em mente. O velho estúdio tinha renascido, salvo da negligência e se transformado num ponto turístico; dentro, estava muito semelhante a como era na época em que serviu de incubador do rock and roll.

O autor Jimmy Guterman, mais tarde, descreveria um estúdio minúsculo, com cerca de meia dúzia de pessoas dentro, músicos e técnicos extremamente respeitosos para com Jerry Lee. Ele aterrorizou um jovem, o gerente do estúdio, com questões sobre religião. O jovem tinha o infortúnio de ser batista, e Jerry Lee disse a ele que a única coisa que havia de errado com os batistas era que eles precisavam ser salvos, e isso fez o jovem gaguejar e afirmar que ele *estava* salvo, até Jerry Lee lhe dizer que só estava brincando, filho. "Os batistas são boa gente, só não pregam o evangelho completo", disse.

"Bem, deixe-me continuar de onde paramos", prosseguiu. "Atos dos Apóstolos, capítulo dois. Leia!". Não está claro se Jerry Lee se referia àquela sessão

---

[1] "Bem, me dê uma garrafa de Thunderbird, vou compor uma música triste/ Me diga, baby, por que se foi por tanto tempo?"

de gravação ou à de cerca de trinta e três anos atrás, em que ele e Sam Phillips discutiram sobre fé de manhã cedo.

"Pentecostal. Você é o que você é", disse Jerry Lee aos presentes. "Você é realista e verdadeiro, ou não é".

Voltou-se então para aqueles na técnica, do outro lado do vidro. "Estou vendo vocês aí. Sei o que estão pensando. Sei o que vocês estão olhando. Vocês não enganam Jerry Lee Lewis nem por um minuto".

Elvis, da parede, observava.

Jerry Lee retribuiu o olhar.

"Se eu só pudesse chamar esse cara de volta por uns quinze minutos, poderíamos mostrar um truque a vocês... Nunca haverá outro Elvis Presley. Ele tinha algo a mais. Dinâmica, sabe? Algo que te fazia querer dirigir por dez mil quilômetros para vê-lo, mesmo se você só tivesse quinze centavos no bolso. De algum jeito, você arrumava o dinheiro para ir". Contou uma história sua com Elvis e o exército e sobre como Elvis ficou chateado. Então se lembrou do dia que o viu pela primeira vez, quando ele chegou à Sun naquele Lincoln 1956. "Eu queria ver como ele era. Ele saiu do carro, entrou no estúdio e era exatamente daquele jeito. Perigoso... Nós nos divertimos. Mas esse tempo já passou, né?".

Alguém no estúdio disse que não, que ainda havia Jerry Lee.

Jerry Lee, parecendo estranhamente isolado até mesmo naquela sala pequena e abarrotada, quase inseguro, se desculpou por demorar tanto em fazer o *take* final da música. "Bem, o velho Jerry Lee está tentando de verdade acertar as coisas. Sei que ainda não cheguei lá... mas estou trabalhando nisso, de verdade, com todas as minhas forças", e agora está claro que ele não falava apenas da gravação, mas de algo maior. "Enfrentei uma batalha dura. Fui viciado por alguns anos em todo tipo de droga, uísque e tudo mais. E você tem de recuar, cara, ou não vai sobreviver. As gravadoras não vão te pagar, não vão te produzir, não vão lançar teu disco, não vão te apoiar, se você não se apoiar. E percebem de longe se você tomou uma injeção de Demerol ou algo assim...".

"Irmão, não quero insistir nesse assunto. Só é um prazer poder falar com alguém".

Meio que recitou alguns versos de "Damn Good Country Song" e recebeu aplausos de pessoas que podem ou não ter reconhecido a música como dele. Então, segundo o relato de Guterman, retomou a canção em questão e gravou até que estivesse satisfeito, de forma geral. "É um sucesso", disse. "Acho que posso ter um sucesso com essa música". Mas ficou frustrado com um pedacinho dela, que não conseguiu acertar muito bem.

"Liguem para Sam" disse, mas imediatamente completou: "Por favor, não".

Em outubro de 1991, um policial de Indio, Califórnia, viu um homem dirigindo um Jaguar na contramão. Era Jimmy Swaggart, acompanhado de uma prostituta, afirmaram o *New York Times* e o *Los Angeles Times*. Ele estava na Califórnia para um culto.

Desta vez, não se mostrou penitente. Disse à congregação que Deus disse a ele para retornar ao púlpito. "O Senhor me disse que não é absolutamente da conta de ninguém".

"E eles se enfileiraram", diz Jerry Lee sobre o rebanho do primo.

Ambos tinham esse poder de serem perdoados.

Jerry Lee precisava disso com mais frequência e em doses menores.

"Mas nunca fingi *nada*".

Para Jerry Lee, era o começo de um período de reclusão, no qual as notícias sobre ele saíam, em sua maioria, no *National Enquirer*[2]. Fez poucos shows, e gravou menos ainda. Artistas menores teriam chamado isso de aposentadoria, mas ele ansiava por voltar a encarar um público, voltar ao estúdio e gravar um novo disco.

"Não sei para onde iria se não tivesse o palco", diz ele hoje.

Um, dois, três anos se passaram assim. Na primavera de 1993, emprestou seu nome a um clube noturno de Memphis, o Jerry Lee Lewis Spot, que durou pouco. Então, com a Receita Federal ainda em seu encalço, fugiu para se exilar dos impostos num país que sabia como tratar seus artistas. Ele, Kerrie e Lee se mudaram para Dublin, onde, pela lei irlandesa, músicos são isentos de impostos.

Num *talk show* da TV irlandesa, Kerrie disse que adoravam a Irlanda e pretendiam torná-la seu lar, e que o fanfarrão galanteador agora queria viver tranquilo. "Eu o peguei na hora certa", disse. Ela afirmou que Jerry Lee estava em paz em Dublin. "Ele adora a chuva", que o lembrava de quando dormia

---

2   Conhecido tabloide sensacionalista americano.

sob um teto de zinco em Black River. "A chuva era muito reconfortante... o tamborilar da chuva".

Enquanto estavam em Dublin, a Receita Federal contratou um chaveiro para abrir os portões da casa em Nesbit – que era dele por meio de um acordo vitalício de propriedade, então o imóvel em si não poderia ser tomado – e começou a esvaziar tudo da vasta residência, exceto brinquedos. Os agentes federais levaram dois pianos de cauda, uma máquina de fliperama, uma mesa de sinuca, uma caixa de decorações natalinas, um carrinho cortador de grama, miniaturas de carros, incluindo um Cadillac cor-de-rosa, oito espadas, o esboço de um retrato a pena de Jerry Lee Lewis, um relógio da Sun Records, um pôster autografado por Fats Domino, todos os móveis, dois engradados de Coca-Cola, um gabinete de arma vazio, oito xícaras de cerâmica (uma quebrada), um suporte de escova de dentes, quarenta e oito discos, vinte e cinco cachimbos, dezessete jaquetas (algumas de couro), um candelabro, uma caneca de cerveja decorada com Jerry Lee Lewis, uma caixa de miudezas em formato de piano e um piano vertical Starck todo empenado.

Agentes disseram que o velho piano estava em "péssimas condições" e não tinha valor.

A Receita Federal estipulou uma data para o leilão, mas Kerrie conseguiu um mandato para atrasá-lo e o casal comprou alguns dos itens que foram tomados quando Jerry Lee declarou falência. O velho piano Starck foi devolvido.

Depois de um ano de exílio, voltaram para casa. Jerry Lee sentia falta de seu povo, do rio, de tudo. Depois de décadas de uma inimizade amarga com a Receita Federal, em julho de 1994, concordou em pagar cerca de US$ 560 mil de uma dívida de US$ 4,1 milhões, com 14% de juros. Para conseguir o dinheiro, ele faria shows e abriria o rancho em Nesbit para visitação guiada. "Temos de fazer o que temos de fazer", disse Kerrie, ao abrir a casa aos fãs.

Não gravava há anos e seus shows tinham se tornado escassos, mas alguém se esqueceu de dizer a Jerry Lee – se tivesse coragem – que ele estava acabado. Fez mais uma turnê europeia em 1994, incluindo um show em Arnhem, Holanda, no qual parecia, mais uma vez, imune a tudo o que a vida atirara contra ele – e que ele encorajou a vida a atirar contra ele – e deu aos fãs o que mereciam. Estava um pouco curvado e começando a ficar grisalho. Kenny Lovelace, ainda tocando a um metro e meio atrás dele, o ajudou com o paletó; os cachos de Kenny também estavam grisalhos. Mas tocaram "Johnny B. Goode" como se a música estivesse saindo de moda; Jerry Lee debulhou o piano e até cantou um pouco de *yodel*, como se ainda precisasse alfinetar Chuck a um oceano de distância. Disse ao público de Arnhem que estava contente de estar em Amsterdam, mas eles aplaudiram feito loucos, mesmo assim.

Em Memphis, em dezembro, foi hospitalizado depois de engasgar na comida. Estava com cinquenta e nove anos.

"Quando eu não puder mais tocar", diz ele hoje, sobre aquela ocasião, "é *aí* que tudo acaba".

Jerry Lee só tinha um lugar aonde ir: de volta à própria fama. A National Academy of Recording Arts and Sciences deu a ele seu segundo Grammy, desta vez um prêmio pelo conjunto da obra. Voltou a fazer turnês, não mais saltando sobre o piano, mas ainda tocando feito um endiabrado mesmo sentado, a forma como a maioria dos mortais foi forçada a fazer.

Em 1995, lançou um novo álbum chamado *Young Blood*. Não entrou nas paradas, nem inspirou um grande retorno, mas, com exceção da trilha sonora, foi seu trabalho mais consistente desde a época na Elektra. Era um álbum em mono gravado com métodos contemporâneos, e parecia deslocado em meio à música country da época, como uma garrafa levemente empoeirada de uísque Early Times estaria em um bar que servisse vodkas com sabor de frutas e cervejas de grife. Gravou "High Blood Pressure", de Huey Smith, a velha canção country "Poison Love" e clássicos de Jimmie Rodgers ("Miss the Mississippi and You") e de Hank Williams ("I'll Never Get Out of This World Alive"), e os críticos disseram gostar da forma como sua voz envelheceu, embora algumas das músicas fossem produzidas mecanicamente e faltasse ao todo do álbum a espontaneidade e o espírito de Jerry Lee.

Em 24 de fevereiro de 1996, na Sports Arena, em Goldston, Carolina do Norte, subiu ao palco pronto para tocar o terror, e só parou depois de passar com tudo por "Meat Man", "Over the Rainbow", "Memphis, Tennessee", "When I Take My Vacation in Heaven", "Blue Suede Shoes", "Lucille", "Mean Woman Blues", "Mr. Sandman", "What'd I Say", "To Make Love Sweeter for You", "You

Win Again", de Hank Williams, "Room Full of Roses", um medley de "Sweet Little Sixteen", "Whole Lotta Shakin' Goin' On" e "Blue Moon of Kentucky", "You Belong to Me", "White Christmas", "Rudolph the Red-Nosed Reindeer", um trecho de "Peter Cottontail", "Mexicali Rose", "Seasons of My Heart", "Johnny B. Goode", "Sweet Georgia Brown", "Thirty-Nine and Holding", alguns compassos de "All You Have to Do Is Dream", dos Everly Brothers, e de "A Hard Day's Night", dos Beatles, "My Mammy" e "April Showers", de Al Jolson, "Boogie Woogie Country Man", um verso de "Honky Tonk Man", de Johnny Horton, "She Even Woke Me Up to Say Goodbye", um medley de "Will the Circle Be Unbroken", "I'll Meet You in the Morning" e "On the Jericho Road", "Great Balls of Fire", "The Last Letter", "Hi-Heel Sneakers", "Money", "Lady of Spain", "Who's Gonna Play This Old Piano", "Lewis Boogie", "Crazy Arms", "Goodnight Irene", "In the Jailhouse Now", de Jimmie Rodgers, "Jamaica Farewell", de Harry Belafonte, "Chantilly Lace", alguns versos improvisados ("Você é do centro do Alabama/ Eu sou o centro das atenções"), "In a Shanty in Old Shanty Town", "Bye Bye Love", um medley de "Trouble in Mind" e "Georgia on My Mind", "Me and Bobby McGee", dois versos de "The Star-Spangled Banner", "I Wish I Was Eighteen Again" e um bis com "Whole Lotta Shakin' Goin' On" e "Folsom Prison Blues", 160 minutos depois.

Em 1998, depois de um casamento longo, porém turbulento, Kerrie entrou com um pedido inicial de divórcio, citando diferenças irreconciliáveis, alegando que ele tinha sido infiel – ele suspeitava o mesmo dela – e que ele tinha escondido aplicações financeiras dela. Foram as alegações mais brandas que ele já encarara, mas o divórcio levou anos até ser concluído. Os registros do tribunal foram mantidos em sigilo, mas o *Commercial Appeal* afirmou que Kerrie recebeu uma importância de US$ 250 mil, US$ 30 mil por ano durante cinco anos, e US$ 20 mil de pensão para Lee, que então já era adolescente.

Jerry Lee passava cada vez mais tempo no rancho, que agora estava mais silencioso; não mais havia música transbordando do lugar que ele chamava de lar depois de um show. "Ela levou meus discos" no divórcio, diz ele. Pelo menos as visitas guiadas à casa pararam. Ele poderia perambular pelos cômodos escuros em paz, ainda com o vício à espreita, ainda esperando por mais um retorno, por que não? Da última vez em que olhara no espelho, o reflexo ainda era de Jerry Lee Lewis.

Os comprimidos não eram mais tão fáceis de conseguir. O Dr. Nick tinha sido finalmente cassado e perdeu a licença depois de uma reprimenda do Conselho de Médicos do Tennessee. No final dos anos 1990, tentou recuperar a licença pela terceira vez, mas autoridades do Conselho de Saúde evocaram o fantasma de Elvis e a ruína de Jerry Lee como provas contra ele, que então teve o pedido negado.

Jerry Lee, de algum modo, passara para o plano dos velhos mestres, e mais do que nunca os astros mais jovens – alguns deles próprios já lendas – queriam se aproximar dele e tocar na história. Dependia do músico. Ele tinha visto sua vida refletida – embora às vezes o espelho estivesse rachado – em cada canto da cultura pop. Tinha se comportado bem mal e, se havia algum arrependimento, era porque alguns daqueles que o sucederam acreditavam que isso era tudo o que havia para fazer. "Eu os conheço, esses tais novos *bad boys*. Eles tentam. Tentam mesmo. Eu vejo isso e é o mais falso possível". Já os viu destruir quartos de hotéis só para comemorar, porque têm dinheiro para destruir quantos quartos quiserem, pelo menos até o dinheiro acabar. "Bem, só que não é assim que funciona. É preciso *sentir*, rapaz. Ser o que você é. Se você sentir, pode pular em cima do piano, chutar o banquinho, tocar com os pés. Mas é preciso *sentir*. A música tem de estar lá. Tem de estar lá em primeiro lugar".

Sam Phillips morreu no auge do verão, em 30 de julho de 2003, de uma parada respiratória, dois dias antes do pequeno estúdio na Union Avenue ser declarado marco histórico nacional. Foi fumante pela maior parte da vida. Jerry Lee ficou triste com a notícia, é claro, apesar da relação tempestuosa dos dois. Mas não se tratava apenas daquela tristeza institucional, histórica, que sente quando alguém importante falece. Jerry Lee também compreendia o que Sam tinha feito pela música americana e mundial. Ao tomar a música branca e a música negra pelas mãos e uni-las, Sam Phillips não só ajudou a abrir caminho para o rock and roll, como também quebrou algumas barreiras entre esses dois povos, fez do mundo um lugar um pouco melhor e certamente mais alegre para se viver. Gravaria *qualquer coisa*, se tivesse vontade, se sua alma fosse tocada pelo menos um pouco e a música o fizesse bater os pés, e não se importava com a cor da pele do músico; fosse ele um gigante negro do Delta, como Howlin' Wolf, ou um colhedor de algodão sisudo do Arkansas, como

Johnny Cash. Tudo seria prensado em vinil e enviado a algum adolescente branquelo no meio dos EUA, que então sentiria tudo o que eles sentiram – e mais, dada a distância percorrida. Se esse era o tal perigo no rock and roll, então Sam era um homem absolutamente perigoso.

"Sam viu algo em mim", diz Jerry Lee, e ele não se importa que os cifrões tenham brilhado nos olhos de Phillips. Sabia que Sam era um homem de negócios – todos os problemas entre eles partiram daí –, mas que também acreditava verdadeiramente na causa, que foi o que mais machucou Jerry Lee quando ele titubeou em relação a "Whole Lotta Shakin' Goin' On" e pareceu abandoná-lo quando a polêmica em Londres derrubou todos eles do topo. Sempre se falou sobre o fervor quase religioso notado em Sam Phillips quando ele ouvia algo que adorava, algo novíssimo ou, às vezes, muito antigo. Jerry Lee viu esse fervor, velado por lágrimas, quando Sam saiu da sala depois de ouvi-lo tocar "You Win Again", de Hank Williams.

Porém, a tristeza que abatia Jerry Lee naquele verão ia mais além. Os velhos reis estavam morrendo, um a um: Roy Orbison em 1988, Charlie Rich em 1995, Carl Perkins em 1998, Johnny Cash em 2003. E a própria música – por mais que as pessoas se lembrassem dela e a amassem – parecia, mais e mais, algo de museu, do passado.

"Nos divertimos tanto", diz ele.

Em 2004, a *Rolling Stone*, a revista que certa vez só faltou lhe acusar de assassinato, colocou Jerry Lee na lista dos cem maiores artistas de todos os tempos. Estava prestes a completar setenta anos, e *ainda* à procura de um contrato. Não que achasse que ainda tinha algo a provar, diz ele, ou mesmo que ansiasse por algum tipo de legitimação nova. Não era nem uma questão de dinheiro, embora soubesse que precisava trabalhar, precisava ganhar. Era algo mais simples do que isso: a única coisa que ele sabia ser era um roqueiro, um cantor country, um pianista, conduzindo sua banda pelo país e pelo mundo, o tempo todo com um olho na plateia.

"Treino minha banda para me seguir", diz. "Construo um show. Vou construindo. E, em certos momentos, acelero o andamento como eu quiser. E isso anima o público".

Gesticula com o polegar para cima uma, duas, três vezes.

"Quando faço isso, significa 'acompanhe', *ou então*... Significa 'acompanhe o tempo' *ou dê o fora do palco*".

Sabe que já concedeu menos do que esse nível de perfeição, nos tempos mais difíceis.

Mas sabe, também, que as coisas podem voltar a ser daquele jeito.

"Quero que o show seja correto. E que a *canção* seja correta quando a canto e toco no piano. E que a banda me acompanhe como se deve".

Diz tudo isso, ao pensar naquela época, enquanto se recupera de uma série de enfermidades que o impedem de ficar parado em pé, ou mesmo sentado, por mais de alguns minutos por vez.

Mas não há outro lugar para ele.

"*Aonde* eu iria?", diz mais uma vez. "Eu não *saberia* aonde ir".

16

O ÚLTIMO HOMEM DE PÉ

Nesbit
Anos 2000

Nunca se preocupou muito com a opinião dos outros, ou pelo menos era essa a armadura que vestia. Provavelmente se preocupava, sim, um pouco, ou teria desistido, teria parado de tocar piano e de cantar, mas isso nunca aconteceu. No entanto, é um inferno tentar convencê-lo a admitir isso. Tocava por amor, o mesmo amor "que meus pais tinham. Eles amavam música". Superou ruínas profissionais e pessoais, a própria morte e desgraça pública tantas vezes; seria possível contar quantas? Era laureado no palco, honrado com o maior prêmio do ramo e voltava para uma casa que não era sua, registrada no nome de outra pessoa, para que o governo nunca pudesse tomá-la. Tinha setenta e um anos, a saúde em cacos, o organismo ainda poluído pelos analgésicos contra os quais lutou na segunda metade da vida. Sentado nas trevas de seu casarão em Nesbit, às margens de um lago tranquilo, não pensava em aposentadoria, nem mesmo na morte, embora ela tivesse começado a se esgueirar em seus pensamentos, naturalmente. Pensava num grande retorno. Só precisava de um disco, de um sucesso. Algumas coisas, diz ele, sorrindo, "não mudam jamais".

Sabia que era hora de expulsar seu demônio mundano, seu vício, ou tal retorno seria improvável. Já estava num estágio da vida avançado demais para continuar absorvendo esse demônio e ainda produzir música.

Sabia, também, que se não o derrotasse, provavelmente morreria.

Era o *último homem de pé*, literalmente, o último dos grandes rapazes da Sun, do início do rock and roll.

Havia outros deles vivos, mas o tempo lhes tinha tirado as pernas ou a disposição.

Chuck Berry estava ainda mais velho e fraco, mas ainda tocava.

Little Richard ia mal das pernas, andava com dificuldade. Falava em aposentadoria, mas Jerry Lee não levava a sério. "Ele não vai se aposentar", disse. "Não Richard. Enquanto fabricarem cadeiras de rodas, ele estará no palco".

Fats Domino desapareceu para dentro de sua casa, na Louisiana.

"Fats tem algo de... curioso. Sei lá. Às vezes, ele é um cara difícil de decifrar. Ele gostaria de fazer mais shows mas ele—ele fica nervoso. Diz que não acha que as pessoas realmente gostariam de vê-lo. Eu disse: 'Acho que você está enganado, Fats. Eles quere te ver. Eles te adoram, cara'".

Não acreditava em sua própria decadência, seu próprio esvaecimento, como Fats.

"Só precisava de um disco", diz.

Sua filha, Phoebe, passara a morar com ele. Disse muitas vezes que devotou a vida a ele, comprometendo até mesmo sua própria vida pessoal, até mesmo filhos, para ajudar a cuidar dele. Viu seu pai cair e levantar muitas vezes ao longo da vida, como um ioiô, às vezes tão rapidamente que parecia algo quase impossível na vida real, era mais como um sonho. Kerrie tinha redecorado a casa – o papel de parede da Coca-Cola ainda está na cozinha –, mas não o tinha curado, apesar de seus relatos bem públicos da nova vida limpa de Jerry Lee.

Phoebe assumiu um papel na vida profissional do pai, buscando algum meio pelo qual ele pudesse reentrar no meio musical que não fossem os shows de nostalgia ocasionais e enfadonhos, as cansativas viagens à Europa e os eventos pequenos perto de casa.

Jerry Lee foi em busca de um outro tipo de cura.

Orou para Deus expulsar seus demônios.

"Se você não estiver nas mãos de Deus, está acabado", diz, não com o desespero que alguns encontram à medida que a velhice avança e a morte se aproxima aos pés da cama, mas com a convicção de uma vida inteira de que, no fim, Deus decidirá seu destino neste mundo e no próximo. Desta vez, está seguro de que Deus lhe deu mais uma chance de fazer música, um pouco mais de música.

"Ele dá as regras", diz. "Livrou-me do vício. Sou muito cabeça dura. Tive mesmo de ser provado".

Jerry Lee ri. "*Fui provado*".

Considera isso uma das coisas mais difíceis que já fez. Não era apenas um vício passageiro, mas o acúmulo de uma vida inteira, sessenta anos de comprimidos e injeções que ele teve de abandonar.

"Me endireitei bem", diz, relembrando aquela época. "Posso dizer que tem sido uma boa escalada. Dinheiro nenhum vai me fazer usar aquilo de novo".

Recorda-se da dor que costuma vir com a abstinência, os tremores e calafrios pelos quais os outros passam, mas combateu isso com preces. No final, derrotou tudo isso na escuridão de seu quarto, mas não sozinho.

"*Deus* fez isso".

Ainda estava mais fraco do que gostaria. Mas estava pronto para subir no palco.

A salvação profissional, quando finalmente chegou, parecia mandada dos céus.

Steve Bing, um executivo, produtor cinematográfico e filantropo, herdou cerca de US$ 600 milhões de seus avós, na adolescência, e, em 2008, ainda tinha boa parte desse dinheiro. Foi roteirista de filmes como *Kangaroo Jack* (no Brasil, *Canguru Jack*), produziu o remake de *Get Carter* (no Brasil, *O Implacável*, nessa segunda versão), com Stallone, e investiu na animação *Polar Express* (*O Expresso Polar*), que foi um sucesso arrasador. Apaixonado por rock and roll, produziu e financiou *Shine a Light*, o filme-concerto dos Rolling Stones dirigido por Martin Scorsese. Colocava seu dinheiro nas causas em que acreditava, investindo milhões em campanhas políticas ao redor do país. E uma dessas causas foi a música de Jerry Lee Lewis.

No início dos anos 2000, Bing decidiu financiar e coproduzir um novo álbum para Jerry Lee, em duetos – ou com o acompanhamento instrumental – de alguns dos artistas mais lendários do rock and roll e do country, além de alguns outros que apenas estavam loucos para participar do projeto.

Tendo o dinheiro de Bing como motor e a reputação de Jerry Lee como atrativo, o projeto, coproduzido por Jimmy Ripp, atraiu uma gama de fãs célebres: B. B. King, Bruce Springsteen, Mick Jagger, Keith Richards, Ron Wood, Jimmy Page, Merle Haggard, George Jones, Eric Clapton, John Fogerty, Buddy Guy, Don Henley, Kris Kristofferson, Neil Young, Robbie Robertson, Little Richard e Rod Stewart. Também atraiu o cantor country Toby Keith e o *bad boy* contemporâneo Kid Rock. Algumas das faixas foram produzidas usando procedimentos da música atual, com as vozes gravadas separadamente e unidas por máquinas. Mas outras foram feitas à moda antiga, com os cantores se entreolhando ao microfone.

O projeto rendeu apresentações e um show gravado para o mercado de vídeo, unindo Jerry Lee a artistas de grandeza própria, como Springsteen em "Pink Cadillac". Numa das cenas mais interessantes do *making of* do álbum, Springsteen faz *backing vocal* e parece contente com isso. Sua fala no início da música, "*Go on, Killer!*" – "Vamos nessa, Matador" – fez as pessoas sorrirem com uma espécie de alegria pateta. Ao cantar "Don't Be Ashamed of Your Age" com George Jones, Jerry Lee mandou um yodel tão agudo que Jones teve de alertá-lo para não machucar as cordas vocais. Ao cantar a doce "A Couple More Years" com Willie Nelson, com uma pitada de ironia. Ao gravar "Hadacol Boogie" com Buddy Guy, deu para saber que os dois vinham de um tempo em que a música era mais do que uma brincadeira curiosa e os guitarristas pé-rapado por todo o Sul a tinham no repertório. Os *licks* de guitarristas como Guy e Jimmy Page se mesclaram com o piano e a voz de Jerry Lee – que decerto acusavam a idade, mas como não poderiam? Ainda se tratava de Jerry Lee e de tudo o que isso implica.

E a música ainda era do tipo que grudava na cabeça. O dueto com B. B. King soa como se os dois velhos homens estivessem cantando numa mesa de bar na Beale Street, finalmente juntos, tantas décadas depois de Jerry Lee ter se esgueirado para dentro do Haney's para ouvir o guitarrista. "'Before the Night is Over', antes da noite acabar, você vai se apaixonar", diz Jerry Lee. "Que música boa. Gostei dessa". Fez "That Kind of Fool" com Keith Richards, "Traveling Band" com John Fogerty, "Sweet Little Sixteen" com Ringo Starr e "I Saw Her Standing There" com Little Richard.

Gravado em sua maior parte no Sun Studio, o álbum foi intitulado, é claro, *Last Man Standing*, o último homem em pé.

"Quem acreditaria?", disse Jerry Lee.

Emergiu da escuridão do rancho em Nesbit, se não com vigor renovado, pelo menos com um novo propósito. Jerry Lee Lewis não só tinha se tornado relevante de novo, como estava de volta às paradas. *Last Man Standing* chegou à 26ª posição do Top 200 da *Billboard*, à 8ª posição na parada country, à 4ª posição na parada rock e à 1ª posição entre os álbuns de produção independente.

"Se fiquei surpreso? Que nada", diz ele, voltando ao velho Jerry Lee confiante como se este nunca tivesse sumido. Questionado se gostou de gravar algumas músicas mais do que outras, diz apenas que gostou "de todas" e que todos os convidados, alguns deles já com sessenta anos, eram "muito bons rapazes".

Depois, ao responder quem seria o músico com quem gostaria de tocar se pudesse escolher qualquer um no mundo – os Rolling Stones, B. B. King, Hank Williams –, não perde tempo.

"Kenny Lovelace", responde de imediato.

Last Man Standing seria um ótimo álbum com o qual terminar a carreira, se esse fosse o plano.

Não era.

"Se estou satisfeito com a forma como tudo se deu? Acho que não. *Anseio* por estar satisfeito. Toco uma música e sei que posso tocá-la melhor. Então vou atrás disso". Ao ponderar sobre a questão, pensa apenas na música, não na vida em torno dela. Ao final dos anos 2000, sabia que sua voz estava mudando, sempre mudando, mas ainda soava como *ele*, e suas mãos ainda eram capazes de fazer muitos dos movimentos acrobáticos da juventude. Se pareciam mais lentas, bem, era essa a *intenção*. Ao se aproximar mais do Senhor, as versões impróprias de seus shows foram sumindo. Passou a maneirar no termo *filho da mãe*, embora ele ainda aparecesse numa música ou outra, por força do hábito.

Em 2007, depois de ser homenageado por Kris Kristofferson, Wanda Jackson e Shelby Lynne, entre outros, para a série American Music Masters do Rock and Roll Hall of Fame, em Cleveland, eis que surge um convidado surpresa: Jimmy Swaggart, que tocou "Take My Hand, Precious Lord", e disse ao primo que o amava. No fim da cerimônia, Jerry Lee recebeu a homenagem e, ao invés de fazer um discurso, foi até o piano, sentou-se e tocou "Over the Rainbow".

Dois anos depois, retornou ao Hall of Fame para o 25º aniversário da instituição, como convidado de honra. Abriu a primeira das duas noites de celebração sozinho sob os holofotes, com uma versão solo de "Whole Lotta Shakin' Goin' On". Na noite seguinte, fez o mesmo, mas com "Great Balls of Fire", e se levantou para chutar o banquinho do piano. Então, enquanto saía do palco, pegou o banquinho e o atirou ainda mais longe. Aos setenta e quatro anos.

Até os bem-intencionados acreditavam que, a essa altura, sua carreira estava encerrada; ele certamente sucumbiria logo à vida pesada, ou ao menos se aposentaria, enfim, torcendo o nariz para a ideia. Ainda assim, quando ele entrou num quarto de hotel para uma entrevista, os repórteres pareciam surpresos, de algum modo, com o fato de que ele tinha realmente envelhecido. Descreveram seu rosto como carrancudo e a voz como aguda e frágil; descreveram uma recém-descoberta humildade em suas apresentações no palco, um cuidado maior com uma música que, agora, de súbito, não era mais garantida. Alguns dos críticos pareciam até desapontados quando ele tocava como adulto, e aliviados quando ele voltava ocasionalmente às velhas excentricidades.

Mas Jerry Lee voltava a aparecer, mesmo quando o mundo escolheu mais um rosto bonito e jovem para recontar sua história, agora com mais de meio século. No início do verão de 2010, o musical *Million Dollar Quartet* estreou na Broadway, com o ator e músico Levi Kreis roubando a cena como o jovem e promissor pianista.

O musical, uma recriação estilizada daquele longínquo dia de dezembro, em 1956, foi ideia de Colin Escott, pesquisador da história da Sun, que escreveu com conhecimento de causa sobre Jerry Lee por décadas, e do diretor e roteirista Floyd Mutrux. Ao dar o papel para Kreis, a equipe de criação do musical escolheu um sulista de Oliver Springs, Tennessee, pianista que cresceu com a música de Jerry Lee depois que sua mãe lhe deu uma coleção de compactos dele, quando o ator ainda estava no ensino fundamental. "Amadureci... com a música de Jerry Lee Lewis", disse numa entrevista. Também tocava os hinos de Jimmy Swaggart e, na época, estava matriculado numa escola ministerial, assim como Jerry Lee o fora. Sua história se encontrava tanto com a de Jerry Lee que parecia ficção.

O enredo de *Million Dollar Quartet* girava em torno de algumas subtramas menores – a saída de Johnny Cash da Sun, o sonho de Sam de trazer Elvis de volta da RCA –, mas toda a energia vinha da figura loira ao piano. Nunca foi um homem de decoros, mas, com a velhice, foi bastante perdoado, e a própria noção de Jerry Lee Lewis era suficiente para sustentar um espetáculo naquilo que se costumava chamar de teatro legítimo. E, além disso, todos diziam que a música era a verdadeira estrela, exatamente como o foi em 1956.

Numa visita à sua versão mais jovem em Nova York, Jerry Lee não demonstrou nada de sua rudeza e ego característicos diante da ideia de que outra pessoa o interpretasse. De sandálias, apenas disse ao jovem ator que ele fez um trabalho esplêndido.

Então, num momento máquina do tempo quase surreal, o verdadeiro Jerry Lee se juntou aos atores que interpretavam seus falecidos amigos no palco para um bis, depois da cortina final. Tocou "Shakin'", refazendo a letra ali mesmo, a seu bel prazer, sem avisar ninguém. Kreis simplesmente ficou por perto e observou.

"Ninguém o segura", disse numa entrevista. "Quando estiver com a idade dele, quero estar mostrando quem manda, assim como ele faz".

Ao cobrir o encontro entre Lewis e Kreis, o *New York Times* apontou que foi algo ainda mais pungente devido à "evidente fragilidade" do homem de mais idade. Era verdade: naquele ano, Jerry Lee estava mais fraco, mesmo enquanto o ator que o interpretou mais jovem ganhava o Tony de Melhor Ator de Musical.

Last Man Standing foi tamanho sucesso que praticamente não havia motivos para não repetir a fórmula, e embora o álbum seguinte tivesse menos convidados de peso, estava repleto de música boa.

Foi seu quadragésimo álbum, intitulado *Mean Old Man*.

Desta vez, a música estava mais branda, mas talvez mais significativa, e os artistas mais emotivos.

Cantou "Life's Railroad to Heaven" com Solomon Burke, "Release Me" e "I Really Don't Want to Know" com Gillian Welch e "You Are My Sunshine" com Sheryl Crow e Jon Brion. Gravou duas canções muito bem escolhidas dos melhores cantos do repertório dos Rolling Stones: a comovente "Dead Flowers", com Mick Jagger, e a evocativa "Sweet Virginia", com Keith Richards.

Uma das pérolas do álbum foi a canção-título, de autoria de seu velho amigo Kris Kristofferson:

> If I look like a voodoo doll, that's what I am
> If I look like a voodoo doll
> Who takes his licking standing tall
> Who'd rather bite you back than crawl
> That's what I am[1]

---

[1] "Se pareço um boneco vodu, é isso o que sou/ Se pareço um boneco vodu/ Que se mantém de pé mesmo derrotado/ Que prefere bater de volta a sair rastejando/ É isso o que sou".

Este álbum também entraria no Top 100, chegando à 72ª posição – e colocando Jerry Lee de volta às paradas em seu septuagésimo quinto aniversário.

Parece ter se divertido no álbum, com os andamentos tranquilos e o clima familiar, mas talvez a parte que mais gostou tenha sido a foto da capa. Num terno preto e com os cabelos agora completamente prateados, Jerry Lee sai de uma limusine para ser recebido por um grupo de belas jovens.

"Elas trocaram de roupa bem *ali*", diz ele, apontando para um pequeno cômodo ao lado de seu quarto, "e não fecharam a porta".

Um homem não deve ficar sozinho.

Em tempo, ele resolveria isso.

Voltara a ser bem procurado, mas ainda que estivesse comemorando seu mais recente triunfo, sabia que agora havia alguma coisa diferente. Naquele ano, o telefone não parou de tocar, com ofertas, mas ele não podia aceitá-las, ou pelo menos não a maioria delas. Em meio a esse mais recente retorno, seu corpo o deixou na mão mais uma vez, não de maneira violenta como antes, mas numa traição gradual. A artrite nas costas só faltou deixá-lo deficiente e tornou impossível para ele ficar sentado ao piano por mais do que algumas músicas ou alguns minutos por vez. Teve pneumonia repetidas vezes, o que o enfraqueceu. O herpes-zoster o deixava agonizando de dor. Porém, não estava convencido de que não se levantaria do leito no casarão em Nesbit para ir a um estúdio ou subir no palco. "Gostaria de gravar algumas músicas novas", disse naquele verão, "mas acho que isso está nas mãos de Deus". Tinha vencido os vícios e largado sozinho seu velho amigo Calvert Extra bem a tempo de ser acometido pelos estragos da idade como qualquer outra pessoa. O telefone tocava e ele prometia, fracamente, que faria, quando pudesse.

Precisava de alguém para cuidar dele.

Judith Ann Coghlan era esposa de seu ex-cunhado Rusty, e cunhada de Myra. Veio para Nesbit para cozinhar e ajudar a cuidar dele, e para conversar sobre uma época melhor do que esta. Tinham muito em comum. Ela também era filha de agricultores, da cidadezinha de Benoit, Mississippi. Era uma loira alta, que foi uma atleta estelar quando jovem, jogando basquete pelo time profissional Memphis Redheads, cujas jogadoras entravam em campo em uniformes de cetim e penteados montados.

Na época, vivia em Monroe, Georgia, mas disse que se mudou para a residência Lewis por insistência do marido. Quando chegou, encontrou tanto a casa quanto o dono precisando de atenção.

"Ele estava num estado letárgico, desligado...", diz ela, e pior, "com infecções sistêmicas – herpes-zoster, pneumonia". Mas o tratamento era difícil. "Ele tinha medo de agulhas", medo do demônio que tinha derrotado depois de uma vida inteira de luta.

"Pois é, não foi um mar de rosas", diz Jerry Lee.

Enquanto ele repousava entre febres e crises de dor, passavam muitas horas conversando sobre os lugares onde cresceram. Conversavam sobre canções antigas e hábitos antigos. "Eu me apaixonei", disse ela. "Bem, provavelmente me apaixonei antes disso". Tinham se conhecido mais de um quarto de século antes, em Las Vegas, onde ele disse que se Rusty não se casasse com ela, ele se casaria. "Fomos assisti-lo no Cherokee Plaza, em Atlanta, com serragem no chão", disse ela. "Lembro-me das mulheres gritando...".

"E você queria ser uma delas", sorri Jerry Lee.

"Sim", diz ela, "queria".

Divorciou-se do marido em 2010 e imediatamente entrou em conflito com Phoebe e Myra.

"Phoebe me disse: 'Você não tem o direito de tomá-lo'".

"Ela provavelmente pensou que estava cuidando de mim", diz Jerry Lee.

"Elas disseram: 'Bom, dê a ela uns duzentos dólares e o velho Buick'" como incentivo para ir embora, conta Judith.

Ela diz que dinheiro nunca foi motivo. E, de qualquer forma, este já não era muito havia algum tempo.

"Disseram-me que ele me mataria", conta Judith. "Que ele me mandaria embora depois de um mês. Mas Jerry ficou do meu lado e nós conseguimos".

"Eu a trouxe para cá e não a deixei ir embora", diz Jerry Lee.

No Natal de 2010, deu a ela um anel de diamante, mas só alguns meses depois foi que anunciou que se tratava de uma aliança de noivado. "Quero que você saiba que o anel que lhe dei de Natal é uma promessa de que me casarei com você", disse ele, contou ela ao *Natchez Democrat*.

"Nunca tive um diamante como aquele", disse Judith.

Jerry Lee permaneceu em repouso, na cama, e sorriu.

Ela o tratava de várias enfermidades, pelo corpo todo. "Imaginei que, se ela já estava tão íntima assim, podíamos muito bem ir até o fim", disse ele.

Ainda estava fraco e doente, mas se sentia um pouco melhor.

Ela viajou com ele para um show em Budapeste.

"Aí então foram 'Great Balls of Fire'", disse ele, completando baixinho: "*Hee, hee*".

Naqueles primeiros dias com Judith, ele se levantava da cama para ir fazer um show, e então desabava, exausto, no carro ou no assento do avião para a longa viagem de volta. As viagens sempre eram longas, mesmo se fossem logo ali.

Num show em abril de 2011 na Third Man Records, de Jack White, em Nashville, centenas de fãs fizeram fila para conseguir ingressos, comprar pôsteres e camisetas estampadas com o rosto de Jerry Lee quando jovem e a simples legenda KILL. Eram, em sua maioria, jovens que nem tinham nascido quando ele era o maior nome do rock and roll, e nem quando ele era o maior nome do country; muitos deles talvez nem tivessem nascido quando ele entrou no Rock and Roll Hall of Fame. Jerry Lee tinha sido velho por toda a vida deles.

"Muitos dos fãs antigos se foram", diz ele. "Mas acho que há fãs novos para tomar o lugar deles".

Num terno preto simples e camisa branca engomada, tocou um pouco de country para os fãs:

Wind is scratchin' at my door, and I can hear that lonesome wind moan
Tell me baby, why you been gone so long?[2]

E então levantou o pé, tocou um último *lick* e sorriu.

Pareceu diferente, de alguma forma, embora seja fácil interpretar tanto em coisas tão pequenas. Mas, naquele dia, ele parecia diferente do homem de um milhão de sorrisos autoindulgentes, maliciosos e ameaçadores no palco, palco que era seu por direito.

Parecia simplesmente feliz em estar ali.

A plateia de vozes jovens urrou sem parar.

---

2 "O vendo sopra à minha porta e posso ouvi-lo, solitário/ Me diga, baby, por que você foi embora por tanto tempo?"; "Why You Been Gone So Long".

A tragédia continuou a ceifar gente em sua vida, mesmo aqueles mais distantes, ligados a ele apenas por nome. Lori Leigh Lewis, filha de Jaren, sufocou acidentalmente o filho pequeno em maio de 2011, quando, segundo a polícia, desmaiou em cima da criança depois de ingerir uma dose de relaxantes musculares. "Foi horrível", diz ele. No ano seguinte, seu baixista de longa data, B. B. Cunningham, foi morto num tiroteio em Memphis, no prédio onde trabalhava como segurança. Jerry Lee não estava envolvido, mas a tragédia evocou memórias violentas, um lado seu do qual se recusa até mesmo a se lembrar.

"Não acredito em brigas para resolver as coisas", diz hoje. "Não funciono assim. Certamente não quero atirar em ninguém". Diz isso ao alcance de uma pistola automática sobre o criado mudo e a menos de um metro de uma gaveta cheia de armas de fogo, incluindo uma que parece elaborada para derrubar um búfalo em fúria. Mas ele esclarece que estas só estão ali para o caso de alguém vir incomodá-lo.

Foi hospitalizado em janeiro e fevereiro de 2012 por diversas enfermidades antigas, incluindo problemas estomacais enervantes e um novo ataque de pneumonia. Em 9 de março, quando estava com setenta e seis anos e Judith com sessenta e dois, se casaram num pequeno cerimonial em Natchez, com vista para o grande rio, o que tinha engolido Jolson quando ele era menino.

"Eles meio que me engambelaram", brinca ele, fingindo ter sido emboscado. "Com aquele pastor batista lá e tudo mais". Os convidados cantaram hinos, "mas não poderia ter música de avivamento", diz ele, porque os batistas não conseguiriam acompanhar o ritmo.

Mal tinham trocado os votos quando ele bateu a perna contra um revestimento de porta, o que resultou numa fratura exposta. Cirurgiões consertaram o estrago com treze parafusos e duas placas de metal. A dor e o estresse quase o mataram.

"Fui até o estacionamento e me ajoelhei", diz Judith, "e rezei: 'Por favor, não o leve embora, alguém que acabei de encontrar, aos sessenta anos".

David Batey, primo de Jerry Lee, viajou de Cleveland, Tennessee, para orar com ela. Ele contou a Jerry Lee o que testemunhou no estacionamento.

A perna não estava cicatrizando devidamente. "A dor era tão forte que ele ficava fora de si", disse Judith.

Jerry Lee ainda recusava as injeções.

"Ele ficou tão mal que precisou ir para o centro de traumatologia", disse Judith. A fratura cicatrizou – lentamente, depois de mais três cirurgias, mas cicatrizou.

Jerry Lee não se preocupou com desafios, com distâncias que outros determinariam como objetivos: um quilômetro, meio quilômetro, trinta metros. Queria atravessar o palco até o banquinho do piano e voltar, sem ajuda de ninguém.

Isso seria o bastante.

"Parece bem, agora", diz ele. "É duro. É algo difícil de fazer. É como aprender a andar de novo, sozinho", como uma criança. E se tenta encobrir ao máximo. Entrar no palco, caminhar até o piano, se sentar, pegar o microfone e fazer o que se tem de fazer. Se dá para fazer isso, bom. Se não dá, é melhor ficar em casa".

Agora, da cama, olha para Judith e balança a cabeça.

"Não foi uma lua de mel muito boa, não é, *baby*?".

Judith é questionada quanto a por que arriscar a sorte com um homem cujo apelido é o Matador. Porém, aquele homem parece, se não desaparecido, pelo menos muito bem escondido. Saem para comer *chili dogs* e gostam de ir a um restaurante local para comer legumes. Jerry Lee ainda come a comida que amava quando criança, e Judith a cozinha para ele.

"É o que um homem precisa", diz ele. "Um bom amor e boa comida".

No escuro do quarto em Nesbit, Judith traz para ele uma vaca preta: sorvete de baunilha flutuando em Coca-Cola.

"Nada de Diet Coke", diz ele, e toma um gole. "Coca-Cola de verdade".

Em algum momento desse êxtase matrimonial, algo curioso aconteceu: os rostos das mulheres ao longo da estrada começaram a ficar menos distintos na cabeça dele. Antes, ele conseguia se recordar de todas elas, ou de muitas delas, ou de coisas sobre elas. "Elas passam pela minha cabeça, e me pergunto onde *ela* está, ou onde está alguma outra... Não se pode segurar uma bola de fogo. Aquele tempo se foi. Mas *aconteceu*".

Agora, porém, as coisas mudaram. "Mal consigo me lembrar... Bem, consigo me lembrar, mas não significa muita coisa. Não tanto quanto as pessoas acham".

Ele se pergunta se não é tempo de fazer um novo disco.

"Acho que é hora de pôr a mão na massa de novo. É agora ou nunca".

Sempre gostou daquela canção de Al Jolson, "Bye, Bye, Blackbird".

"Ando pensando em gravar essa".
Repassa a música na cabeça.

> *Pack up all my cares and woe*
> *Here I go, singin' low*
> *Bye, bye, blackbird*[3]

Não se preocupa quanto às mãos.

Olha para elas, para os dedos discretamente espalmados e tortos, para a maneira como eles repousam sobre as teclas. "Não importa o que minha cabeça faz", ele gosta de dizer, "eles sabem aonde ir".

Teve de provar tanta coisa na vida: que um pianista era capaz de conduzir uma banda, capaz de ser um grande astro. Que um rapaz branco do interior era capaz de tocar no Apollo. Que um roqueiro era capaz de fazer country *mainstream* de sucesso. Que ele não era apenas um doido que destruía pianos, só estava vivendo a vida a todo volume. Uma dúzia de vezes, que não estava encalhado, nem arruinado. E agora tem de provar, mais uma vez, que ainda não está morto.

"Estou de volta, de novo", diz ele. "Preciso voltar ao estúdio e provar tudo isso mais uma vez. Preciso lançar algo diferente, que armazenei nas minhas membranas, lá atrás". Nos velhos tempos, recorda-se, "se alguém compunha uma música e era muito boa, eu ouvia e brincava um pouco com ela", e então a deixava quieta até entrar no estúdio para gravá-la. "Agora, é preciso tempo para realmente aprender a música, e ensinar à banda e aos cantores, todo mundo. Não é mais só sentar e fazer um só *take*. Esse tempo já passou. Mas é claro que não se pode *pensar* dessa forma. É preciso pensar que ainda se pode fazer daquele mesmo jeito".

Esse sempre foi o truque. Se você quer fazer qualquer coisa que valha a pena, é preciso viver no passado, pelo menos um pouquinho, porque é lá que a mágica estava. É por isso que ele sempre foi tão mais empolgante ao vivo, onde sua mente poderia divagar livremente e amarrar coisas que ele amava ou se lembrava pela metade. É por isso que ele voltou ao passado repetidas vezes para encontrar

---

[3] "Guardei todas as minhas preocupações e pesares/ Aqui vou eu, cantando baixinho/ Tchau, tchau, melro".

as palavras, a música. O que há de errado em viver no passado, disso ele sabe tanto quanto qualquer pessoa viva, se o passado era melhor?

"Vivi uma vida interessante, não?", diz ele.

Disse, no início das entrevistas para este livro, que "tive sorte em tudo, menos na vida". Teve algum tempo para pensar a respeito e não tem mais tanta certeza disso.

Seu chihuahua, Topaz Junior, olha com más intenções para quem entra e sai do quarto. Olha para todo mundo com más intenções, menos para Jerry Lee, e morde qualquer um que tente tirá-lo de seu lugar, na manta macia entre os pés do dono.

"Mas você não morderia o papai, não é?".

Topaz Junior se aconchega mais fundo na manta.

"Que grande vida", diz Jerry Lee.

Viveu tanto e com tanta intensidade que a impressão é que quase todo mundo tem uma história sobre ele, seja sobre assisti-lo ao vivo, algo que aconteceu ao som de sua música, ou algo que ouviram falar e que se prendeu em suas mentes como um anzol, pela vida toda. Gail Francis sempre terá não mais do que quarenta e quatro quilos e sempre será deslumbrante ao ouvir uma música de Jerry Lee Lewis. A Profª Dra. Bebe Barefoot, que leciona inglês na Universidade do Alabama, sempre será a jovem que foi realmente atingida por um carro enquanto dirigia pela estrada ouvindo "Great Balls of Fire". Quando ouve a música de Jerry Lee, pensa sobre o mundo a seu redor carregado de fogo azul. Há milhares de pessoas, dezenas de milhares ou mais, que associam algum momento de suas vidas à história e à música dele. Ele crê que haverá mais. "Quer dizer, não posso desapontá-los".

Num fim de tarde, repousando da cama, ele sugere que talvez tenha sido tolo em sequer pensar sobre a idade. Acaba por se contradizer um pouco, mas, também, é essa sua prerrogativa. "A idade nem passa pela minha cabeça", diz subitamente, e então pensa por um momento. "Contato que eu possa cantar e tocar do jeito que quiser".

Faz uma pausa. "'E a plateia foi à loucura'", diz, citando um resenha longínqua; na verdade, praticamente qualquer resenha ou artigo sobre ele.

Olha mais uma vez para as mãos.

"Estão como sempre foram".

Certo dia, no inverno de 2013, Judith estava atravessando os portões eletrônicos do rancho Lewis durante um temporal quando viu, sob a chuva que caía sobre o portão de ferro, algo que parecia uma aparição. Descreveu-a para Jerry Lee. Os dois acham que talvez fosse Elvis. Não tinha exatamente seu rosto, mas Judith, de algum modo, sentiu que era ele.

"Não sei se acredito ou não nessas coisas", diz Jerry Lee, "mas estou começando a acreditar".

Um homem que acredita em anjos não deve se surpreender com um.

"É o que eu acho que era, um anjo", diz ele, e pensa por um momento. "Não sei o que era. Algum tipo de aviso? 'Viu o que fizeram comigo?'. Talvez ele estivesse dizendo para eu não deixar fazerem o mesmo comigo e com a minha vida. Sei lá".

Ou talvez fosse Elvis vindo responder aquela velha pergunta que assombrara a ambos, sobre o que acontece com aqueles que tocam esse tipo de música. Talvez ele mais uma vez tenha partido sem respondê-la.

"Está somente nas mãos de Deus", diz Jerry Lee. "E não faz diferença o que eles escrevem ou o que dizem, ou como se sentem, é... algo entre mim e Deus".

Ele não acredita ser capaz de ganhar seu lugar no Paraíso na conversa.

"É preciso viver. É preciso... *acreditar*. Mas só se pode acreditar até certo ponto. É preciso viver, também. É preciso endossar o que se prega".

Ele gostaria de ter visto a aparição de Elvis com os próprios olhos. Não teria ficado com medo. Mas ela desapareceu com as nuvens e levou a resposta junto.

Ou talvez não tenha levado.

Se era um anjo, então Jerry Lee agora tem a resposta.

17

JARDIM DE PEDRA

Ferriday
2012

Estava indo para casa para ver seus familiares. Dirigiu a 140, às vezes 160 quilômetros por hora na rodovia interestadual entre Memphis e Natchez. O jogo de futebol americano entre o Crimson Tide, da Universidade do Alabama, e os Bengal Tigers, da Louisiana State University, que muitos chamavam de o jogo do século, seria televisionado em rede nacional naquela noite. "Queria assistir àquele jogo", disse ele, e, depois de um momento: "Eu teria corrido mesmo se *não* houvesse jogo". Queria conseguir um quarto diferenciado no antigo Eola Hotel, em Natchez, de onde o bonitão Johnny Littlejohn, quem ele primeiro ouviu cantar aquela tal música "Shakin'", apresentava seu programa de rádio. Alongou-se na cama, pediu serviço de quarto e pensou em Elmo. Na manhã seguinte, ele e Judith atravessaram a ponte no novo Buick dela, e ele observou as barcaças abaixo e as vigas acima, onde ele tinha se pendurado, e sorriu e assentiu. Na metade da ponte, disse a Judith: "Você agora está na Louisiana, *baby*". Ficou tão feliz em dizê-lo, que repetiu.

Fizeram uma curva fechada e seguiram o rio em sentido norte; na cidade de Vidalia, pararam na lanchonete Sonic para comer um cheeseburger e tomar uma Coca-Cola. "Sou um homem sônico", diz, e saboreou com prazer. Por meses, passou a maior parte do tempo deitado de costas na escuridão do quarto com ar condicionado em Nesbit, como algo armazenado num lugar frio e seco; agora, desfrutava da luz do sol, o bálsamo de um outono quente do Sul. "Achei um Rolls-Royce novo, igual ao que eu tinha... Levou uma eternidade, mas achei, em Los Angeles", é claro. Chegaram a

Ferriday por volta do meio-dia, passando pela velha peixaria, cujas antiquíssimas placas com as pescas do dia já estavam há muito desbotadas, e pela Morning Star Alley, de nome adorável, onde um Pontiac despedaçado enferrujava no meio-fio. O letreiro da Primeira Igreja Batista alertava: DEUS SE OPÕE AOS ORGULHOSOS, MAS DÁ GRAÇA AOS HUMILDES – como se soubesse da vinda de Jerry Lee, mas ele nunca deu muita bola para os batistas, de qualquer forma.

Por alguma razão, pensou em Elvis.

"*Drinkin' champagne and feelin' no pain*"[1], canta. "Bati naquele portão".

A pouco mais de um quilômetro do centro da cidade, os campos verdes se estendiam em direção ao grande rio a perder de vista, mas dali era possível sentir o cheiro, séculos de lama e decomposição. "Isso aqui tudo era mata", disse Jerry Lee. "É engraçado o quanto mudou". A terra não mudou, não é nem marrom, nem cinza, mas da cor de uma nota de dólar. Algo o fez lembrar-se de Sam Cooke. "Meu trigésimo segundo primo", brincou. "Rapaz, ele era *bom*".

Pararam para dar um alô à sua irmã Frankie Jean, que falou sobre o tio Will boiando para fora da sepultura naquela grande enchente, e então voltaram ao Buick e partiram para visitar os outros parentes, aqueles no jardim de pedra.

Jerry Lee saiu ao norte de Ferriday, pela US 425, rumo a Clayton. Virou à direita na McAdams Road, pouco antes da enferrujada ponte levadiça sobre o lamacento rio Tensas, e novamente à direita na Indian Village Road. "Havia uma fazenda bonitinha bem aqui", disse, e procurou por ela, mas já não estava mais lá. Percorreu lentamente os campos de pousio e encostou o carro diante do portão de ferro do pequeno cemitério, como se andando suavemente por um corredor, para não acordar uma criança adormecida. Saiu do carro, fechou a porta tranquilamente e caminhou em silêncio pela grama espessa. Deixou o Matador no carro.

Sua família repousa na terceira fileira. Passou por cada um, em silêncio, com as folhas secas, as primeiras no ano naquele ponto do Sul, movidas no chão pela brisa.

---

[1] "Bebendo champagne, sem dor nenhuma"; verso de "Drinking Champagne", composta por Bill Mack, gravada originalmente por Cal Smith em 1968 e, posteriormente, por Jerry Lee, em 1973.

Steve Allen Lewis
27 de fevereiro de 1959 – 22 de abril de 1962

Elmo Kidd Lewis
8 de janeiro de 1902 – 21 de julho de 1979

Elmo Kidd Lewis Jr.
11 de novembro de 1929 – 6 de agosto de 1938

Mamie Herron Lewis
17 de março de 1912 – 21 de abril de 1971

Jerry Lee Lewis Jr.
2 de novembro de 1954 – 13 de novembro de 1973

Shawn Michelle Lewis
(sem data de nascimento) – 24 de agosto de 1983

Apenas Jaren estava enterrada em outro lugar.

Jerry Lee voltou um pouco e parou diante de Junior.

"Tive, sim, uma vida boa", disse, "mas se perde, sim, os filhos".

Suas costas cederam enquanto ele caminhava de novo até os túmulos dos pais, e ele se apoiou na lápide de Elmo. "Pai, tudo bem se eu descansar as costas?".

Permaneceu ali por um tempo.

Depois, enquanto o sol se punha, conduziu o carro de volta ao grande rio.

"Só estou tentando fazer um disco".

EPÍLOGO

MATADOR

Eu precisava saber. Com quem, além do grande Kenny Lovelace, Jerry Lee Lewis gostaria de tocar suas músicas no Além, presumindo que ele um dia abrace a mortalidade e se vá?

Ele pensa por um momento e nomeia os grandes estilistas. Gostaria de ver Hank Williams, naquele chapéu de caubói, sem dor na coluna torta. Gostaria de ouvir Jimmie Rodgers cantar com pulmões limpos e fortes, com a tuberculose deixada para trás, em algum plano mundano. Gostaria de ter uma longa conversa com Al Jolson, certa vez considerado o maior artista do mundo, que, se você acreditar em alguns pesquisadores, literalmente cantou até morrer. No Além, não haveria agulhas, nem o cheiro forte de uísque de milho e gim, nem anfetaminas, nem aquele tamborilar de ossos. Porém, se todos eles fossem purificados de suas dores, vícios, obsessões, seriam eles – qualquer um deles – os mesmos?

Pensei naquela canção de Tom Waits, que diz que "se eu exorcizar meus demônios/ bem, meus anjos talvez possam ir embora também/ quando eles se vão, é tão difícil encontrá-los". Contudo, Jerry Lee gostaria de ver todos reunidos ao redor de seu piano, com Kenny tocando guitarra e uma rabeca endiabrada, para cantar todas as músicas, numa rotação sem fim: "Sheltering Palms", "You Win Again", "Waitin' on a Train" e "Shakin'" – será que esta faria Jolson arregalar os olhos? E na plateia estariam seus entes queridos, todos eles, todos que ele perdeu.

Penso sobre isso, sobre os quatro juntos, o que me faz torcer para que minha própria mãe esteja certa, que haja alguma coisa além deste mundo.

"Você consegue *imaginar*?", diz Jerry Lee.

Quando terminei este livro, havia, nas minhas anotações, uma frase que não fazia sentido. Não se encaixava com nada em torno dela, de forma que eu não poderia usar nenhuma pista para decifrá-la. Dizia apenas:

ele nunca me endireitou

A questão é que, nesta história, isso poderia querer dizer qualquer coisa, em qualquer momento, em qualquer situação. Poderia ser qualquer um. Eu já tinha desistido, quando finalmente me ocorreu. Era Jerry Lee falando sobre o professor de piano que lhe deu um tapa e jurou que o faria desistir do boogie-woogie. Ele disse isso completamente do nada, no meio de outro pensamento, numa conversa totalmente diferente, foi algo que apenas lhe atravessou as ideias. Mas agora sei que foi talvez sua frase mais importante, pois, meu Deus, e se o professor tivesse, sim, endireitado Jerry Lee?

Quando terminei as entrevistas, no final de um verão longo e quente, fui até a cama e o cumprimentei.

"Tentarei escrever um bom livro", disse a ele.

"Eu sei que vai, Matador", disse Jerry Lee.

AGRADECIMENTOS

De Rick Bragg

Escrever sobre uma vida longa é fácil, perto de tê-la vivido. Por esse motivo, tenho de agradecer primeiramente a Jerry Lee Lewis, que dia após dia caminhou pelo passado e voltou, às vezes machucado, com as histórias que tornaram este livro possível. Espero, pelo menos, que lembrar-se delas tenha sido mais fácil do que vivê-las. Agradeço-o por mais do que isso. Em muitos momentos de sua vida, ele não foi um homem de se admirar, mas gostei dele quando tudo terminou, e poucas vezes gostei tanto de estar ao lado de alguém, ouvindo sua vida contada em voz alta. Fiquei comovido centenas de vezes, e ri outras milhares ou mais. Não me sinto culpado por isso. A vida é suja e dura, e ele me lembrou que, mesmo no meio deste ferro-velho, há grande beleza, se você souber ouvir.

É difícil escrever sobre uma lenda. É impossível fazer isso sem a tremenda ajuda de almas sobreviventes, livros novos e velhos e empoeirados e incontáveis histórias encontradas em jornais, revistas, encartes de discos, *newsletters* e muito mais. Em páginas como estas, quase sempre se diz que há pessoas demais para agradecer, mas, no caso de uma lenda tão grande como Jerry Lee, acredito que isso seja mais verdadeiro que de costume.

Por essa razão, quero agradecer a Tyler Jones, meu assistente, que se manteve firme até o livro estar pronto, que me ajudou a criar um sentido a partir de mais de quarenta quilos de papel e um bilhão de caracteres numa tela de computador. Ele também foi atrás de gente que se lembrava de Jerry Lee como mais do que um astro do rock e um gigante do country. Agradeço a ele por cada palavra. Eu o esgotei e então passei para Elizabeth Manning, a assistente seguinte, que me ajudou dia após dia.

Agradeço a Judith Lewis pelo ótimo chá gelado. A Cecil por lutar contra o Gigante. A Frankie Jean pela história do cemitério.

Na minha estante, há livros que são quase bíblias da era de ouro do rock and roll. O fato de autores como Peter Guralnick e Colin Escott terem tirado um tempo para ajudar num projeto como este inspira uma infinda gratidão.

AGRADECIMENTOS

Preciso agradecer a vários indivíduos que forneceram um panorama de Ferriday, Louisiana, incluindo Stanley Nelson, Judith Bingham, Hiram Copeland e Glen McGlothin. Agradeço pela música compartilhada por Gray Montgomery, YZ Ealey e Hezekiah Early, e pelo vislumbre da história da pequena igreja na Texas Avenue, por Gay Bradford, Doris Poole e Gwen Peterson. Muito obrigado a David Beatty, Donnie Swaggart, Pearry Green, Graham Knight e Kenny Lovelace por compartilharem décadas de lembranças de Jerry Lee. Agradeço a Phoebe Lewis por sua ajuda, desde o início, em colocar este trem nos trilhos.

Agradeço ao pessoal da Universidade do Alabama por me darem um belo lugar onde escrever.

Agradeço a Cal Morgan, meu editor, pela tolerância e por ignorar o fato de que ele sabe dez mil vezes mais sobre Jerry Lee do que eu, mesmo hoje, e deveria ter escrito isto aqui ele mesmo. E agradeço a ele pela música, também. Eu *achava* que gostava de Jerry Lee Lewis. Até ouvir "That Lucky Old Sun". Meu Deus.

Agradeço a minha agente, Amanda Urban, por não me escalpelar vivo durante minhas reclamações constantes. Tenho sorte de estar novamente em sua firma e, mais uma vez, devo grande parte de minha vida como escritor à sua orientação.

Agradeço aos pioneiros do rock and roll. Que alegria.

Agradeço, mais uma vez, a Dianne e Jake pelo apoio e tolerância e, é claro, por suas próprias contribuições ao conteúdo deste livro. São naturais de Memphis e conhecem sua geografia, seu povo, suas histórias e sua alma.

Agradeço, ainda, aos incontáveis autores que me antecederam e me deram *insights* e rotas a seguir, além de boas leituras. Estão listados na bibliografia a seguir. Obrigado a todos vocês pela base. Estou certo de que deixei muita gente de fora, porque há tantos, e tantos que o seguiram, o adoraram, o idolatravam, ou só ouviam sua música, como eu, desejando que soubessem tocar alguma coisa além de discos.

E, por mais estranho que pareça, agradeço à alquimia da internet, que colocou uma parte tão grande do conjunto da obra de Jerry Lee ao meu alcance, e tornou possível que novas gerações saibam do que se tratou o clamor a ele. Graças à internet, é possível invocar o passado e ver Jerry Lee jovem e perigoso. É possível vê-lo amadurecer, rugir, subir no piano e chutar o banquinho e, principalmente, é possível ouvir a música, sua música incrível. Nunca me animei muito com a internet, devido às tolices. Agora finalmente sei para quê ela serve de verdade.

AGRADECIMENTOS

De Jerry Lee Lewis

Quero dedicar este livro a Mamie e Elmo, que foram os melhores pais que um garoto já pôde ter e, com a ajuda de Deus, me fizeram quem sou. Sem o amor e o dom para a música deles, eu ainda estaria em Ferriday... e não haveria Jerry Lee. Espero que mamãe esteja certa e eu reencontre os dois, um dia.

Aos avós Herron e aos avós Lewis: só soube o quanto os amava quando se foram. Eram meus amigos e sinto muita falta deles.

Quero agradecer à minha maravilhosa esposa e alma gêmea, Judith, que entrou na minha vida no momento preciso. Ela começou como minha cuidadora e hoje é meu tudo. Sem ela e sem Deus, eu não estaria aqui hoje. Agora, seu amor e afeição tornam minha vida completa.

A minhas irmãs, Frankie Jean e Linda Gail, que apoiaram a mim e à minha música desde o início. Frankie Jean tem feito um bom trabalho em contar a minha história a todos que visitam Ferriday; e Linda Gail abriu mais shows meus do que sou capaz de contar, e não há ninguém que eu prefira ter para animar a plateia. Amo muito as duas.

A meu filho, Lee (Jerry Lee Lewis III) e sua esposa, Debbie, obrigado por sempre cuidarem de mim e me amarem, e por me darem um neto maravilhoso, Jerry Lee IV. É meu único neto e torna minha vida completa.

A minha única filha, Phoebe... crescida, mas ainda minha bebê, amo você.

A meus filhos no céu, Jerry Lee Lewis Jr. e Steve Allen Lewis, amo vocês dois, que estão sempre em meu coração.

Em seguida, a Rick Bragg, que além de ser um grande escritor, tem mais paciência do que qualquer outra pessoa que já conheci. Ele fez um trabalho realmente fantástico ao colocar minha vida nestas páginas e, de algum modo, me fez recordar algumas coisas sobre as quais eu não pensava havia anos. Obrigado por nunca me pressionar demais. Te adoro, meu chapa.

A todos os Lewis, Gilleys, Swaggarts, Calhouns e todos em Ferriday que me ajudaram e apoiaram. A todos os meus sobrinhos e sobrinhas, amo todos vocês. A família sempre significou e sempre significará tudo para mim. E ao reverendo David Beatty, meu primo e parceiro de oração, obrigado por todos os anos de orações comigo e por mim.

AGRADECIMENTOS

A minha nova família, de minha esposa e, agora, minha, os Coghlans: Pete e Donna, Carolyn e Ronnie, Charles e Marida, Gene e Cathy, James e Julia, e as crianças, Tiffany, Ronnie, Dakota e Kolton. Tenho tanta sorte de ter tantas pessoas incríveis ao meu redor, amo todos vocês.

Ao grande Kenny Lovelace, meu guitarrista por quase cinquenta anos agora, e o melhor *sideman* que um velho roqueiro poderia ter. Obrigado por se manter ao meu lado. Gostaria que pudéssemos tocar mais cinquenta anos juntos. E aos outros da minha banda, Buck Hutchenson, Robert Hall e Ray Gann, vocês sempre me tornam melhor no palco.

A Sam Phillips: ele me deu uma chance quando ninguém mais daria. Sam não se importava de onde você vinha ou qual instrumento tocava, contanto que sua música o emocionasse... e eu sempre o emocionei!

Preciso agradecer a Steve Allen, o homem que me colocou na televisão e tornou "Whole Lotta Shakin' Goin' On" um sucesso da noite para o dia e a mim um astro por todo o país.

A meu amigo Bud Chittom, dono do Jerry Lee Lewis's Café and Honky Tonk, em Memphis. Obrigado por tornar meu clube uma realidade e por me encorajar a fazer este livro.

Obrigado a J. W. Whitten, que foi meu gerente de turnê, meu parceiro e amigo por mais de quarenta anos. Ele sempre acreditou em mim.

A meu empresário, Greg Ericson, que realmente se preocupa comigo e trabalha duro todos os dias para manter meus negócios em ordem e me manter na estrada, tocando para milhares de fãs ao redor do mundo. Obrigado.

A Cal Morgan, meu editor, e Erin Hosier (Pippi Longstocking), minha agente literária, que conseguiram o contrato para este livro e insistiram só o bastante para que eu o terminasse... a tempo.

À minha equipe no rancho, Janet, Michelle e Seth, obrigado por manter tudo funcionando tão bem, mesmo com minha agenda tão maluca. E a todos os animais de estimação que tive na vida, obrigado por me fazerem sorrir e pelo amor incondicional.

A meu filho adotado, Steve Bing, um homem de caráter genuíno, que veio em meu socorro quando eu sentia que o mundo todo estava contra mim. Steve se preocupa comigo como pessoa e ama minha música tanto quanto eu. Ele sabia que eu ainda tinha algumas canções em mim e me colocou de volta no estúdio. É um grande produtor e um amigo verdadeiro. Obrigado, do fundo do coração.

Também preciso agradecer a Hank Williams, Jimmie Rodgers, Moon Mullican, Al Jolson e a todos os outros grandes artistas que me inspiraram; e às centenas de compositores e músicos fantásticos com quem toquei, gravei e viajei. Gostaria de ter tempo o bastante para fazer tudo de novo.

E, por fim, aos meus queridos fãs, que se mantiveram comigo por todos esses anos, e que me mantiveram sentado ao piano. Prometo que vou seguir no rock por vocês o máximo que puder!

Pela ajuda generosa no fornecimento de fotografias e outros materiais, agradecimentos especiais a Jerry Lee Lewis, Judith Coghlan Lewis, o *Concordia Sentinel*, Bill Millar, Colin Escott, Kay Martin, Pierre Pennone, Robert Prokop, Graham Knight, Bob Gruen, Raeanne Rubenstein, Christopher R. Harris, Steve Roberts, Frankie Jean Lewis, Linda Gail Lewis e o Ericson Group, Inc.

BIBLIOGRAFIA

ARMSTRONG, Kiley. "Rock 'n' Roll Awards: Lot of Shakin' Goin' On." Associated Press, 24 de janeiro, 1986.

BAIRD, Woody. "Jerry Lee Lewis Is 'Last Man Standing.'" Associated Press Online, 13 de setembro, 2006.

_____. "Goodness, Gracious, It's Jerry Lee Lewis." Associated Press, 27 de junho, 1989.

_____. "Jerry Lee Lewis Has Stomach Surgery in Memphis." Associated Press, 12 de novembro, 1985.

_____. "Rock 'n' Roll Singer's Wife Dies of Fluid in Lungs." Associated Press, 25 de agosto, 1983.

_____. "Rock 'n' Roll Star Acquitted of Tax Evasion." Associated Press, 18 de outubro, 1984.

_____. "Singer on Trial on Tax Evasion Charges." Associated Press, 15 de outubro, 1984.

BLOWEN, Michael. "Jerry Lee Lewis Says Summer Movie Is Not the Real Story." *Austin American Statesman*, 4 de julho, 1989.

BONOMO, Joe. *Jerry Lee Lewis: Lost and Found*. New York: Continuum, 2009.

BROWN, David; GREENE, Andy. "Rock and Roll Hall of Fame's Greatest Moments: Three Decades Worth of Classic Jams, Speeches and Reunions." *Rolling Stone*, 10 de março, 2011.

BROWN, J. W., com Rusty Brown. *Whole Lotta Shakin'*. Savannah: Continental Shelf, 2010.

BURDINE, Hank. "Gentle Jerry: The Killer's Softer Side." *Delta* 9 (1): julho de 2011.

CAIN, Robert. *Whole Lotta Shakin' Goin' On*. New York: Dial Press, 1981.

CALHOUN, Robert Dabney. A *History of Concordia Parish, Louisiana*. Louisiana Historical Quarterly 15, no. 1 (janeiro de 1932).

CAMPBELL, Laurel. "Courtroom—IRS to Return Seized Items, Jerry Lee Lewis's Wife Says." *Memphis Commercial Appeal*, 10 de novembro, 1993.

_____. "IRS Lists 3 Jerry Lee Pianos Awaiting Auction on June 2." *Memphis Commercial Appeal*, May 19, 1993.

_____. "IRS Seizes Jerry Lee's Possessions." *Memphis Commercial Appeal*, 7 de maio, 1993.

_____. "Jerry Lee Lewis and IRS Come to Tax Agreement—14 Cents a Dollar to Clear His Debt." *Memphis Commercial Appeal*, 26 de julho, 1994.

_____. "Jerry Lee Moves to Ireland, Seeks Tax Break." *Memphis Commercial Appeal*, 9 de maio, 1993.

_____. "Taxes—Judge Delays Auction of Lewis Items for IRS." *Memphis Commercial Appeal*, 2 de junho, 1993.

CARUCCI, John. "Jerry Lee Lewis to Perform with 'Quartet' Cast." Associated Press, 18 de agosto, 2010.

CASON, Buzz. *Living the Rock 'n' Roll Dream: The Adventure of Buzz Cason*. Milwaukee: Hal Leonard, 2004.

CLAVERIE, Laura; DOLAN, Barbara; OSTLING, Richard N. "Now It's Jimmy's Turn: The Sins of Swaggart Send Another Shock Through the World of TV Evangelism." *Time* 131 (10): 3 de março, 1988.

CRAMER, Richard Ben. "The Strange and Mysterious Death of Mrs. Jerry Lee Lewis." *Rolling Stone*, no. 416, 1 de março, 1984.

DAVIS, Hank; ESCOTT, Colin; HAWKINS, Martin. *Jerry Lee Lewis: The Killer, November 1956–August 1963*. Sun International, 1982.

DESLATTE, Melinda. "Jerry Lee Lewis a No-Show for Museum Induction." Associated Press, 2 de março, 2002.

"Domestic News," United Press International, 10 de junho, 1982.

DUNDY, Elaine. *Ferriday, Louisiana*. New York: Donald I. Fine, 1991.

EDWARDS, Joe. "Nashville Sound—Jerry Lee Lewis: 'I Am What I Am.'" Associated Press, 23 de março, 1984.

"Elmo Lewis." *Concordia Sentinel*, 23 de julho, 1979.

"Elvis Doc Loses Bid for License." Associated Press. In: *Memphis Commercial Appeal*, 14 de setembro, 2000.

"Entertainer's Condition Unchanged." Associated Press, 15 de julho, 1981.

ESCOTT, Colin. *Classic: Jerry Lee Lewis*. Vollersode, Germany: Bear Family Records, 1989.

_____. *Jerry Lee Lewis: The Locust Years . . . and the Return to the Promised Land*. Bremen, Germany: Bear Family Records, 1994.

_____. *Jerry Lee Lewis: Mercury Smashes . . . and Rockin' Sessions*. Bremen, Germany: Bear Family Records, 2000.

_____. *The Killer: The Smash/Mercury Years, 1963–1968, Jerry Lee Lewis*, vols. 1–3. Bremen, Germany: Bear Family Records, 1986–87.

"Ferriday's Jerry Lee Lewis Has a Plaque . . ." *Concordia Sentinel*, 23 de fevereiro, 1972.

FORDYCE, J. R. "Following De Soto to His Discovery of Mississippi and Death." *New Orleans Times-Picayune*, 2 de junho, 1929.

FRICKE, David; HIATT, Brian; BROWNE, David; FREHSÉE, Nicole; GREENE, Andy; SCAGGS, Austin. "Higher and Higher." *Rolling Stone*, no. 1092, 26 de novembro, 2009.

"Funeral Held for Fifth Wife of Jerry Lee Lewis." Associated Press, 27 de agosto, 1983.

GOLDSTEIN, Patrick. "Jimmy Swaggart Blasts Rock Porn." *Los Angeles Times*, 3 de agosto, 1986.

GUAJARDO, Rod. "Goodness Gracious: 'Killer' Weds, for 7th Time, in Natchez." *Natchez Democrat*, 30 de março, 2012.

GURALNICK, Peter. "Perfect Imperfection: The Life and Art of Jerry Lee Lewis." *Oxford American*, no. 63, dezembro de 2008.

GUTERMAN, Jimmy. *Rockin' My Life Away: Listening to Jerry Lee Lewis*. Nashville: Rutledge Hill Press, 1991.

HALL, Roy. "I Remember Jerry Lee Lewis." *Country Music Inquirer*, julho de 1983, www.kyleesplin.com/Roy%20Hall%20remembers%20Jerry%20Lee.htm.

HAYS, Will S. "Captain J. M. White". In: CALHOUN, Robert Dabney. *A History of Concordia Parish, Louisiana. Louisiana Historical Quarterly* 15, no. 1 (1932).

HENDRICK, Kimmis. "A Rock-and-Blues 'Othello.'" *Christian Science Monitor*, 23 de março, 1968.

"Home of Jerry Lee Lewis Won't Reopen to Public." Associated Press State and Local Wire. In: *Desoto Times Today*, 11 de agosto, 2005.

HUBBARD, Kim; SHAUGHNESSY, Mary. "A Whole Lotta Shakin' Goes on as Rock 'n' Roll's Oldies but Goodies Make It to the New Hall of Fame." *People*, 10 de fevereiro, 1986.

HUMPHREY, Mark. "Jerry Lee Lewis." *Esquire* 97, no. 6 (junho de 1982).

"IRS Puts Jerry Lee Lewis' Property on Auction Block." Associated Press, 23 de outubro, 1980.

JEROME, Jim. "Fame, Tragedy and Fame Again: Jerry Lee Lewis Has Been Through Great Balls of Fire, Otherwise Known as Hell." *People*, 24 de abril, 1978.

"Jerry Lee Lewis 'All Right' After Stomach Surgery." United Press International, 13 de novembro, 1985.

"Jerry Lee Lewis and the Law." *Washington Post*, 24 de novembro, 1976.

"Jerry Lee Lewis Files Bankruptcy Petition." Associated Press, 24 de novembro, 1988.

"Jerry Lee Lewis Fined." *Delta Democrat-Times*, 8 de maio, 1975.

"Jerry Lee Lewis Has Little Left, Lawyer Says." Associated Press, 9 de dezembro, 1988.

"Jerry Lee Lewis Undergoes Second Stomach Operation." Associated Press, 11 de julho, 1981.

"Jerry Lee Lewis' Wife Dies." *Washington Post*, 25 de agosto, 1983.

"Jerry Lee Lewis Wins Achievement Award." Associated Press Online, 5 de janeiro, 2005.

"Jerry Lee's Wife Had '10 Times' Usual Methadone Dose." Associated Press, 17 de setembro, 1983.

"Johnny Cash Visits Ailing Jerry Lee Lewis at Hospital." Associated Press, 13 de julho, 1981.

JOHNSON, Robert. "TV News and Views." *Memphis Press-Scimitar*, 5 de dezembro, 1956.

"Jury Finds No Cause for Charges in Death of Singer's Wife." Associated Press, 21 de setembro, 1983.

KEMPLEY, Rita. "'Great Balls': Tall Tale of Hot Wax." *Washington Post*, 30 de junho, 1989.

KING, Wayne. "Swaggart Says He Has Sinned; Will Step Down." *New York Times*, 22 de fevereiro, 1988.

BIBLIOGRAFIA

LEWIS, Jerry Lee; WHITE, Charles. *Killer!* London: Century, 1995.

LEWIS, Linda Gail; PENDLETON, Les. *The Devil, Me, and Jerry Lee*. Atlanta: Longstreet, 1998.

LEWIS, Myra; SILVER, Murray. *Great Balls of Fire: The Uncensored Story of Jerry Lee Lewis*. New York: Morrow, 1982.

LEWIS, Randy. Resenha de *Mean Old Man*, de Jerry Lee Lewis, *Los Angeles Times*, 7 de setembro, 2010, http://latimesblogs.latimes.com/music_blog/2010/09/album-review-jerry-lee-lewis-mean-old-man.html.

LOFTIN, Zeke. "Jerry Lee Lewis." *Twisted South* 1, no. 2 (inverno de 2011).

LOLLAR, Michael. "Jerry Lee Lewis Opens His Home for Tours, Cash." *Memphis Commercial Appeal*, 3 de agosto, 1994.

"Magazine, ABC Question Jerry Lee's Role in Wife's Death." Associated Press, 3 de fevereiro, 1984.

"Methadone Linked to Death of Entertainer's Wife." Associated Press, 14 de setembro, 1983.

MURPHY, Leona Sumrall. *A Teenager Who Dared to Obey God*. South Bend: LeSEA Publishing, 1985.

NELSON, Stanley. "A Century." *Concordia Sentinel*, 25 de fevereiro, 2004.

_____. "Haney's Big House—a Legendary Place—Down the Street from Morris' Shop." *Concordia Sentinel*, 26 de novembro, 2007.

"No More Nightclubs." *Washington Post*, 11 de dezembro, 1970, p. C6.

PALMER, Robert. "Waldorf Rocks 'n' Rolls with Hall of Fame Stars." *New York Times*, 25 de janeiro, 1986.

_____. *Jerry Lee Lewis Rocks!* New York: Delilah Books, 1981.

PARELES, Jon. "Rock Hall of Fame Adds Members." *New York Times*, 22 de janeiro, 1987.

"People in the News." Associated Press, 13 de setembro, 1980.

"People in the News." Associated Press, 20 de fevereiro, 1981.

"Presley's Doctor Acquitted on All Prescription Charges." *New York Times*, 5 de novembro, 1981.

RYAN, James. "Rocker Jerry Lee Lewis Honored with Star on Walk of Fame." United Press International, 14 de junho, 1989.

SANDERSON, Jane. "In the Wake of His Fifth Wife's Death, Jerry Lee Lewis Takes Bride No. 6, Kerrie McCarver." *People* 21, no. 19 (14 de maio, 1984).

SANDLIN, Lee. *Wicked River: The Mississippi When It Last Ran Wild*. New York: Vintage, 2011.

SAYRE, Alan. "Evangelist Stepping Down Pending Investigation into Sex Scandal." Associated Press, 22 de fevereiro, 1988.

"Scandals: No Apologies This Time." *Time*, 28 de outubro, 1991.

SEAGO, Les. "Entertainer Released After Pleading, Posting Bond." Associated Press, 16 de fevereiro, 1984.

_____. "Entertainer Fights for Life." Associated Press, 11 de julho, 1981.

"Singer Taken off Critical List, Serious but Stable." Associated Press, 20 de julho, 1981.

"Singer Undergoes Further Surgery." Associated Press, 10 de julho, 1981.

SMITH, Cecil. "'Catch My Soul' Rocks the Ahmanson Theatre." *Los Angeles Times*, 7 de março, 1968.

SULLIVAN, Jim. "Jerry Lee Lewis: 'The Killer' Says the Wild Times Are Behind Him." *Chicago Tribune*, 28 de julho, 1985.

SWAGGART, Jimmy; LAMB, Robert. *To Cross a River*. Baton Rouge: Jimmy Swaggart Ministries, 1984.

"Tennessee Singer Is Ordered Arrested After Ignoring Court." *New York Times*, 25 de novembro, 1976.

"The Sudden Death of Wife No. 5 Confronts Jerry Lee Lewis with Tragedy—and Troubling Questions." *People*, 12 de setembro, 1983.

TOSCHES, Nick. *Hellfire: The Jerry Lee Lewis Story*. New York: Delacorte Press, 1982.

_____. *Country: The Twisted Roots of Rock 'n' Roll*. Cambridge, MA: Da Capo Press, 1996.

"When Elvis and Jerry Lee Were Rock's Naked Bikers." *Miami Herald*, 28 de junho, 1989.

WILLET, Edward. *Janis Joplin: Take Another Little Piece of My Heart*. Berkeley Heights: Enslow Publishers, 2008.

WILLIAMS, Bayne C. "Jerry Lee Lewis's Wife Seeks Divorce." *Memphis Commercial Appeal*, 24 de abril, 2002.

"Woman Riding in Swaggart Car Says She's a Prostitute." Associated Press. In: *Los Angeles Times*, 12 de outubro, 1991.

Nossos sinceros agradecimentos pela permissão de reprodução do seguinte material:

"Hong Kong Blues", de Hoagy Carmichael, copyright © 1939 por Songs of Peer, Ltd., copyright renovado, usado sob permissão.

"Drinkin' Wine Spo-Dee-O-Dee" © Universal Music Group, usado sob permissão.

"Cherry Red", de Barry Alan Gibb. Sob permissão da Warner/Chappell Music, Inc.

"Hadacol Boogie" ©1938 - Bill Nettles/Flat Town Music, Nettles Publishing.

"End of the Road", de Jerry Lee Lewis © Lost Square Music. Sob permissão da Warner/Chappell Music, Inc.

"Whole Lot of Shakin' Goin' On" © NIMANI Entertainment, Co.

"Crazy Arms". Letra e música de Ralph Eugene Mooney e Chuck Seals. Todos os direitos reservados.

"I Shall Not Be Moved", de John S. Hurt © 1998 EMI Longitude Music. Todos os direitos administrados por Sony/ATV Music Publishing LLC, 424 Church Street, Nashville, TN 37219. Todos os direitos reservados. Usado sob permissão.

"Great Balls of Fire", de Otis Blackwell e Jack Hammer. Sob permissão da Warner/Chappell Music, Inc.

"Breathless", de Otis Blackwell. Sob permissão da Warner/Chappell Music, Inc.

"You Win Again", de Hank Williams Sr. © 1952 Sony/ATV Acuff Rose Music. Todos os direitos administrados por Sony/ATV Music Publishing LLC, 424 Church Street, Nashville, TN 37219. Todos os direitos reservados. Usado sob permissão.

"Another Place Another Time", de Jerry Chesnut © 1968 Sony/ATV Tree Publishing. Todos os direitos administrados por Sony/ATV Music Publishing LLC, 424 Church Street, Nashville, TN 37219. Todos os direitos reservados. Usado sob permissão.

"Lust of the Blood", de Jack Good, Ray Pohlman. Sob permissão da Range Road Music, Inc.

"She Even Woke Me Up to Say Goodbye", de Douglas Gilmore e Mickey Newbury © 1969 Sony/ATV Acuff Rose Music. Todos os direitos administrados por Sony/ATV Music Publishing LLC, 424 Church Street, Nashville, TN 37219. Todos os direitos reservados. Usado sob permissão.

"She Still Comes Around". Música e letra de Glenn Sutton © EMI Music Publishing.

"Mother, the Queen of My Heart", de Hoyt Brant and Jimmie Rodgers, copyright © 1933 por Peer International Corporation, copyright renovado, usado sob permissão.

"A Damn Good Country Song", de Donnie Fritts © 1975 Combine Music Corp. Todos os direitos administrados por Sony/ATV Music Publishing LLC, 424 Church Street, Nashville, TN 37219. Todos os direitos reservados. Usado sob permissão.

"Middle Age Crazy", de Sonny Throckmorton © 1977 Sony/ATV Tree Publishing. Todos os direitos administrados por Sony/ATV Music Publishing LLC, 424 Church Street, Nashville, TN 37219. Todos os direitos reservados. Usado sob permissão.

"Why You Been Gone So Long", de Mickey Newbury © 1969 Sony/ATV Acuff Rose Music. Todos os direitos administrados por Sony/ATV Music Publishing LLC, 424 Church Street, Nashville, TN 37219. Todos os direitos reservados. Usado sob permissão.

"Mean Old Man", de Kris Kristofferson. Jody Ray Publishing (BMI). Todos os direitos reservados. Usado sob permissão.

"Bye, Bye, Blackbird", de Mort Dixon e Ray Hederson. Usado sob permissão da Bienstock Publishing Company em nome da Redwood Music Ltd.

SOBRE O AUTOR

RICK BRAGG é um jornalista e escritor norte-americano. Em 1996, ganhou um Prêmio Pulitzer em reconhecimento ao seu trabalho no jornal *The New York Times*. Ele é autor de uma trilogia de best-sellers sobre o povo do Sul dos EUA: *All Over but the Shoutin'* (1997), *Ava's Man* (2001) e *The Prince of Frogtown* (2008). Atualmente é professor no Departamento de Jornalismo da Universidade do Alabama.

Este livro foi composto em Caecilia LT Std, com textos auxiliares em Proteina Regular e AlternateGothic2 BT. Impresso pela gráfica RR Donnelley, em papel Avena 70g/m² e Couché Brilho 115g/m². São Paulo, Brasil, 2015.